Otto Glagau

Fritz Reuter und seine Dichtungen

Otto Glagau

Fritz Reuter und seine Dichtungen

ISBN/EAN: 9783743652811

Hergestellt in Europa, USA, Kanada, Australien, Japan

Cover: Foto ©Thomas Meinert / pixelio.de

Weitere Bücher finden Sie auf **www.hansebooks.com**

Fritz Reuter
und seine Dichtungen

von

Otto Glagau.

Neue, gänzlich umgearbeitete Auflage.

Mit Illustrationen, Portraits und einer autographischen Beilage.

Berlin,
G. Grote'sche Verlagsbuchhandlung.
1875.

Auszüge und Mittheilungen aus diesem Buche sind nur mit Genehmigung
der Verlagshandlung gestattet.

Druck von B. G. Teubner in Leipzig.

Vorbemerkung zur ersten Auflage.

Dieses Buch ist nicht nur für Plattdeutsche, sondern auch für Hochdeutsche und Solche geschrieben, die Fritz Reuter nur theilweise oder noch gar nicht kennen. Darum ist die Besprechung der einzelnen Dichtungen jedesmal mit einer Inhaltsangabe eingeleitet und von größern Citaten begleitet.

Es giebt sich nicht als ein wissenschaftliches Buch, vielmehr wendet es sich an das große Publikum. Welches Unding auch, über Fritz Reuter, der im besten und wahren Sinne des Worts ein Volksdichter ist, ein gelehrtes Buch schreiben zu wollen! Wohl aber wird man finden, daß der Verfasser die Principien unsrer bedeutendsten Kritiker und Aesthetiker und die von ihnen aufgestellten Gesetze nicht unbeachtet gelassen hat.

Berlin, Ende October 1865.

Otto Glagau.

Vorwort zur zweiten, völlig umgearbeiteten Auflage.

Als vor nun bald zehn Jahren mein Buch zum ersten Mal erschien, hatte Fritz Reuter kurz zuvor sein Hauptwerk „Ut mine Stromtid" vollendet, und das ungleich schwächere „Dörchläuchting" noch nicht veröffentlicht. Kräpelin, der bekannte Reuter=Vorleser, war bis Berlin vorgedrungen, und hatte auch hier die beste Aufnahme gefunden; in ganz Norddeutschland fing man an, den Dichter zu feiern. Fritz Reuter wurde „Mode"; gar Viele begeisterten sich für ihn, die gar nicht Plattdeutsch verstanden, aber auch Viele erlernten es ihm zu Liebe. Schon um des Gegenstandes willen, ward mein Buch von der Presse lebhaft besprochen; für und wider, lobend und schmähend. Etliche Blätter fanden es überhaupt bedenklich, einem bloßen Dialektdichter ein ganzes Buch zu widmen; andere nannten es einen „Panegyrikus" — wiewol sie zugeben mußten, daß ich die Schwächen und Auswüchse des Dichters nicht verschwiegen hätte; die Mehrzahl der Rezensenten war darin einig, mir eine große Ueberschätzung Fritz Reuter's vorzuwerfen. Karl Frenzel, dessen Wandnachbar ich beim Feuilleton der „National=Zeitung" damals war, schlachtete mich grimmig ab, und ließ sich zu dem Ausspruch herbei: „Im Lauf der Literatur sind Klaus Groth und Fritz Reuter keine organischen Erscheinungen, sondern nur Kuriositäten, welche eine Zeit lang die Mode des Tages begünstigt." Wie man sieht, hatte Karl Frenzel von dem gewaltigen Unterschiede zwischen Klaus Groth und Fritz Reuter keine

Ahnung, vielmehr warf er Beide in einen Topf; wahrscheinlich kannte er Fritz Reuter's Schriften sehr wenig. Böses Blut machten namentlich die Parallelen, die ich zwischen Fritz Reuter und andern zeitgenössischen Dichtern, zu Ungunsten der letzteren gezogen, und man sang mir das Straflied in allen Tonarten. Eine ganze Reihe von Blättern dagegen zollte mir Beifall, nannte mein Unternehmen ein zeitgemäßes und verdienstliches.

Jedenfalls war mein Buch das erste, und es ist auch das einzige geblieben, welches Fritz Reuter im Zusammenhange vorführte, seine Entwickelung nachwies, seine eigentliche Bedeutung darthat und seine Dichtungen eingehend würdigte. Jedenfalls hat es, wie ich behaupten darf, die Bekanntschaft des Dichters unter Hochdeutschen vermitteln, seiner Verbreitung über ganz Deutschland die Wege bahnen helfen. Auf Grund meines Buches brachte auch die Revue des deux Mondes über Fritz Reuter einen Artikel.

Meine Ausführungen und Schlußfolgerungen, die damals mehr oder weniger Widerspruch fanden, gelten heut als selbstverständlich. Fritz Reuter gilt allgemein für den bedeutendsten Dichter und größten Humoristen, welchen unsere neueste Literatur hervorgebracht hat; dessen Dichtungen wieder Natur- und Lebenswahrheit zeigen, dessen Helden lauter originelle Vollblutsmenschen sind. Niemand zweifelt mehr, daß, wie ich schon damals behauptete, allein die Erschaffung Zacharias Bräsig's eine historische That ist, und daß sich der „immeritirte Entspecter" getrost neben Sancho Pansa, Herrn Pickwick und Sam Weller stellen darf. Auch meine Beurtheilung und Schätzung der einzelnen Dichtungen hat allseitige Zustimmung und Zueignung gefunden, ist seitdem Gemeingut geworden. Mein Buch ist nicht selten genannt und citirt, viel häufiger aber benutzt und geplündert worden; besonders nach dem Tode des Dichters, wo über ihn eine Sündfluth von Artikeln losbrach, die meist von sehr ununterrichteten Personen herrühren, allerhand Erdichtungen und Ungereimtheiten auftischen.

In erster Auflage gab ich nur einen kurzen Lebensabriß des Dichters, wobei ich hauptsächlich seine eigenen Aufzeichnungen in „Schurr-Murr" und „Ut mine Festungstid" benutzte. Was darin Wahrheit und was Dichtung ist, war ich zu unterscheiden wol im Stande. Von verschiedenen Seiten gingen mir Mittheilungen zu; und Fritz Reuter selber schrieb mir unterm 15. März 1865 einen langen Brief, worin er die Schicksale seines Lebens zusammenstellte, und wie ich noch besonders hervorheben will, alle Daten, auch die Reihenfolge seiner Schriften und die Zeit ihres Erscheinens angab. Er schloß mit den Worten: „Ich bitte Sie jedoch, wenn Sie von diesen Notizen Gebrauch machen, nicht ausdrücklich zu erwähnen, daß das Material von mir selbst geliefert ist; es hat dies Schreiben in eigener Angelegenheit für mich stets etwas Empfindliches, Widerstrebendes." Selbstverständlich bin ich diesem Verlangen nachgekommen. Auch hatte ich damals noch andere Rücksichten zu nehmen. Manches, was mir von dritten, durchaus eingeweihten und zuverlässigen Personen berichtet worden; Manches, was wie ein offenes Geheimniß in Aller Munde war — die traurige Schwäche Fritz Reuter's — habe ich doch verschwiegen oder nur zart angedeutet, weil der Dichter noch unter uns lebte. Jetzt, nach seinem Tode fallen diese Rücksichten fort; jetzt gehört Fritz Reuter der Literaturgeschichte an, und darum ist die reine volle Wahrheit geboten.

Inzwischen haben sich mir durch Nachforschungen an den Orten, wo der Dichter gelebt und aufgewachsen, neue Quellen erschlossen, hat sich mir ein großes, bisher völlig unbenutztes Material geboten. Im September v. J. war ich zunächst in Eisenach, wo ich mit der Wittwe des Dichters mehre lange Unterredungen hatte, von ihr alle die Auskunft erhielt, die ich erbat. Außerdem hat mir Frau Doctor Reuter noch briefliche Mittheilungen gemacht, und mir gewisse Manuscripte ihres verewigten Gatten zur Einsicht überlassen. Später war ich in Neu-Brandenburg und Stavenhagen, und habe an beiden Orten viele Freunde und Bekannte des Dichters eingehend befragt. In Stavenhagen nahm ich den greisen Fritz Sahlmann und seine Gattin etliche Stunden zu Protokoll. Die reichste Ausbeute aber, einen wahren Schatz, fand ich daselbst bei der einzig noch lebenden Schwester des Dichters, der verwittweten Frau Sophie Reuter geborene Reuter. Es ist dies der Briefwechsel zwischen Fritz Reuter und seinem Vater, der von 1824 bis 1845 reicht; von da ab, wo der vierzehnjährige Knabe das elterliche Haus verließ und das Gymnasium bezog, bis zum Tode des Vaters. Während des 21jährigen Zeitraums hat der Bürgermeister Reuter, wie es seine Art war, jeden Brief, jedes Schriftstück von, an und über seinen Sohn gesammelt. Frau Sophie Reuter gestattete mir, diesen Papierstoß einzusehen, hat mir auch eine Reihe von Briefen zur Benutzung überlassen; welche ich jetzt veröffentliche, und welche allein schon ein wesentliches Stück Biographie sind, fast die ganze Vorgeschichte des Dichters urkundlich darlegen. Frau Sophie Reuter und ihre Tochter, Fräulein Ida Reuter, haben mir die nöthigen Erläuterungen zu jenem Briefwechsel, und in Betreff des Dichters auch sonst die wichtigsten Aufschlüsse gegeben. Beide Damen und andere Personen, die mit Fritz Reuter verkehrten, lieferten mir mündlich und schriftlich werthvolle Nachrichten und Beiträge.

Auf Grund der gesammelten Materialien habe ich jenen biographischen Abriß der ersten Auflage nun zu einem ausführlichen Lebensbilde erweitert; und bin dabei nach bestem Wissen und Gewissen zu Werke gegangen. Es schien mir Pflicht, in allen Puncten, auch in den delicatesten, der Wahrheit die Ehre zu geben; nichts zu verheimlichen, zu umgehen und zu beschönigen — auch nicht den dunkeln Fleck im Leben des Dichters. Ich wollte und durfte aus Fritz Reuter nicht, wie es neuerdings mehrfach versucht worden, einen Heiligen machen; aber ich glaube, daß trotz der Schwächen und Verirrungen, die ich von ihm berichten mußte, noch immer ein ehrenwerther und liebenswürdiger Mensch übrig geblieben ist.

Auch der kritische Theil des Buchs hat eine Umarbeitung erfahren; wiewol ich im Großen und Ganzen meine Ansichten und Urtheile nicht geändert, nichts zurückzunehmen habe; nur Manches berichtigte oder besser zu begründen strebte. Sogar ahnte ich schon damals, daß der Dichter mit „Ut mine Stromtid" seinen größten Trumpf ausgespielt, und wol keine rechten Stichkarten mehr in der Hand habe; und ich gab diesem Gefühl Ausdruck, indem ich sagte: „Wenn Fritz Reuter auch schon jetzt mit seinem Schaffen abschließen oder spätere Producte die Anzeichen der Erschöpfung tragen sollten: er hat bereits sich genug gethan, er wird auch dann seinen Platz in der Ehrenhalle unserer Dichter finden." — Wie gesagt, ich bin meinen Ansichten und Urtheilen treu geblieben; doch habe ich jetzt Lob und Tadel mehr abgetönt, die oft herbe schroffe Form gemildert. Weil Fritz Reuter's Schriften inzwischen auch unter Hochdeutschen sehr viel bekannter geworden sind, schienen mir Kürzungen geboten, sowol in Betreff der Inhaltsangaben wie der Citate und Proben; dafür habe ich mancherlei Beiträge zur Geschichte der einzelnen Dichtungen geliefert, die Stoffe und Vorbilder des Dichters nachzuweisen gesucht. Auch die Excurse über den Roman und über den Humor ließ ich fort, da sie füglich entbehrt werden können. Endlich sind die Parallelen zwischen Fritz Reuter und andern zeitgenössischen Dichtern gestrichen. Diese Polemik hat ihren Zweck erfüllt, Fritz Reuter's Bedeutung ist nach Gebühr erkannt und anerkannt, und da er jetzt von uns geschieden, glaubte ich das ihm gewidmete Buch so objectiv wie möglich halten zu sollen.

Jedoch kann ich nicht umhin, an dieser Stelle eine persönliche Auseinandersetzung vorzunehmen, die auch für das Publikum Interesse haben dürfte.

Als nach dem Tode Fritz Reuter's die neue, völlig umgearbeitete Auflage meines Buchs angezeigt wurde, kündigten sich bald darauf zwei weitere Biographien des Dichters an: die eine von einem Herrn Ebert in Güstrow; die andere, im Auftrage des Verlegers der Reuter'schen Schriften, von Adolf Wilbrandt in Wien.

Herr Ebert, „ein junger hoffnungsvoller Literat", wie er in mecklenburgischen Blättern sich nennen ließ, verfaßte ein durch seinen Verleger an den Buchhandel versandtes Circular, das höchst auffälliger Weise weit weniger von seinem als von meinem Buche handelte. Herr Ebert erzählte den Herren Sortimentern, daß der Lebensabriß, den ich von Fritz Reuter in meiner Schrift entworfen, „nur 56 Seiten" zähle, dazu hauptsächlich nur das enthalte, was der Dichter schon selber von sich berichtet, und daß ich diese Berichte sehr „unkritisch" benutzt hätte; daß mein Buch zwar gewisse Verdienste um Fritz Reuter habe, auch ein „geistreiches" Buch sei, aber doch entfernt keine Biographie; daß es an einer ausführlichen Lebensgeschichte des Dichters mangele, und daß er, Herr Ebert, diesem fühlbaren Mangel abhelfen wolle. Herr Ebert rühmte sich, im Besitz vieler und der wichtigsten „Aktenstücke" zu sein; er versprach, die „wild verschlungenen Wege des Humoristen" bis zum Ur=

sprunge aufzudecken. Ohne die neue Auflage meines Buchs abzuwarten, war Herr Ebert also bemüht, dieselbe gewissermaßen zu unterschlagen und die erste Auflage zu verdächtigen. Ein hübscher Anfang für einen „jungen hoffnungsvollen Literaten"! Sein Circular gipfelte in dem Goethe'schen Ausspruch: „Wer den Dichter will verstehn, muß in Dichters Lande gehn" — womit Herr Ebert sagen wollte: Nur ein Landsmann des Dichters, nur ein Mecklenburger ist berechtigt und qualificirt, über Fritz Reuter zu schreiben.

Es entspann sich nun ein förmlicher Wettlauf zwischen den beiden neuen Biographen, aus dem Herr Ebert als Sieger hervorging. Sein Buch kam Anfang Dezember „rechtzeitig" zu Markte, während die „Nachgelassene Schriften" von Fritz Reuter, mit der biographischen Einleitung von Adolf Wilbrandt, erst knapp vor dem Weihnachtsfeste erschienen — „die Zeit drängte," bemerkt im Vorwort der Herausgeber. Ich konnte und wollte diesen Wettlauf nicht mitmachen, mein Buch hat sich sehr verspätet; aber es lag mir daran, es so gut herzustellen wie ich irgend vermochte. Ein Buch über Fritz Reuter, so meinte ich, dürfe kein bloßes Speculationsobject sein, nicht blos auf das Bedürfniß des Tages und die augenblickliche Neugierde speculiren, sondern es müsse Alles aufbieten, um dem Dichter auch wirklich gerecht zu werden; wo es dann noch immer zu paß komme.

Man gestatte mir jetzt, kurz zu erörtern, wie meine beiden Vorläufer ihre Aufgabe gelöst haben.

Herr Ebert hat wirklich eine Anzahl von „Aktenstücken" beigebracht; z. B. lange Auszüge aus Archiven, aus „Domanial"=, Gymnasial= und Universitäts=Registraturen, aus Raabe's „Mecklenburgischer Vaterlandskunde" und ähnlichen Büchern. Im Uebrigen hat er „Schurr=Murr" und „Ut mine Festungstid" abgeschrieben, und allerhand Journal=Artikel mit Haut und Haaren übernommen. Jeden, der irgend einen Artikel über den Dichter geschrieben, nennt er einen „Biographen"; nach ihm giebt es bereits Dutzende von Biographen Fritz Reuter's. Weil Herr Ebert „in Dichters Lande" wohnt, glaubte er in Güstrow sitzen bleiben zu dürfen; obwol Stavenhagen und Neu=Brandenburg vor seiner Thüre liegen, hat er diese Orte doch nie mit Einem Auge gesehen; wie ich zuverlässig weiß, begnügte er sich, „Fragebogen" auszuschicken, Aufrufe zu erlassen, und getröstete sich der einlaufenden Antworten und Nachrichten. Mein Buch erwähnt er nur, um es anscheinend zu berichtigen. Thatsächlich aber benutzt er es sklavisch; sogar in den Auszügen und Mittheilungen aus Reuter's Schriften. Jede Anführung, jede Bemerkung, die ich gemacht, umschreibt er oder reckt sie ellenlang aus. Er selber hat keinen Gedanken, ist keines eigenen Urtheils fähig, daher er auch jede Kritik bald aufgibt, und bei „Ut mine Stromtid (Seite 274) gelassen erklärt: „Ueber den Werth dieser Dichtung hier ein Urtheil abzugeben, halte ich nicht für meine Aufgabe". Ei, wirklich nicht, Herr Ebert? Und trotzdem nennen Sie Ihr Buch: „Fritz Reuter. Sein Leben und seine Werke"! Heißt das nicht, das Publikum täuschen und hintergehen?! — Was die „Biographie" überhaupt für einen Werth hat, und was dieser „junge hoffnungsvolle Literat" für ein grausamer Ignorant ist, erhellt aus dem Umstande, daß er (Seite 143) den Studiosus Fritz Reuter am 31. Oktober 1833 zu Berlin verhaftet werden läßt „in einer Droschke, welche ihn dem Bahnhof zuführen sollte". Man denke: nach Herrn Ebert gab es im Herbst 1833 bereits einen Bahnhof in Berlin, und noch dazu einen solchen, von wo aus man nach Mecklenburg fahren konnte! — Herrn Ebert's Buch ist ungenannt und ungekannt zum Orkus hinabgestiegen, und indem ich's erwähne, thue ich ihm allerdings eine unverdiente Ehre an; aber ich konnte doch nicht umhin, dieses Machwerk hier zu kennzeichnen.

Adolf Wilbrandt in Wien, ein geborener Mecklenburger, beginnt seine Abhandlung: „Fritz Reuter's Leben und Werke" gleichfalls mit dem Ausruf: „Wer den Dichter will verstehn etc." — scheint aber die Orte, wo Fritz Reuter gelebt hat, auch nicht aus eigener Anschauung zu kennen; scheint auch nicht einmal mit irgend welchen Freunden oder Bekannten des Dichters in persönlichem Verkehr gestanden zu haben. Auch er behauptet bei seiner Arbeit durch „werthvolle Mittheilungen jeder Art" unterstützt worden zu sein: er scheint dieselben aber ausschließlich von Einer Seite empfangen zu haben, und jedenfalls sind sie sehr lückenhaft. Beiden, Herrn Ebert wie Adolf Wilbrandt, ist der ganze Briefwechsel zwischen Fritz Reuter und seinem Vater fremd dürfte! Das Schlimmste aber ist, daß er von der Entwickelung des Dichters ein unzutreffendes schiefes Bild entwirft, das eigentliche Wesen desselben verkennt. Während Fritz Reuter selber, wie ich nachgewiesen habe, verschiedentlich betont, daß er mit innerer Nöthigung plattdeutsch geschrieben und gedichtet habe; während seine hochdeutschen Versuche neben den plattdeutschen Schöpfungen kaum genannt werden dürfen — läßt Adolf Wilbrandt ihn erst allmälig und spät, und wogegen Fritz Reuter stets protestirt hat, gewissermaßen erst in Nachahmung Klaus Groth's zum plattdeutschen Dichter werden. Er sagt (S. 44): „Nur lag ihm das Plattdeutsche so fern, wie irgend einem seiner dichtenden Zeitgenossen. Die Wiederbelebung dieser literarisch todten Mundart war noch nicht geschehen." Und dann wieder (S. 62): Er hielt „den hochdeutschen und den plattdeutschen Poeten in sich gesondert". Fritz Reuter war also nach Adolf Wilbrandt, dem Herausgeber seiner „Nachgelassene Schriften" — ein Virtuose in zwei Sprachen, eine Art von Kunststückmacher! Auch hier bewahrheitet sich wieder der alte Spruch: „Gott behüte mich vor meinen Freunden!"

Leicht möglich, daß man diese Auseinandersetzung übel deutet; aber ich glaube sie mir und auch dem Publikum schuldig zu sein. Nach den Schriften der Herren Ebert und Adolf Wilbrandt liegt es mir gewissermaßen ob, die Berechtigung meines Buches nachzuweisen; und ich muß das Publikum in den Stand setzen, zwischen jenen Schriften und meinem Buche zu unterscheiden. Ich habe nicht die Ehre aus Mecklenburg zu stammen, ich bin von Geburt nur ein Ostpreuße; aber ich kenne Mecklenburg und das ganze plattdeutsche Gebiet ziemlich genau, und ich habe Fritz Reuter seit zwölf Jahren mit großer Vorliebe studirt.

Zum Schlusse sage ich vielen Dank Allen, die mit Rath und That mich unterstützt haben, und nenne hier nur: Frau Doctor Reuter und Herrn Dr. Friedrich Friedrich in Eisenach, Herrn Buchhändler C. Brünslow und die Familie Bunckenburg in Neu-Brandenburg, Herrn Hofbuchhändler G. Barnewitz in Neu-Strelitz, Frau Sophie Reuter geborne Reuter, Fräulein Ida Reuter, Herrn Bürgermeister Fr. von Bülow und Herrn Fritz Sahlmann in Stavenhagen.

Berlin, Mitte April 1875.   Otto Glagau.

geblieben; Beide bringen nur Einen und denselben Brief des gefangenen Jünglings, d. d. Silberberg den 31. October 1836, der auch mir zukam in Neu-Brandenburg, wo er in Abschrift umlief. Von dem Vater und überhaupt von der ganzen Familie Fritz Reuter's weiß Adolf Wilbrandt so gut wie nichts zu berichten; weshalb er auch dem Vater in keiner Weise gerecht geworden ist, ihn obenhin abthut. Wenn er ferner bemerkt: „Ich habe nicht eine Zeile über Reuter's Lebensgang geschrieben, die nicht urkundlich durch ihn selbst oder durch andere zuverlässige Zeugen beglaubigt ist" — so muß ich auch dem widersprechen. Auf Grund der von mir beigebrachten Materialien, darf ich behaupten, daß Adolf Wilbrandt in vielen wesentlichen Punkten nicht nur höchst mangelhaft, sondern entschieden falsch unterrichtet ist. Von kleinen Irrthümern in Daten und Thatsachen, die zahlreich sind, will ich ganz absehen, und hier nur einige von Bedeutung hervorheben. Adolf Wilbrandt hat z. B. keine Ahnung von dem Testament des Bürgermeisters, das den Sohn enterbte; und von dem Umstande, daß Fritz Reuter's Erbe bis an seinen Tod unter Curatel gestanden hat. Ferner ist Fritz Reuter nie in der Oekonomie seines Vaters beschäftigt gewesen, hat auch nie unter „Berufsgenossen" für einen „erfahrenen Landwirth" gegolten. Seine unselige Schwäche, die Adolf Wilbrandt für eine Krankheit, für eine „Neurose" ausgeben will, war einfach ein Laster — wie das in Mecklenburg Jedermann weiß; und habe ich darüber die vertrautesten Freunde, die nächsten Anverwandten des Dichters befragt.

Auch Adolf Wilbrandt giebt keine eigentliche Kritik; er fällt über die einzelnen Dichtungen nur ein kurzes Urtheil, das bald an und für sich, bald durch die sonderbare Fassung auffällt. So sagt er: „Ich für meine Person werde immer die „Franzosentib" und die „Stromtib" für seine (Reuter's) vollendetsten und erfreuendsten Schöpfungen halten." — Als ob das nicht schon Julian Schmidt vor 15 und resp. 13 Jahren ausgesprochen hätte! Als ob darüber heute nicht die ganze Welt, Kritik wie Publikum, einig wäre! Dagegen stellt er nicht nur „De Reis' nah Belligen", sondern dem Dichter zu Liebe, auch „Kein Hüsung" — das allgemein für eine völlig mißlungene Leistung gilt — noch über „Hanne Nüte"; eine Ansicht, mit der er ziemlich allein stehen

Fritz Reuter's Leben.

I.

Im Elternhause.

Fritz Reuter wurde geboren am 7. November 1810 in Stavenhagen, einem Städtchen im östlichen Theil des damaligen Herzogthums, heutigen Großherzogthums Mecklenburg-Schwerin.

Sein Vater, Johann Georg Reuter, geboren 1776, als der Sohn eines mecklenburgischen Predigers, studirte in Rostock und Göttingen die Rechte, kam zu Anfang des Jahrhunderts nach Stavenhagen, wo er sich als Advokat niederließ, und daneben als „Amtsmitarbeiter" (Gehülfe beim Domanial- und Ritterschaftsamte) fungirte. Er wurde 1808 Bürgermeister und Stadtrichter — der erste studirte Bürgermeister von Stavenhagen — und heirathete am 23. Februar 1810 Johanna Oelpke, geboren 1790, die Tochter des Bürgermeisters zu Triebsees in Neuvorpommern.

Aus dieser Ehe gingen zwei Kinder hervor: Fritz, der Dichter; und ein jüngerer, schon früh verstorbener Knabe.

Außerdem hatte der Bürgermeister Reuter zwei natürliche Töchter, die er später förmlich adoptirte und von vorne herein wie seine legitimen Kinder hinstellte: Lisette, geboren 1808, wurde neben ihrem Bruder im väterlichen Hause erzogen; während Sophie, geboren 1814, erst 1826 nach Stavenhagen kam, als Fritz schon auf dem Gymnasium zu Friedland saß.

Der Bürgermeister Reuter war ein außerordentlich thätiger, ein vielseitiger und intelligenter, umsichtiger und gewandter, ernster und energischer Mann. Nicht nur, daß er die ganze Verwaltung und Justiz des Städtchens handhabte, die heute wie damals ungetrennt sind: er fungirte auch noch als Actuar bei dem genannten Amte, sowie als Justitiar oder Patrimonialrichter der umliegenden Rittergüter. Diese zahlreichen Aemter besorgte er ganz allein; er hatte lange Jahre nicht einmal einen Schreiber, nur einen Stadtdiener. Aber nicht genug daran. Er fand noch Zeit eine immer mehr sich ausbreitende Acker- und Viehwirthschaft zu betreiben, und sich in allerhand gewerblichen Unternehmungen zu versuchen. Indem er ein Grundstück nach dem andern erwarb, besaß er schließlich einen Rindviehstand von 50 bis 60 Häuptern, beschäftigte er zeitweise bis 120 Menschen täglich. Er pflanzte nach und nebeneinander verschiedene fremde Futtergewächse, Färbe- und Gewürzpflanzen mit dem besten Erfolg an, und berichtete darüber in populären Schriften. Er erbaute in den dreißiger Jahren die erste Bairisch-Bierbrauerei im Lande Mecklenburg; das „Stemhäger Burmeister Bier" erlangte weiten Ruf und rief zahlreiche Nachahmer hervor.

Von kaum mittelgroßer schmächtiger Statur, aber äußerst beweglich und flink, entfaltete der Bürgermeister Reuter eine Arbeitskraft und einen Fleiß, die in Erstaunen setzen müssen. Schon um 4, ja um 3 Uhr Morgens war er auf, und dann ohne Pause beschäftigt bis in die Nacht; bald in der Wirthschaft, bald auf dem Bureau, wo er häufig noch spät Abends Termine abhielt. Kurz von Worten, kurz in seinen Entscheidungen, erschien er mit seinem unschönen, immer ernsten Gesicht kalt, strenge und fast hart. Wirklich duldete er keinen Widerspruch und bestrafte ihn auf der Stelle. Indem er sich seiner Umgebung, der kleinstädtischen beschränkten Bürgerschaft weit überlegen fühlte, bildete sich bei ihm eine gewisse Selbstherrlichkeit aus, ließ er sich wol hin und wieder zu Eigenmächtigkeiten verleiten. Doch im Großen und Ganzen war er gerecht, ohne Ansehen der Person; ein Vertheidiger und Beschützer der Armen und Schwachen. Fest und unerschrocken trat er während der Fremdherrschaft den französischen Machthabern entgegen, und vertrat das Wohl und Wehe der Stadt mit einem Muth, der Bewunderung verdient, und mit einem Nachdruck, der ihn mehr als einmal in Gefahr brachte.

Er war sparsam und auf den Erwerb bedacht, aber nicht geizig, nicht knickerig, sondern gastfreundlich und gegen seine Familie freigebig. In Gemeinschaft mit seinem Bruder, dem Pastor Reuter in Jabel, ließ er zwei verwaiste Neffen vollständig erziehen, und unterstützte sie reichlich, bis sie selber eine Existenz fanden.

Gegen die Gattin bezeigte er sich stets freundlich und gütig; und die Ehe war, trotz der angedeuteten eigenthümlichen Umstände, durchaus keine unglückliche. Auch das Aeußere der Frau ließ zu wünschen übrig, aber dafür entschädigte ihr anziehendes, gewinnendes Wesen. Sie war eine sanfte, sinnige Natur, von einer nicht gewöhnlichen Belesenheit, und eine große Verehrerin unserer Klassiker. Nach der Geburt ihres zweiten Kindes kränkelte sie bis zu ihrem frühen Tode; völlig gelähmt, mußte sie hin und her getragen werden. Doch die Hände blieben deshalb nicht müßig, sondern stichelten und nähten nach Kräften. Das umfangreiche Hauswesen stand unter Obhut ihrer unverheiratheten Stiefschwester Christiane.

Der Bürgermeister hatte eine Amtswohnung im Rath=

hause am Markte, der ein großes, fast regelmäßiges Viereck bildet. Das zweistöckige Gebäude mit den Lindenbäumen davor steht noch unverändert und macht noch heute einen ziemlich ansehnlichen Eindruck. Wenn man in den geräumigen Flur trat, hatte man links die Privatwohnung des Bürgermeisters, rechts das große Gerichtszimmer; wogegen heute das ganze Parterregeschoß der Stadtsecretär bewohnt. Im ersten Stock befanden sich der „Bürgergehorsam" und ein Saal, wo zuweilen Theater gespielt und Tanzunterricht ertheilt wurde; während jetzt nur noch Rath und Bürgerausschuß ihre Sitzungen hier abhalten. Der übrige Raum wurde als Schlaf= und Fremdenzimmer benutzt, und zwei Treppen hoch war der Kornboden aufgeschlagen.

Unten im Gerichtszimmer saß der Bürgermeister über den Acten, den Rücken der Thür zugekehrt, und gewöhnlich eine lange Pfeife im Munde. Ueber seinem Kopfe hing ein Glockenstrang, und wenn er ihn zog, erschien der Stadtdiener Luth, um einen Verurtheilten oder einen Krakehler sofort nach dem „Bürgergehorsam" zu befördern. Luth war ein Praktikus und ein Pfiffikus. In allen Geschäften wohlerfahren, galt er nicht mit Unrecht für des Bürgermeisters rechte Hand; und da sie beide in ihrer Einnahme hauptsächlich auf Sporteln angewiesen waren, trieb er dem Richter öfters die Parteien wider deren Willen zu.

Im Uebrigen hat Fritz Reuter seinen Geburtsort, die ersten Eindrücke seiner Kindheit selber geschildert in der Skizze „Meine Vaterstadt Stavenhagen". Das Städtchen umfaßte damals etwa 1200 Einwohner (heute an 3000), die abgeschieden von der Welt, ein ungestörtes Klein= und Stillleben führten, und in ihrem Thun und Treiben lässig, der großen Mehrzahl nach arm zu nennen waren. Ackerbürger und kleine Handwerker, darunter viele

Weber, bildeten den Stamm. Von sieben Gewürzern waren fünf Christen; das sonstige „Geschäft" befand sich schon damals in den Händen der Juden, von denen 27 Familien allein mit Schnittwaaren handelten. Ein ankommender Probenreiter setzte jedesmal die gesammte Straßenjugend in Bewegung, die ihn im Triumphe nach dem einzigen Gasthof geleitete, wo der hungrige Reisende aber nur „holländischen Käse" vorfand. Die großen Ereignisse für Jung und Alt waren die drei Jahrmärkte, besonders der Herbstmarkt. — „Welches sind die drei christlichen Hauptfeste?" fragte der Pastor die Confirmandin; und das Mädchen antwortete rasch: „Wihnachten, Pingsten un Harwstmarkt". Zum Jahrmarkt füllte sich das Städtchen mit Pferdehändlern, Schacherjuden, Kuchenweibern und Orgeldrehern; und nach ihnen kamen die Bauern, Wirthschafter, Pächter und Gutsbesitzer der Umgegend. Vom Rathhause bliesen die fremden Musikanten den Jahrmarkt ein; hoch oben auf dem Kornboden des Rathhauses tanzte der kleine Fritz mit seiner Wärterin, Marieken Wienken; und die andern Mägde sprangen lustig zwischen den Hafersäcken und Erbsenhaufen umher. Während die Bauern beim Bäcker Witt „Kopp un Schrift" exercirten, opferten die „Oekonomiker" im Hotel Toll dem König Pharao; aber hier wie dort erschien nicht selten die Nemesis in Gestalt des Stadtdieners Luth und confiscirte Geld und Karten.

Das politische und literarische Bedürfniß der Einwohnerschaft befriedigten damals drei Journale; der Bürgermeister hielt den „Hamburger Correspondenten", der Rector Schäfer die Berliner „Vossische", und die Frau Rathsherrin Herse das von Professor Wehnert in Parchim herausgegebene Thee- und Kaffeeblatt, mit seinen sinnigen Artikeln über das Storchnest in Teterow und über die Schallöcher an der Kirche in Friedland, welche die dortigen Bürger plötzlich vermauern ließen.

Nach der Versicherung Fritz Reuter's hat sich Stavenhagen seitdem sehr gehoben, sehr verschönert und vergrößert. Die Düngerhaufen und die Pfützen auf den Straßen sind verschwunden, und das Pflaster ist nicht mehr lebensgefährlich. Die Priesterkoppel, wo der kleine Bursche seine Papierdrachen steigen ließ, „ist jetzt mit einem Häusermeer bedeckt". Der an den Markt grenzende Alt=Bauhof nebst dem Kaak oder Pranger davor ist abgebrochen, und ein neuer Stadttheil, das „fashionable Westend" erhebt sich hier. — Trotzdem kann man auch heute noch unschwer erkennen, wie „Stemhagen" vor sechszig Jahren ausgesehen hat. In der „Gatz" stehen noch immer „Weber Schulten's Haus" und „Weber Schmidt's Haus" bedenklich gegeneinander geneigt, in den Nebenstraßen sieht man noch viele wackelige geschwärzte Häuschen in unverhülltem Fachwerk, die in der Beletage statt der Fenster nur Luken haben. Trotz der Eisenbahn, die heute nach Stavenhagen führt, fehlt der Apotheke und den andern Läden am Markt noch immer jedes Schild und jede Aufschrift. Wer sie kennt, findet sie auch so; und wer sie nicht kennt, der mag sie erfragen!

Der hart an den Marktplatz stoßende Alt=Bauhof, wo Fritzen's ältester Freund, sein treuer Spielgenosse Carl Nahmacher, zu Hause war, gehörte schon nicht mehr zum Stadtgebiet, sondern zum „Domanium"; und ebenso das hinter dem Rathhause sich erhebende Amtsgebäude, ein ehemaliges Jagdschloß, mit schönem großen Garten. „Ein mit Kastanien bepflanzter Weg zieht sich den Hügel hinan. Deutlich sind die Spuren von Wall und Graben, von alten Befestigungen noch ringsum zu erkennen und bezeugen, daß hier eine alte Ritterburg gestanden, zu deren Füßen sich dann später die Stadt gebildet hat."

Oben auf dem „Schloß", in dem weitläuftigen Gebäude residirte der Amtshauptmann Weber, der „erste

Herzogliche Beamte im Stemhäger Amt", mit seiner Gemahlin Agnete, von ihm „Neiting" genannt. Ihr einziger Sohn, Jochen, war schon auswärts. Zu ihrer Umgebung gehörten: Mamsell Westphalen, die Beschließerin, eine alte, sehr beleibte Jungfer, die der kränkelnden Hausfrau treu und tüchtig zur Seite stand; sowie der „unverständige Schlingel" Fritz Sahlmann, der für den Herrn die „laufenden Geschäfte" besorgte, ihm die Pfeifen stopfte und daneben zum Abschreiben benutzt wurde.

Fritz Reuter nennt den Amtshauptmann mit Stolz seinen Pathen, und zeichnet den ehrenfesten Herrn in der köstlichen Geschichte „Ut de Franzosentid" als eine hohe stattliche Gestalt mit pockennarbigem Gesicht, breiter Stirn und blauen Augen; in sauberem blauen Rocke, gelblichen Hosen, langen blankgewichsten Stiefeln und mit einem niedlichen Zöpfchen, das ihm jeden Morgen seine liebe Frau drehte, und das, wenn er Mittags unter den Kastanienbäumen des Schloßgartens spazierte, gar klug und fidel in die Welt sah. Als ihn Fritz wirklich kennen lernte, war der alte Herr schon etwas schwerhörig, und in Folge eines Unfalls auch nicht mehr so mobil.

Zwischen dem Schlosse und dem Rathhause bestand ein reger Verkehr, in geschäftlicher wie in privater Hinsicht. Der Bürgermeister war, wie erwähnt, zugleich Amtsactuar, und Fritz Sahlmann lief mit Aufträgen hin und her. Auch der kleine Fritz Reuter wurde oft hinaufgeschickt, und wenn er sich der Bestellung glatt entledigt hatte, tätschelte ihm der alte Herr wohlwollend auf den Kopf und sprach: „Fir Jung, as en Fürslott! Dat möt nich lang hacken un knarren; as du losdrückst, möt't ok blitzen. Nu gah hen nah Mamsell Westphalen, un lat Di en Appel gewen." Ebenso stieg der Amtshauptmann selber tagtäglich um die Theestunde hinab, um mit Fritzens Mutter zu plaudern, um sie zu zerstreuen und aufzuheitern. Er ließ ihr seinen

Marc Aurel und tröstete sie in ihrem schweren Leiden mit Sprüchen aus diesem seinem Lieblingsschriftsteller. Stets schlug er sich auf die Seite der Frauen und der Kinder, wenn es galt beim Bürgermeister etwas durchzusetzen, z. B. die Theilnahme an der Tanzstunde oder gar den Besuch des Maskenballs. Mit großem Widerstreben und erst nach wiederholten Kämpfen gab der ernste Vater seine Erlaubniß zu diesen Dingen, in denen er nur unschickliche Narrenspossen sah. Fritz aber ist, trotz aller Bemühungen von Marieken Wienken und trotz der schweißtriefenden Anstrengungen des dicken plattfüßigen Tanzmeisters, Herrn Stengel, ein dürftiger Tänzer geblieben; und auch der Maskenball, wo er als Schornsteinfegerjunge erschien und die Perrücke der jüdischen Kaufmannsfrau, Madame Levin, heruntersegte, endigte für ihn mit ein paar derben Maulschellen, die ihm seine als „siebenzehnhundertjährige Braut" verkleidete Tante Christiane, Angesichts der ganzen Versammlung, verabreichte.

Ein anderer Hausfreund war der „Herr Rathsherr" Herse, der dem Bürgermeister die Stadt regieren half, und außerdem als „Notarius publicus et immatriculatus" waltete. Seinem früheren Berufe nach Apotheker, war er nicht etwa ein dürrer, pedantischer Neunundneunziger, sondern ein großer, starker, korpulenter Mann mit blühendem Antlitz, von elastischer Beweglichkeit, unerschöpflich an Einfällen, Erfindungen und Experimenten, und von einer Gemüthlichkeit, die sich „nach Ellen messen ließ". „Onkel Herse", wie ihn die Reuter'schen Kinder nannten, wenngleich er kein geborner, sondern nur ein adoptirter Onkel war — wohnte gleichfalls am Markte, zwei Häuser vom Rathsgebäude, und er machte sich nicht wenig bemerklich. Morgens pflegte er in seinem Schlafrock umherzustolziren — es war der einzige Schlafrock, den Stavenhagen aufzuweisen hatte, und dazu ein hellblauer. Nachmittags ging er in Corduanschuhen, gelben Nankinghosen und Hembs= ärmeln, mit der langen brennenden Pfeife quer über den Markt zu seinem Gevatter Grischow. Kaufmann Grischow, nicht zu verwechseln mit der Grischow'schen Apotheke an der entgegengesetzten Ecke des Marktplatzes — hatte einen Laden „für Alles". Fritz Reuter bezog von ihm seine Bilderbogen, und „Onkel" Herse seine Getränke. In sol= chem Aufzuge erschien der Herr Rathsherr täglich ein paar Mal bei Grischow, durchschritt den Laden, öffnete ein Eck= spind, in welchem eine Reihe verschiedener Flaschen standen, goß sich ein Glas Wein oder dergleichen ein, leerte es auf Einen Zug und schloß dann wieder den Schrank, nachdem er an die innere Thür einen Kreidestrich gemalt hatte. Von Zeit zu Zeit wurden die Striche zusammengezählt und dann gelöscht. Abends saß Onkel Herse vor der Haus= thür unter den Lindenbäumen, schlürfte ein Glas „Schurr= Murr", das Gevatter Grischow aus sieben rothen, grünen, blauen und gelben Flaschen zusammengegossen, und erzählte Kindern wie Erwachsenen, einem Publikum, das sich ge= rade eingefunden hatte, seine Erlebnisse und Abenteuer, wobei er sich mit der fleischigen Hand über das rosige Ge= sicht strich, und zuweilen in ein fröhliches, über den Markt= platz hinschallendes Gelächter ausbrach, während seine beiden Hunde Rollo und Tippo, um die Gunst des Herrn eifer= süchtig, sich zu seinen Füßen herumbalgten, oder mit ihren schmutzigen Pfoten an seinen gelben Nankinghosen hinauf= krochen.

Die Familie Reuter hatte, schon wegen der Krankheit der Hausfrau, nur geringen Umgang. Aber Fritz war in jedem Hause bekannt, mit allen Knaben seines Alters eng verbrüdert. Vornehmlich mit Karl Nahmacher, dem Sohne des Pächters auf dem Alt=Vauhof, mit dem er, gewöhn= lich gegen den Willen der Eltern, ausgedehnte Streifzüge durch Flur und Wald unternahm, z. B. nach dem Eulen=

berge, nach den Pribbenower Tannen, oder gar nach dem herrlichen Thiergarten zu Ivenack, woselbst stattliche Hirsche und tausendjährige Eichen lockten. Die Rückkehr erfolgte in der Regel sehr spät und deshalb im Steeple-chase, durch Gräben und Moore, Pfützen und Lachen, über Hecken und Zäune, bis man glühend und keuchend vor dem Alt-Bauhof eintraf. Hier wurde zunächst eine Besichtigung der Schuhe und Hosen vorgenommen. Ach, sie waren vor Schmutz und Wunden kaum kenntlich! Jedenfalls mußten sie im nahen Rohrteich gewaschen werden. Und nun hinauf in die Wipfel der hohen Obstbäume, um hier zu trocknen und daneben ein wenig zu naschen! Endlich, endlich wagte man sich zögernd nach Hause, die kleine Brust voll banger Ahnung, die selten trog, meistens von dem Pantoffel der Madame Nahmacher, von dem Rohrstöckchen des Herrn Bürgermeisters eine nachdrückliche Bestätigung erfuhr. Dieses schlanke Röhrchen verbarg sich auf dem Pfeifentische des Vaters, und Fritz hat es häufig schmecken müssen; während die kränkelnde Mutter den Knaben etwas verzog, ihm viel nachsah, und ihn allerhöchstens zum „Eckenstehen" verurtheilte. Fritz war ein wilder, unbändiger Junge; er fühlte sich als der Sohn des Bürgermeisters und suchte oft Händel mit seinen Kameraden. Einmal wagte er sich sogar an den um acht Jahr älteren Fritz Sahlmann, wurde aber von diesem gebührlich abgestraft. Die zärtliche Mutter stellte den überlegenen Gegner zur Rede: „Wie kannst Du Dir's erlauben, meinen Fritz zu schlagen!" zürnte die Frau Bürgermeisterin. „Er hat's brav verdient!" antwortete trocken Fritz Sahlmann und trabte davon. Mit den beiden Vettern Ernst und August, den Söhnen des verstorbenen Rectors Reuter aus Dömitz, die gleichfalls im Hause des Bürgermeisters erzogen wurden, und besonders mit der Schwester Lisette stand dagegen Fritz meist auf gutem Fuße.

Ein etwas strengeres Regiment als die Mutter führte
über die Kinder Tante Christiane; doch that auch sie ihnen
viel zu Willen und bereitete ihnen, indem sie auf eigne
Hand oder in Verbindung mit den beiden Hausfreunden
Weber und Herse gegen den Bürgermeister konspirirte,
manch mehr oder minder unschuldiges Vergnügen. Tante
Christiane war eine Jungfrau, einfach und wirthschaftlich,
doch keineswegs ohne höhere Talente und Neigungen. Sie
gehörte zu den wenigen Bewohnern Stavenhagens, die sich
auf den Gesang verstanden. Abends auf der Bank vor
der Hausthür sang sie mit vielem Zittern und Tremuliren:

    Komm, Lina, komm! Im Dunkeln
    Sieh, wie die Sterne funkeln — —

und:

    Stolz durchschwimmt der Schwan
    Den blauen Oce — an.

Fritz hörte andächtig zu und versank jedesmal in eine
elegische Stimmung. Aber Tante Christiane ließ es bei
diesen lyrischen Vorträgen nicht bewenden, sie sang eine
ganze Operette, indem ihre Stimme bald zum Baß her-
unterstieg, bald den Alt oder gar Diskant erklomm; „fin
und grow" nannten es die kleinen Zuhörer. Der Baß
war ein junger Officier, der ungeduldig an das Thor eines
Klosters klopft, bis ihm der Alt in Gestalt der Pförtnerin
öffnet. Er verlangt die Priorin zu sprechen, die dann
auch als Diskant erscheint und sich zugleich als sein hübsches Bäschen ausweist; worauf zwischen Baß und Diskant
ein etwas verfänglicher Zwiegesang sich entspinnt, den jedoch die Frau Bürgermeisterin mit Rücksicht auf die lau-
schenden Kinder regelmäßig unterbrach, so daß Tante
Christiane diese schöne Operette niemals zu Ende bringen
konnte. Ueber die musikalischen Bestrebungen ihres Neffen
brach sie ohne Gnade den Stab, indem sie versicherte, er

würde nie ein Sänger werden; und diese Prophezeiung ist wirklich eingetroffen.

Eine noch größere Passion für Gesang und für die Tonkunst überhaupt entwickelte Onkel Herse. Er sang und spielte mit dem alten Zoch das schöne Duo:

> Nimm das Glas, begieß dich nicht!
> Es leben schöne Kinder!
> Und wer diesem widerspricht,
> Das ist ein armer Sünder,
> Sün — sün, sün — sün, sün — sün ...
> Das ist ein armer Sünder.

Onkel Herse hatte sich seine eigene Kapelle gebildet, und spielte hier, wie er's überall gewohnt war, die erste Geige. Mit dieser Kapelle überfiel er die Leute zu nachtschlafender Zeit und riß sie, mit den Variationen zu „Gestern Abend war Vetter Michel da", aus dem ersten Schlafe.

Tante Christiane, Onkel Herse und der kleine Fritz vereinigten sich endlich in der Leidenschaft für's Theater. Die erste Bühne sah der Knabe in dem Thorwege des Schneidermeisters Grambow aufschlagen; in demselben Thorwege, welcher später den Eingang zu der von seinem Vater erbauten Bairisch=Bierbrauerei bildete. Er sah die Bühne aufschlagen, aber nichts weiter: der Vater wollte den Besuch der Vorstellungen nicht erlauben. Dann kam eine zweite Truppe, die eigentlich nur aus zwei Personen bestand: aus Herrn Stürmer, dem ehemaligen Wachtmeister beim littauischen Dragonerregiment und seiner Gattin. Der Künstler blieb in Stavenhagen hängen, indem ihn Hohe Herzogliche Kammer zum Postmeister daselbst mit einem Gehalt von zehn Thalern monatlich ernannte, und ihm später sogar den Titel „Postcommissarius" verlieh. Der Gehalt war nicht groß, aber trotzdem fütterte sich der neue Beamte zu einer Corpulenz auf, die selbst den Raths=

Herrn Herse noch in Schatten stellte; und Fritz Reuter gedenkt in seinen Dichtungen verschiedentlich des Herrn Postcommissarius und der Frau Postcommissariussin, eines ebenso originellen wie würdigen Paares.

Zuletzt kam Herr Stengel, der nicht nur Tanzmeister, sondern auch Schauspieldirector war, und schlug den Thespiskarren neben Fritzen's Schlafkammer, oben im Rathhaussaale auf. Da öffneten sich endlich auch dem Knaben Thaliens Hallen, und er sah „Lorenz Kindelein", den „armen Poeten" von Kotzebue. Fritz zerfloß in Thränen, und neben ihm weinte Tante Christiane, hinter ihm Onkel Herse; die beiden Personen, durch deren Fürsprache er glücklich hineingekommen war. Onkel Herse unterbrach seine Rührung, indem er wiederholt ausrief: „En olles dämliches Stück!" Tante Christiane, wiewol fortwährend selber schluchzend, suchte ihren kleinen Neffen dadurch zu beruhigen, daß sie ihm von Zeit zu Zeit einen Rippenstoß versetzte. Aber wie hungerte und wimmerte auch der dicke, in Strömen schwitzende Stengel umher! Auf Fritz machte die Misère des Poetenthums einen solch abschreckenden Eindruck, daß er, wie er selber sagt, erst dann jenen dornenvollen Pfad zu betreten sich entschloß, als er alles Mögliche versucht hatte: „Klutentreten und Dungfahren, Schulmeistriren und Kinderschlagen, und zuletzt gar noch städtische Angelegenheiten".

Trotz alledem machte er schon damals Verse, und sein erstes Gedicht lautete so:

Im Frühlinge blühen die Rosen,
Im Sommer verlieren die Gänse ihre Posen.

Aber Fritz Reuter ist doch nicht der erste Dichter, den Stavenhagen geboren hat. Schon vor ihm, schon in seinen ersten Lebensjahren dichtete daselbst die Schneiderwittwe Tiedten, und auch sie dichtete plattdeutsch. Von ihren Ge-

fängen hat sich noch ein Bruchstück erhalten, worin sie die
Bewohner der Stadt nach ihren Namen, Berufsgeschäften
und Beziehungen zu einander abhandelt, und das folgender=
maßen anhebt:

   Susemihl lickt ut de Luk,
   Sparmann de giwwt em 'ne Kruk.
   Prost! seggt Sohst,
   Schön Dank! seggt Bank u. s. w.

Erst in Nachahmung von Frau Tiedten dichtete Fritz
Reuter obige Zeilen. Auch war er nicht der erste Schrift=
steller seiner Vaterstadt, sondern dieser Ruhm gebührt
einem seiner Lehrer, dem Rector Schäfer, der ein Reim=
lerikon geschrieben hat, und außerdem, gleichwie Rathsherr
Herse, in sehr verschiedenen Sätteln — „Schnurrpfeifereien"
nennt es Fritz Reuter — gerecht war.

Den ersten Unterricht empfing der Knabe von seiner
Mutter, an der er mit inniger Zärtlichkeit hing. Spielend
führte sie ihn in die Geheimnisse des Abc ein; und sie
machte ihn auch zuerst mit unsern großen Dichtern bekannt,
z. B. mit Schiller'schen Balladen, die sich im Gedächtnisse
des Kindes schnell einprägten und bald seine Phantasie be=
schäftigten. Dann kam Fritz zu Mamsell Schmidt'en, die
eine Schule für Töchter gebildeter Eltern hielt. Fritz fühlte
sich hier sehr unbehaglich, denn er war der einzige Junge
unter all' den gebildeten Mädchen, die ihn beständig „schuh=
riegelten", mit denen er in den Zwischenstunden heftige Kämpfe
bestand, und wo er schmachvoll unterlegen wäre, hätten ihn
nicht zwei der Aeltesten und Hübschesten unter ihre Flügel
genommen.

Seine späteren Lehrer waren zahlreich und sehr verschie=
dener Art. Es unterrichteten ihn nach= und nebeneinander:
der Handlungsbeflissene Rutenick, der Studiosus Caspar,
der Provisor Sparmann, der Schneider Krenz, der Uhrmacher

Droz, der Herr Rector und Onkel Herse; bis dann endlich ein Hauslehrer angenommen wurde.

Der Schneider Krenz ertheilte den Unterricht im Französischen, denn er hatte sieben Jahre in Paris als Schneidergeselle gearbeitet. Sein Unterricht erwies sich jedoch mangelhaft; bei einer mit den Zöglingen vorgenommenen Prüfung conjugirten Fritz und seine beiden Vettern hartnäckig: Je suis été. Herr Krenz wurde entlassen, und Herr Droz trat an seine Stelle, jener Uhrmacher aus Neuschatel, der nach vielen Irrfahrten in Stavenhagen gestrandet war, und den Fritz Reuter in seinem Meisterwerk „Ut de Franzosentid" verewigt hat. Herr Droz war ein vorzüglicher Lehrer für die französische Conversation, er wußte viel und fesselnd zu erzählen. Jagdabenteuer wechselten mit Soldatengeschichten, eigene Erlebnisse mit denen Anderer, und während die Kinder sich an diesen Geschichten ergötzten, lernten sie unvermerkt die fremde Sprache.

Noch größere Verdienste erwarb sich Onkel Herse. Er unterrichtete die Knaben im Schön- und Rechtschreiben, im Rechnen, Zeichnen und Turnen. Aber er war kein gewöhnlicher Lehrer. Im Schönschreiben begann er mit der Fractur und mit bunten Initialen, im Zeichnen mit allerhand Malereien in Aquarell, Gouache, Oel und Email; wogegen er in den orthographischen Lehrstunden einen vollständigen Roman mit allen möglichen Ingredienzien erfand. Der Roman, „Waldmann" betitelt, begann mit einem Bären, der einen Jäger verfolgt. Dieser rettet sich mit großer Mühe und entdeckt hinterher in seiner Jagdtasche ein kleines nacktes Kind, welches eben „Waldmann" ist und im Laufe der Jahre zum Helden des Romans heranwächst. Mönche und Nonnen beeifern sich wechselsweise, ihn unglücklich zu machen, was ihnen aber nicht gelingt, weil „Waldmann" von einem Eremiten die Kunst erlernt hat, sich unsichtbar zu machen. — — Hier wurde der Dichter von seinem Schüler unterbrochen. —

In welcher Weise sich „Waldmann" unsichtbar gemacht habe? forschte Fritz. — „O," entgegnete Onkel Herse, der um eine Antwort nie verlegen war, „er rauchte Bilsenkraut."

Diese Erklärung beschäftigte den Knaben lange, und er beschloß sie praktisch zu erproben; nicht an sich selber, sondern an dem alten Hausknecht Friedrich. Er stopfte ihm eine Pfeife mit Bilsenkraut, das er unter einer dünnen Lage von des Vaters Tabak verbarg, und wartete nun gespannt auf den Moment, wo der unbefangen Rauchende verschwinden werde. Statt dessen begann Friedrich wiederholt kurz auszuspucken, Unrath zu merken und den kleinen Naturforscher am Kragen zu nehmen. „Du hast mich vergiften wollen!" schrie er, und schleppte ihn vor den Bürgermeister, wo nun Fritz ein umfassendes Geständniß ablegte. Der Vater verlangte das Manuscript des „Waldmann" zu sehen und begann es sofort durchzulesen. Es war der erste und einzige Roman, den der Bürgermeister in seinem Leben gelesen; aber er erklärte ihn für das dümmste Zeug von der Welt und ersuchte den Rathsherrn, den Schluß zu unterdrücken.

Noch schneller und unglücklicher endigte der Turnunterricht, nämlich schon nach der ersten Stunde. Onkel Herse hatte von den Bestrebungen Vater Jahn's gehört und beschloß, dem großen Manne nachzueifern. In Ermangelung anderer Turngeräthschaften bediente man sich einer Leiter, die vor dem Kuhstall stand und nach dem Heuboden führte. An dieser vollführten die Reuter'schen Knaben ihre gymnastischen Evolutionen, vor- und rückwärts, mit den Händen und Füßen, während Onkel Herse unten stand und commandirte. In seiner Herzensfreude rief er nach „Tanten", damit diese sich auch an den Turnspielen erlaben möge. — „Tanten" nannte er seine eigene Frau, die ihn zum Dank dafür „Unkel" nannte. — „Tanten" verkündigte kopfschüttelnd Unheil, aber Onkel Herse wollte nicht daran glauben, bis der kleine Fritz wirklich herunterfiel, glücklicherweise ganz weich, nämlich auf den Düngerhaufen. Aber die Turnspiele hatten damit doch ein Ende, denn „Tanten" untersagte sie auf's Nachdrücklichste.

Onkel Herse war ein Universalgenie, nicht nur Dichter, Maler und Musiker, sondern auch in hundert anderen Künsten des Krieges und des Friedens geschickt. Den Reuter'schen Kindern war er Lehrer und Rathgeber, ein lebendes Conversations-Lexikon, worin sie nach Belieben blättern konnten; dazu der treueste Freund und Spielgenosse. Immer heiter und unverdrossen, lehrte er die Knaben tausend kleine praktische Handgriffe, bald ein Gewehr laden und es abschießen, bald Klammern schneiden und Stöcke beizen, bald Blumen und Bäume pflanzen, bald Mäuse und Ratten fangen. Er machte ihnen die ersten Drachen und malte wunderschöne abscheuliche Gesichter darauf; er selber ließ sie steigen und freute sich, wenn seine Medusengesichter auf die Stadt herabblickten und die alten Weiber mit Bewunderung und Schrecken erfüllten. Er führte sie in die Felder und wußte für jedes Unkraut einen hübschen lateinischen Namen; er führte sie in den Wald und legte den Vogelmelodien einen Text unter. „Hürt Ji woll, Jungs," sagte er, wenn der Krammetsvogel beim Sonnenuntergang lustig in den Aesten umhersprang und sein abgebrochen Lied in den dunstigen Herbstabend niedersang; „sei raupen mi orndlich. — Hürt Ji woll: — Rathsherr Hers' — kumm hir her! — kumm hir her! — Scheit mi dod! — Ick bün hir — Wo's Grischow? — Wo's Grischow? — Scheit mi dod!" —

Welch ein köstliches Original dieser Onkel Herse! Ebenso köstlich wie der alte Amtshauptmann. Jeder von Beiden war dem offenen eindrucksfähigen Geiste des Knaben eine buntschillernde Erscheinung, die seine lebhafte Phantasie immer wieder herausforderte und zu den verschiedensten Gebilden anregte. Onkel Herse war Ritter Toggenburg, wie er auf den Bilderbogen des Kaufmanns Grischow sich

vorfand. Fritz setzte den Rathsherrn auf das Handpferd seines Vaters, den alten Hans, hing ihm einen Gendarmeriesäbel am gelben Bandelier über den hellblauen Schlafrock, gab ihm eine Landwehrpike als Lanze in die Hand und ließ ihn so in die Welt auf Abenteuer ausziehen. Friederike Wienken, die Stubenzofe, wenn sie den Rathhaussaal fegte und neugierig auf den Markt hinaussah, war die Nonne, die den Toggenburger grüßte; die Liebliche, die
       Sich in's Thal herunterneigte,
       Ruhig, engelmild.

Ein wirkliches Stück Romantik aber bildete das Amtsgebäude, das alte Schloß, und Onkel Herse deutete es dem Knaben, ganz wie die kindliche Phantasie es wünschte. Er zeigte ihm den Wall und den breiten Graben, wo man gerade das schönste Gras mähte; der Misthof sei die alte Zugbrücke, der Schweinekoben das ehemalige Fallgatter, herse auf Französisch, wovon er, der Rathsherr Herse, seinen Namen habe; und dort über die Mauer hätten die Burgfräuleins und Rittermamsells gekuckt und mit den Taschentüchern gewedelt, wenn die Herren Ritter auf Raub ausgingen, und hier wären sie herausgeritten, die Hufeisen immer verkehrt unter den Rossen; und das Burgverließ würde jetzt von Mamsell Westphalen als Apfelkammer benutzt; und von der grünen Pforte hätte ein unterirdischer Gang nach Ivenack geführt, damals ein Nonnenkloster, und die Ritter und Nonnen wären häufig zusammengekommen und hätten vielen Commers mit einander gehabt; und er, der Rathsherr Herse, müsse das wissen, denn er sei zu Ivenack geboren und erzogen.

Je nun, das war Alles handgreiflich, und diese Geschichten viel zu schön, als daß sie nicht wahr sein sollten! Und was Onkel Herse nicht wußte, das wußten die Knechte und Mägde in der Gesindestube zu erzählen: von Leuten, die es der Bequemlichkeit halber vorziehen, den Kopf unter dem Arme zu tragen, von dem schwarzen Pudel mit den feurigen Augen, der den Eingang zum unterirdischen Gange bewache, von der nächtlichen Illumination des Schlosses; und hundert andere Spuk- und Gespenstergeschichten, Sagen und Märchen.

Zu dem Vater blickte Fritz mit einer gewissen Scheu hinauf; der Vater stand ihm lange nicht so nahe wie die Mutter, und auch wol ferner als Onkel Herse und Genossen. Allerdings war die Lebensanschauung des Bürgermeisters etwas nüchtern, etwas grämlich; er kannte nur Arbeit, kein Vergnügen, kaum eine Erholung; er hatte nur geringe Bedürfnisse und stets praktische Zwecke im Auge; und so mochte er dem Kinde kaum gönnen, Kind zu sein, von ihm zu viel und Manches zu früh verlangen. Aber andererseits that dem Sohne die väterliche Zucht, strenge Aufsicht auch noth, und er hat sie später gesegnet. „Ich alter ruhiger Mensch," sagt Fritz Reuter in seinen Erinnerungen, „der ich dies in stiller nächtlicher Abgeschiedenheit schreibe, stände jetzt vielleicht hinter einem Busch in den Ardennen oder wegelagerte in den Appeninnen, wäre mir nicht von meinem Vater an einem Jahrmarktstage der Unterschied von Mein und Dein auf höchst praktische Weise beigebracht worden." Und in der kleinen Erzählung „Von't Pird up den Esel" bekennt der Dichter, wie ihn die Lust: Immer was Neues! beherrscht, wie lange — lange diese Sucht angehalten, und zu wie viel Thorheiten sie ihn verleitet hat.

Ja, Fritz zeigte mancherlei Schwächen, mancherlei Gelüste; schon früh trat zwischen Vater und Sohn ein großer Gegensatz vor, und er wurde im Laufe der Zeit noch viel schneidender. — So beschäftigt der Bürgermeister auch war, er ließ Fritz doch nicht aus den Augen. Der Knabe schlief bei ihm, er begleitete ihn auf seinen täglichen Spaziergängen, er mußte ihm von seinem Thun und Treiben fortlaufend Rechenschaft ablegen, jede kleine Ausgabe als „nützlich" nachweisen. Der Vater mochte den Knaben nicht müßig sehen, und wiewol müde und abgehetzt, gab er ihm noch Abends nach Tische diese oder jene Stunde.

Mit dem vollendeten zehnten Jahre begann für Fritz die eigentliche Schulzeit. Der Vater, der bisher der Ansicht gewesen, sein Sohn könne auch von Schneidern und Rathsherren profitiren, fing doch an, in Onkel Herse's pädagogische Befähigung Zweifel zu setzen, und eine straffere mehr geregelte Disciplin für nöthig zu erachten. Den Uebergang zu diesem Umschwung der Dinge bezeichnete ein Ereigniß, das zuerst die heitern Illusionen des Knaben in der empfindlichsten Weise störte.

Der alte Amtshauptmann besaß zwei Kleinode, von denen er sich nie trennte: einen Ziegenhainer, als Andenken an die schöne Jenenser Studentenzeit, wo er als Mitglied des Amicistenordens wirkte; und eine Schnupftabaksdose von gelbem Buchsbaum-Maser, die er von einem längst verstorbenen Freunde erhalten. Auf einem Spaziergang durch die Felder verlor er die Dose; Fritz der ihn begleitete, hatte das Glück sie zu finden, und nun war die Freude des alten Herrn groß. Wiederholt tätschelte er dem Knaben den Kopf und sprach „Ne, wat denn, Fritz? Ne, wat denn? Min Sähn, dat will ik Di gedenken!" — Nach einiger Zeit wurde er aufs Schloß beschieden, und der Amtshauptmann überreichte ihm als Fundgeld für die Dose drei dicke Bücher. Voll froher Erwartung springt der Knabe mit seinem Schatz nach Hause. Gewiß sind es Märchen- oder gar Bilderbücher! Er öffnet und findet — Scheller's Lexikon.

Dem großen lateinischen Lexikon folgte alsbald ein Candidat der Theologie, der erste Hauslehrer, Namens Scheibel, und dieser unterrichtete nun Fritz, seine Schwester Lisette und seine beiden Vettern Ernst und August. Die Knaben wurden fürs Gymnasium vorbereitet, aber von ihnen war Fritz der unfleißigste und auch der unartigste; was dem Vater natürlich großen Verdruß bereitete und ihn oft sehr aufbrachte. Fritz hatte keine Lust zu den gelehrten Studien; bald wollte er Landwirth, bald Maler werden. Am liebsten zeichnete er und mit entschiedenem Talent, Onkel Herse war nicht umsonst sein Lehrer gewesen; und auch der Vater hatte während seiner Universitätszeit in Göttingen unter der Leitung des berühmten Kupferstechers Riepenhausen ganz tüchtiges geleistet. Aber eben vor dem Vater fanden die Zeichnungen des Sohnes wenig Gnade, er corrigirte sie unbarmherzig; und wenn er auch zuweilen billigte und anerkannte, wollte er doch von der Kunst als Lebensberuf nichts hören. Fritz mußte sich wieder zu Latein und Griechisch bequemen, aber es ging damit nur langsam, viel zu langsam für den Vater. Vier Jahre dauerte der Privatunterricht, und in dieser Zeit wechselten vier Hauslehrer ab, bis der Bürgermeister es dann für hoch an der Zeit hielt, die Knaben einer öffentlichen Anstalt zu übergeben.

II.

Gymnasium und Universität.

Michaeli 1824 kam Fritz Reuter, damals vierzehnjährig, zugleich mit seinem Vetter August Reuter auf das Gymnasium nach Friedland, im Großherzogthum Mecklenburg-Strelitz. Er scheint in die Tertia aufgenommen worden zu sein, und dort 2 Jahre gesessen zu haben. Sein Quartier hatte er in dem Hause der verwittweten Frau Conrector Schulz, die ein Pensionat für Schüler hielt, und war dort wohl aufgehoben. Die gebildete und achtbare Frau widmete dem muntern Fritz eine mütterliche Aufsicht, und berichtete über ihn regelmäßig an seinen Vater. Zu den Kameraden, mit denen der Knabe hier Freundschaft fürs Leben schloß, gehörte Hilgendorf, später Gutsbesitzer in Vor-Pommern, den der Dichter in seinen Büchern häufig erwähnt.

Leider kam die Schule in Verfall; von den Lehrern thaten sich nur zwei rühmlich hervor: Zehlicke und Gesellius; die Andern gaben zu wünschen und zu klagen. Fritz Reuter rügt z. B. beim Unterricht im Französischen das „geistlose Auswendiglernen von Regeln", und stellt dagegen die Conversationsstunde des Uhrmachers Droz in ein helles Licht.

Solche Stümper von Lehrern konnten den leichtfüßigen Knaben nicht fesseln, die unliebsamen Studien ihm nicht anziehender machen: um so viel mehr trieb er jetzt Zeichnen, Malen und sonstige Nebendinge.

Hier auf der Schule traf ihn der erste große Schmerz. Seine Mutter starb am 19. Mai 1826, im Alter von erst 36 Jahren. Für sie war der Tod eine Erlösung; aber ihr Sohn, ihr einziges Kind erlitt einen unersetzlichen Verlust, der ihn, schon zum Manne herangewachsen, noch stets mit Trauer und Wehmuth erfüllte.

Der Mutter folgte im selben Jahre sein alter Freund und liebenswürdiger Gönner, der Amtshauptmann Weber. Wenige Tage zuvor, da er auf sein Ansuchen in den wohl= verdienten Ruhestand treten sollte, schied der brave Herr aus diesem Leben. „Reiting", die Frau Amtshauptmännin, zog zu ihrem Sohne, der als Kaufmann in Rostock lebte, und starb dort schon das Jahr darauf.

Kurz vor diesen Ereignissen hatte der Bürgermeister seine jüngere Tochter, die etwa zwölfjährige Sophie, zu sich ins Haus genommen, nachdem sie bis dahin bei seinem Bruder, dem Pastor Reuter in Jabel, einem Kirchdorfe, etwa vier Meilen von Stavenhagen, aufgewachsen, und in Gemeinschaft mit den Töchtern des Oheims erzogen war. Nach dem Tode der Bürgermeisterin führten Lisette und Sophie dem Vater das Hauswesen, und zwar zu seiner vollen Anerkennung. Der Bürgermeister war mit seinen Töchtern so zufrieden, wie er mit dem Sohne unzufrieden war. Trotzdem bestand zwischen jenen und Fritz von jeher das beste Einvernehmen, ein wirklich inniges Verhältniß. Die Schwestern liebten den Bruder zärtlich, sie sorgten und arbeiteten für ihn, vermittelten zwischen ihm und dem Vater, und vertheidigten ihn oft vor dem Vater. Lisette, die ältere, war Fritzens Lieblingsschwester, und sie verdiente es, denn sie handelte an ihm, wo sie's vermochte, wie eine Mutter.

Geschichte, Geographie und Mathematik waren die Fächer, die Fritzen auf der Schule am meisten interessirten, und für die er überhaupt eine dauernde Neigung behielt. Daneben schoß der Same, den Onkel Herse gestreut, üppig empor: Zeichnen und Turnen wurde dem Jüngling zu einer Art von Leidenschaft, womit er ungebührlich viel Zeit vertrödelte. Im Uebrigen charakterisirt ihn der nachstehende Brief, den der 17jährige Secundaner an den Vater richtete:*)

Friedland, b. 9. October 1827.

Lieber Vater,

Glaube nicht, daß ich so viel Liebe und Güte mit Undank vergelten werde. Ich werde mich bestreben mich in diesem halben Jahre so anzustrengen, daß ich das künftige als Primaner begrüßen kann. Mit dem Mahler werden hat es für jetzt seyn bewenden, und ich werde mich bestreben, wie Du mir auch räthst, wofern ich Dich recht verstanden habe, mich zum tüchtigen Juristen fähig zu machen und nebenbei, hernach, von diesem halben Jahre ist nicht die Rede die Zeichnerey und Mahlerey beiher treiben. Von meinem Fleiße werde ich Dir an jedem Posttage redlich Rede und Antwort geben. Bißher habe ich meine Pflicht erfüllt**); aber davon wirst Du keinen Schluß auf mein zukünftiges Betragen machen können, jedoch kannst Du versichert sein, daß ich meiner Pflicht und meinen Versprechungen besser als bißher nachkommen werde. Morgen haben wir Examen wo wir Secundaner im Cicero in der Odyssee und in der Geschichte examinirt werden sollen. Sage Lisettchen, sie hätte uns immer nur einige Aepfel

---

*) Alle Briefe und Schriftstücke sind in Orthographie, Interpunktion ꝛc. und auch mit den grammatikalischen Schnitzern getreu wiedergegeben.

**) Soll wol. heißen nicht erfüllt.   D. B.

mehr senden sollen, denn diese wären schon aufgegessen theils von mir theils von andern denen ich von diesen Prachtexemplaren einige zukommen ließ. Mit den besten Vorsätzen und nicht minder guten Hoffnungen, lieber Vater, scheidet in diesem Briefe von Dir
 Dein
  Sohn F. Reuter.

Schon aus diesem Briefe geht hervor — was sich später noch viel deutlicher herausstellen wird — daß der sonst so ernste strenge Bürgermeister auch einer großen Liebe und Güte fähig war, und diese Gefühle besonders gegen seinen Sohn walten ließ. Wenn Fritz dies auch nicht übersehen konnte, sondern aus freien Stücken dankbar und beschämt anzuerkennen sich häufig gedrungen fühlte; wenngleich er in Versprechungen und immer neuen Gelöbnissen nicht sparsam war, und es damit auch wohl ernstlich meinte, so blieb es doch gewöhnlich bei den guten Vorsätzen, und es kam wieder und wieder zu argen Rückfällen. Seine Leichtfertigkeit war eben stärker als sein Wille; er blieb dem Vater sogar die verabredeten Briefe und die nöthigsten Antworten schuldig, und mußte beständig ermahnt, verwarnt und angespornt werden. In seinen Briefen verräth sich eine große Flüchtigkeit und Schreibfaulheit; in seinen Briefen spiegelt sich die sorglose Naivetät, mit der er das Leben und die Dinge nimmt, mit der er sich über Alles hinwegzusetzen, Alles zum Besten zu kehren weiß, und nie den Glauben an sich selber verliert.

Der Vater aber traute ihm aus guten Gründen nicht weiter als er ihn sah; er war bemüht, ihn fortlaufend unter Controle zu halten, und stets bereit, selber einzugreifen. Fritz hatte gemeint, zu Ostern 1828 nach Prima versetzt zu werden, doch thatsächlich war dazu keine Aussicht. Statt dessen nahm ihn der Vater um jene Zeit von der

Friedländer Schule überhaupt fort, und that ihn auf das neu organisirte Gymnasium zu Parchim, wohin kurz zuvor die beiden würdigen Lehrer, der spätere Director Zehlicke und der nachherige Conrector Gesellius abgegangen waren. Mit diesen Männern trat der Bürgermeister in directe Verbindung, und überantwortete den Sohn ihrer besondern Leitung und häuslichen Gemeinschaft. Zehlicke, bei dem Fritz zuerst wohnte, schreibt:

Hochgeehrter Herr Bürgermeister;

Ihr lieber Fritz ist ganz wohlbehalten bei uns wieder eingetroffen. Das Beiwort lieber ist hier, wie in ähnlichen Verbindungen oft, nicht leeres Füllwort, sondern Ihr Sohn ist uns in der That ein sehr lieber Hausgenosse; und was seine gefälligen Sitten und sein gewiß gutes Herz betrifft, mögte ich ihn sehr ungern verlieren. Dieß ist zugleich die Stimme aller meiner Hausgenossen, deren Liebe er in einem hohen Grade gewonnen hat.

Seine Munterkeit, welche uns allen natürlich höchst erfreulich ist, und welche ich ihm höchst ungern verkümmern mögte, macht aber zugleich auch, daß sein Leben sehr nach Außen gewandt ist, daß es ihm schwer wird, lange bei den Büchern zu sitzen; eben so hat das Aufstehen des Morgens oft seine Schwierigkeiten. Indessen, so gewiß es ist, daß er mehr thun könnte als er thut, so ist er doch immer kein unfleißiger Schüler und macht seine aufgegebenen Arbeiten in der Regel zur Zufriedenheit seiner Lehrer. Am wenigsten ist dieß bei den deutschen Arbeiten der Fall, und das war die Ursache, daß ich ihn Johannis nicht, wie ich wünschte, in die erste deutsche Klasse setzen konnte. In der Mathematik hat er es mitunter auch an Fleiß fehlen lassen.

Daran übrigens, daß ich ihn Ostern, wie ich meinte, in die erste Klasse setzen konnte, fehlte viel — sehr viel. Entweder ist die Friedländische Schule nicht mehr die alte, oder unser Fritz hat sich dort sehr gehen lassen. — Er wird indeß das Versäumte wohl einbringen, und wird es gewiß, wenn er in der Gewöhnung an regelmäßige Thätigkeit so fortzuschreiten fortfährt, wie er bisher angefangen hat.

Es ist mir vorgekommen, daß er sehr viel Geld hätte und brauchte. Dieß dient auch nur dazu, ihm Zerstreuungen zu gewähren, welche bei ihm eher einzuschränken sind. Wollten Sie ihm nicht ein bestimmtes Monatsgeld aussetzen, über welches er mit seinen Vergnügungs= und andern kleinen Ausgaben nicht hinausgehen dürfte?

Ich bin diesen Sommer hindurch durch den Ausbau meines Hauses oft daran gehindert, mich meinen Hausschülern so zu widmen, als ich es wünsche; werde es aber von nun an wohl besser können; habe mir wenigstens das Haus so eingerichtet, daß ich sie fast alle um mich habe.

Ich hoffe in der That Ihnen, so wie ich von der innigsten Hochachtung für Sie durchdrungen bin, so Ihnen von Zeit zu Zeit immer mehr melden zu können, daß Sie in Ihrem Fritz auch einen Ihrer würdigen Sohn haben werden; und in dieser Hoffnung und dem schon ausgesprochenem Gefühle beharre ich stets

Ihr

Parchim, August 16. 1828.   Gehorsamer,

Zehlicke.

Fritz war bei Lehrern und Schülern allgemein beliebt. Damals wie später zeichneten ihn aus: Frohsinn und Heiter= keit, frei von Launen; ein natürliches anspruchsloses Wesen; eine große Gutmüthigkeit, ja Herzlichkeit gegen Jedermann. Fast immer gemüthlich und fidel, begabt mit Witz und Humor, voll von Schelmereien und lustigen Einfällen, war er überall gern gesehen, mit Jedem schnell bekannt und bald vertraut, hatte er lauter Freunde. In seinem Benehmen frei und offen, von Herzen ehrlich und bieder, schmeichelte er Niemandem, auch seinem Vater nicht; bestand für ihn zwischen Vornehm und Gering kein besonderer Unterschied, schätzte er nur die Persönlichkeit, nicht den Rang oder Besitz. Dagegen mangelte es ihm an Pünktlichkeit und Ordnungsliebe, an Thätigkeit und Ausdauer; auch achtete er nicht das Geld, verbrauchte mehr als er sollte, und ließ, trotz der reichlichen Unterstützung des Vaters, sich schon früh verleiten, Schulden zu machen.

Erst 1829 kam er nach Prima und vertauschte dann die Pension von Zehlicke mit der bei Gesellius, der über ihn an den Bürgermeister, wie folgt, berichtete:

Hochgeehrtester Herr und Freund,

Wenn ich lange nicht an Ew. Wohlgeboren geschrieben, so bitte ich gehorsamst, dies gütigst zu verzeihen. Mit Ihres Sohnes Correspondenz, hoffe ich, werden Sie zufriedener sein. Er selbst scheint sich jetzt ganz wohl zu befinden, was sich auch durch ein freies, freundliches Wesen ausdrückt. Klagen habe ich in keiner Art über ihn gehört; die früher vom Director verfügte Strafe war freilich allerdings gerecht, und würde es mir sehr lieb sein, wenn Fritz die Ueberzeugung gewönne, daß der Director ihm nicht allein wohl will, sondern sich sehr für ihn interessirt. Ich denke, Fritz hat dies Vierteljahr recht gut benutzt; in der Mathematik wünsche ich freilich für die Zukunft pünktlichere Ablieferung der Arbeiten, übrigens aber ist sein Fleiß auch hierin nicht zu bestreiten. Eine Unterbrechung von mehreren Tagen hat sein Schulbesuch auch wieder durch eine Kränklichkeit, die er sich durch Erkältung zugezogen, erlitten.

Ich wünschte nun, wenn anders dies nicht gegen Ihre Bestimmung ist, daß Fritz die Osterferien im älterlichen Hause zubrächte. Die Ferien beginnen Mittwoch den 7ten April und dauern bis zum 18ten April. Wie Sie ihn dann finden, bitte ich mir gefälligst mitzutheilen. Er scheint jetzt auf einem guten Wege und lenksam zu sein.

Unsere Schule wird sich trotz des Verrufs, worin sie wegen zu großer Strenge gerathen ist, zu Ostern doch um einige Schüler wieder vermehren. Am Ende glaubt das Publikum doch noch, daß wir wirklich nur das Beste der uns anvertrauten Jugend wollen.

Mit der größten Hochachtung und Ergebenheit
Ew. Wohlgeboren
ganz gehorsamster
H. Gesellius.

Parchim, d. 19ten März 1830.

In Uebereinstimmung mit diesem Schreiben steht die Censur, welche Fritz damals nach Hause brachte:

Schulzeugniß für den Primaner Reuter auf das Halbjahr von Michaeli 1829 — Ostern 1830.

Betragen: Ohne Tadel, nur kommt er zuweilen zu spät.
Revision: Aufsätze und französische Exercitia vollständig. Nicht so die lateinischen und griechischen und Mathematik; Antiquitäten nicht bemerkt.
Schulbesuch: Regelmäßig, nur durch Kränklichkeit unterbrochen.
Aufmerksamkeit: Vorhanden.
Fleiß: Hat seit Michaelis einen merklichen Aufschwung genommen, der sich aber fast nur noch in der regelmäßigen Ablieferung der Arbeiten beurkundet. In der Mathematik sehr erfreulich, wenn die Ausarbeitungen pünktlicher eingeliefert würden.

Fortschritte: In der Mathematik vorzüglich, in den übrigen recht gut, in den deutschen Aufsätzen sind aber vor allen Fortschritte zu bemerken.

Von jetzt ab scheint es mit den Studien entschieden besser und schneller gegangen zu sein: Fritz stand im 20. Jahre und mochte einsehen, daß er nicht viel Zeit mehr zu verlieren habe. Er ist mit seinen Fortschritten zufrieden, meint, der Bürgermeister könne es auch sein, und so schreibt er ihm:

Parchim d. 8ten October 1830.

Lieber Vater,

Epistola non erubescit.*) Doch denke ich wirst Du mir meine Saumseeligkeit nicht anrechnen oder vielmehr einen Theil Deines gerechten Unmuths von der Stirn wischen, wenn ich Dir meine diesmalige Censur mitschicke, sie wird Dir ein Beleg sein, daß ich meinen Zweck im Auge gefaßt habe und ihn halten werde; insofern man von vergangenen Dingen auf zukünftige schließen kann; denn stellst Du einen Vergleich mit der vorigen, die Du noch haben mußt, und die auch nicht ganz übel war, an, so wirst Du finden, daß die jetzige ein gut Theil besser ist; und geht das so fort, so bringe ich Dir Ostern eine desgleichen, die ganz untadelhaft ist. Aber nichts von Luftschlössern — laß mich von meinen Thaten reden: ich bin seit den Hundstagen ganz gewiß untadelhaft fleißig gewesen und noch dazu in einem Zeitabschnitte, wo die Krankheit des H. Directors die Arbeiten aufs höchste aufgehäuft hatte, und wo der Geist durch die Hundsferien aufgeregt, so sehr geneigt zu Zerstreuungen aufgeregt war; aber es hat auch Mühe gekostet mit Ehren durchzukommen: in einer Woche

---

*) Das Papier braucht nicht zu erröthen.

habe ich mit Krüger*) 3 Nächte gearbeitet. Ich sehe Du schüttelst mit dem Kopfe und nennst es Tollheiten, die die Gesundheit gefährden; aber ich kann Dir versichern, ich bin gesund wie ein Fisch. Wie allenthalben haben sich auch hier im Verlaufe einiger Wochen Unruhen im Publikum gezeigt, wogegen aber durch eine eingerichtete Communial-Garde Gegenmaßregeln ergriffen sind, die im Patrouillendienste bestehen, und wo denn alle ohne Unterschied, selbst der Herr Director und Dein gehorsamster Sohn die Wachen beziehen; doch nun ist den Leuten die Sache übergeworden und der Spaß also vorbei. Ich hoffe bei euch werden die Bürger loyal genug sein, um einer solchen Einrichtung nicht zu bedürfen. Ich gefalle mich hier jetzt ungemein und denke schon oft daran, daß es mir äußerst schwer fallen wird hier abzugehen, welches, wenn ich sehr fleißig bin in 1½ Jahren der Fall sein wird, da ich jetzt in allen Sachen in Prima bin und überhaupt als der 4te in der Klasse jetzt sitze, nachdem Michael 3 zur Universität abgegangen sind.

Mit einer Bitte um Kleidung muß ich dennoch beschweren; obgleich dieser Brief sonst nichts widerwärtiges sondern nur erfreuliches enthalten kann. Ich gebrauche einen Rock und eine Hose ganz nothwendig; und dann bin ich auch der einzige in Prima der keinen Mantel hat; doch dies kleide ich nicht als Bitte ein, sondern überlasse es ganz Deinem Gutdünken, da ich wohl weiß, wie kostbar ein solches Kleidungsstück ist und wie sehr ich nöthig habe Deine Ausgaben zu vermindern. Ich hoffe Du wirst mein

---

*) Karl Krüger, jetzt Senator in Malchin, dem der Dichter „Hanne Nüte" gewidmet hat; war von der Schule in Parchim her mit Fritz Reuter befreundet, studirte neben ihm in Rostock und Jena, wurde dann gleichfalls in die Demagogen-Untersuchung verwickelt, kam aber mit einer kurzen Haft davon.

ungebührliches Schweigen durch einen baldigen Brief beschämen und darin mir von Deinem und aller übrigen Familien Glieder Wohlsein günstige Nachricht geben. Lebe wohl

Dein

F. Reuter.

Bemerkenswerth sind die politischen Unruhen in Parchim! Die französische Juli=Revolution äußerte ihre Wirkungen auch in dem patriarchalisch regierten, hochconservativen Mecklenburg, auch in der abgeschiedenen kleinen Gymnasialstadt; und zum Schutze der friedliebenden Bürger wird hier eine „Communial=Garde" errichtet, in welcher auch der Primaner Fritz Reuter Dienst thut. Eine heitere Abwechselung innmitten seiner Schulexercitien!

„Ich gefalle mich hier jetzt ungemein," schreibt er an den Vater, „und denke schon oft daran, daß es mir äußerst schwer fallen wird hier abzugehen." — Das aber hatte einen andern Grund. Der Jüngling litt an der ersten Liebe, und sie war, wie es gewöhnlich der Fall ist, eine unglückliche. Er saß gegenüber dem Fenster seiner Herzenskönigin auf einem jungen Pflaumenbaum, der Mond schien hell, und unten schlug sein Freund Wählert die Guitarre. Die Geliebte erschien und kuckte heraus; sie rief ihre Schwester, und diese, etwas kurzsichtig, beaugenscheinigte die nächtlichen Schwärmer mittelst einer Lorgnette. Der Guitarrenmann lief davon und ließ Fritz Reuter oben sitzen, bis dieser endlich hinunterkroch, sich dabei aber die Hose und noch etwas Anderes zerriß. Der Hosenstoff war aus Stavenhagen gebürtig und hatte eine Couleur, die in ganz Parchim nicht aufzutreiben war. Der Schneider half aus, so gut er's vermochte, aber wenn der Wind muthwillig sein Spiel trieb, kam der unharmonische Flicken zum Vorschein, und die kleinen Quintaner riefen hinter dem un=

glücklichen Primaner „Stieglitz!" her. Er war ohnedies vernichtet. Schon am nächsten Morgen war vor ihm der Bediente von drüben erschienen und hatte so gesprochen: „'Ne Empfehlung von dem Herrn Geheimen Hofrath, und wenn Fritz Reuter ihm nicht die nachtschlafende Ruhe gönnte, wolle er sich an den Schuldirector wenden." — Trotz alledem hatte der Jüngling, wie er später seinen Kameraden auf der Festung erzählte, sich in den Besitz einer blauen Schleife zu setzen gewußt, und sie lange unter der Weste getragen. Der blonde Kopf, den die Schleife ursprünglich geschmückt, lag ihm noch lange im Sinn; und vielleicht hatte er doch einige Hoffnung, ihn zu gewinnen, denn er äußerte bei jener Gelegenheit zu seinen Mitgefangenen: Ohne die Demagogengeschichte könnte er nun schon Frau und Kinder haben.

Adelheid Wüsthoff hieß die Geliebte und sie war wirklich eine Schönheit; sie lebt heute als Wittwe in Malchow, und Fritz Reuter hat sie verschiedentlich aus der Erinnerung gemalt. Es vergingen viele Jahre, bevor sein Herz wieder in Liebe entbrannte. Er hatte die Frauen und ihren Umgang gern, er bezeigte ihnen stets große Achtung und zarte Rücksicht; aber eben deswegen hielt er sich frei von flüchtigen Verhältnissen, und er hat sich in diesem Punkte überhaupt keinerlei Verirrungen und Ausschweifungen zu Schulden kommen lassen.

Auf der Schule in Parchim lernte er auch schon seinen nachherigen Verleger kennen. Herr Hinstorff hatte sich hier eben als Buchhändler etablirt; aber wahrscheinlich dachte er damals noch so wenig an's Verlegen wie Fritz Reuter an's Bücherschreiben.

Vor diesem lag jetzt das Examen, und er bestand es früher, als er selber hoffte. Nicht erst nach anderthalb Jahren, wie er in jenem Briefe meinte, sondern schon nach einem Jahre erhielt er das Zeugniß der Reife. Seine eigentliche

Stärke war, wie vorauszusehen, die Mathematik; mit den alten Sprachen fand er sich leidlich ab; und im Deutschen ward ihm eine gewisse Anerkennung. Die Lehrer lobten seinen Stil und gewiß mit Recht, wiewol seine Briefe dafür nicht gerade den Beweis liefern.

Michaeli 1831 bezog Fritz Reuter, 21 Jahre alt, die Landesuniversität Rostock, um nach dem Willen des Vaters die Rechte zu studiren. In wiefern er's wirklich that, geht aus folgendem Briefe hervor:

Rostock b. 20sten Januar 1832.

Lieber Vater.

Schon lange hätte ich Deinen Wunsch in Hinsicht des Schreibens erfüllen sollen, theils um Deine Briefe zu beantworten, theils um mich für Deine Aufopferungen zu bedanken, theils aber auch um Dir Nachricht von meinem Leben und Treiben zu geben, welches, wie ich mir schmeichle, für Dich der erheblichste Grund zum Schreiben von meiner Seite ist. Diesen Punkt werde ich demgemäß also vorzüglich abhandeln. In moralischer Hinsicht glaube ich Dir keine Versicherungen von meinem Leben machen zu können, weil ich voraussetze, daß Du mir niemals eine Ausschweifung zutrauen wirst, wozu die größere Stadt und die größere Freiheit mich verleiten könnten; darum kein Wort davon. In literarischer Hinsicht mußt Du mir meinen eignen Weg verzeihen, die Jurisprudenz, wie sie hier vorgetragen wird, würde mir ganz verleidet werden, wollte ich mich ihr mit meiner Kraft widmen, die wie ich fühle, nicht unbedeutend ist; aber dies sei ohne Arroganz gesagt; ich schreibe im Colleg Dir zu gefallen jetzt regelmäßig nach, kann mich aber nicht mit dem Vortrag vertragen, sondern beschränke mein Studium auf den Mackeldey; dahingegen treibe ich Mathematik und andere Schulwissenschaften mit Vergnügen und glaube auch hiedurch dem Zweck meines

Aufenthalts in R... zu genügen. Deine scherzhafte Bemerkung, denn anders kann ich sie nicht verstehen, daß eine Liebschaft in Parchim mir den Aufenthalt in Rostock verleidete, ist mir so neu aus Deinem Munde vorgekommen, daß ich mich nicht entbrechen konnte, sie Krügern*) mit großem Jubel vorzutragen; wir beide haben weidlich uns darüber amüsirt. Ich danke Lisette herzlich für die schönen Stavenhäger Victualien, bitte Dich aber Sophie zum Schreiben an mich anzuhalten und Großmutter**) herzlich zu grüßen. Dieser Brief wird unter sonderbaren Verhältnissen geschrieben, welche Dir vielleicht zu erfahren nicht unlieb sein werden. Seit einiger Zeit werden von unseren Studenten Spukgeschichten zur Unterhaltung aufgetischt, die bei mir sehr wenig Glauben fanden; einer unter ihnen aber, Lettow, den Du kennst, und dem ich Glauben beimesse, erzählte neulich eine so merkwürdige Erscheinung von seinem Zimmer in Rostock, daß ich mich nicht entbrechen konnte, ein Abentheuer zu bestehen, er liegt in diesem Augenblicke in seinem Bette und ich erwarte das Gespenst, freilich ohne Zähneklappern, aber in einer Spannung, die mir, indem ich mich davon überzeugen will, höchst natürlich ist. Eben schlägt die Uhr 12, mein Licht ist so heruntergebrannt, daß ich kaum lesen kann, was ich schreibe, darum entschuldige die schlechte Schrift, kurz um mich her ist es recht schauerlich. Die Aufklärung dieses Abentheuers folgt nächstens. Ich wünsche Dir eine gute Nacht und bleibe

Dein

lieber Fritz.

Während dieser Rostocker Zeit, die freilich nur ein halb Jahr währte, bestand zwischen dem Bürgermeister und

---

*) Man vergleiche die Anmerkung zu S. 31.
**) Die Mutter seiner Mutter, welche als Wittwe gleichfalls im Hause des Bürgermeisters lebte und hier erst 1839 starb.

seinem Sohn ein so gutes Einvernehmen wie fast nie vorher und wie nie nachher. Der Vater, überrascht durch das Resultat des letzten Jahres, glaubte nunmehr sich seinen Hoffnungen hingeben zu dürfen; er gönnte dem jungen Studenten die akademische Freiheit und versah ihn reichlich mit Geldmitteln. Fritz Reuter hörte Institutionen und Rechtsgeschichte, aber seine Abneigung gegen die Jurisprudenz wuchs, und er trieb sie nur dem Namen nach.

Schon als Knabe hörte er den alten Amtshauptmann von Jena erzählen, den schönen herrlichen Musensitz an der Saale preisen. Seine Sehnsucht war auf Jena gerichtet, und Ostern 1832 ging er dahin ab.

„Nur wer in Jena gelebt hat," sagt Arnold Ruge in seinem liebenswürdigen Buche „Aus früherer Zeit" (Berlin 1862—67), „sei es als Student oder als Docent, weiß diesen schönen freien Fleck deutscher Erde ganz zu schätzen. Ein heiterer ungezwungener Geist durchdringt das ganze Leben, die Wissenschaft befreit sich leichter von dem Zwange alter Vorurtheile, und große Neuerer haben hier zuerst ihre Stimmen erhoben und Wahrheiten verkündigt, die von der Welt noch lange nicht verdaut sind."

Als Fritz Reuter nach Jena kam, war der Glanz und die Frequenz der erlauchten Universität schon stark im Sinken begriffen. Preußen hatte seinen Staatsangehörigen den Besuch Jena's verboten; wer hier studirte, durfte in Preußen nicht auf Anstellung rechnen. Andererseits herrschte auch unter der Jenenser Studentenschaft nicht mehr der frische Geist, der ideale Zug, der sie noch in den zwanziger Jahren ausgezeichnet hatte. Man zehrte schon von den Erinnerungen und Ueberlieferungen, man hatte über der Form den Inhalt vergessen, und der Ton war ziemlich roh und wüst geworden. Die sogenannten „Kümmel=Türken" bildeten weitaus die Mehrzahl, und diese thaten eigentlich nichts Anderes, als „die Vernunft im Biere ersäufen".

Aber Fritz Reuter war von dem Leben, das ihm hier entgegentrat, entzückt, berauscht; die Erinnerung an Jena hat ihn nie verlassen, und er giebt ihr in seinen Büchern begeisterten Ausdruck. Das Jus warf er bald völlig bei Seite und sich selber kopfüber in den Strudel, wobei er fast die ganze Zeit und viel Geld vergeudete. Jahrelang, nachdem er Jena verlassen, liefen von hier bei dem Vater noch immer Schuldscheine und Rechnungen ein, die der Bürgermeister sorgsam geheftet und alle bezahlt hat.

Die unterdrückte Burschenschaft war wieder hergestellt, und Fritz Reuter wurde ein eifriges Mitglied derselben. Mecklenburger waren die Stifter der Burschenschaft, Mecklenburger zu verschiedenen Zeiten ihre Sprecher gewesen, und auch jetzt fand Fritz Reuter in ihren Reihen manchen Landsmann. Er trat in die Verbindung „Germania", die in erster Reihe eine politische Tendenz verfolgte, die „Herbeiführung eines freien und einigen Lebens in Deutschland." Ihr gegenüber stand die „Arminia", die weit zahlreicher war und einen specifisch wissenschaftlichen Zweck betonte. Beide Fractionen hatten sich gegenseitig in Verruf erklärt, verfolgten sich mit Schimpfworten und Schmähreden, und zwischen beiden fanden nicht selten blutige Prügeleien statt.

Arnold Ruge, der damals als junger Doctor in Jena lebte, urtheilt über das ganze Treiben in seinen Erinnerungen sehr ungünstig; wiewol er selber Burschenschafter gewesen, und dafür sechs Jahre in Köpenick und auf der Festung Kolberg gesessen hatte. Er sagt: „Die Verbindung der „Germania", welche sich als Fortsetzung der Burschenschaft ansah, hegte wahrhaft russische Gedanken. Ehrenhaft und ebenbürtig erschienen ihr nur ihre eigenen Mitglieder, und diese mußten die besten Schläger sein, die dann mit den Uebrigen machten, was sie wollten; ein schändlicher Mißbrauch körperlicher Ueberlegenheit, ganz die alte Rohheit der Landsmannschaften; welche durch die Unterdrückung aller unserer Verbesserungen rasch wieder hergestellt worden war. Nun da der Druck der Behörden nachließ, empörte sich natürlich das Gefühl der Leidenden gegen diese entehrende Bedrückung, und es entstand sogleich eine große Verbindung, welche die alten freien Formen und Grundsätze der Burschenschaft offen wieder zu den ihrigen machte. Nun trat die Frage auf, ob sich die bisherigen Tyrannen, die nicht über dreißig auserlesene Raufbolde zählten, mit der Masse vereinigen sollten. Beide Theile wandten sich an Schmid und mich, wir hatten verschiedene Unterredungen mit ihren Abgesandten, und ich rannte mit den Tyrannen so scharf zusammen, daß ich ihnen rund heraussagte, wir erkennten sie nicht als unsere Nachfolger an, müßten sie vielmehr nur für die erbittertsten Feinde aller Freiheit erklären, denen wir nur rathen könnten, gleich nach Rußland auszuwandern." — — „Es kam aber dazu, daß wir die neue Verbindung, die sich „Arminia" nannte, förmlich als Burschenschaft anerkannten, und ihr die Fahne, ein Geschenk der Jungfrauen Jena's, die wir auf dem Lande in sicherer Hut wußten, und die so viele Jahre nicht entfaltet war, wieder verschafften und förmlich und feierlich übergaben."

Die „Germania" entwickelte unter dem Drange der Zeitereignisse eine stürmische Thätigkeit. Man beschickte das Hambacher Fest (27. Mai 1832), feierte die Gedächtnißtage der französischen Juli-Revolution und des polnischen Aufstandes; vor Allem lieferte man den Arminen, deren „Halbheit" man nicht genug verachten konnte, und die man höhnend „Schwanenritter" nannte, wiederholt förmliche Schlachten; und die Debatten und Trinkgelage nahmen kein Ende. Unter diesen exaltirten Jünglingen war eine der fragwürdigsten Gestalten — Fritz Reuter, schon in Tracht und Haltung, noch mehr aber beim Reden und Trinken. „Ein magerer lang aufgeschossener Bursche mit langem Halse, bedeckt mit einer schwarzrothgold verbrämten Mütze; in der Hand trug

er einen Ziegenhainer und hatte in seinem Wesen etwas
Antediluvianisches, jetzt Untergegangenes." — So schildert
er sich später einmal selber.

Die von Neuem Deuschland durchzitternde Bewegung
war ziemlich unklar und eigentlich keines Aufhebens, keiner
Verfolgung werth. Man wußte nicht recht, was man wollte,
und noch weniger, was man sollte. Das ganze Thun be=
stand in festlichen Zusammenkünften mit Gesängen und
Reden, und besonders die „Entschiedenen" leisteten in ge=
schwollenen Phrasen Unglaubliches. So urtheilten damals
Mitstrebende, echte und tapfere Liberale wie Karl Mathy,
der gleichfalls der Volksversammlung auf der Schloßruine
zu Hambach beiwohnte, den aber der Verlauf des Festes
kühl ließ und wenig befriedigte.*) Noch kühler verhielt sich
Arnold Ruge, der entschieden warnte und gleich Unheil
verkündigte. Im Begriff mit seiner jungen Gattin eine
Hochzeitsreise nach Italien anzutreten, erschien vor ihm ein
Kamerad von der Universität her, in Turnhose, Frack und
einen Dolch in der Brusttasche; verlangte, Ruge solle mit
ihm nach Hanau gehen, und erklärte: binnen 14 Tagen,
längstens 4 Wochen müsse Deutschland in Revolution stehen.
Ruge antwortete: „Die Aufwallung ist 1830 gewesen, sie
ist zurückgesunken und wird von Jahr zu Jahr noch mehr
sinken, bis aus der Ebbe wieder eine Fluth wird. Dies
ist das Gesetz der Geschichte." Der Andere schalt ihn aber=
weise und ging davon, betheiligte sich im nächsten Frühjahr
am Aufstand zu Frankfurt, und mußte nach Amerika fliehen.
Ruge aber äußerte sofort gegen seine Frau: „Mich dauern
die braven Jungen. Wahrscheinlich sind sie schon zu weit
gegangen, um Rath anzunehmen; und die Preußen werden
ihre Gefängnisse wieder bis oben vollpfropfen."

---

*) Vgl. Karl Mathy, Geschichte seines Lebens von Gustav
Freytag, Leipzig, 1870; S. 49 u. ff.

Wie auf anderen Universitäten, kam es auch unter der Studentenschaft in Jena zu Excessen; am 23 Januar 1833 rückte ein Militärcommando ein, und es geschahen zahlreiche Verhaftungen und Ausweisungen. Schon beim Bekanntwerden der Stuttgarter Beschlüsse hatte die „Germania" es für nützlich gehalten sich aufzulösen, was aber ihren Mitgliedern wenig half. Zu den von der akademischen Behörde Ausgewiesenen gehörte auch Fritz Reuter. Mitte Februar mußte er Jena verlassen, während seine Sachen Schulden halber zurückblieben, und ging einstweilen nach dem nahen Städtchen Camburg, im Meiningen'schen belegen, ohne aber davon nach Hause die geringste Nachricht zu geben. Er hatte lange Zeit überhaupt nicht geschrieben, und der besorgte Vater erließ nun einen öffentlichen Aufruf, worin der Studiosus F— R— aus Mecklenburg dringend zur Heimkehr aufgefordert wurde. Fritz Reuter wünschte seine Studien in München fortzusetzen, folgte aber Ostern 1833 dem väterlichen Rufe und blieb den Sommer über in Stavenhagen.

Inzwischen geschah das unselige Frankfurter Attentat. Am 3. April 1833 rotteten sich eine Anzahl von Jünglingen in Frankfurt zusammen, stürmten die Hauptwache, um einige politische Gefangene zu befreien, und wollten sogar den Bundestag aufheben. Unter den jungen Brauseköpfen, deren man bald Herr wurde, befanden sich auch Jenenser Germanen. Dieser knabenhafte Krawall versetzte die deutschen Regierungen in Furcht und Rachsucht, ließ die „Partei der Ordnung" eine neue große Demagogenhatz veranstalten. Neben der Centralbehörde zu Frankfurt a. M. bildeten sich in den verschiedenen Staaten noch Special-Untersuchungscommissionen, und die Verhaftungen erfolgten aller Orten massenweise, vorzugsweise aus der Zahl der ehemaligen Burschenschafter.

Hätte Fritz Reuter ruhig in seinem engern Vaterlande verweilt, wäre er vielleicht gänzlich unbehelligt ge-

blieben, schlimmstenfalls mit einer kurzen Haft davon gekommen. Er aber ließ sich's einfallen, Mecklenburg zu verlassen und geradeswegs in die Höhle des Tigers zu laufen. Im October 1833 kam er nach Leipzig, um sich hier immatrikuliren zu lassen, wurde abgewiesen, und berührte auf der Rückreise Berlin, wo er sich mehrere Tage aufhielt; trotz verschiedener Warnungen, die er in jugendlichem Uebermuth und studentischer Renommisterei verachtete, denn er pochte auf seine Eigenschaft als Ausländer. Der Bürgermeister aber hatte die Ahnung der Gefahr und ließ durch seinen Neffen Ernst Reuter, der mit Fritz zusammen erzogen war und jetzt als Apotheker noch Vorlesungen über Chemie in Berlin hörte, die schleunige Abreise betreiben. Diese wurde von den beiden Vettern endlich festgesetzt und dem Bürgermeister schon gemeldet; aber statt des Sohnes, den er mit zitternder Ungeduld erwartete, kam nur ein Brief, und er lautete wie folgt:

Berlin d. 1st. November 1833.

Lieber Vater!

So gern ich gestern Morgen zum Schreibtisch ging, um Dir Fritzens Ankunft in Strelitz zu melden, ebenso ungern nahe ich mich ihm jetzt. Fritz wollte nämlich gestern Morgen um 8 zu mir kommen, um mit mir vorweg zu gehen und sich etwa eine halbe Meile vor Berlin auf Müllers Fuhrwerk*) setzen, dem der Ort bezeichnet war. Ich beeilte mich deshalb, Dein Schreiben zur Post und Fritzens Tornister zu Müller zu bringen. Ich wartete jedoch, nachdem ich dies besorgt hatte, vergebens auf Fritzens Ankunft in meinem Hause, bis mir etwa gegen 9½ Uhr ein Policist einen Zettel von Fritz bringt, in welchem er mir schreibt: er sei von der Polizei verhaftet und mich bittet, ihm Geld zu bringen. Ich glaubte Anfangs, diese

---

*) Damals Omnibus zwischen Berlin und Strelitz.

Verhaftung sei etwa wegen Streitigkeiten, in welchem Glauben mich auch der Viertel=Commissarius, zu dem ich von Fritzen beschieden war, bestärkte, weshalb ich in der Stadtvoigtei, wohin Fritz schon abgeliefert war, bat, die Sache sobald als möglich vorzunehmen. Die Beamten erwiederten, der Bericht läge noch beim Präsidenten, sie wüßten deshalb noch nicht, weshalb er verhaftet sei. Ich begab mich deshalb heute Morgen wieder dahin, und fragte nach der Ursache seiner Verhaftung; erhielt aber zur Antwort: Man könne unmöglich einer Privatperson auf ihre Anfrage, weshalb man Jemand verhaftet habe, anders antworten als: er sei den Gesetzen verfallen und zwar verstehe es sich von selbst wegen Vergehungen gegen dieselben. Uebrigens sei die Untersuchung schon eingeleitet und es dürfte wohl noch einige Zeit darauf hingehen, bevor sie beendigt werde.

Man hatte ihm einen Platz unter den Umhertreibern angewiesen und nur unter der Bedingung, daß er sich selbst beköstigt, erhielt er einen andern. Ich fragte deshalb, wieviel er wohl täglich gebrauchte, worauf man mir erwiederte: Er würde täglich zwischen 12 und 16 Sgr. haben müssen. Ich habe ihm daher fürs Erste 5 Rth. dort gelassen, und werde nun Morgen früh sehen, wie weit er damit gereicht ist und ihm dann noch das Nöthige an Wäsche und Geld zu seiner Zeit zufließen lassen. Fritz ist aber schon in Leipzig mit dem Gelde zu kurz gekommen und hat auf seinen Koffer 12 Rth. Schulden gemacht. Dieser wird hier nächstens ankommen und wohl mit der Fracht 14 bis 15 Rth. kosten und ich werde, wenn ich diesen einlöse und Fritz noch ein Paar Mal von Neuem mit Geld versehe, nicht viel für mich übrig behalten.

Mit Liebe verbleibe ich, wie immer

Dein

gehorsamer
Ernst.

Erst als unter seinen Augen frühere Kameraden verhaftet wurden, hatte Fritz Reuter sich entschlossen, Berlin zu verlassen. Am 31. October gedachte er vorsichtshalber früh Morgens zum Thore hinauszuwandern und dort den Omnibus zu erwarten. Doch bevor er noch den Fuß auf die Straße setzte, war in seinem Quartier die Polizei erschienen und hatte ihn mitgenommen. Das Weitere erfuhr der niedergeschmetterte Vater aus diesem Briefe:

Berlin d. 10ten November 1833.

Lieber Vater!

Einen Posttag ließ ich vorübergehen, ohne Dir Dein liebes Schreiben vom 5ten d. Monates zu beantworten. Ich hoffte Dir in diesem Briefe gewissen Aufschluß über Fritzens jetzige Lage geben zu können; doch kann ich dies diesmal nur theilweise. Marggraff*) hat sich nämlich einmal vergeblich zu Adler bemüht und hat ihn gestern in der Stadtvoigtei aufgesucht, hat ihn aber, da er gerade mit einem Verhör beschäftigt gewesen ist, nur auf einen Augenblick sprechen können. Soviel kann ich Dir aber doch über Fritz zu Deiner Beruhigung (dies hat nämlich Marggraff gestern von Adler erfragt) mittheilen, daß er sein Gefängniß für sich allein hat, daß er gut behandelt wird, daß er seine Bücher und übrigen Sachen alle zu seinem beliebigen Gebrauch besitzt und daß er Dein Schreiben erhalten wird. Fritz erhält täglich (welches ich selbst vom Referendarius Adler gehört und wenn ich nicht irre, Dir schon in meinem vorigen Briefe mitgetheilt habe) 24 Schillinge**) Beköstigungsgeld und Adler meinte: er bedürfe keines Zuschusses mehr.

---

*) Dr. Marggraff in Berlin war ein Verwandter der Reuter'schen Familie und mit dem gleich genannten Kammergerichts-Referendar Adler bekannt.

**) 24 mecklenburgische Schillinge gleich 15 Sgr. preußisch.

Ich erlaube mir daher die Anfrage: ob ich ferner suchen soll, ihm zur Erleichterung seines Aufenthaltes Geld zuzustellen oder nicht? Sein Mittagstisch kostet ihm, wie er mir damals sagte, 6 bis 7 Sgr. und er bemerkte dabei, daß er dafür recht gutes Essen habe, und es bleiben ihm dann 8 bis 9 Sgr. für Frühstück, Abendessen und andere Ausgaben, welche ihm aller Wahrscheinlichkeit nach durch die Wärter sehr vertheuert werden. Du wirst gewiß gerne Alles anwenden, um ihm seine traurige Lage, soviel als möglich, angenehmer zu machen und ich stehe gerne dazu bereit, soviel nur in meinen Kräften steht, dazu beizutragen. Wenn Du ihm daher vielleicht wöchentlich für Tabak und dergl. Ausgaben noch ein Gewisses aus Deiner Tasche dazu zu legen denkest, so werde ich mich gerne bemühen, ihm dieses zuzustellen. Adler scheint ein sehr menschenfreundlicher Mann zu sein und ich hoffe durch Marggraff zu erwirken, daß ich Fritz, wenn auch nur in Gegenwart des Herrn Adler, nächstens einmal sprechen werde. Ich bitte daher, mir Deinen Entschluß hierüber bald mitzutheilen, ob Du ihm etwas dazu zu legen gedenkst, und wieviel etwa? Er würde allerdings, wenn er sich selbst seine Bedürfnisse verschaffen könnte, damit ausreichen können; doch wenn man annimmt, daß ihm durch seine Aufwärter vielleicht Alles um $1/3$tel vertheuert wird, wie dies schon beim Mittagstisch geschieht, so kann er wohl kaum seine Bedürfnisse mit 15 Sgr. befriedigen. Ich dächte, Du legtest ihm wöchentlich ein Gewisses, etwa 1 bis 2 Rth. dazu, welche ich ihm dann sicher zuzustellen gedenke. Ich werde mich gleichfalls bemühen, Dir von Fritz eigenhändige Auskunft über seine Lage zu verschaffen, doch wird diese natürlich nur durch die Hand seiner Richter gehen können. Ueber die Frage, wie lange der Arrest dauern wird, ehe ein Erkenntniß ausgesprochen wird, konnte der Referendar Adler Marggraffen selbst keine andere Ant=

wort geben, als daß dies von Umständen abhinge, die nicht voraus zu bestimmen wären. Fritz ist indeß einer der letzten, die verhaftet sind und hat deshalb wohl die kürzeste Zeit des Untersuchungs-Arrestes zu erwarten und die Untersuchung kann deshalb auch wohl nicht gar lange mehr dauern. Ueber Deine Meinung, daß ich zum Herrn Minister v. Kamptz gehen sollte, war auch Engel*) gestern Marggraffs Meinung. Ich hoffte Fritzens Verhaftung u. s. w. sollte ein Geheimniß zwischen uns bleiben; doch da Du in Deinen beiden letzten Briefen darauf dringst, so habe ich auch Engel zum Mitwisser desselben gemacht. Marggraff äußerte gestern: Du möchtest Fritz vielleicht von Mecklenb. Seite als einen Unterthanen, dahin abfordern lassen können; doch ich sehe eigentlich nicht ein, was dies für besonderen Nutzen stiften kann, wenn Du nicht vielleicht durch Bekanntschaft mit den dortigen Richtern für ihn wirken kannst. Ein anderer Mecklenburger, der derselben Ursache wegen verhaftet war, ist dahin ausgeliefert, wie ich neulich von Theodor**) hörte.

Nach Jena werde ich nächstens wegen Fritzens Sachen schreiben. Meine Briefe, welche ich bis dahin von Dir erhielt, sind uneröffnet gewesen; diejenigen, welche ich an Dich absandte, sind vielleicht ziemlich unordentlich zusammengelegt gewesen und haben daher bei Dir den Verdacht, eröffnet zu sein, erregt. Ich war nämlich im vorigen Monate nicht im Besitz meines Petschaftes. Ich habe mir gestern die 3 Ld'or von Vetter Engel geben lassen und bin für meinen Theil bis Mitte Dezember mit Geld versorgt. Ich weiß nicht, wie viel Geld ich von Dir zu erwarten

---

*) Kaufmann Engel in Berlin, gleichfalls mit der Reuter'schen Familie verwandt.

**) Theodor Reuter, ein anderer Neffe des Bürgermeisters, damals Student in Berlin.

habe. Du wolltest mir nämlich, wenn der Kümmel 12 Rth. Gold gälte 25 Ld'or, wenn Du aber nur 10 Rth. erhieltest, 20 Ld'or verehren, und bitte, mich gefälligst sobald Du kannst, mit dem Quantum, das ich zu erwarten habe, in Sicherheit zu setzen, damit ich mich danach einrichten kann.

Mit aufrichtiger Liebe stets
Dein
gehorsamer Sohn
Ernst.

Sophie*) wollte diesmal einen Brief mit einlegen, sie hat aber gestern die Aufsicht über alle Hausbewohner gehabt, hat deshalb nicht zum Schreiben kommen können.

Der Bürgermeister hegte den übrigens gar nicht so unwahrscheinlichen Verdacht, daß die Briefe, die der Neffe ihm geschrieben, von anderer Hand erbrochen wären; aber er ahnte nicht entfernt, was seinem Sohne eigentlich bevorstand; deshalb wollte er auch zunächst die Verhaftung geheim halten, und er meinte, es bedürfe nur einer Verwendung bei Herrn von Kamptz, um den Gefangenen wieder in Freiheit zu setzen. Wie grausam sollte er enttäuscht werden!

---

*) Sophie, die jüngere Schwester Fritz Reuters und später die Gattin des Briefschreibers Ernst Reuter, befand sich zu jener Zeit gleichfalls in Berlin, und zwar im Hause des Dr. Marggraff.

III.
Auf der Festung.

Der großen Demagogenhetze von 1833, wo mit Hunderten von Jünglingen auch Fritz Reuter eingefangen wurde, waren bekanntlich schon andere voraufgegangen, namentlich die von 1824, über welche Arnold Ruge berichtet hat. Es ist hochinteressant, die Erinnerungen beider Männer zu vergleichen: Wiewol zehn Jahre dazwischen fallen, haben doch Beide ziemlich genau in derselben Weise leiden und dulden müssen, und die Verfolgung von 1833 erscheint nur wie eine neue Auflage der früheren.

Beidemal machte Preußen den Polizeibüttel für ganz Deutschland. Arnold Ruge, der Preuße, ward in Heidelberg ergriffen und nach Berlin transportirt; Fritz Reuter, der Mecklenburger, wurde auf der Durchreise festgehalten und nicht mehr losgelassen. Beidemal requirirte Preußen seine Landeskinder von den andern Staaten, lieferte aber viele Ausländer, trotz aller Reclamationen, nicht zurück. Beidemal erlaubte es sich eine Cabinetsjustiz nach türkischem Muster, stellte die Eingefangenen vor ein beliebig zusammengesetztes Ausnahmegericht, schleppte sie von Kerker zu Kerker, durch eine endlose Untersuchungshaft voll grausamer Quälereien, die selbst bei den Beamten und Schließern Scham und Mitleid erweckten, und fällte endlich nach Jahren ein Urtel, das schreiend gegen Recht und Gesetz verstieß, und als solches von auswärtigen Gerichtshöfen gebrandmarkt wurde. Beidemal war der Anstifter und die eigentliche Seele dieser überaus schmählichen Verfolgungen derselbe Herr von Kamptz' ein geborner Mecklenburger und nun preußischer Justizminister. Der „kleine unansehnliche Mensch" griff überall ein, mischte sich sogar in das Verhör, und mutek es sich mehr als einmal gefallen lassen, daß ihm der Angeklagte stolz erwiederte: „Wer sind Sie? Ich kenne Sie nicht! Was wollen Sie hier?!" — Arnold Ruge besaß als Student einen Stock, worin die Namen von Jenenser Burschen eingeschnitten waren. Auf diesen Stock ließ Herr von Kamptz von Berlin bis an die mecklenburgische Grenze hin Jagd machen und ihn dann in Stralsund wirklich confisciren. Vor der Untersuchungscommission in Köpenick ertheilte auch Ruge dem Herrn Minister jene derbe Abfertigung; und sechs Jahre später, bei Gelegenheit einer Audienz, setzte der bloße Name des „Demagogen" Seine Excellenz dermaßen in Schreck, daß der Allgewaltige sich hinter den Tisch verbarricadirte und gegen den Bittsteller eine große Papierscheere ausspreizte. In den Händen dieses Menschen und seiner Kreaturen lag das Lebensschicksal von mehr als tausend edlen hoffnungsvollen Jünglingen; und viele, gar viele hat er geknickt, vernichtet, hingeopfert.

Arnold Ruge saß zunächst in der Berliner Hausvoigtei, wo ihn die Wanzen fast auffraßen; und es währte mehrere Wochen, bevor er zum ersten Verhör gelangte. Der Inquirent, Universitätsrichter Krause, konnte mit dem Untersuchungsverfahren, das sehr gut in vierzehn Tagen zu bewältigen gewesen, in einem vollem Jahre nicht fertig werden; dafür verstand er's, einen der Angeklagten zu einem „umfassenden Geständniß" zu bringen. Der Jüngling, der in Jena und Halle ein freiheitsbegeisterter hinreißender Redner gewesen, erbaute jetzt die Herren vom Köpenicker Gericht mit reuigen Bekenntnissen, mit einer gründlichen Verurtheilung der Burschenschaft und ihres Prinzips, „der thörichten Schwärmerei für Einheit und Freiheit des Volks"; und diese bogenlange Selbstanklage wurde auch der gleichzeitig in Mainz arbeitenden Central-Untersuchungscommission mitgetheilt, die sie dann mit Wollust in ihren Bericht an die Frankfurter Bundesversammlung aufnahm. Ruge und Genossen wurden, ohne daß das Urtel gesprochen, an die Festungen vertheilt, wo sie ihre „Strafe vorläufig antreten" mußten. Erst nach zwei Jahren erfolgte das Erkenntniß, das auf fünfzehnjährigen Kerker lautete, und später von Friedrich Wilhelm III. gemildert wurde. Die Justizkanzlei in Güstrow dagegen entschied, „daß im Grunde gar kein corpus delicti ermittelt wäre, und alle Aussagen in Köpenick, als vor nicht gehörig besetztem Kriminalgericht abgegeben, werthlos seien." Sie entschied so in Betreff der Mecklenburger, die in Preußen festgehalten und hier mit derselben langwierigen Haft belegt wurden. Und eine offenbare Verhöhnung der preußischen Richter war es, wenn Schwarzburg-Rudolstadt seinen einzigen Hochverräther zu ganzen drei Monaten verurtheilte, und diese Strafe hinterher noch in Hausarrest umwandelte.

Alles, was Arnold Ruge erfahren hatte, sollte nun zehn Jahre später auch Fritz Reuter durchmachen; und theilweise erging es ihm noch weit schlimmer. Bei der Verhaftung brachte man ihn in die Stadtvoigtei und warf ihn in ein Loch mit allerhand Gesindel zusammen, bis er durch Vermittelung seines Vetters einen andern Platz erhielt. Er saß hier zwei Monate und kam Neujahr 1834 in die Hausvoigtei, in das Gefängniß für die „Privilegirten", zu

denen hauptsächlich Juden, spitzbübische Beamte und „Hoch=
verräther" gehörten. Man nahm ihm jetzt Bücher und
Schreibzeug, und die Haft war eine harte. Er saß in
einer Zelle, die nur einen Strohsack enthielt, und hoch
oben ein Stückchen Himmel, etwa zwei Hände breit, ein=
fallen ließ. Der Arme war glücklich, als es ihm endlich
gelang, einen alten Blechlöffel zu erhaschen, den er zu
einem Messer schärfte, um damit sein Brod zu schneiden.
Mit demselben Messer schnitt er aus der Diele einen
Kienspan, der ihm als Feder diente, und als Ersatz für
Dinte brannte er sich eine Art Tusche aus den Schalen
von Wallnüssen, die er zu Weihnachten erhalten. Er wollte
keine neue Staatsverschwörung anzetteln, nicht einmal einen
Fluchtversuch vorbereiten. Ach nein! Er dachte nur seinem
Herzen, das vor Angst und Sehnsucht zu springen drohte,
in einigen unschuldigen Versen Luft zu machen. Er dichtete
selber, und schrieb die „Tochter Jephthas" von Byron
aus dem Gedächtniß nieder. Byron war damals sein
Mann. Diese Abschrift und den Kienspan, mit dem er sie
verfertigt, bewahrte Fritz Reuter bis in sein Alter.

Die Untersuchung führte der berüchtigte Criminalrath
Dambach, ein geriebener aalglatter Inquirent, der die Un=
kenntniß und Eitelkeit der Angeklagten schlau benutzte, gar
Manches aus ihnen heraus zu verhören, sogar ihr Ver=
trauen zu gewinnen und sie dadurch zu einem mehr als
„umfassenden Bekenntniß" zu bringen wußte. Zu bekennen
war allerdings weiter nichts, als daß die Jünglinge Mit=
glieder der Jenenser „Germania" gewesen, oder — wie
Fritz Reuter sich ausdrückt — „am hellen lichten Tage in
den deutschen Farben umhergegangen"; und weil das eben
nicht genügte, mußten sie dem Herrn Criminalrath gestehen
nicht nur was sie gethan, sondern auch gedacht und
gefühlt hätten. Dafür regalirte er sie mit Trostworten
und Complimenten. „Lassen Sie sich immerhin auf die

Festung abführen," sagte er zu Fritz Reuter, „Sie müssen entschieden an Ihr Vaterland ausgeliefert werden." Und zu einem Andern: Er wäre „ein philosophischer Kopf, er könne das Object der Untersuchung in seiner ganzen Totalität umfassen und übersehen." Das wirkte. Der Gimpel gestand nicht bloß von sich selber Alles, was der Herr Criminal=rath wissen wollte, sondern er fing auch an zu denunciren und seine ehemaligen Couleurbrüder zu verrathen; solche, welche die Regierung als Mitglieder der „Germania" noch nicht entdeckt hatte, und die bereits in Amt und Brod, mit Weib und Kindern dasaßen.*)

Was der Inquirent noch zu wünschen übrig ließ, vollbrachte der Referent, Herr von Tschoppe. Er referirte und judicirte, bis er den „Conat des Hochverraths" glücklich zu Stande gebracht hatte. Freilich wurde Herr von Tschoppe

---

*) Als dieses Buch in erster Auflage erschien, brachten die mit der „Gartenlaube" verbundenen „Deutschen Blätter" ver=schiedene Auszüge, welche dem angeblichen Denuncianten — Fritz Reuter bezeichnet ihn mit den Anfangsbuchstaben Schr... — zu Gesichte kamen, der in New=York als Pastor an einer deut=schen Kirche lebte. Schr... richtete nun an Fritz Reuter einen Brief, den er abschriftlich auch dem Verfasser mittheilte, worin er sich zu entschuldigen und zu rechtfertigen versucht. Er sagt u. a. „Du weißt so gut wie ich, daß Alle, Alle (und viele bei ganz guter Gesundheit) ausgesagt haben, was sie irgend wußten, und Viele auch das, was sie nicht wußten — im Gedränge jenes ab=scheulichen Verfahrens. — „Wer von uns kannte z. B. auch nur den Tenor des Verbindungszwecks, geschweige den sogenannten Erläuterungs=Paragraphen? — — „Das Alles hat Einer aus seinem enormen, von Dambach flattirten Gedächtniß und Com=binationsvermögen wörtlich ad acta diktirt, und Alles was er wußte bis etwa in das Jahr 1827 zurück; und wir mußten uns zu Allem bekennen, denn wir waren eben körperlich und geistig ruinirt."

hinterher wahnsinnig und starb auch im Wahnsinn, aber der von ihm erfundene „Conat des Hochverraths" blieb doch in Kraft und Geltung.

Die Angeklagten durften sich ihren Vertheidiger nicht wählen, sondern dieser wurde ihnen von Amtswegen zugeordnet. Auch der Anwalt Reuter's versprach dem Jüngling wiederholt, er müsse an Mecklenburg ausgeliefert werden, und dafür wolle er, der Vertheidiger, schon sorgen; aber hinterher vergaß er seines Versprechens und beantwortete nicht einmal die Briefe, die sein Client dieserhalb an ihn richtete.

Es dauerte lange, bis man zu Fritz Reuter einen seiner Angehörigen ließ. Die Schwester Sophie durfte ihn endlich besuchen, aber die Unterredung fand in Gegenwart von Herrn Dambach statt, und er zeigte sich sehr ungehalten. „Ihr Bruder ist der verstockteste Mensch, der mir vorgekommen," sprach er zu dem jungen Mädchen. „Sagen Sie das Ihrem Vater!" Fritz Reuter antwortete rasch: „Mit Ihrer Erlaubniß, Herr Criminalrath, wird meine Schwester unserem Vater sagen, daß ich Niemanden verrathe." So etwas konnte „Onkel Dambach", wie ihn die Exstudenten nannten, nicht vertragen; er war eine gemeine niederträchtige Seele, ohne Erbarmen und voll Rachsucht. Die „Demagogen" waren ihm nur ein Mittel, um Carrière zu machen; und wer von den unglücklichen Jünglingen sich nicht fügsam und gelehrig zeigte, den haßte und peinigte er bis auf's Blut. An Fritz Reuter hat er sein Müthchen bestens gekühlt, und ihn nach jahrelanger Trennung, bei Gelegenheit des Wiederzusammentreffens, noch einmal der Verzweiflung nahe gebracht.

Das Jahr in der Hausvoigtei wurde dem Gefangenen zur Hölle, und sein ganzes Harren und Hoffen war jetzt blos auf einen anderen Kerker gerichtet. Nur fort von hier, gleichviel wohin; überall mußte es besser sein! In dieser Zeit schrieb er nach Hause:

Berlin d. 21ſten October 1834.

Lieber Vater.

Schon längſt hätte ich Dir Nachricht über mich ge=
geben; aber da meine Lage noch ganz die alte iſt, ſo wollte
ich die Veränderung derſelben, der ich täglich entgegenſehe,
erſt abwarten, um Dir dann beſtimmtere Antwort geben zu
können. Da ich nun nicht weiß, in welchem Maaße ich
Deine Fragen beantworten darf, ſo lege ich hierbei ein loſes
Zettelchen, welches die Hauptſache enthält und welches der
Herr Inquirent nach Gutdünken mitſchicken oder zurück=
halten kann. Lange wird mein Aufenthalt hier nicht mehr
dauern; aber auf welche Feſtung ich komme und wie mein
Urtheil lautet, weiß ich im geringſten nicht. Herzlichen
Dank ſage ich Dir für Dein Anerbieten, mir Geld zu
Kleidungsſtücken zu ſchicken; im Ganzen thut es noch nicht
nöthig und auf jeden Fall hoffe ich ehe Du hierauf ant=
worten kannſt, ſchon von Berlin entfernt zu ſein und das
auf jeden Fall ſo weit, daß auch Liſettens Anerbieten, meine
Wäſche zu rekrutiren, deren ich einiges freilich wohl bedürfte,
durch den zu großen Betrag des Poſtgeldes unſtatthaft wird.
Antworte daher nicht eher, bevor Du nicht einen 2ten Brief
von mir erhältſt. Hier haben wir alle Tage 15 ſgl. zur
Verpflegung erhalten, auf der Feſtung giebt es jedoch nur
5 ſgl. täglich; da würde ich Dich denn um eine Zulage bitten
müſſen; aber dann iſt es wieder ſchlimm, wenn man
Zulage erhält, ſo verliert man die 5 ſgl. wieder. Nun
das muß man erſt an Ort und Stelle abwarten, wenn es
auch zuerſt etwas ſchräge geht; es iſt doch dort beſſer wie
hier. Ich bin geſund, wohl auch ziemlich vergnügt, nur
liegt mir immer die Entſcheidung des wann und wohin im
Kopfe. So bald wie möglich ſchreibe ich mehr, jetzt iſt es
hier zu dunkel. Lebe wohl und grüße alle Bekannten von

Deinem Sohn. F. Reuter.

(Auf einem besonderen Zettel.)

Mein Vertheidiger, der Herr Justiz-Commissions-Rath Kunowsky hat mir Hoffnung zur Auslieferung nach Mecklenburg gemacht, dies ist aber schon eine ganze Zeit her und die Aussicht ist daher sehr trübe; ich glaube selbst nicht mehr daran.

Der Bürgermeister bot Alles auf, um die Auslieferung durchzusetzen, und die mecklenburgische Regierung unterstützte ihn dabei wiederholt; aber Preußen beharrte bei seiner Verzögerung und verwies auf die eben publicirten Beschlüsse der Wiener Konferenzen, denen jedoch keine rückwirkende Kraft beigelegt werden durfte und die überhaupt nie gesetzliche Sanction erhalten haben.

Auch die „Demagogen" von 1833 wurden ohne Urtel an die Festungen vertheilt. Nach einjähriger Untersuchungshaft kam Fritz Reuter mit einer Anzahl von Kameraden nach dem Silberberg in Oberschlesien. Das Erkenntniß erfolgte erst zwei Jahre, die Entscheidungsgründe erst drei Jahre später, nach fast vierjähriger Haft.

Der Gefangene saß mit seinen Gedanken in der niedrigen düstern Kasematte; unter ihm brauste und heulte der Sturmwind durch den langen unterirdischen Gang, der die ganze Festung durchlief; links war die Festungskirche und hinten ein dunkles Loch, wo der Raubmörder Exner, von dem Pitaval erzählt, in Ketten und Banden gesessen. Manchmal ging er um Mitternacht durch die Festungskirche, die in Friedenszeit als eine Art Montirungskammer benutzt ward. Hier hingen die Wände entlang alte weiße österreichische Mäntel, über jedem Mantel hing ein Czako, unter jedem Mantel standen ein Paar Stiefel; und wenn nun der Nachtwind durch die offenen Fenster strich, dann wehten und schwebten die weißen Mäntel unter dem Czako und über den Stiefeln, und es war, als ob die Geister der Oesterreicher, die bei Prag und Leuthen gefallen, noch einmal in Reih und Glied stünden und wieder im Sturmschritt vorrückten.

Oder er träumte. Was kann der Gefangene besser thun als schlafen und träumen! Eine Zukunft gab es für ihn nicht, oder sie war doch eine endlose Nacht; darum träumte er von der Vergangenheit. Wieder war er ein Kind und saß vor seines Vaters Hausthür, neben ihm Tante Christiane, die ihre Lieder in den Abend sang. Wieder strich er mit Onkel Herse durch Feld und Wald, und sie horchten auf die Vögelstimmen. Wieder stand er auf dem Markt zu Jena, die Schläger blitzten, die Banner flatterten, und die Freiheitslieder erfüllten die Luft. — Da läßt die Schildwache draußen auf dem Corridor das Gewehr auffallen, von den Wällen ertönt der Werdaruf und pflanzt sich von Posten zu Posten fort. Der Träumer ist erwacht. Vor ihm steht die nackte Wirklichkeit und gähnt ihn an; ihr Athem ist Grabeshauch und läßt ihn frösteln.

Auf dem Silberberg studirte er Höpfner's Institutionen, Thibaut's Pandekten, das Corpus juris, Ohm's Mathematik und Fischer's Hydrostatik; aber er trieb's nur, um die Zeit auszufüllen, die im traurigen Einerlei zur Ewigkeit wurde. Monat auf Monat, ein Jahr und fast noch eins verrann, ohne daß seine Lage sich irgend wie änderte, ohne daß er etwas über sein Schicksal erfahren konnte. Die Langeweile und die Qual der Ungewißheit erschütterten seine sonst so zähe eisenfeste Constitution, bedrückten seinen bisher so elastischen Geist. Körperlich leidend und in der Seele matt, schrieb er nachstehenden Brief.

Lieber Vater,

Mit so vielem Eifer, als mir hier möglich ist, habe ich die verschiedenen Aussichten auf meine Freiheit erwogen und werde Dir in folgendem meine Ansicht darüber auseinander setzen, die Entscheidung über die anzuwendenden Mittel steht Dir zu.

Dir selbst wurde kurz nach meiner Verhaftung von einem meiner Inquirenten versichert, daß mein Arrest höchstens nur ein halbes Jahr dauern könnte, darauf verließ ich mich, sonst hätte ich schon damals das Gericht für incompetent erklärt, was gewiß das Beste gewesen wäre. Späterhin bei Gelegenheit der Auslieferung eines gewissen Wieck aus Schleswig und Kleekamp aus Kiel verlangte ich dasselbe, mir wurde jedoch geantwortet, dies sei nicht auf gerichtlichem, sondern auf diplomatischem Wege geschehen, ich kam darauf schriftlich beim Kammergericht ein um die Erlaubniß, an meine Landesregierung schreiben zu dürfen, dies wurde mir abgeschlagen. Nachdem ich ein Jahr und 1 Monat in Untersuchungs-Arrest gesessen, hatte ich Schlußverhör, bei welchem der Justiz-Commissions-Rath Kunowsky zugegen war und mir versicherte: Lassen Sie sich nicht bange werden, Sie müssen ausgeliefert werden; doch lassen Sie sich immerhin nach Silberberg abführen, Sie werden es dort besser haben, als hier (welches auch Gott sei Dank wahr ist). Hierauf schlug er die darauf bezügliche Stelle im preußischen Landrecht nach und zeigte sie dem Inquirenten, der ihm jedoch sagte, daß über diesen Fall eine neuere Verordnung herausgekommen wäre. Mein Vertheidiger entgegnete, da dies Gesetz nach dem Factum gegeben sei, so könne es keine rückwirkende Kraft haben, worauf ihm erwiedert wurde, daß man ihm dies schon später auseinandersetzen wolle. Die Verordnung, worauf hier angedeutet wird, ist erst im Herbste 1834 gegeben und besteht in einer Uebereinkunft der deutschen Bundesstaaten*), daß jeder Staat die in seinem territorio aufgefangenen politischen Verbrecher behufs der Untersuchung gefangen halten kann; so habe ich wenigstens gehört. Du hast mir nicht geschrieben, ob die Mecklenburger in Dömitz

---

*) Beschluß der Wiener Konferenzen.

ihr Erkenntniß schon erhalten haben, und auf wie lange sie verurtheilt sind, ich hörte auf 2 Jahre; das wäre doch schrecklich; dann hätte ich schon ein Jahr zu lange zugebracht. Es ist ganz gewiß, daß die Erkenntnisse in diesem Jahre nicht kommen, wer weiß, ob im folgenden, und so ist dies denn wieder ein Beweis, daß jene hohe Person*), von der Du öfter gesprochen, Dir die Wahrheit nicht sagen kann oder will. Ich glaube daher auch, daß Du auf jeden Fall ernstliche Maßregeln ergreifen mußt und daß Connerionen Dir und mir nichts. helfen; wende Dich noch einmal an unsere Regierung und führe ihr zu Gemüthe, daß es ihre Pflicht ist, mich als Landeskind zu requiriren; Plessen**) ist vielleicht williger hierzu bereit als Brandenstein.**) Im Falle, daß die Erkenntnisse erscheinen und ich wirklich von preußischer Seite verurtheilt werden sollte, so bin ich sehr zweifelhaft, ob ich das Erkenntniß annehmen soll oder nicht; denn nehme ich es an, so erhalte ich nach preußischen Gesetzen 25—30 Jahr Festungsarrest, und gesetzt auch der König begnadigte uns, so würde diese Gnade doch nicht so durchgreifend sein, daß wir mit dem schon ausgestandenen Arrest als genügsam bestraft angesehen würden, so daß man noch sicher 5—7 Jahr zu sitzen hätte.

Was meine übrigen Angelegenheiten betrifft, so kann ich Dir nichts tröstliches melden; meine Gesundheit ist sehr schlecht, an Arbeiten ist wenig zu denken, denn meine Augen halten es nicht aus; das Zeichnen, das einzige Vergnügen, das ich noch hatte, habe ich seit 2 Monaten gänzlich unterlassen müssen. Mein Magen ist so schwach, daß ich wenig Speisen vertragen kann und von Zeit zu Zeit leide ich an so heftiges Erbrechen, daß es zuweilen 2 Tage und Nächte

---

*) Wahrscheinlich die damalige Erb=Großherzogin Alexandrine von Mecklenburg=Schwerin, Tochter des Königs von Preußen.
**) Mecklenburgischer Minister.

anhält, bis endlich Blut kommt, dann ist's gut; und der hiesige Staabsarzt, den ich vor einiger Zeit rufen ließ, sagte: Herr Reuter, Sie sind ganz gesund, das kommt wohl. Meine Kasse, lieber Vater, ist obgleich ich die 20 Thaler erhalten, in schlimmen Umständen; da ich damals Schulden hatte, so mußten die bezahlt werden und so bin ich jetzt noch mit 2 Monaten im Rückstande, ich bitte Dich daher, sende doch gefälligst sobald es Dir möglich einigen Zuschuß an den Herrn General. Wir haben schönes Wetter, schade, daß ich es nicht genießen kann, und doch freue ich mich in Deiner Seele recht herzlich darüber. Wie steht es mit den Karden*), haben sie Deinen Erwartungen entsprochen; der Kümmel*) muß gut gerathen sein, trotz Deiner Befürchtungen; Du siehst, mein Project in Hinsicht der Landwirthschaft ist noch nicht aufgegeben und hat sich noch mehr befestigt; obgleich meine erste Ernte, in einem Blumentopf gezogen, nicht reif wird. Sage Lisette, sie möchte mir doch zum Winter einige Hemden, Strümpfe und Vatermörder senden, ich bin deren benöthigt. Lebe wohl und grüße alle von

Deinem

Silberberg d. 16. August 1836.   F. Reuter.

P. S.

Die Cholera soll unten in der Stadt sein, aber wohl nur die sporadische, denn es ist noch keiner gestorben.

Bald darauf erfuhr Fritz Reuter — nicht amtlich, sondern auf heimlichem Wege — den Ausspruch der Richter, der all seine Hoffnungen begrub, und ihm die schreckliche Aussicht zeigte, den Rest seines Lebens im Kerker zu verbringen. Da seine Briefe zunächst immer von der Komman-

---

*) Kümmel und Weberkarde baute der Bürgermeister mit gutem Erfolge an.

dantur gelesen wurden, mußte er die entsetzliche Kunde dem Vater noch verschweigen; aber an dem Tage, da er vor nun drei Jahren die Freiheit verloren hatte, richtete er an den Bürgermeister diesen Brief:

Silberberg, d. 31. October 1836.

Mein lieber Vater!

Wenn ich dem obigen Dato fluchen sollte, so wäre es mir wenigstens zu verzeihen, und ich würde es thun, wenn ich nicht bedächte, daß der Tag, der mich vor 3 Jahren in den Kerker warf, vielleicht eine Menge von Menschen beglückte; mich hat er namenlos unglücklich gemacht, er hat mir Gesundheit und Lebensglück und, was noch schlimmer ist, auch Lebensmuth geraubt. Darum bitte ich Dich herzlich, laß Deinen Bestrebungen mir die Freiheit zu verschaffen nur noch einen letzten Versuch folgen und dann höre auf, Deine Zeit und Dein Gemüth mit einer Chimäre zu plagen, die eben so fabelhaft und monströs ist, wie die Mythologie. Ich bin auf dem Wege, mir einen passiven Muth zu verschaffen, dessen Höhepunkt völlige Apathie sein wird, und wenn dies Bestreben für einen Menschen, der im Genusse seiner Freiheit ist, etwas Schreckliches und sogar Sündliches enthält, so ist es für einen Gefangenen nicht allein zuträglich, sondern — wie ich glaube — mit der Moral völlig übereinstimmend, wenigstens für einen Gefangenen meiner Klasse.

Um Dich aber in den Stand zu setzen, diesen letzten Versuch zu machen, so will ich Dir — so gut es geht — alle möglichen Materialien zusammengefaßt kurz angeben. Die Mecklenburger sind zu 2 Jahren verurtheilt, aber in Preußen ist es anders. — Gleich nach unserer Abführung nach Silberberg fragte Bohl bei seinem Vertheidiger (dem Herrn von Tempelhof) an „wie das Urtheil wohl lauten könne", und erhielt zur Antwort: „zwei von den Greifs-

waldern würden wahrscheinlich zum Tode verurtheilt, er selbst
zu 30 Jahren, die Anderen zu resp. 25 und 15." Die
Jenenser sind nun vielleicht noch ärger inculpirt, und so
komme ich zu dem Schlusse, daß ich wohl ihr Geschick theilen
werde; übrigens bin ich vielleicht weniger, oder doch nur
eben so stark betheiligt, wie die übrigen Mecklenburger.
Fast perpetuirliche Sprecher waren von der Hude in Lübeck
und Franck in Neu=Strelitz (ersterer ist soviel ich weiß gar
nicht bestraft, und der andere mit einem halben Jahre
Arrest); im Vorstand haben viele gesessen, ich aber nicht,
von den Mecklenburgern saßen darin Schmidt und Nau=
werk, welcher letztere gar nicht bestraft ist; Haupt, Krüger,
Spiegelberg, Martens und ich gehören ganz in einer Kathe=
gorie, wenn mir von diesen Genannten noch nicht der Umstand zu Statten kommt, daß ich in Jena selbst zu einer
Zeit, in der noch gar keine Untersuchung eingeleitet war,
freiwillig ausgetreten bin. Unsere Absichten waren auf
keinen bestimmten Staat gerichtet, sondern auf alle Staaten
in Deutschland, ich bin nie mit einer politischen Mission
beauftragt, und habe nie privatim eine drgl. ausgerichtet.
Ich bin ferner der einzige Ausländer in Preußen, der
verhaftet ist, ohne in Preußen studirt zu haben, oder der
sich politischer Verbrechen in demselben hat zu Schulden kommen
lassen. Sollte nun der neueste Bundestagsbeschluß in Anwendung gebracht werden, so habe ich keine Hoffnung zur Aus=
lieferung, was aber wohl einen alten Rechtsgrundsatz um-
stoßen heißt, und was natürlich eine unüberwindliche Bitterkeit
in meinem Herzen zurücklassen muß.

Alles Obige ist getreu der Wahrheit gemäß, und Du
kannst getrost jeden beliebigen Gebrauch davon machen.
Den Arzt habe ich um ein Attest gebeten, ob er mir eins
geben wird, und wie das beschaffen sein wird, weiß ich noch
nicht; sobald ich es habe, sende ich es Dir zu.

Und nun noch einmal die Bitte, schlägt dieser Ver=

such fehl, so laß es gehen wie es geht, es wäre Unrecht an Dich selbst und an die Schwestern gehandelt, wenn Du Deine Kräfte auf eine hoffnungslose Sache verwenden wolltest, und die, wenn sie gelänge, Dir nur einen Schatten von Deinem früheren Sohne zurückbringen würde.

Schreib mir Neuigkeiten fernerhin von unserer Familie, ich werde dir darauf antworten und Dein sowie Ihr Andenken wird die einzige Freude für mich sein. Unser Erkenntniß wird hoffentlich zukünftiges Jahr erscheinen, da wird sich ja vieles lösen und aufklären. — Am 7. kommenden Monats ist mein Geburtstag (der 4. im Gefängniß), ich werde dann freundlich an Euch denken und an die vielen kleinen Beweise von Liebe, die ich in den Jahren der Kindheit von Euch erfuhr, die gewiß mehr werth sind, als alle die schönen Versprechungen, die ich Dir an diesem Tage gemacht habe, und von denen so wenige verwirklicht sind.

Lebe wohl, und Grüße an Alle, vorzüglich an Lisette, was sie mir geschenkt, habe ich richtig erhalten.

Dein
F. Reuter.

Dieser trostlose Brief enthält eine schreckliche Andeutung, und der Vater verstand sie nur zu wohl. Fritz Reuter berührt hier selber ein trauriges Etwas, das den dunkeln Punkt seines Lebens bildet, ihm auch später im Glück den Genuß desselben verkümmerte, und seinen Ruhm leider beeinträchtigt hat. Man behauptet, daß er schon auf dem Gymnasium eine Neigung zu geistigen Getränken verrathen habe; jedenfalls trat sie in der wilden stürmischen Periode von Jena bedenklich hervor, und auf der Festung haben sie dann vielleicht Sorge und Gram, Reue und Verzweiflung zu einem Laster ausgebildet, das ihn fortan unterjochte, und mit dem er bis an sein Ende vergeblich rang.

Kurz vor seinem Abgang von Silberberg wurde ihm das Erkenntniß publicirt. Es war gefällt von dem Berliner Kammergericht, an dessen Spitze Herr von Kleist stand, den Fritz Reuter den „Blutigen" nennt. Von den 204 Angeklagten waren 39 zum Tode verurtheilt. Darunter befand sich auch Fritz Reuter. 39 Jünglinge sollten hingerichtet werden, „ihnen zur Warnung und Andern zur Nachachtung"; aber die Richter selber rechneten auf die königliche Gnade, und sie blieb nicht aus, sie kam bald hernach und aus freien Stücken. Friedrich Wilhelm der Gerechte veränderte „kraft oberrichtlicher Gewalt" das Urtel; er schenkte den Hochverräthern das Leben und — dreißig Jahre Festung dazu. Vier, über welche die geschärfte Todesstrafe, vermittelst des Rades, ausgesprochen, wurden zu lebenswierigem Kerker begnadigt.

Zwei und ein viertel Jahr saß Fritz Reuter auf dem Silberberg, wo es ihm in Gemeinschaft mit alten treuen Kameraden nicht zu schlecht ergangen war. Auch hatte er einen Gönner an dem Platzmajor, der ein geborner Mecklenburger war, und mit dem sein Vater einen Briefwechsel unterhielt. Nun mußte er fort und kam im Februar 1837 nach Glogau, wo er jedoch nur sechs Wochen verblieb, um dann nach Magdeburg versetzt zu werden. Vor der Abreise schrieb er einen langen wichtigen Brief, der hier folgt:

Glogau d. 11ten März 1837.

Mein lieber guter Vater.

Wenn ich je an Deiner Liebe und Deinen für mich so beruhigenden und für Dich mit so vielen Unbequemlichkeiten verknüpften Bemühungen gezweifelt hätte, so würden Deine jüngsten Briefe nicht allein durch ihre Zahl als auch durch ihren Inhalt mir das Gegentheil vor mein Gewissen rücken. Um nun diese Bemühungen, so viel an mir liegt, nicht fruchtlos zu machen, werde ich danach trachten, Deine Briefe, die ich jetzt alle erhalten habe, einen nach dem andern zu beantworten und mich über die wichtigsten Punkte, die darin berührt sind, auszusprechen. Für's erste muß ich Dich über die Ermahnungen, mich nicht der Verzweiflung zu überlassen, beruhigen. Diese Krise ist längst vorüber und gut oder übel überstanden, nicht allein um meinetwillen ist sie eingetreten, sondern hauptsächlich weil ich den bösen Eindruck auf Dich und die Deinigen fürchtete; ich wußte mein Urtheil schon unter der Hand um Michaelis und sann nur darauf, Deine um diese Zeit so sehr erhöhten Hoffnungen zu mäßigen, da kam der unglückliche Brief aus Berlin, der absichtlich deshalb geschrieben zu sein scheint, damit die Täuschung desto bitterer auf Dein Herz einwirken möchte, lies ihn noch einmal aufmerksam durch, er ist vom 25sten November und mein Urtheil, das dem Schreiber schon bekannt sein mußte, ist vom 4ten August, die Begnadigung auf 30 Jahre jedoch erst vom 11ten December. Ich kann Dich versichern, daß ich jetzt, da Du das Schlimmste weißt, ziemlich ruhig bin und alles anwende um es noch mehr zu werden. Nun werde ich versuchen, noch einmal über mein mehr oder weniger Inculpirtsein Dich aufzuklären: In dem Briefe aus Berlin heißt es: der junge Reuter gehört zu den weniger Gravirten; das ist das einzige Wahre in dem Briefe, doch das läßt sich auch nicht verbergen, da es durch die Acten feststeht. Man hat bei dieser Untersuchung folgende Kathegorieen gebildet und darnach verurtheilt. Man hat eingetheilt in nicht gravirte Verbindungen und in gravirte Verbindungen. Zu den ersteren gehören alle Burschenschaften vor dem Jahre 32 und es sind die Mitglieder derselben mit 5 Jahren verurtheilt, wie's denn auch im Frühlinge vorigen Jahres veröffentlicht wurde; diese sind begnadigt entweder ganz oder zu Strafen bis zu einem

Jahre. Darauf folgen die Breslauer, deren Tendenz nicht so schroff ausgesprochen war, als die auf andern Universitäten; sie haben erhalten 6—8—10, und die Gravirten in ihrer Verbindung haben erhalten 12—16 Jahre. Zu den gravirten Verbindungen gehören alle Burschenschaften mit Ausnahme der Breslauer, die im Jahre 32 und 33 existirten zu Heidelberg, Bonn, Jena, Tübingen, Erlangen, Würzburg, Greifswald, Halle und Kiel. Diejenigen, die nicht in den Verbindungen aufgenommen waren sondern Commentburschen genannt wurden erhielten 6 Jahre Festungsarrest, der jedoch durch die Gnade Sr. Majestät auf 6 Monate gemildert wurde. Zu den nicht*) gravirten wirklichen Mitgliedern dieser gravirten Verbindungen gehöre ich mit allen Mecklenburgern, mit Ausnahme von Frank, Schmidt aus Wismar und Nauwerk, welche man, den ersteren gewiß, vielleicht zu den gravirten gerechnet haben dürfte; und diese Kathegorie ist durch die Bank zu dem Beile verurtheilt worden und zu 30 Jahren begnadigt worden. Die Gravirten dieser Verbindungen sind zu dem Rade verurtheilt und zu lebenslänglicher Festungsstrafe begnadigt worden, wie das Urtheil eines gewissen Otto zu Stettin bezeugt. Bei meiner Untersuchung habe ich mich beschränkt, die Wahrheit von Thatsachen einzugestehen, die schon eingestanden waren und so umständlich eingestanden waren, daß ich mit dem besten Willen nichts neues anzuführen wußte, ja von einigen Sachen durchaus keine Kenntniß hatte, welches daher kam, daß ich nicht zu den Eingeweihten gehörte. Von dem Frankfurter Attentat konnte ich keine Kenntniß haben, da ich schon am 18ten Februar Jena verließ und seit Mitte des Januar freiwillig aus der Verbindung ausgetreten war. Thörichte Redensarten habe ich auch nicht ausgestoßen, weil mir nicht solche Fragen,

---

*) Soll wol heißen, weniger gravirten.

wie Du deren anführst, vorgelegt sind. Der ganze trau=
rige Unterschied in der Bestrafung der Mecklenburger mit
1 Jahre und meine mit 30 Jahren liegt in der Ver=
schiedenheit der Gesetze und in der Consequenz des preu=
ßischen Gerichtshofes; betrachtet man mich als Preußen
oder als einen, der gegen den preußischen Staat gesündigt
hat, so habe ich mich nicht über Härte der Strafe zu be=
schweren, da alle dasselbe erhalten haben, die dasselbe ge=
wollt haben, denn gethan haben wir nichts. Nun zu der
Anwendung des eben Gesagten: Du siehst, wir sind alle
nach gewissen Grundsätzen in Classen getheilt und darnach
verurtheilt; diesem gemäß werden auch die Gründe für das
Erkenntniß abgefaßt werden, und man wird dabei dasselbe
Verfahren beobachten, welches man im Frühlinge v. J. bei
den zu 6 Jahren Verurtheilten beobachtete, nämlich man
wird sie uns nicht allein nicht vorenthalten, sondern sie
sogar dem Publico veröffentlichen; wie lange sich dies noch
hinzieht, ist ungewiß. Dann erst könnte das Rechtsmittel
der weitern Vertheidigung eingelegt werden, wenn ich es
überhaupt thäte; aber ich bin anderer Meinung als die
mecklenburgischen Juristen. Höre meine Gründe: Fürs
erste geht mit dieser Vertheidigung wieder ein Jahr und
drüber hin, und das Resultat derselben kann nur höchst
zweifelhaft ausfallen. Bei diesem Prozesse ist mit dem
Urtheil sogleich die Begnadigung erschienen, eine Anomalie,
bei deren Abfassung gewiß die Möglichkeit der Resultate
der weitern Vertheidigung berücksichtigt ist, und zwar so,
daß man uns durch die Gnade Seiner Majestät das hat
gewährt, was wir vielleicht auf dem Wege der weitern
Vertheidigung erreicht hätten. Wer sich unmittelbar an die
Gnade Sr. Majestät wendet, kann doch wohl mit Gewiß=
heit darauf rechnen, daß sein Vertrauen nicht getäuscht wird
und daß er wenigstens dieselbe Milderung der Strafe er=
hält, welche diejenigen erhalten, die sich weiter vertheidigen

laſſen; ja die Erfahrung hat dies ſchon hinlänglich beſtätigt; v. Sprewitz wird ſich weiter vertheidigt haben und hat 7 Jahre geſeſſen, dahingegen Schliemann aus Gnoien nur 5 Jahre in Haft geweſen iſt. Alle meine Freunde in Silberberg ſind dieſer Meinung und ich glaube auch diejenigen in Magdeburg, die ich bald darüber ſprechen werde, indem ich morgen dahin abreiſe, weßhalb ich heute noch dieſen Brief beendige, damit Du Deine Briefe an die dortige Hochlöbliche Commandantur ſendeſt.

Die Kleidungsſtücke und Victualien habe ich erhalten und bin nicht ſo ſehr in Betreff der erſteren in Verlegenheit, wie Du es glaubſt. Einen Theil des Geldes werde ich auf der Reiſe zur Verpflegung gebrauchen, welches mir ſehr noth thut, da ich ſonſt in Gefängniſſen Nachtquartier machen müßte und mit 5 ſgr. leben müßte. In Magdeburg werde ich es ſchlecht haben, wie wir es von allen Seiten in Silberberg erfahren haben, doch denke ich wird es wohl gehen. Hier in Glogau hätte ich es mit der Zeit gewiß recht gut gehabt, da der zweite Commandant der Herr Major von Wichert ſowie auch der Herr Platzmajor Kurz ſich meiner beſtgütigſt angenommen haben; erſterer hat mich während meines Hierſeins mit Lectüre, worunter auch landwirthſchaftliche Werke ſich befinden verſehen. Von Glogau ſelbſt habe ich gar nichts zu ſehen bekommen, ſowie ich auch eine hieſelbſt befindliche Runkelrüben-Zuckerfabrik nicht in Augenſchein nehmen konnte, was ich freilich gern gethan hätte. Aus Frankenſtein iſt noch nichts, nicht einmal eine Antwort oder ein Aufſchluß hier angekommen, wogegen ich die von Dir nach Silberberg geſendeten 2 Briefe erhalten habe, auch alle 3 ſpäteren mit 40 rth. im Ganzen. Ich wüßte jetzt nichts, was ich noch zu beantworten hätte, denn über die Zweckmäßigkeit der Schritte, die Du zu meiner Auslieferung gethan haſt, habe ich nur eine ſehr unbedeutende Meinung, da ich es zu wenig beurtheilen kann, ob überhaupt ein Resultat erfolgen wird; aber mache es so wie Du im letzten Briefe angiebst, warte erst die Entscheidung der preußischen Regierung in Betreff der Requisition ab und wenn dies gethan ist und keine Erfolge sich zeigen, so wende Dich an Serenissimum, ob der etwas für mich thun will. Wenn ich nur erst in Dömitz*) wäre! Oh wie verändern sich die Wünsche der Menschen, hätte ich dies vor 4 Jahren in Deiner Gegenwart gewünscht, gelt, Du hättest mich auf den Sachsenberg**) zu Schwerin geschickt; und das schlimmste bei dieser unglücklichen Sache bleibt immer der ungeheure Verlust der Zeit, der Zeit, in der ein junger Mann seines Glückes Schmidt ist. At fugit interea, fugit irreparabile tempus.***) Vier Jahre will ich noch ruhig ausharren und werde sie noch ertragen, ist dann noch kein Ziel, dann lebe wohl Hoffnung auf Erdenglück, dann werde ich grenzenlos unglücklich werden. Heute ist ein schöner Tag; wenn meine Reise so begünstigt wird, so glaube ich wird sie mir, wenn sie anders auf derselben Art wie von Silberberg hierher vollführt wird, viel Vergnügen machen. Was unsre Familie betrifft, so wechselt dort ja Freude und Trauer auf eine für mich sehr ergreifende Art. Großmutter und die Tante in Jabel, beide dem Tode nahe, beide ein paar ausgezeichnete Frauen; die erstere erzog meine Mutter, mit welchen Mitteln und wie! — die andere, ja da muß ich mit Schiller antworten: nicht dem Guten gehöret die Erde, er ist ein Frembling und wandert aus und suchet ein unvergänglich Haus. Karl und Marie†), nun diese beiden

---
*) Kleine Festung in Mecklenburg, wohin Fritz Reuter endlich wirklich ausgeliefert wurde.
**) Hier befindet sich die Irrenanstalt.
***) Indessen flieht die unersetzliche Zeit!
†) Cousin und Cousine von Fritz Reuter, die im Begriff standen, einander zu heirathen.

werden gewiß glücklich werden; beide haben unendlich viel Gemüth, und darauf beruht wenigstens die Zufriedenheit und das Glück der inneren Brust, für das äußere, da sorge Gott und so viel an Dir liegt — — —*) Was ich hierüber schreibe, lieber Vater, sage es keinem, auch Lisetten und — — —*) nicht; ich will nicht Unruhe erzeugen und nicht Unrecht thun; und deßhalb mache diese letzten Zeilen gleich, nachdem Du sie gelesen, unleserlich — — —*)

Wie ich eben höre, reise ich morgen noch nicht, schreibe jedoch nur den nächsten Brief nach Magdeburg und sorge nicht zu viel um mich, es greift Dich zu sehr an; in der Stimmung, worin ich jetzt bin, schlage ich mich schon durch (ich habe sie größten Theils dem Herrn Major von Wichert zu danken), sorge lieber auch für den alten treuen Ernst.**) Nun lebe wohl und denke ruhiger an

  Deinen
    Sohn F. Reuter.

  Major von Wichert, der zweite Commandant der Festung, erwies dem armen Gefangenen eine Menschenfreundlichkeit und Güte, an die er schon lange nicht mehr gewöhnt war, und die ihn deshalb mit großer Dankbarkeit und wahrer Rührung erfüllte. Und die schöne Commandantentochter, aus deren kleiner Bibliothek er Goethe's Faust, Egmont und Wilhelm Meister las, grub sich tief in sein Gedächtniß, wiewol er sie nur einen Augenblick sah und nie ein Wort mit ihr gewechselt hat. Der Dichter setzte Beiden ein Denkmal in seinem Buche „Ut mine Festungstid", wo er seinen Wohlthäter Oberst B. nennt und auch

---

  *) Drei verschiedene Stellen sind unleserlich gemacht.
  **) Der schon mehrmals erwähnte Neffe und Pflegesohn des Bürgermeisters.

die merkwürdige Laufbahn, das tragische Ende des edlen Mannes erzählt. Die junge liebenswürdige Dame starb an einem Weihnachtsabend, und ihr Vater im Irrenhause.

Trotz des kurzen Aufenthalts schied Fritz Reuter von Glogau weit schwerer als von Silberberg. Doch er mußte fort. Er sollte alle preußischen Festungen kennen lernen, alle Sorten preußischer Gefängnisse durchkosten. Hatte er irgendwo Bekannte, mitleidige Herzen gefunden, dann schleppte man ihn fort, oft hundert Meilen weit, durch Schnee und Sturm, ohne daß er erfahren konnte, wohin die Reise ging. Gleich einem eingefangenen Raubthiere saß er in einem alten Planwagen, neben ihm ein Gendarm mit geladenem Gewehr, oder auch zwei Berittene, bis an die Zähne bewaffnet, zu beiden Seiten des Schlages. So kutschirte man ihn als „abschreckendes Beispiel" durch die Lande, immer von Landrathsamt zu Landrathsamt und von Bürgermeister zu Bürgermeister. Im Leichenwagenschritt fuhr er durch die Dörfer und Städte, begleitet von einem Haufen Straßenjungen, die ihm regelmäßig das Geleit gaben und ihn mit „Spitzbub!" und anderen Ehrentiteln begrüßten. Hielt der Wagen vor dem Wirthshause, dann umdrängten ihn beim Aussteigen Groß und Klein und beguckten ihn von allen Seiten, so daß er sich selber höchst „gefährlich vorkam". Unter demselben Aufzuge ging's zu dem Herrn Landrathe oder zum Herrn Bürgermeister, denen er seine Aufwartung machen mußte, und die ihm dann ein paar „ehrwürdige ausrangirte" Bürger in das Wirthshaus mitgaben, damit „sie ihm die Nacht über von ihrem Taback vorrauchten und nebenbei darauf sahen, daß er nicht weglief und den königlich preußischen Staat an allen vier Ecken ansteckte." In der Regel waren's „brave alte Herren", die ihn mit ihren Fragen beinahe todtquälten und als letztes Wort die Ansicht aussprachen: „Je, äwer unsen König hewwen Sei doch dodmaken wullt!" — Inzwischen saßen in der Gaststube die Honoratioren und nöthigten sich den Gendarm herein; der mußte trinken und dazu die gräulichen Thaten seines Gefangenen erzählen.

Mehrere Male drängte sich ihm die Verlockung auf, zu entfliehen; niemals stärker als auf dem Transport nach Magdeburg, wo er in dem Gastwirth einer kleinen Stadt einen wohlwollenden Landsmann fand. Aber er mußte der Warnungen und Bitten seines Vaters gedenken. In jedem Briefe beschwor ihn der Vater, doch nur auf keinen Fluchtversuch zu verfallen; er wäre ein alter Mann, und wenn der Sohn flüchtig würde, kriege er ihn sein Lebtag nicht mehr zu sehen; er müsse ja doch nun bald freikommen. Diese Hoffnung auf Gnade wurde dem Gefangenen von allen Seiten gesungen, und deshalb unterließ er's auch, gegen das unnatürlich harte Urtel die Appellation einzulegen. Aber die Gnade kam nicht eher, bis Friedrich Wilhelm der Gerechte todt war, und jene ewig getäuschte Hoffnung nagte wie ein Wurm an der Seele des Jünglings. — Mehrere seiner Kameraden entkamen glücklich, so Massow aus Kolberg, Böminger aus Silberberg, Wagner und Reinhard aus Magdeburg. „Aber," sagt er, „daß sie dadurch viel glücklicher geworden, habe ich nicht gehört. Was soll ein halber deutscher Jurist oder Theologe, und wenn's auch ein Mediciner ist, in der Fremde?" — Für Reuter war's jedenfalls gut, daß er den Plan aufgab; den andern Morgen waren 16 bis 17 Grad Kälte, und der Schnee lag kniehoch; er wäre sicher erfroren.

In Magdeburg nahm ihn das Inquisitoriatsgefängniß auf, in welchem außer den gemeinen Verbrechern auch 24 bis 30 „Demagogen" saßen, unter denen er mehrere Studienfreunde und ehemalige Couleurbrüder antraf. Aber wie hatten die frischen kräftigen Burschen sich verändert! Lauter abgezehrte erdfahle Jammergestalten, an Leib und Geist dahinsiechend. Acht bis zehn lagen augenblicklich im

Lazareth, aber krank waren Alle; die Uebrigen mußten
warten, bis sie dort ein Unterkommen fanden; der Raum
war nur knapp. Einer litt an Lungentuberkeln, ein
Anderer an Rückenmarksdarre, ein Dritter an der Leber,
ein Vierter an Blutandrang, ein Fünfter an den Augen;
zwei hatten entlassen werden müssen, einer wegen Schwind=
sucht und der andere, weil er im Gefängniß verrückt ge=
worden. — „Unseliger Mensch, wie kommst Du hier her?!"
Mit diesem Gruß empfingen ihn die alten Freunde. Ja,
er mußte einsehen, daß er's auf dem Silberberg doch besser
gehabt, weit besser, als diese hier. Der erste Commandant,
Graf H., war ein „Menschenschinder", ein Spielkamerad
Friedrich Wilhelms des Gerechten; darum hielt er's für
seine Schuldigkeit, die „Demagogen" nach Kräften zu
chikaniren. Sein größtes Leid war, daß über die jungen
Leute keine Beschwerden einlaufen wollten. — „Wieder
nichts zu melden?!" fuhr er den Gefängnißinspector auf
der Parade an. „Melden Sie was, und ich werde Ihnen
zeigen, wie man mit Hochverräthern umgehen muß!" —
Der Gefängnißinspector war ein guter Mann, konnte
aber nichts thun; er zitterte vor seinem Obern, dem
Commandanten, und er fürchtete sich vor seinem Unter=
gebenen, dem Schließer, der bei jenem den Zuträger machte.

Ehe Fritz Reuter in seine Zelle gebracht wurde, mußte
er sich bis auf's Hemde entkleiden, sich und seine Sachen
einer genauen Visitation unterwerfen, ob er nicht Messer
oder Pistolen oder gar — Geld bei sich habe. Ein neu=
silberner Pfeifendeckel, eine kleine goldene Tuchnadel wurden
confiscirt; ebenso Schreibzeug und Zeichenmaterialien.

Die Zelle war von ähnlicher Beschaffenheit wie sein
früheres Quartier in der Hausvoigtei. Zwölf Fuß lang
und sechs Fuß breit, ohne Ofen, aber dafür mit einer
Luftheizung bedacht; die warme Luft strömte durch ein Loch
von oben, die kalte durch ein anderes von unten ein, so

daß der Insasse immer hübsch kalte Füße und einen recht warmen Kopf hatte. Das war eine neue Erfindung, die jetzt an den „Demagogen" erprobt wurde. Das kleine Fenster hoch oben in der Wand sah nach Norden, und war rechts und links mit hölzernen Scheuklappen versehen, um der Sonne den Eintritt zu versperren, die aber wegen der hohen Mauer, die den Gefängnißhof umgab, und wegen der nahen Festungswälle ohnehin nicht herein konnte. Fritz Reuter hatte seiner angegriffenen Augen wegen eine Versetzung von dem Silberberg gewünscht, aber das hier einfallende Dämmerlicht war noch schwächer als dort, und dazu Alles beengter und verzwickter. In der Thür befand sich eine Klappe, um die Gefangenen in jedem Augenblick beobachten zu können. Der frühere zweite Commandant, Oberst von B., der nachher wegen schamloser Niederträchtigkeiten selbst auf die Festung kam, hatte sich häufig dieses Privatvergnügen gemacht und dazu noch gute Freunde mitgebracht, mit denen er sich vor den Käfigen verlustirte. Messer und Gabel wurden gleich nach dem Essen fortgenommen, und Fritz Reuter trachtete schon wieder nach einem Blechlöffel, um sich daraus ein Messer zu verfertigen, als ihm sein Mitgefangener, Hermann Grashof, ein solches zuzustecken wußte.

Es war eine strenge Hausordnung, aber ein einziges Pfund Tabak stieß sie ganz und gar um. Er scheine ihm „ein dreister kratzbürstiger Bursche" zu sein, hatte der Schließer gesagt; aber so wären Viele gewesen; er würde ihn wohl auch „zahm kriegen". Indeß diese Prophezeiung ging nicht in Erfüllung. Nicht machte der Schließer unsern Reuter zahm, sondern umgekehrt der Gefangene den Schließer, und zwar durch das vorhin erwähnte Pfund Tabak, um dessentwillen der Kerkermeister alle seine strengen Grundsätze vergaß, und dem jungen Manne eine Freiheit nach der anderen erlaubte; zumal als dieser ihn bald darauf betraf, wie er einem seiner Freunde Cigarren mauste. Und als der Inspector hinter diese Dinge kam, fürchtete er sich nicht mehr vor dem Schließer und gestattete den Jünglingen noch größere Freiheiten, so daß sie ungenirt mit einander verkehren konnten, und Fritz Reuter als eine Art Vice=schließer fungirte. Ja, es kam zu einem großen Commers in Rheinwein auf der Stube des Herrn Inspectors, wo einer der „Demagogen" präsidirte, und wo man den Herrn Inspector als „forschen Fuchs" zustutzte und ihn funditus trinken lehrte, was er denn auch sehr bald begriff.

Aus der ersten Zeit des Aufenthalts in Magdeburg stammt dieses Schreiben:

Lieber Vater,

Vielen Dank für Deinen Brief, worin Du mir den Erfolg der Verwendung unseres Hofes meldest, oder viel=mehr unserer Regierung. Es ist wahr, die Sache ist nicht besser und nicht schlimmer dadurch geworden und das Resul=tat dürfte am Ende doch nur eine abschlägige Antwort sein. Mir ist vor einigen Tagen das Urtheil mit den Entscheidungs=gründen vorgelesen worden, wodurch ich jedoch um nichts klüger geworden bin; es war eine Geschichtserzählung, die zum Schlusse mit einigen Bemerkungen versehen war, in denen es unter andern hieß: Ich wäre geständig gewesen, das Lied „Fürsten zum Land hinaus" gesungen zu haben, läugnete aber, den Vers über Se. Majestät den König zu kennen, da mir dies nicht zu glauben sei, so würde ich doch der Majestätsbeleidigung schuldig erkannt; ich läugnete ferner in der Versammlung zugegen gewesen zu sein, in welcher die revolutionäre Tendenz ausgesprochen wäre; das wäre mir auch nicht zu glauben u. s. w. Es war nur alles pro forma und ich erwartete auch nichts anderes und nahm meine Appellation zurück. Ich habe nun ein Begnadigungs=gesuch aufgesetzt und sende Dir die Abschrift desselben zu.

Das Deine habe ich gelesen und bitte es so zu lassen und nur noch hinzuzufügen, das Du gehört habest, wie schon Wiek aus Schleswig und Kleekamp aus Kiel, die ebenso betheiligt wären wie ich, im Sommer 1834 nach Holstein ausgeliefert worden wären; ich glaube dies anzuführen paßt sich besser für Dich als für mich.

Hier folgt mein Gesuch:

S. T.

So schrecklich sich auch in der gesetzlichen Beurtheilung das Wesen meiner Vergehung entfaltet hat, indem ich durch Erkenntniß des Königl. Kammergerichts

„wegen Theilnahme an der hochverrätherischen Verbindung der Burschenschaft zu Jena zur Todesstrafe, welche durch die Allerhöchste Cabinetsordre in 30jährige Festungsstrafe verwandelt worden ist,"

verurtheilt worden bin, so drängt mich doch mein eigenes Bewußtsein zu dem Troste, daß nie in meinem Leben ein wirkliches Verbrechen das Ziel meiner Bestrebungen war. Leichtsinnige Erfassung des Augenblicks, Mangel an ernstlicher Erwägung der Dinge und ihrer Folgen und jugendliche flüchtige Begeisterung für alles Gute konnten wol manches falsche Ideal für eine Zeit lang vor meinen Blicken fesseln, aber niemals bin ich mir bewußt gewesen, den verbrecherischen Unternehmungen, wie sie mir zur Last gelegt werden, mein Herz oder meine Hand zu leihen. Von diesem tröstlichen Gedanken ermuthigt, wage ich es, von der Gnade Ew. Majestät eine Milderung der schweren von dem Gesetze mir zuerkannten Strafe zu hoffen, und flehend darum mich vor Allerhöchstdero erhabenen Throne niederzuwerfen. Schon seit fast 4 Jahren büße ich die leichtsinnigen Verirrungen meiner Jugend in einer strengen Gefangenschaft, und es war mir vergönnt den Ernst zu sammeln, der dem jungen Manne zur Befestigung von richtigen Grundsätzen und zur Erfüllung seiner Lebensaufgabe nöthig ist. Ich habe um so schmerzlicher diese Strafe empfunden, als ich sie fern von meinem Vaterlande ertragen mußte, und es mir nicht unbekannt ist, daß in demselben die Beurtheilung unserer Vergehungen viel gelinder, und die darüber verhängte Strafe bei weitem derjenigen nicht gleich kommt, welche ich bereits erduldet habe. Dürfte es mir erlaubt sein, zu bemerken, daß ich, ein Mecklenburger von Geburt, nie in den königlichen Staaten Ew. Majestät zu studiren das Glück gehabt, und ich mich — nur durchreisend in denselben verhaftet — um so weniger der unmittelbaren Schuld einer Verletzung diesseitiger Gesetze theilhaftig sehe, so kann ich mich nur schwer auch dieser Stütze meiner Hoffnung berauben, daß es Ew. Königlichen Majestät Gnade und Huld gefallen wolle, meine bereits überstandene Strafe Allergnädigst anzusehen, und mich um so eher meinem geliebten Vaterlande und den Armen meiner trauernden Familie wieder zu schenken. Ich bin durchdrungen von dem festen Vertrauen, daß auch der Ausländer vor dem väterlichen Throne Eines Allverehrten, Allergnädigsten Königs nicht verstoßen werde, wenn er demüthigst in den Reihen Gnade flehender Unterthanen erscheint und ich wage es mit nicht minderer Aufrichtigkeit in den Gesinnungen der tiefsten Ehrfurcht und Ergebenheit zu verharren

Magdeburg   E. M.

alleruntertänigster

F. R.

Diese Bitte werde ich von hier aus so bald wie möglich absenden, damit sie noch vor dem 3ten August*) zur Sprache kommt, denn indem ich sie nicht direct an Se.

---

*) Bekanntlich der Geburtstag Friedrich Wilhelm III.

Majestät senden kann, sondern an die Ministerial=Commission, so kann leicht eine ziemliche Zeit damit vergehen.

Daß ich die 25 rth. von M. und 10 erhalten habe, habe ich Dir gemeldet, auch sind die 30 rth. richtig angelangt, doch von dem bewußten Rock hat sich noch nichts verlauten lassen. Ich bin gesund und wohl und schicke und drücke mich, so gut wie's gehen will. Wenn Du nun noch den letzten Versuch machst, indem Du Dich an Serenissimum wendest wenn er im August nach B(erlin). geht, so glaube ich hat man Alles gethan, was sich thun läßt und man kann dann alles dem Himmel anheim stellen. Du verlangst die Namen der Herren, die hier meine Vorgesetzten sind, zu wissen. Der erste Commandant ist der Herr General=Lieutenant Graf von Haak, der zweite Commandant der Herr Major Bock, und der Platzmajor Herr Hauptmann Singer. Ich glaube, daß ich in diesen Angelegenheiten auch öfter als zweimal schreiben darf und werde ich, wenn es nöthig sein sollte, den Herrn Platzmajor darum bitten.

Binnen 8 bis 10 Tagen ist mein Gesuch abgegangen und da wäre es wohl gut, wenn Deins auch einginge. Bleibe gesund und denke an

Deinen

Sohn F. Reuter.

Magdeburg d. 30sten May 1837.

Inzwischen hatte man dem Gefangenen Schreibzeug und Zeichengeräth wiedergegeben, und nun begann er seine Kunst praktisch zu verwerthen, sich auf's Porträtiren zu werfen. Zunächst porträtirte er sich selber, dann seinen Freund Grashof, dann den Gefängnißinspector, dann seine übrigen Freunde und endlich sogar den Platzmajor. Nebenbei bemerkt, scheinen die Platzmajore auf den verschiedenen Festungen stets Fritz Reuter's specielle Freunde gewesen zu sein. Der Herr Platzmajor in Magdeburg war leider ein „Flachskopf" und hatte keine Augenbrauen, und bei den Augenbrauen pflegte Fritz Reuter anzufangen. Er wußte sich aber zu helfen und begann mit dem Schnurrbart, wo dann die Aehnlichkeit nicht ausbleiben konnte. Eine neue und größere Schwierigkeit bereitete ihm aber die blaue Uniform mit dem rothen Kragen und den blanken Knöpfen. Das Berliner Blau gab einen ganz himmelblauen Rock, der allenfalls passiren konnte; aber der Zinnober, der, bei Licht besehen, nur Mennig war, gab statt des rothen Officierkragens nur einen orangefarbigen Postmeisterkragen, der unter keinen Umständen passiren konnte. Ein Stückchen Zucker, das der Maler dem Pseudo-Zinnober zusetzte, verwandelte endlich den Postmeister in einen Platzmajor; das Bildniß kam glücklich zu Stande, wurde vortrefflich gefunden und brachte dem Künstler Ehre und neuen Einfluß.

Waren diese Intermezzos auch Lichtblicke, die in die Gefängnißnacht fielen und den Lebensmuth des Jünglings wieder anfachten, so konnten sie ihn doch nicht mit seiner Lage versöhnen. Zeitungen und Bücher waren gänzlich verboten, nur Fachwerke erlaubt. Sogar gegen das Brockhaus'sche Conversations-Lexikon erklärte sich Graf H., weil es „revolutionäre Artikel" enthalte; und „Landkarten seien überall nicht zu gestatten, da sie einem Fluchtversuche Vorschub leisten könnten." Die Jünglinge erfuhren nur hin und wieder etwas von der Welt durch den Inspector der Anstalt oder durch den Stabsarzt oder durch ein altes Zeitungsblatt, worin Käse und Hering eingeschlagen waren.

Die Hoffnung auf Begnadigung wurde wieder lebendig, als Friedrich Wilhelm der Gerechte im Herbst 1837 das Jubiläum seiner vierzigjährigen Regierung feierte, bei welcher Gelegenheit man allgemein eine Amnestie erwartete. Wirklich kam die Sache im Staatsrath zur Sprache, aber der Herzog Karl von Mecklenburg erklärte sich gegen die

Begnadigung der „Königsmörder", und gab als Vorsitzender den Ausschlag. Bald darauf starb der große Staatsmann. Von welcher Gesinnung aber die „Königsmörder" beseelt waren, läßt sich aus einem Beispiel entnehmen, das Fritz Reuter erzählt: Als man über die verhoffte Begnadigung noch hin und herstritt, titulirte einer der Gefangenen den König „alten Rülps", worauf er von einem andern „Demagogen", wegen seiner militärischen Haltung der „Kapitain" genannt, auf einen Gang krumme Säbel gefordert wurde; auszufechten am ersten Tage, wo Beide frei kämen. Im Uebrigen bemerkt Fritz Reuter selber: Als wir eingesperrt wurden, gab's unter uns noch keinen Demokraten; aber im Gefängniß wurden wir alle Demokraten.

Damals schrieb er:

Lieber Vater,

Du wirst vielleicht schon einen Brief von mir erwartet haben, doch hatte mein Stillschweigen einen guten Grund; ich sage guten, insofern nämlich die bloße Hoffnung gut ist und das ist sie doch wohl, selbst wenn sie getäuscht werden sollte. Es verbreitete sich nämlich ein Gerücht, welches selbst in unserm Kerker wiederhallte, daß Sr. Majestät 40jähriges Regierungsjubiläum (am 16ten d. M.) den politischen Gefangnen eine günstige Veränderung bringen würde, ja man sprach von einer gänzlichen Amnestie, und da dachte ich denn bei mir, warum sollst du dieses glückliche Ereigniß nicht abwarten und dich dann statt des Briefes auf die Post schicken; doch wie sehr auch die Hoffnungen von Tage zu Tage wuchsen, wie sehr auch die Pläne zur Reise berathen wurden, die Amnestie blieb aus, und so dachte ich, es sei wohl besser, wenigstens einen geschriebenen Boten in die Heimath zu senden. Eine Hoffnung haben wir alle noch, nämlich wenigstens auf die Cidatelle zu

kommen, da nämlich schon hier eine Commission zur Unter=
suchung der Gefängnisse gewesen ist, um zu bestimmen, ob
dieselben gesund sind, und da ist denn berichtet worden, —
doch was berichtet worden ist weiß ich nicht, und wenn ich
es wüßte, dürfte ich es doch nicht schreiben; also warten
wir die Entscheidung, die, da schon 7 Wochen vergangen
sind, wohl bald eintreffen wird, ab und beruhigen wir uns
bis dahin. Mit meiner Gesundheit steht es gut und durch
die Güte des Herrn —*) wird auch für meinen Unterhalt
gesorgt, schade, daß ich den Herrn nicht sprechen darf. Die
Cholera ist uns gnädig vorbeigegangen und hat überhaupt
hier nicht so böse gehaust, wie sie in Berlin gehaust haben
soll, aber dennoch sind leider viele von uns sehr kränklich.

Meine Beschäftigungen sind die alten, nur mit dem
Unterschiede des weiter Vorgerücktseins; denn beim Zeichnen
bin ich so kühn gewesen mich an die Pastellzeichnerei zu
machen und porträtire alles, was sich von mir porträtiren
lassen will und alle, die mit mir Umgang haben können;
ich glaube fast ich könnte bei einiger größerer Uebung schon
als Maler fungiren; aber halt nun fällt mir ein, daß ich
Dir zum Troste doch schreiben muß, daß ich deßhalb doch
nicht die Oeconomie vergessen habe, doch kann ich wirklich
beim besten Willen nicht alles verstehen, den Koppe weiß
ich auswendig und wenn ich die Encyklopädie, die beiläufig
gesagt stärker ist als das Conversations=Lexikon auch nicht
auswendig weiß, so ist mir doch so ziemlich, mit Aus=
nahme der Kaninchen und Ziegenzucht u. dgl. auch dort das
meiste bekannt; aber wie soll ich hier die Eintheilung der
verschiedenen Ackerklassen kennen lernen, wie soll ich beur=
theilen können ob jetzt Zeit ist zu wenden oder ob es noch
zu naß und s. w., der ich nichts anderes Feld sehe als den
Sand im Spuckkasten und kein anderes Pferdegeschirr als

---

*) Der Name ist unleserlich gemacht.

wenn zum Gaudium unserer Nasen die Düngergruben aus=
gefahren werden. In der Hoffnung, daß Du wohl von
der Hochzeit*) zurückgekehrt bist, und überhaupt vergnügt bist,
schließe ich heute, um der guten Lisette auch noch ein paar
Worte zu schreiben. Lebe wohl
Dein

Sohn

F. Reuter.

Magdeburg d. 29sten November 1837.

Inzwischen verschlimmerte sich das Siechthum der Ge=
fangenen. Wieder verfiel einer von ihnen — Fritz Reuter
nennt ihn in seinem Buche Z.; er hieß aber in Wirklich=
keit Guitienne — ein großer stattlicher Jüngling, in Irr=
sinn. Sein Geist hatte schon bei der Verkündigung des
Todesurtheils gelitten; jetzt begann er mit Prophezeiungen,
indem er aus den Geberden von Krähen, Spatzen und
Kanarienvögeln die wundersamsten Dinge vorhersagte. Gui=
tienne, der unter seinen Kameraden den Spitznamen der
„Franzose" führte, kam zunächst ins Lazareth, dann in die
Charité nach Berlin, wurde hier als geheilt entlassen und
dann wieder auf die Festung gesetzt, nach Graudenz, wo
er mit Fritz Reuter zum zweiten Mal zusammentraf.

Auch die andern „Demagogen" kamen auf Antrag des
Stabsarztes ins Lazareth, das aber gerade mit Cholera=
kranken überfüllt war. Hier geschah es nun, daß die Jüng=
linge Wagner und Reinhard, die als junge Mediziner Beide
Aushülfe leisteten, die herrschende Aufregung und Unruhe
benutzten und entflohen. Unter dem Beistande eines frühern
Kameraden Br., der erst vor einem Vierteljahr freigekommen,
jetzt diese Freiheit wieder aufs Spiel setzte, entkamen sie
glücklich nach England. Mit ihnen verließ der edle Br.

---

*) Hochzeit einer Cousine in Jabel.

Vater und Vaterland, soll aber, wie Fritz Reuter meint, später in Wien als beliebter Schriftsteller gelebt haben.*)

Die Entflohenen schrieben von Helgoland aus an den Grafen H. einen spöttischen Brief, und eine Abschrift desselben kam gleichzeitig ihren zurückgebliebenen Kameraden in die Hände; woraus man ersehen kann, daß alle Riegel, Schlösser und Wachen den Verkehr mit der Außenwelt doch nicht zu hindern vermochten. Die Gefangenen correspondirten nicht blos unter Controle ihrer Oberen, sondern daneben auch heimlich auf immer neuen Wegen. Viele Briefe Fritz Reuter's, die ihm von der Commandantur zerschnitten zurückgegeben wurden, sind in derselben Gestalt trotzdem an den Bürgermeister gelangt, und existiren noch heute. So schrieb er um jene Zeit dem Vater, daß er gleichfalls zu fliehen beabsichtige und bat um Geld. Der Bürgermeister wollte davon nichts wissen; doch das „gottgesegnete" preußische Ministerium bekam Wind und ließ auf jenen Brief fahnden. Da erzählt nun Fritz Reuter voll Freude und Anerkennung, wie sein „Krätending von lütt Swester", seine jüngere Schwester Sophie, durch ihre Geistesgegenwart „einen braven Mann" vor großem Schaden bewahrte. („Ut mine Festungstid", S. 97, 98.)

Die Flucht der beiden jungen Mediciner brachte den ersten Commandanten, Grafen H., außer sich. Die andern „Demagogen" wurden Knall und Fall in's Inquisitoriatsgefängniß zurückversetzt, mit Ausnahme von dreien, deren Transport als lebensgefährlich aufgegeben werden mußte, und die noch im Lazareth verblieben, wo bei Tage und bei Nacht das Sterbegewimmer der von der Cholera Befallenen aus nächster Nähe zu ihren Ohren drang.

---

*) Wie man dem Verfasser mittheilt, hieß der Betreffende Braun, und ist vor einigen Jahren als Gutsbesitzer bei Schievelbein in Hinter-Pommern gestorben.

Graf H. drohte, den humanen Stabsarzt zur Untersuchung ziehen zu lassen, weil er „Gesunde in's Lazareth aufgenommen", aber dieser beantragte eine Commission, die den Zustand der jungen Leute begutachten sollte. Die Commission trat zusammen und ihr Ausspruch lautete einstimmig: Es mangle in den Zellen der politischen Gefangenen an den nothwendigsten Lebensbedingungen: an Licht, Wärme und frischer Luft; auch sei das Trinkwasser, da es aus dem Flusse von unterhalb der Stadt komme, nicht zu genießen. — Was die Commission nicht berichtete, was sie aber roch und einathmete, war der Gestank der beiden Kloaken auf dem Gefängnißhofe, die für fünfhundert Menschen dienten; und der Steinkohlendampf einer großen Eisengießerei, die sich in unmittelbarer Nähe befand.

Der brave Stabsarzt Reiche behielt Recht gegen den Grafen H., was diesem vielleicht so nahe ging, daß er bald nachher starb. Er war, wie „Onkel" Dambach, eine gemeine Seele, und verübte an den armen Jünglingen die elendesten Quälereien. Beispielsweise zwang er sie, sich jedes Barthaar abscheren zu lassen, und titulirte sie in seinen amtlichen Erlassen stets als „Demagogen", bis ihn auf Beschwerde des „Kapitäns" das Berliner Kammergericht zwang, fortan die Adresse: „An den Demagogen X." mit der „An den Herrn politischen Verbrecher X." zu vertauschen. Er hatte sich über die Wohnung der Gefangenen nie mit eigenen Augen unterrichten mögen, ihnen nicht einmal den Besuch der Kirche gestattet oder ihnen einen Seelsorger geschickt, trotzdem sie darum wiederholt nachsuchten. Erst unter seinem Nachfolger gelangten sie einmal in das Gotteshaus, natürlich in Begleitung einer entsprechenden Anzahl von Gendarmen. Bemerkt zu werden verdient noch, daß die Haft im Zellengefängniß eine ganz ungesetzliche war, da das Urtel auf Festung lautete; indeß hatte es sich ja bei dem ganzen Verfahren nicht um Recht und Gesetz, sondern um Willkür und Rache gehandelt.

Bald nach dem Tode des Grafen H., im Februar 1838, verließ Fritz Reuter sein bisheriges Gefängniß, um es mit einem andern, ihm einstweilen noch unbekannten, zu vertauschen. Er war der einzige unter seinen Leidensgefährten, der noch nicht graues Haar aufzuweisen hatte, aber er saß in diesem Höllenkerker auch nur Ein Jahr, die übrigen vier Jahre. Will man von seinem damaligen Menschen ein Bild haben, so entwirft er sehr humoristisch selber eins: „Ein erbarmungswürdiges Subject, von einem zerrissenen Schlafrock umhüllt, zerrissene Pantoffeln an den Füßen und in der Hand eine lange Pfeife. Hinter ihm ein königlich preußischer Unteroffizier, der ihm, sobald er reden will — schwapp! — auf's Maul schlägt." Seinen Schlafrock vergleicht er mit dem Schilde des Achilles. Wie dieser aus neun Ochsenfellen bestand, so jener aus neun „Stockwerken" oder „Häuten", die man im Laufe der Zeit übereinander gezogen, die nun aber schon alle zahlreiche Risse und Brandwunden aufzuweisen hatten. Von seinen Kameraden in Magdeburg nennt er noch: W...., d. i. Wachsmuth, später Kreisgerichtsrath in Crossen; und M...., der schon katholischer Priester und im Besitz der drei ersten Weihen gewesen, d. i. der nachher so bekannt gewordene Jesuitenpater Haslacher. Weit näher als Beide stand ihm der „Kapitän" Sch...., d. i. Schultze, damals Gerichtsauscultator, heute Justizrath in Meseritz, der seinen Charles douze, wie Fritz Reuter von der Universität her hieß, auch bei der Versetzung von Magdeburg begleitete.

Wieder ging es durch Schnee und Kälte mehrere Tage, bis der Wagen um Mitternacht in Berlin hineinrasselte und vor der — Hausvoigtei hielt. Wieder nahm ihn die kleine Zelle auf, in der er während der Untersuchungshaft gesessen; aber diesmal fehlte der Strohsack, auch war sie ungeheizt, obgleich es draußen 15—18 Grad Kälte gab. Den beiden jungen Männern blieb nichts übrig, als sich auf die nackten Dielen zu legen und mit ihren Kleidungsstücken zu bedecken. Am andern Morgen guckte der Gefängnißinspector herein und fragte grinsend, „wie man geruht habe?" Fritz Reuter verschluckte den teuflischen Hohn und verlangte den Hausvoigt zu sprechen. — Das war sein alter Freund, Herr Dambach, den man wegen seiner Verdienste um den Staat inzwischen mit dieser Stelle belohnt und nebenbei zum Criminaldirector ernannt hatte. — Der Inspector erwiederte: Der Herr Criminaldirector lasse sich nicht sprechen; worauf Fritz Reuter ein Bett, wenigstens einen Strohsack verlangte, nöthigenfalls von seinem Privatgelde, das der Hausvoigt in Gewahrsam hatte. — Nichts davon. Der Herr Criminaldirector hätten bestimmt, die Gefangenen sollten sich von ihrem Tractament so viel zusammensparen, bis sie sich ein Bett miethen könnten. — Von ihrem Tractament! Das betrug fünf Groschen täglich, wovon der Schließer für den Morgenkaffee vier erhielt, so daß für die andern Mahlzeiten noch Ein ganzer Groschen übrig blieb.

Vier Nächte lagen die Beiden auf dem bloßen Fußboden in der ungeheizten Zelle; vier bitterkalte Nächte. Der „Kapitän" wurde krank. Der Fieberfrost schüttelte ihn, er versuchte in der Gefängnißbibel zu lesen und wimmerte umher.

Aber die Qual muß ja bald ein Ende nehmen; sie rasten nur in der Hausvoigtei, sie bleiben nicht hier! Oder doch!? — Fritz Reuter wendet sich an einen Unterbeamten. Der Schuft — denn er kam später wegen Unterschleif auf die Festung — der alte Schuft mit dem gedunsenen Gesicht weidet sich an der Angst des Jünglings und antwortet mit Grinsen: „Versteht sich! Sie bleiben immer hier. Glauben Sie, daß Seine Majestät alle diese großen Gebäude hier leer stehen lassen will? Nein, Sie bleiben hier, und Ihre Kameraden kommen alle nach." — Also doch! — Noch fünf und zwanzig Jahre in diesem Loche, auf dem nackten Fußboden, unter der väterlichen Obhut des Herrn Criminaldirectors Dambach!! — Also doch!!! Der Verzweifelte glaubt an das Unwahrscheinlichste, zumal wenn es das Entsetzlichste ist.

Da öffnet sich die Thüre, und der hereintretende Gendarm spricht: „Meine Herren, machen Sie sich bereit; in einer halben Stunde reisen wir."

Ach, dieser alte baumlange pockennarbige Gendarm Rehse erschien den Jünglingen wie ein schöner rosiger Engel, vom Himmel zu ihrer Erlösung heruntergesandt, und sie sanken sich freudetrunken in die Arme.

In diesen jammervollen Tagen war der alte Vater nach Berlin gekommen und winselte an den Stufen des Thrones um Gnade für seinen Sohn. Vergebens! So wollte er sein Kind wenigstens einmal sehen. Nur Eine Thüre trennte ihn von seinem Sohne, aber der Herr Criminaldirector Dambach ließ ihn nicht hinein, und der Gefangene erfuhr nicht einmal, daß sein alter Vater dagewesen.

Der Bürgermeister wurde all' die Jahre hindurch nicht müde, um den Sohn zu werben und zu betteln; er unterließ keinen Schritt, keinen Versuch, um ihn zurückzuerlangen. Er setzte immer wieder die mecklenburgische Regierung in Bewegung, er wußte auch die Landesherrschaft zu gewinnen, und man that für den verdienten wohlangesehenen Beamten das Mögliche. Die Großherzogin Alexandrine verwandte sich für Fritz Reuter selber bei ihrem Vater, und ebenso der Großherzog Paul Friedrich; aber Friedrich Wilhelm der Gerechte war nicht zu erweichen. Er betrachtete die „Demagogen" als seine persönlichen Feinde, und er formte ihr Loos Allerhöchsteigenhändig;

ganz so wie es später sein Sohn Friedrich Wilhelm IV. mit Gottfried Kinkel und anderen todeswürdigen Demokraten that.

Diesmal ging die Reise Fritz Reuter's und des „Kapitäns" nach Osten, immer nach Osten, bis man an die breite Weichsel kam, die eben mit großen Eisschollen trieb. Der Uebergang war geradezu lebensgefährlich, und man erreichte mit Mühe und Noth das jenseitige Ufer. Die neue Festung war Graudenz, und der Commandant empfing sie mit den Worten: „Ich sehe aus Ihren Papieren, daß Sie ordentliche Leute sind, und Sie sollen's hier auch gut haben, denn meine Sache ist es nicht, Leute, die im Unglück sind, noch mehr zu treten." — Das war eine andere Sprache, als man sie vom Grafen H. und vom „Onkel" Dambach gewohnt war. Weiter sagte der alte brave Westphale: „Und denn ist hier noch Einer von Ihren Kameraden, er heißt Schr....*) Sie werden ihn wohl kennen. Der hat den dummen Streich gemacht, daß er sich mit einem Mädchen verlobt hat — ein ordentliches Mädchen und ordentlich verlobt. Dem habe ich die Er= laubniß gegeben, daß ihn seine Braut in Begleitung ihres Bruders wöchentlich drei Mal besuchen darf; aber darauf werden Sie sich nicht berufen, denn die Erlaubniß kann ich Ihnen nicht geben."

Der Commandant hielt sein Wort und behandelte auch die beiden Ankömmlinge mit aller Humanität. Bald nach ihnen trafen mehrere ihrer alten Kameraden ein, und nun begann in den düstern Kasematten ein bewegliches, fast fideles Leben. Einer nach dem andern verlobte sich, ohne die Erlaubniß des Commandanten einzuholen; zuerst „Don Juan", ein früherer Buchhändler, mit einer Schänk= mamsell; dann der „Erzbischof", ein ehemaliger Schrift= setzer, mit einer Bäckerfrau; endlich der „Kapitän" mit

---

*) Vgl. S. 51.

der Proviantmeisterstochter, die er aber später seinem Collegen „Kopernikus", sonst Vogler geheißen, abtrat, um dafür in der Stille die Tochter des Majors anzubeten. Nur Fritz Reuter verlobte sich nicht, einmal weil in der Nähe kein Mädchen mehr vacant war, und außerdem hatte er andere Dinge zu thun. Er legte sich auf die Kochkunst, kochte für sich und seinen Stubenkameraden; daneben fing er eine Milchwirthschaft mit großer Butterei und Käserei an, die aber gründlich verunglückte; endlich fertigte er Transparente zu den Familienfesten der Festungsbeamten.

Sein Schicksal hatte sich freundlicher gestaltet, rasch lebte er wieder auf, Jugendmuth und Jugendlust kehrten wieder zurück; wie dies der nachfolgende Brief bestätigt, der nach etwa einjährigem Aufenthalt in Graudenz geschrieben ist:

Mein lieber Vater,

Groß war meine Freude, als Dein letzter Brief so vortheilhafte Nachrichten über Deine häuslichen Angelegenheiten enthielt und Deine Güte, dieselben mir so freundlich und umständlich mitzutheilen, hat Ansprüche auf meinen innigsten Dank erworben. Leider ward aber meine Freude über diese Dinge durch den erneuten Eintritt eines Kältegrades (15), der in diesem Monat zu den ungewöhnlichen gehört, gestört; doch blieb mir die Hoffnung, daß bei Euch mildere Lüfte herrschen, da Ihr jedenfalls weiter von Nowaja Semlja entfernt liegt, als wir. In den letzten Tagen ist Thauwetter eingetreten und dabei wird es hoffentlich bleiben.

Die Mittheilung der beiden Einlagen hat meine Freude gesteigert indem die eine (für deren sorgfältige Aufbewahrung ich stehe) mir zeigt, wie sehr nicht allein Deine Redlichkeit, sondern auch Deine umfassenden Kenntnisse geschätzt werden, und zwar von so biedern und intelligenten Leuten, wie

Weber u. s. w. Ich kann bei dieser Gelegenheit nicht umhin, Dir etwas ins Gedächtniß zurückzurufen, das vielleicht seit langen Jahren durch Geschäfte bei Dir verdrängt worden ist. Ich mußte mir einmal auf Deinen Rath ein Büchlein anlegen, in welches ich leicht faßliche Sentenzen schreiben mußte, und da hatte Mutter mir denn mehrere schöne Aussprüche gesagt, Du auch, und so folgte denn gleich hinter Deinem fameusen hoffentlich verblichenen Andenkens: qui s' excuse, s' accuse*), der Ausspruch: Wer den Besten seiner Zeit genug gethan, der hat gelebt für alle Zeiten. Du meintest ich verstände diese Wahrheit nicht und hattest Recht; aber dafür, daß Du mich damals für einen dummen Jungen gehalten hast, will ich heute mich dadurch rächen, daß ich Deine Bescheidenheit durch Anwendung dieser Sentenz auf Dich selbst beleidige. Uebrigens muß ich zu meiner Beschämung gestehen, daß von den vielen glorreichen Aussprüchen nur obige beiden nebst dem vom Zickzack in meinem Gedächtniß geblieben sind; das erste, weil Du es mir so häufig, nicht ins Gedächtniß, sondern ins Gewissen gerufen hast, das zweite, weil Du gesagt hattest, ich verstände es nicht und mich dies wohl gewurmt hatte, und das dritte weil da vom Zickzack die Rede war. Was die zweite Einlage betrifft, so ist sie mir deßhalb lieb, weil ich sehe, daß unsere Regierung sich meiner, so viel sie konnte, angenommen hat, wenn auch nicht mit Erfolg. Sollte dieser letztere von einem günstigen Zeugnisse der hiesigen Commandantur abhängen, so glaube ich, daß er wohl gewiß wäre; aber dies wird nicht hinreichen; auch würde dieselbe mir ein Zeugniß nur geben, wenn ich es an die Ministerial=Commission einsenden wollte; wenn Du aber ein solches brauchst, so schreibe getrost an den Herrn General von Toll, es wird Dir nicht entstehen.

---

*) Wer sich entschuldigt, klagt sich an.

Mit meiner Gesundheit und meinen Beschäftigungen geht es gut. Die Academie der Wissenschaften, die ich mit meinen Kameraden Vogler und Schultze gegründet habe, ist im raschen Aufblühen, die Theilnehmer drängen sich in Masse hinzu, müssen aber abgewiesen werden; alle Augenblicke kommen solche junge hoffnungsvolle Akademiker und bitten um inscription, namentlich meiner Zeichenschule. Die Akademie der Künste, die ich allein repräsentire (wenn man nicht Voglers Gesang auch zu den Kunstleistungen zählen will, obgleich er nur einen ganzen und 2 halbe Töne in seiner Gewalt hat) beschäftigt sich mit Oelmalerei, Porzellanmalerei (wobei sie jedoch mit dem Brennen sehr auf den Sand gerathen ist) und Pastellmalerei. Seit Neujahr sind 5 Porträts in Pastell fertig geworden, 2 sind noch in Arbeit; ein Oelgemälde, für Lisette zum Geburtstag bestimmt, hängt fertig da, ein Porträt in Oel bedarf nur noch zur Vollendung des Lacks, ein anderes ist im Croqui fertig; die Porzellanmalerei muß ich erst durch Versuche wegkriegen, namentlich das Brennen. Mehrere mir früher bekannte und interessante Personen habe ich mit Blei scizzirt und meiner Meinung nach, so gut es geht, aus der Erinnerung getroffen; wie geht es zu, daß ich Dein Porträt nicht treffen kann? ich habe mir die möglichste Mühe gegeben es zu Weihnachten zu machen, es war mir nicht möglich! Meine Erinnerung verwirrte sich, so daß ich bald ein Bild von Dir hatte wie Du mit rabenschwarzen Haaren, fröhlichem Gesichte, blanken hohen Stiefeln und munterem Pfeifen bei schlechtem Wetter auf dem Hausflur herumgalloppirtest, und draußen im Felde mit mir um die Wette liefst, bald eins aus späteren Jahren, wo Deine Züge härter und Dein Haar grau war. Auch den Oheim in Jabel kann ich aus demselben Grunde nicht treffen, dahingegen habe ich manche Personen meiner Meinung nach gut getroffen, die ich nur in einem gewissen Lebensalter gekannt habe.

Wenn ich über diese Gegenstände weitläuftiger schreibe, so appellire ich an Deine Nachsicht, da sie meine einzige Freude und Erholung ausmachen. Die Jurisprudenz treibe ich des Morgens fleißig und werde sie noch mehr treiben als bisher, da ich gestern mir einen Weckapparat eingerichtet habe, der jetzt in Wirksamkeit getreten ist und wodurch ich den Abend, die Zeit der Erholung abkürze, den Morgen, die Zeit der Arbeit verlängere. Lisettchen kann zu jeder Zeit die Sendung des obengenannten Bildes verlangen; ich schicke es aber jetzt noch nicht, weil ich die Absicht habe noch eins hinzuzufügen für einen Mann, dem ich eigentlich nächst Dir und Onkel Herse die Ausbildung meines etwaigen Zeichentalents verdanke, nämlich dem Conrector Gesellius, ich habe ihn mit Blei gezeichnet und will wünschen, daß er mir in Oel gelinge.

Soweit war ich gestern Abend gekommen, mit dem Vorsatze heute noch an Lisette ein paar Worte hinzuzufügen, da ertönte heute morgen um 8 Uhr ein Horn der Extrapost und siehe da, mein alter Bekannter aus Magdeburg mit Namen Guitienne wird auf hiesige Festung gebracht und zwar auf meine Stube einquartirt. Die Unruhe ist so groß und die Erkundigungen nehmen so sehr überhand, daß ich schließen muß; jedoch mit dem Wunsche, daß meine liebe Lisette mir dies Stillschweigen verzeiht und daß der nächste Brief aus Stavenhagen mir glänzende Beweise der Verzeihung und des Wohlseins Euer Aller bringen möge. Lebe darum wohl mein lieber Vater und träume von schönen hoffnungsvollen Zeiten, wo wir mündlich und ungestört unsere Unterhaltung führen können. Grüße Alle von

Deinem

Sohne

F. Reuter.

Graudenz d. 25sten März 1839.

Generalmajor von Toll war der Commandant von Graudenz, er hatte schon unter Napoleon als Oberst in Spanien und in Rußland gedient; und Fritz Reuter zeichnet ihn in seinem Buche „Ut mine Festungstid" als einen mächtigen stattlichen Herrn mit schlohweißem Schnauzbart und schlohweißer Perrücke, dessen etwas fehlerhaftes Deutsch seine Biederkeit, Humanität und Ehrenhaftigkeit erst in das rechte Licht stellt. Wiewol Reuter nicht länger als fünf Vierteljahr in Graudenz blieb, so ist doch die Hälfte seines Buchs dem Leben auf dieser Festung gewidmet; und schon vorher verwerthete er aus dankbarer Erinnerung den greisen Commandanten in seinem Meisterwerk „Ut de Franzosentid", wo der französische Colonel, der nach Stavenhagen kommt, gleichfalls von Geburt ein Westphale ist und gleichfalls von Toll heißt.

Also Guitienne, der „Franzose", kam aus der Berliner Charité, wo man ihn als geheilt entlassen hatte, nach Graudenz und ward auf Fritz Reuter's Stube einquartiert; während der „Kapitän" zu seinem Collegen und „Gegenbuhler" „Kopernikus" hinunterzog. Alsbald verfiel der „Franzose" wieder auf's Prophezeien; er prophezeiete seinem Stubengenossen eine große Veränderung, und diese Vorhersagung traf zu seinem eigenen Schreck noch am selbigen Tage ein.

Bereits dreimal war Fritz Reuter von seiner Landesregierung reclamirt worden: immer ohne Erfolg. Dänemark wußte die Auslieferung seiner schleswig-holsteinischen Unterthanen durchzusetzen: Mecklenburg fand kein Gehör. Reuter's Landsleute und Kameraden von Jena her waren mit einem halben oder dreiviertel Jahr leichter Haft davongekommen, und als er noch auf der Hausvoigtei in Untersuchung saß, studirte einer von ihnen schon wieder flott in Berlin. Aber endlich sollten der Bürgermeister und sein Landesherr doch durchdringen. Der König von Preußen that dem Großherzog Paul Friedrich, seinem Schwiegersohn, endlich den persönlichen Gefallen und bewilligte die Auslieferung, aber nicht — die Freilassung des „Demagogen". Der Großherzog mußte versprechen, sein Landeskind in Haft zu behalten; und Friedrich Wilhelm der Gerechte behielt sich auch jetzt noch das Begnadigungsrecht vor.

Im Juni 1839 verließ Fritz Reuter Graudenz, nachdem er an sechs Jahre ein Gefangener gewesen. Vorher mußte er aber noch Urphede schwören und feierlich geloben, nie wieder einen Fuß auf preußisches Gebiet zu setzen; was er damals gern versprach.

In der schönsten Sommerszeit reiste Fritz Reuter, natürlich wieder unter Begleitung eines Gendarmen, seiner Heimath zu. Wieder wurde in Berlin Station gemacht, aber glücklicherweise nicht bei „Onkel" Dambach in der Hausvoigtei, sondern in der Stadtvoigtei; wiewol hier sonst keine „Hochverräther", sondern nur Spitzbuben einquartirt wurden. Mit großer aber durchaus berechtigter Bitterkeit bemerkt Fritz Reuter bei dieser Gelegenheit: „Ueberhaupt hatten es die richtigen Spitzbuben, zumal wenn sie von vornehmem Stande waren, viel besser als wir politische Gefangenen. In Silberberg saß ein Herr von B., der mit der ganzen Steuerkasse durchgegangen, und dann als falscher Spieler abgefaßt war. Zu Pranger, Staupenschlag und 50 Jahren verurtheilt, wohnte er ganz gemüthlich in der Stadt; und ebenda wohnten noch ein paar andere adlige Diebe, Betrüger ꝛc.; sie konnten die Luft in der Festung nicht ertragen. Dieser Herren kostbares Leben mußte conservirt werden; an uns Hochverräthern und Königsmördern war nichts gelegen. Schade, daß wir nicht auch vornehm waren und daß wir nicht auch gestohlen hatten!" — „Aber," setzt er hinzu, „der Wagen sollte nun einmal rückwärts geschoben werden, und dazu wurden die Räder mit unserm Fett eingeschmiert."

Fritz Reuter kam in die Grenzveste Dömitz, die sich

in dem sonst so fruchtbaren und landschaftlich reizenden
Mecklenburg durch eine trostlose Umgegend voll Sand und
Haide abzeichnet. Der Commandant, ein fast 80jähriger
Obristlieutenant von Bülow, war, wie sein College in
Graudenz, ein Original, übertraf diesen aber noch an Gut=
müthigkeit und Nachsicht. Da er sich in seiner Abgeschieden=
heit hier oben ziemlich langweilte, hatte er Fritz Reuter schon
mit Ungeduld erwartet und machte ihn sofort zu seinem
Gesellschafter. Er spielte regelmäßig mit ihm Schach, und
er zog ihn fast täglich in seine Familie, die aus der Gattin,
einer guten freundlichen Dame, und aus einem „ganzen Nest
voll Töchter, eine immer schöner als die andere", bestand.
Im Uebrigen hatte der Gefangene ein ganz wohnliches
Zimmer, zum ersten Mal ohne die bisher üblichen „eisernen
Gardinen", und unten in der Stadt eine Tante, die ver=
wittwete Frau Rector Reuter, die für seine Bedürfnisse
gleichfalls Sorge trug.

Bald nach seiner Ankunft besuchte ihn der Bürger=
meister, mit dem er nun ungehindert correspondiren konnte,
aber er that es trotzdem nicht so oft wie er sollte. Nach
etwa halbjährigem Aufenthalte schrieb er:

Mein lieber Vater,

Du könntest mich der Undankbarkeit zeihen, wenn es
Dir einfiele, wie Du mir in Deinem letzten Briefe nicht
allein Geld, sondern auch überdies ein schönes Geburts=
tagsgeschenk, von dem ich jedoch bisher noch nicht Gebrauch
gemacht habe, übermacht hast, und nun dafür so lange
auf Antwort von mir warten mußt; wenn Du jedoch die
Umstände erwägst, so werde ich entschuldigt sein. Tante
ist nämlich sehr gefährlich krank gewesen, sie hat circa 8
Tage lang zwischen Leben und Tod geschwebt und so wollte
ich erst eine günstigere Periode abwarten, um Euch nicht
zu beunruhigen. Diese günstige Krisis ist eingetreten, und

die Aerzte geben die besten Hoffnungen, daß dies Brustleiden bald und vollständig geheilt sein wird. August*), der noch hier war bei ihrer Krankheit, mußte sie auf ihren ausdrücklichen Befehl verlassen, was er denn mit dem traurigsten Herzen that indem er die Stelle in Ludwigslust antrat.

Von mir kann ich Dir nur ziemlich Gutes melden, ein ganz klein Stückchen Hoffnung, ein bischen mehr Fleiß, ein großes Stück Gesundheit und noch weit mehr Zufriedenheit. Das Stückchen Hoffnung wirst Du, als Leser des Hamburger Correspondenten, wohl selbst gefunden haben, nämlich, daß der König von Preußen zur Säcularfeier des Reformationsfestes einige politische Gefangene begnadigt hat, deren Namen jedoch noch nicht bekannt sind, worunter ich jedoch möglicher Weise sein könnte.

Was meinen Fleiß betrifft, so hätte er im juristischen Fache wohl lebhafter sein können, wie ich Dir schon früher schrieb, da ich jedoch jetzt durch 6 neue Porträts die Störungen aufgehoben habe und mich vor diesen zu hüten wissen werde, so wird er sich ganz auf die Pandecten concentriren; und kannst Du darüber durchaus ruhig sein. Mein Verhältniß zum Ob.-Lieutenant ist sehr freundschaftlich, kostet mir aber jeden Abend zwei Stunden, wo ich mit ihm Schach spielen und zu Abend essen muß; zu diesem Spiele gehört viel Ueberwindung und Klugheit, weil ich ihn gewinnen lassen muß, wenn ich ihn nicht böse machen will.

Ad vocem Zwiebeln, so läßt sich die Frau Obrist-Lieutenantin freundlichst bedanken für Deine Offerte, die sie dankbarlichst annimmt, und ich bin so frei, Deine Gunst noch für eine Dir unbekannte, mir aber sehr bekannte Frau in Anspruch zu nehmen, nämlich für meine Speise-

---

*) August Reuter, Vetter des Dichters und mit diesem zusammen erzogen; damals Candidat der Theologie.

wirthin, Madame Harder, die stets sehr freundschaftlich gegen mich ist, mir zu Gefallen oft Fisch und Kartoffeln kocht und keine Zwiebeln hat, die doch jedenfalls dazu gehören, und denn ist doch etwas daran aus Stavenhagen. Die Frau Hofräthin Tabbel, die sich hier mit ihrer hübschen Tochter (Augustens Elevin) aufhält, läßt Dir sagen, daß die Zwiebeln in Schwerin 4 Gulden N $^2/_3$*) kosten. Bestellungen auf Bier**) sind hier eingegangen: 2 Tonnen für die Madame Harder und 1 Tonne für Kaufmann Werth; ich zweifle jedoch nicht, daß hier viel mehr abzusetzen sein wird.

Mit den landwirthschaftlichen Connexionen, die Du mir empfiehlst, geht es nicht besonders; der Pächter auf***) ist wenig umgänglich und soll auch nicht was Rechts verstehen und Kaltenhof, wo ich wohl gut aufgenommen werden würde und auch etwas profitiren könnte, liegt jenseit der Elbe zu unbequem.

Daß die arme Tante aus Jabel so unwohl ist und dies ein Grund zur Aufschiebung der Hochzeit†) ist, thut mir sehr leid, da ich gerne die Vereinigung dieser beiden jungen Leute wünschte.

Du hast mir im letzten Briefe mein Geld für diesen Monat versprochen, ich muß aber noch um 10 rth. für Holz bitten, da ich leider nichts geliefert kriege und bis jetzt mir etwas vom Herrn Commandanten geborgt habe. Sollten die Schwestern vom Herrn Dr. Grischow††) einige Georginen=Knollen für die Damen auf der Festung erhalten können, so würde ich mich dadurch sehr insinuiren

---

*) Neue Zweidrittel = 1 Thlr. 5 Sgr. preußisch.
**) Fritz Reuter sammelte solche Bestellungen für die Brauerei seines Vaters.
***) Der Name ist unleserlich gemacht.
†) Es ist die Hochzeit der Schwester Sophie gemeint.
††) Apotheker in Stavenhagen.

können. Ich wünsche, daß es Euch Allen so wohl ergehe wie mir und hoffe dies Euch bald selbst sagen zu können. Gedenke ferner

Deines
Sohnes
F. Reuter.

Dömitz d. 16ten November 1839.

In Dömitz war Fritz Reuter ein Gefangener fast nur noch dem Namen nach. Man hielt ihn beim Commandanten wie ein Kind des Hauses, er konnte in Festung und Stadt frei umhergehen, und überhaupt so ziemlich treiben, was er wollte. Aber er trieb eben nach wie vor nichts von Bedeutung: ein wenig Juristerei und ein wenig Landwirthschaft, bald abwechselnd, bald gleichzeitig. Er that's nur um des Vaters willen, um dem Mahnen und Drängen des Vaters doch irgendwie nachzukommen; wirkliche Lust hatte er weder zu dem Einen noch zu dem Andern, und seine Hauptbeschäftigung bildeten während der ganzen Haft Zeichnen, Malen und allerhand Spielereien. Auch hat er selber das zugestanden, und sucht sich zu entschuldigen, indem er sagt:

„Stumm und dumm wurde man beim Corpus juris oder bei der Dogmatik. Nur Diejenigen, die schon auf der Universität ihren Cursus durchgemacht hatten, und ihr Studium übersehen konnten, blieben dabei; wir Andern warfen die Geschichte bald in den Graben und sattelten um. Der Eine betrieb dies, der Andere das, und viele Zeit ging mit Kochen, Schneidern, Flicken und Strümpfestopfen hin. Dergleichen mußte nothwendig besorgt werden, und das war ein Glück, denn es brachte uns auf andre Gedanken. Man kann im Gefängniß allerhand Fertigkeiten erwerben, aber noch habe ich nicht gehört, daß Künstler daraus hervorgegangen sind oder Gelehrte, die der Welt wirklich Nutzen brachten. Die Musik allein mag davon eine Ausnahme machen, aber auf der Festung war's auch mit ihr nichts; Singen und Pfeifen war verboten, und Einem von uns, der sich gut auf Musik verstand und sich eine Art Akkordion selbst gebaut hatte, wurde sein Machwerk von der Commandantur weggenommen." — — „Die Freiheit fehlte, und wo die fehlt, sind der Seele die Sehnen durchschnitten."

Man höre dagegen Arnold Ruge, der doch auch als Student verhaftet wurde, und auch sechs Jahre hindurch ein Gefangener war, aber gleich nach seiner Entlassung, und noch dazu arm und mittellos, den Doctor machte und bald hernach sich als Privatdocent habilitirte. Also Arnold Ruge sagt:

„Denkt der Gefangene an die Abschließung von der lebendig bewegten Welt, so muß ihm der Zwang furchtbar peinlich und das ewige Einerlei furchtbar langweilig werden. Für den, der sich nicht mit sich und der Förderung seiner Gedanken in Wissenschaft und Kunst beschäftigen kann, und ganz von der Anregung durch die Außenwelt abhängt, muß daher das Gefängniß eine grausame Qual sein. Wer hingegen sich aus der gemeinen Bewegung der Dinge zurückzieht und ganz in die Bewegung des Geistes vertieft, dem entschlüpft die Zeit in der Abschließung mit doppelter Geschwindigkeit. Ihn überrascht der Abend, und er sucht es der Nacht abzugewinnen, was ihm der Tag versagte; denn ein unendliches Feld des Wissens hat sich vor ihm aufgethan, und die Lorbeeren der großen Männer, die in der Einsamkeit des zurückgezogenen Geistes neue Welten entdeckt und von ihrer Höhe aus die Menschheit beherrscht und geleitet, lassen ihn nicht schlafen. Wer sich in die Wissenschaft vertieft, verkürzt sich die Zeit; wer sich in ein bewegtes Volksleben wirft und in einer Zeit des allgemeinen Umschwungs mitwirkt und sie auf sich wirken läßt, der verlängert sein Leben bedeutend; jeder Tag drängt sich ihm voll von Ereignissen und die Zeit schwillt ihm unter den Händen an. Die Zeit meiner Gefangenschaft ist mir im Fluge vergangen; das Jahr 1848 zog, wie ein reiches Menschenleben, langsam an mir vorüber."

Die Aeußerungen der beiden Männer bilden einen entschiedenen Gegensatz; aber dafür ist Arnold Ruge ein Gelehrter und Philosoph, und Fritz Reuter ein — Dichter; wovon er freilich damals noch keine Ahnung hatte. Merkwürdigerweise scheint es während der ganzen Gefangenschaft auch zu poetischen Ergüssen nur selten gekommen zu sein; und jedenfalls sind sie, wie die nachstehende Probe*) lehrt, herzlich unbedeutend:

> Mein Liebchen war die weite Welt,
> Der Wald war mein Gemach,
> Mein Rittersaal das grüne Feld,
> Mein Bett der kühle Bach.
>
> Mein Schmuck, das war der Sonnenstrahl,
> Der Fels, er war mein Schloß,
> Der Blüthenkelch war mein Pokal,
> Der Sturm mein wildes Roß.
>
> Ich hab' mein Liebchen oft belauscht,
> Es oft an's Herz gedrückt!
> Wir hatten Ringe ausgetauscht —
> Wie war ich so beglückt!
>
> Doch seine Schwester zu mir trat —
> Die Welt mit ihrer Lust;
> Verläumdet sie mein Liebchen hat,
> Verdrängt aus meiner Brust.

---

*) Kürzlich mitgetheilt in der Berliner „National=Zeitung" von Hermann Kindt; und stammt das Gedicht vermuthlich aus dem Nachlaß der ältern Schwester Fritz Reuter's. Der Verfasser hat es der jüngern Schwester des Dichters, Frau Sophie Reuter geb. Reuter in Stavenhagen, vorgelegt, und es ist von ihr als echt bezeichnet worden.

Sie bot mir statt des Brodes Stein,
Die Schlange statt des Aals;
Und mit der bittern Reue Pein
Büß' ich es und bezahl's.

Jetzt schau ich nicht den dunkeln Wald,
Nicht mehr das grüne Korn.
Mein brausend Roß ist eingestallt,
Verrostet ist der Sporn.

Der Wasserkrug ist mein Pokal,
Das dumpfe Stroh — mein Bett;
Der Kerker ist mein Rittersaal,
Mein Schmuck — die schwere Kett'!

Doch, wenn mein Lieb vom Schlaf erwacht,
Sich Blumen flicht in's Haar,
Wenn es in grüner Kleiderpracht
Verkünd't ein neues Jahr —

Dann hör ich längst entschwundnen Sang;
Schreck' aus dem Schlaf empor;
Ich beiße in die Eisenstang' —
Ich rüttle an dem Thor!

Doch fest ist Gitter, fest ist Thür,
Vergebens ist mein Müh'n;
Der Sang — er ist verhallt in mir, —
Ich sink' auf's Lager hin!

Wie man sieht, wimmeln diese Verse von traditionellen Phrasen, verworrenen Gedanken, und schiefen unvermittelten Gleichnissen; es fehlt dem Gedichte jede Plastik, die eigentliche Pointe und sogar der logische Zusammenhang. Aber diese Schwächen und Auswüchse treten auch noch in viel späteren Versuchen und überhaupt in den hochdeutschen Schriften Fritz Reuter's stark hervor.

In Dömitz erging es ihm so gut, daß er nachgerade

die Gesellschaft des Commandanten etwas lästig fand und sich mit dem alten Herrn ein paar Mal überwarf. Er besuchte lieber die Wirthshäuser in der Stadt, gerieth hier in Händel, und mißbrauchte die ihm vergönnten Freiheiten, so daß sie ihm zeitweise wieder entzogen wurden. Hinterher hat er sein Unrecht wol eingesehen; denn er entwirft in seinem Buche „Ut mine Festungstid" auch von dem Oberstlieutenant zu Dömitz ein Bild voll Dankbarkeit und Schonung; und die „schönen" Töchter des alten Herrn haben ihm dafür ausdrücklich ihre Anerkennung ausgesprochen.

Wie milde die Gefangenschaft sich auch gestaltet hatte, es verlangte ihn doch nach voller Freiheit; seine Sehnsucht wurde immer heftiger, und endlich sollte sie gestillt werden. Friedrich Wilhelm der Gerechte starb, und was er unterlassen, that sein Nachfolger. Er verkündigte eine Amnestie, und die Kerker öffneten sich. Nur Fritz Reuter hatte man vergessen. Er blieb noch bis zum October 1840 sitzen; da ermannte sich der Großherzog Paul Friedrich endlich, und entließ den Gefangenen aus eigener Machtvollkommenheit, ohne die Erlaubniß der preußischen Regierung abzuwarten. Als Fritz schon heimgekehrt war und mit seinem alten Vater zu Tische saß, kam ein großer Brief an den Bürgermeister. Er kam von dem preußischen Justizminister Herrn von Kamptz, und der schrieb: der Vater möge sich nur noch ein wenig gedulden, sein Sohn werde nun auch bald freigegeben werden.

Fünf Vierteljahr hatte Fritz Reuter in Dömitz verbracht, als er an einem Herbsttage die Festung verließ. Sein Ränzel auf dem Rücken, ging er durch das Thor und kam auf die Haide. Eine trostlose Gegend! Soweit das Auge reichte, nur Sand und verkrüppeltes Gesträuch. Er setzte sich auf die Erde und überließ sich seinen Gedanken. Nun hatte er endlich die Freiheit, nach der er sieben Jahre Taglang und Nacht, Stunde um Stunde geseufzt; aber sie erschien ihm jetzt wie eine Last, denn er wußte nichts mit ihr anzufangen. Er war dreißig Jahre alt geworden, die Lehrzeit unwiederbringlich dahin; und er hatte nichts aufzuweisen, gar nichts, nicht einmal irgend welche Aussicht! Dieses Bewußtsein überfiel ihn in der ersten Stunde und wollte ihn fast zermalmen.

Er kam nach Grabow, wo er einen Schulfreund fand. Sie hatten des Abiturienten-Examen mit einander gemacht, und den Tag in Champagner gefeiert. Jetzt war der Freund hier Bürgermeister, er hatte eine hübsche gute Frau und wohnte mit ihr in einem schmucken Häuschen. Fritz Reuter wurde von Beiden freundlich, ja herzlich aufgenommen; aber er fühlte sich doch nicht wohl. Nicht Neid überkam ihn, gewiß nicht; aber die Empfindung, „als ob er mit kothigen Stiefeln in ein sauberes Zimmer getreten wäre."

Er kam nach Ludwigslust, wo sein Vetter und Spielkamerad, August Reuter, als Hauslehrer bei dem Reisemarschall von Rantzau lebte. August gedachte ihm eine Freude zu machen und führte ihn zum Hofmaler Lenthe, der ihm seine Bilder zeigte. Unwillkürlich verglich er die schönen Gemälde mit seinen eigenen Versuchen. — Ach, mit der Malerei war es nun auch nichts!

Er kam nach Parchim, woselbst er einst auf dem Gymnasium gewesen war. Seine ehemaligen Lehrer empfingen ihn gut, und der Director nahm ihn mit in die Prima. Die Primaner erschienen ihm wie Kinder. „Aber eigentlich", sagt er, „stand ich doch mit meinen dreißig Jahren auf demselben Punkt, wo sie mit ihren achtzehn standen; das heißt bis auf das, was ich vergessen hatte." — Ja, er war um seine Jugend, um sieben goldene Jahre betrogen.

Er kam endlich in seine Vaterstadt. Sie war größer und schöner geworden, er erkannte sie kaum wieder. Er sagte seinem Vater und seinen Schwestern guten Tag. — „Das war ein fröhlich trauriges Wiedersehen! Es war derselbe gute Vater wie vordem; aber in den sieben Jahren waren mit meinen Hoffnungen auch seine vertrocknet. Er hatte sich gewöhnt mich so anzusehen, wie ich mich selber ansah — als ein Unglück. Er hatte sich für die Zukunft einen andern Plan gemacht, und ich stand nicht mehr oben an in seinem Rechenerempel. Wir waren uns fremd geworden; die Schuld lag mehr an mir als an ihm; die Hauptschuld aber lag da, wo meine sieben Jahre lagen."

Was nun? fragte der Vater. Was nun? fragte er sich selber: — „Und mit dieser schrecklichen Frage bin ich Jahre lang herumgeirrt. Wo ich hinkam, keine Aussicht! Auch die Menschen waren anders geworden. Manch Einer hat mir freundlich die Hand hingereckt, aber im Ganzen stimmte ich nicht mehr mit ihnen zusammen. Mir war zu Muth, als wär' ich ein oben verkürzter Baum; um mich herum standen die andern und grünten und blühten und nahmen mir Licht und Luft weg. — — „Ich griff hierhin, ich griff dorthin — nichts wollte mir glücken. Ich weiß, ich hatte Schuld — die Leute sagten's ja auch — aber was hilft das Alles! ich war sehr unglücklich, viel unglücklicher als auf der Festung." — —

IV.
„Strom."

Als Fritz Reuter von der Festung kam, stand er in dem Rechenerempel seines Vaters noch immer obenan; und es währte noch Jahre, eh der Bürgermeister sich entschloß, ihn von dieser Stelle wegzustreichen. Obwol er vermuthlich erst in Dömitz entdeckte, wie bedenklich es mit dem Sohne aussah, und ihn seitdem mit gesteigertem Mißtrauen und heimlicher Angst betrachtete, so gab er seinen ursprünglichen Plan, aus ihm einen Juristen zu machen, keineswegs gleich auf. Er glaubte nicht daran, daß Fritz wirklich Neigung und Beruf zum Landwirth habe; und nur, um ihn etwas ernsthafter beschäftigt zu sehen, hatte er die ökonomischen Studien auf der Festung gutgeheißen. Jetzt überredete er ihn, noch einmal die Universität zu beziehen, und ließ ihn schon nach einigen Wochen dahin abgehen.

Fritz Reuter gelobte, ein neues Leben zu beginnen und sich mit allem Eifer dem Jus zu widmen, so daß er nach einem Jahre das Examen machen könne. Leider brach er seine feierlichen Versprechungen sofort. Er sollte nach Tübingen, blieb aber unterwegs liegen und verthat den ganzen Wechsel, den er mit sich führte und der für das laufende Semester bestimmt war. Der Vater beeilte sich ihn auszulösen, und die Reise ging weiter. Doch fand er in Tübingen keine Aufnahme, und wandte sich nach Heidelberg; worauf er an den Bürgermeister folgenden Brief richtete:

Mein lieber Vater,

Leider muß ich Dir melden, daß meine Reise nach Tübingen eine unnütze gewesen ist und daß man mich mit schönen Redensarten hintergangen und aufgehalten hat. Ich habe alle möglichen Versuche gemacht um aufgenommen zu werden, doch umsonst, selbst die persönliche Bitte beim Minister Schlayer hat mir Abschlag eingetragen; daher bin ich denn hierher nach Heidelberg zurückgegangen und bin hier sogleich aufgenommen worden unter der Bedingung, daß ich folgende beiden Zeugnisse beibringe: 1) daß ich in Dömitz durch die Amnestie meiner Haft entlassen, und da der alte Obrist-Lieutenant wohl nicht abgeneigt ist mir ein gutes Zeugniß über mein Betragen auszustellen, so kann dies auch von ihm geschehen. 2) Eine Abschrift meines Abgangszeugnisses in Jena, wo, wie mir der Amtmann sagte mir das Dir bekannte consilium*) nicht schaden wird. Ersteres bitte ich mir zu besorgen, das zweite will ich mir aus Jena vom Universitäts-Amt senden lassen. In Tübingen wäre ich gerne geblieben, da Schrader mir sehr gefallen hat und ich gewiß in sehr naher Berührung gekommen wäre. Hier liest Vangerow Pandecten und zwar vor einem Auditorium von 160 Zuhörern, sie sollen ausgezeichnet gut aber auch ausgezeichnet theuer sein (nämlich

---

*) Die Ausweisung im Februar 1833.

33 Gulden, rechne nun noch dazu die Anschaffung seines compendii, das noch nicht ganz heraus ist und schon jetzt 8—9 Gulden kostet und dann noch das corp. juris, so wird mir die Sache nahe an 50 Gulden kosten. — —*) Heute bin ich schon im colleg gewesen und habe mich gewundert, wie unendlich verschieden die Art und Weise ist, wie solche Sachen vorgetragen werden können, früher nichts als todtes Aufzählen verschiedener Lesarten und Ansichten, hier jetzt nichts als Leben. Morgen werde ich zu ihm gehen und ihm sagen, daß ich gesonnen sei seine Pandecten zu hören und zu studiren, werde ihn auch vorläufig bitten mir zu Weihnachten ein Zeugniß über meinen collegien Besuch abzufassen und deßhalb denke ich wird er, da ich dichte vor ihm sitze wohl ein Auge auf mich haben, womit Dir wie ich glaube, gedient sein wird. Ich habe mich hier in ein abgelegenes, wohlfeiles Quartier (für Heidelberg wohlfeil = 30 Gulden) aufs halbe Jahr eingemiethet, ohne Holz das mir auch 15 Gulden kosten wird. Mein Mittagstisch ist auch der wohlfeilste und kostet 20 Kreuzer, was nach unserm Gelde 8 Schilling**) ausmacht. Ich denke sehr fleißig zu sein und denke Gott wird mich gesund lassen und mir Muth und Dir Vertrauen geben. Ich bitte Dich gräme Dich nicht zu sehr über mich, Du wirst gewiß einst froh an mich denken. Hier sind jetzt viele Mecklenburger, von denen einzelne mich mit vieler Zuvorkommenheit aufgenommen haben, sonst habe ich keinen Umgang.

An meinem Geburtstage habe ich hier noch einen Strauß von Feldblumen gepflückt und in Tübingen am 5ten noch im Freien in Hemdärmel gesessen, weil es mir zu warm war.

---

*) Das Folgende, wiewol ohne Absatz, ist augenscheinlich später geschrieben.

**) 5 Sgr. Preußisch.

Du hast jetzt wenigstens einen bestimmten Ort, wohin
Du Deine Briefe und das Zeugniß aus Dömitz senden
kannst und ich erwarte dieselben bald; doch bitte ich Dich
herzlich mache sie nicht so niederschlagend für mich. Grüße
Alle, vorzüglich Lisette herzlich von

Deinem

Heidelberg b. 9ten November 1840.   F. Reuter
wohnhaft beim Kercher (Fuhrmann) Schmidt
in der Froschau.

Schon der nächste Brief lautete anders. Fritz Reuter
schrieb: Er fühle sich unter den um so vieles jüngern Com=
militonen recht vereinsamt, er passe nicht mehr zu ihnen, er
könne der Jurisprudenz doch keinen Geschmack abgewinnen rc.
Auch der geniale Rechtslehrer Vangerow vermochte den dreißig=
jährigen Studenten auf die Dauer nicht zu fesseln. Der
Vater ermahnte, bat, drohte, beschwor; und der Sohn ver=
sprach von Neuem guten Willen. Doch um Neujahr 1841
blieben die verheißenen Bescheinigungen über fleißigen Col=
legienbesuch aus, und der Bürgermeister forderte sie ver=
gebens. Endlich bekannte Fritz, daß er sie nicht beschaffen
könne, daß er bisher so gut wie nichts gethan habe, dafür
aber wieder tief in Schulden stecke. Zugleich erklärte er,
das Jus, mit dem er in dem verabredeten Jahr doch nimmer
fertig werden könne, aufgeben zu wollen, und bat um Er=
laubniß, Landwirth werden zu dürfen. — Der Vater ant=
wortete ihm in einem langen ernst aber ruhig gehaltenen
Briefe etwa Folgendes:

Wenn Du meinst, zum Juristen schon zu alt zu sein,
so bist Du's zum Landwirth erst recht. Kann es Dir ge=
fallen, mit dreißig Jahren noch Lehrling zu werden, bei
Tische zu unterst zu sitzen, und von Leuten, die an Bil=
dung weit hinter Dir zurückstehen, Dich kommandiren zu
lassen? Und wenn Du's wirklich durchführtest, hättest Du

nur die Aussicht, zeitlebens Wirthschafter zu bleiben. Denn um Dich selbständig zu machen, um eine Besitzung zu kaufen oder auch nur zu pachten, fehlen Dir wie mir die Mittel. Bedenke, daß Du mir bereits über 4000 Thaler Gold kostest, daß Du Dein Erbe schon vergeudet hast! Das Uebrige gehört den Schwestern, die um Deinetwillen nicht benachtheiligt werden sollen. Wäre Lisette mir nicht seit länger als fünfzehn Jahren so „bienenfleißig" zur Seite gestanden, hätte ich nicht erwerben können, was ich erworben habe, hätte ich nimmer vermocht, Dich so reichlich auszustatten und so lange zu unterhalten.

Darum folge meinem Rathe, meiner inständigen Bitte, und bleibe bei dem Fache, das Du einmal ergriffen hast, und das, wenn Du nur willst, Dir binnen Kurzem eine gute Existenz beschaffen, Auskommen und Ansehen gewähren muß. Es war von jeher mein Wunsch, daß Du im Amte mein Nachfolger werden möchtest, und wenn Du einige Zeit hier neben mir practicirst, kannst Du das sicher erreichen. Meinst Du, mit dem Examen in diesem Jahre nicht fertig werden zu können, so will ich auch zufrieden sein, wenn es noch länger dauert. Nur mußt Du endlich anfangen und wirklich Ernst machen; sonst bringst Du Dich vor mir um jeden Glauben. Bist Du aber fest überzeugt, Deine angebliche Abneigung gegen die Jurisprudenz nicht überwinden zu können, so sage mir's noch einmal, und wir wollen dann überlegen, was weiter zu thun ist. — Magst Du mir in diesem Punkte folgen oder nicht, Eins ist vor Allem noth: das Du endlich in Dich gehst, und dem elenden Laster entsagst, daß Dich so entmannt und herabwürdigt. Fliehe wie die Pest jeden Tropfen geistiger Getränke, sonst bist Du verloren." —

Gewiß blieb dieser eindringliche inhaltschwere Brief nicht ohne Eindruck auf Fritz Reuter — er war leicht gerührt und es fehlte ihm nie an Selbsterkenntniß, Reue

und guten Vorsätzen; allein das Fleisch war bei ihm eben
zu schwach. Er schlug Alles in den Wind und begann
dasselbe lüderliche wilde wüste Leben wie vor neun Jahren
in Jena. Wieder ließ er des Vaters Briefe unbeant=
wortet, so daß sich dieser an die verschiedensten Personen,
Studirende und Professoren, wandte und sie um Auskunft
über seinen Sohn bat. Herr von Langerow ignorirte das
Schreiben, vielleicht weil der Bürgermeister aus Unkennt=
niß das „von" auf der Adresse weggelassen hatte; endlich
meldete ein junger Mecklenburger, der in Heidelberg studirte,
den traurigen Stand der Dinge. Bei Beginn des Sommer=
semesters erhielt Fritz Reuter die Weisung nach Hause zu
kommen, folgte ihr aber nicht, sondern setzte sein unver=
antwortliches Leben fort. Da sandte der Bürgermeister
einen Vertrauten nach Heidelberg, der ihm den Sohn zu=
rückbringen sollte. Es ist schrecklich zu lesen, wie der
arme Vater in einem offenen Schreiben, unterzeichnet:
Bürgermeister und Rath zu Stavenhagen, die Behörden
ersucht, den Kamerarius Grambow bei der Heimführung
des „gemüthsleidenden" Studenten Fritz Reuter bestens zu
unterstützen. Ein anderes Schreiben forderte den Unglück=
lichen selber auf, dem Abgesandten unverweigerlich zu folgen,
widrigenfalls dieser ermächtigt sei, die nöthigen Zwangs=
maßregeln zu brauchen.

So kehrte Fritz Reuter im Sommer 1841 nach
Mecklenburg zurück, aber nicht gleich nach Stavenhagen.
Der Vater wollte ihn nicht sehen, und er ging einstweilen
zu seinem Oheim, dem Pastor Reuter in Jabel. Dieser
berichtete dem Bürgermeister: Fritz sei höchst traurig und
niedergeschlagen; er zeige sich sehr mäßig und sei nur
schwer zu bewegen gewesen, bei Tisch ein Glas Wein zu
nehmen; der Vater möge ihn schonender behandeln, ihn
nicht mit Vorwürfen reizen, die könne er nicht ertragen;
der Kern sei entschieden gut und man dürfe noch immer

auf Besserung und Umkehr hoffen. In späteren Briefen
fährt der Onkel fort, die guten Seiten des Neffen heraus=
zukehren und den Bruder zu trösten. Er rühmt an Fritz
Reuter dessen große Liebenswürdigkeit im Umgang mit
Jedermann; sein heiteres joviales Wesen, das jeden Kreis
belebe; und seine poetische Ader, die ganz allerliebste Ge=
legenheitsgedichte zu Tage fördere. Er bittet den Bürger=
meister, den Sohn noch nicht aufzugeben, und ihn, da es
doch mit dem Studium nichts mehr sei, in der Landwirth=
schaft sich versuchen zu lassen.

Die nächste Zeit verbrachte Fritz Reuter ohne be=
stimmte Beschäftigung bald in Stavenhagen bald in Jabel.
Der Pastor Ernst Reuter war von sechs Brüdern der
jüngste, hatte keinen Sohn, dafür aber sieben Töchter, von
denen gegenwärtig noch vier leben; und zeichnete sich durch
einen guten Humor aus, der ihn mit dem Neffen auch
geistig verband. Fritz Reuter weilte außerordentlich gern
bei dem Oheim, und auch die Gesellschaft der Cousinen,
mit denen er viel scherzte und schäkerte, war ihm sehr an=
genehm. Der Vater dagegen suchte ihn in der Amtsstube
zu beschäftigen, was aber völlig fehlschlug, so daß der
alternde Beamte sich im August 1842 einen Adjuncten
beiordnen ließ. Dieser, ein Dr. Jenning, später Amt=
mann in Schwan, verband sich 1850, nach dem Tode des
Bürgermeisters, in zweiter Ehe mit dessen ältester Tochter
Lisette. Sophie, die jüngere, hatte bereits 1840, als
Fritz Reuter sich noch in Dömitz befand, ihren Vetter,
den Apotheker Ernst Reuter geheirathet; und der Bürger=
meister hatte ihnen im selben Jahre die Brauerei abgetreten.
Auf die anderen Grundstücke, welche er noch besaß, mochte
der Sohn rechnen, aber der Vater erklärte ihm rund her=
aus, daß daran nicht zu denken sei. Was er im Laufe
vieler Jahre mühsam erworben und zusammen getragen,
wolle er nicht in die Hände eines Menschen fallen lassen,

der, wie nach seinem Character und seiner Aufführung mit Sicherheit zu schließen sei, Alles schnellstens wieder verzetteln und durchbringen würde. Schon damals machte er ihn mit dem Inhalt des Testaments bekannt, das er kurz vor seinem Tode errichtete, und das dem Sohn die Verfügung über seinen Erbantheil entzog.

Ob der Vater nicht vielleicht doch zu streng urtheilte und zu hart verfuhr, ist schwer zu entscheiden. Thatsächlich verlor Fritz Reuter allmälig jeden Halt und sank tiefer und tiefer. Er ging und kam, ohne daß man wußte, wohin und woher; er verschwand öfter, und man suchte nach ihm vergebens; er blieb tagelang in den Wirthshäusern liegen und trank hier ohne Aufhören. Der Vater ließ ihn nach Hause holen, holte ihn selber ab und sperrte ihn ein. Zwischen Vater und Sohn fanden entsetzliche Auftritte statt; und sie verhandelten zeitweise nur noch schriftlich mit einander. Es existirt ein Brief Fritz Reuter's, worin er den Vater bittet, ihm ein für allemal vierhundert Thaler auszuzahlen, die er als völlige Abfindung hinnehmen und mit denen er nach Amerika auswandern wolle. Glücklicherweise ging der Bürgermeister darauf nicht ein, und so erhielt er dem Vaterlande den Dichter. Wahrscheinlich glaubte er nicht einmal, daß der Sohn diesen Plan wirklich ausführen würde; jedenfalls wollte er ihn nicht gänzlich aus den Augen verlieren; und im Grunde seines Herzens mochte er, wie man sehen wird, ihn selbst jetzt nicht völlig aufgeben.

Aber dies war die Zeit, wo, wie Fritz Reuter sagt, der Vater ihn als ein „Unglück" ansah, und er sich selber so erschien. Ja, er war der Ausschuß der weitverzweigten Familie, deren übrige Glieder alle in Aemtern und Würden saßen. Er war die Schande seines in Ehren ergrauten Vaters, dessen Verdienste man im ganzen Lande kannte und anerkannte. Damals träumte keiner von ihnen, daß man dreißig Jahre später am Rathhause zu Stavenhagen eine

Inschrift anbringen werde: Hier wurde Fritz Reuter geboren. Damals konnte Niemand ahnen, daß diesen so verkommenen Mann beide Mecklenburg einst mit Stolz ihren Sohn nennen, ganz Deutschland einst ihn feiern werde.

Wiewol der Bürgermeister vorherwußte, daß es zwecklos sei, so entschloß er sich doch endlich, dem Sohne den Willen zu thun, und gestattete ihm, es mit der Landwirthschaft zu versuchen. Etwa eine Meile von Stavenhagen liegt in einer zu Vorpommern gehörenden Enclave das Gut Demzin, dessen Besitzer der Graf Hahn-Basedow ist, und das damals ein Herr Rust in Pacht hatte. Bei diesem trat Fritz Reuter als Volontair ein und blieb hier ein paar Jahre. Man höre zunächst ihn selber. In seinem Buche „Ut mine Festungstid" unterbricht er die Erzählung von der Gefangenschaft, und läßt das 5. Kapitel acht Jahre später in der Heimat spielen; wobei er sich als „Strom", wie man in Mecklenburg einen angehenden Landwirth nennt, folgendermaßen schildert:

„— — Ich ging in Stulpstiefeln und kurzen Hosen herum; ich war ein höllischer Kerl, der ganze Straßendamm gehörte mir zu. Ich war noch einmal so breit geworden, und Schuster Bank (in Stavenhagen) der noch ein Spielkamerad von mir war, sagte: Fritzing, mit Ausnahme vom alten Bäcker Hufnagel hast Du die dicksten Waden in der ganzen Stadt. Der Teufel mach' dir 'n paar Stulpstiefeln für sechs Thaler."

Sehr emphatisch fährt er dann fort: „— Landluft und Landbrod, und Gottes Herrlichkeit rings herum, blos zum Zulangen; und immer was zu thun, heute dies und morgen das, und zwar Alles in bester Regelmäßigkeit, in guter Uebereinstimmung mit der Natur — das macht die Backen roth und den Sinn frisch, das ist ein Bad für Seele und Leib; und wenn die Knochen und Sehnen auch 'mal müde werden und auf den Grund sinken wollen, die

Seele schwimmt immer lustig oben. Ich segne die Landwirthschaft, sie hat mich gesund gemacht, und mir frischen Muth in die Adern gegossen." — Und ein andermal zeichnet er seine äußere Erscheinung also: „Ein weißer Strohhut, ein Leinwandkittel, ein paar wohlconditionirte Stulpenstiefel deckten die Glieder, die in erquicklicher Fülle durch die Näthe zu platzen drohten; und „Strom" stand auf dem rothen Gesichte geschrieben, „Strom" las man quer über seinen breiten Schultern, und „Strom" war die Etikette seiner breitwadigen Stulpen." —

Allerdings, das Leben auf dem Lande bekam ihm gut, allein im Uebrigen verhielten sich die Dinge doch etwas anders. Die Stellung als Volontair war seinem Alter angemessen, aber seinem Charakter entsprach es schwerlich, daß er in keinem Dienst- und Abhängigkeitsverhältnisse stand, keine eigentlichen Pflichten hatte und so ziemlich seinem Belieben folgen konnte. „Er beaufsichtigte die Hofgänger bei der Arbeit"; das heißt, er sah zu, wie man Mist fuhr, den Acker pflügte und Heu machte. Das war im Großen und Ganzen seine Beschäftigung, darin bestanden seine ökonomischen Studien; und es ist begreiflich, daß sie ihn nicht zu sehr interessirten, daß er ihnen nicht zu eifrig oblag, vielmehr aus Ueberfluß an Zeit und Langerweile bald wieder auf Abwechselung verfiel. Auch scheint der Pächter durchaus nicht der Mann gewesen zu sein, dessen es hier bedurfte. Der Volontair soll ihn sonder Mühe getäuscht und ihn vollständig gewonnen haben, indem er ihm von den Feldern und Wiesen übersichtliche Pläne und hübsche Zeichnungen lieferte. Darüber bemerkte der Principal nicht, daß sein Zögling oft tagelang nach der Wirthschaft kein Auge hinschlug, oft tagelang auswärts war, sondern hielt ihn für einen höchst gewissenhaften Aufseher und für einen vielversprechenden Oekonomen.

Eine Nachbarin und Augenzeugin berichtet dagegen

aus ihrer Erinnerung:*) „— — Fritz Reuter besuchte uns, während er in Demzin war, öfters, und wir haben ihn sehr lieb gehabt. Leider war der gute brave Mensch so leidenschaftlich dem Trunk ergeben, daß er oft drei, vier Tage nicht von der Stube kam. Einmal holte ihn Onkel aus dem Kruge ab, wo er mehrere Tage im Bett lag und Rothwein trank. Der Krüger bat Onkel, ihn doch zu bereden, daß er mit ihm käm'. Nach langer Debatte und Versprechen, daß wir nichts erfahren sollten, und er nur krank sei, kam er. Ich kochte ihm eine Suppe, Abends mußte ich ihm zwei Gläser Grog machen, und als Onkel ihn zu Bett brachte, hat er eine Flasche Rothwein gewünscht, was Onkel ihm abgeschlagen. Am andern Tag war die Leidenschaft besiegt, er blieb noch einige Tage in größter Gemüthlichkeit bei uns und trank nur zu Tisch einige Gläser Wein."

Ja, es war Alles beim Alten geblieben, wie's der Bürgermeister vorausgesehen hatte, und das Schicksal vergönnte ihm nicht mehr, des Sohnes Ruhm und Glück zu erleben. In der Erwartung des nahen Todes machte er sein Testament, und wenige Monate darauf starb er, am 22. März 1845, beinahe 69 Jahre alt. Seine letzte Sorge galt dem Sohne, der von ihm das gerade Gegentheil war, ihm fast in keinem Stücke glich. Des Alten Fühlen, Denken und Wollen, sein ganzes Wesen und Handeln war wie aus Einem Gusse. Er sah klar und scharf, urtheilte schnell und richtig, war ohne Wallungen und gab sich keinen Illusionen hin. Was er einmal begonnen oder sich vorgenommen, das führte er trotz Hindernisse und Schwierigkeiten auch durch: geduldig und zäh, fest und consequent. Er nahm das Leben ernst, ja schwer; Arbeit war sein

---

*) Nach einem Privatbriefe, den der Verfasser zur Einsicht und Benutzung erhielt.

täglich Brod und jede Stunde ihm kostbar. Sein Gehalt war nur klein, seine gesammten Einkünfte nicht groß, aber durch Fleiß, Umsicht und Sparsamkeit erwarb er ein für die damalige Zeit nicht unbedeutendes Vermögen. Er hielt auf Anstand und Würde, und hatte sich überall, bei seinen Mitbürgern wie bei den benachbarten Edelleuten, in Achtung und Respect gesetzt. — Auch Fritz Reuter spricht in der Skizze „Meine Vaterstadt Stavenhagen" von seinem Vater mit großer Pietät; aber am besten charakterisirt der Bürgermeister sich selber in dem Berichte, den er unterm 25. April 1842 an die Regierung erstattete:*)

„Dreißig und mehrere Jahre sind verflossen, als hohe Großherzogliche Landes=Regierung mir, dem submissest mitunterschriebenen Bürgermeister Reuter, die Verwaltung des Bürgermeister= und Stadtrichter=Amtes, daneben auch das eines Actuarii beim Großherzoglichen Amte hieselbst anzuvertrauen die Gnade hatte. Die damaligen Kriegsläufte nahmen sofort meine ganze geistige und besonders auch meine körperliche Thätigkeit zur Minderung der oft unerzwinglichen Anforderungen eines übermüthigen Feindes und dadurch herbeigeführten Bedruckes der hiesigen Einwohner in Anspruch, und zwar in dem Maaße, daß ich Jahre lang größtentheils nur diesem Geschäfte leben konnte. —

Auch die hiesigen Stadtverhältnisse hatten eine Zeitlang vor Antretung meines Amtes darnieder gelegen, da mein Vorgänger in officio schon zu hohen Jahren gekommen war. Als der Friede heimkehrte, bemühete ich mich, nach allen Kräften die von mir entdeckten Localmängel zu beseitigen. Bei der großen Armuth, worin damals, gewiß mehr als jetzt, die Mehrzahl der hiesigen Einwohner lebte, mußte ich vorzüglich die materiellen Interessen derselben

---

*) Dem Verfasser mitgetheilt durch Herrn Friedrich von Bülow, zeitigen Bürgermeister und Stadtrichter in Stavenhagen.

ins Auge fassen, besonders den Ackerbau — dies vaterländische Geschäft, das damals die Mehrzahl der hiesigen Einwohner beschäftigte, aber von ihnen gleich wie von ihren Vorfahren, ohne Eifer und ohne Umsicht betrieben ward. Die großen Verbesserungen, ja die ganze Umwälzung der Ackerbaukunst der neueren Zeit in Vergleichung mit der von vormals war spurlos an den hiesigen Einwohnern vorübergegangen, und so entstand — da theoretische Belehrungen weniger fruchten — in mir der Gedanke, den hiesigen Einwohnern praktisch zu zeigen, wie ein höherer Ertrag, selbst bei meiner kleinen Ackerwirthschaft in der Stadt zu erreichen stehe.

Dabei schwebte mir stets der Gedanke vor, daß es in unserm Vaterlande an Gewerbsthätigkeit mangele, indem wir nur rohe Produkte liefern und alle unsere Bedürfnisse an Kleidern und dergleichen Fabriksachen vom Auslande beziehen. Ich meinte, der Mangel an Fabriken für den eignen Bedarf sei nachtheilig und habe seinen Grund an fehlender Betriebsamkeit und Unternehmungsgeist. Deshalb suchte ich nicht blos die hiesigen Bürger mit einem vollkommenen Kornbau bekannt zu machen, sondern auch mit der Erzielung anderer Produkte, um aus den Grundstücken einen höheren Ertrag zu erreichen, namentlich mit dem Kümmel-, Krapp- und Kardenbau. Und als später durch Zufälligkeit hier alle Brauereien eingingen, errichtete ich hier eine solche, und übernahm mein Neffe, jetzt mein Schwiegersohn, den Betrieb derselben.

Haben nun gleich während dieser Reihe von Jahren viele meiner Collegen aus damaliger, und besonders aus neuerer Zeit, sich während ihrer Amtsführung häufig ohne Zweifel wissenschaftlich nützlicher zu machen gewußt, als ich, so ist es mir dagegen doch auch als eine Lebensaufgabe einigermaßen gelungen, bei den hiesigen Bürgern das oberwähnte nächstliegende materielle Interesse nicht unbeträchtlich zu fördern, und ihnen einen Anhaltspunkt zur Erwerbung ihrer Lebensnahrung zu verschaffen. Manches ward hiebei verfehlt, Manches jedoch auch, Gottlob! erreicht, namentlich einige der obgedachten Kulturen, sowie das beste Bier, das von den Ausländern auf der Ausstellung zu Doberan, dem besten Bayerschen gleichgestellt ward, — ferner allemal dies, daß eine bedeutende Summe baaren Geldes während meines gedachten Wirkens für die hiesige Commune erworben ward und zur Circulation kam.

Meine Intentionen, für das öffentliche Wohl zu sorgen, wurden in neuerer Zeit so durch's Glück begünstigt, daß, obgleich die Bevölkerung sich um mehr als das Doppelte vermehrt hat, doch, Gottlob! jeder fleißige und nüchterne hiesige Einwohner hier zur Zeit sagen kann: „ich habe mein Brod." Besonders aber wurden meine Absichten in jüngster Zeit durch die Erwerbung eines unmittelbar vor den Thoren der hiesigen Stadt belegenen Domanialgrundstückes begünstiget, — eine Erwerbung, bei der ich gegen Eigensinn, Eigennutz und Vorurtheil in schweren Kampf gerieth, die aber glücklich für die hiesige Commune noch endigte, indem diese Erwerbung, die jetzt schon für die Kämmerei einen namhaften Ertrag liefert, mit der Zeit von einem unberechenbaren Nutzen für die hiesigen Einwohner sein wird. Die künftige Generation wird ihre ganze Wichtigkeit erst recht erkennen und wie ich hoffe, mein eifriges Bemühen zur Erwerbung derselben, dereinst segnen."

Dieses freimüthige Selbstzeugniß ist Wort für Wort begründet; und der stolze Ausspruch des greisen Bürgermeisters: man werde seine Bemühungen um die Stadt einst noch segnen, ist in Erfüllung gegangen. Die von ihm wider den Willen des größten Theils der Bürgerschaft gekauften Alt-Bauhofs-Ländereien werden gegen billigen Pacht als Kartoffelacker an unbemittelte Einwohner, Arbeitsleute und kleine Handwerker, abgelassen. So ist er fort und fort zum Wohlthäter der ärmeren Volksklassen geworden, ohne daß dadurch der Kämmereicasse irgendwelche Last auferlegt wurde. Eine andere ebenso segensreiche Maßregel, die Zusammenlegung der auf der Feldmark zerstreuten Parcellen, die er schon 1840 befürwortete, geht erst jetzt, nach 35 Jahren, der Verwirklichung entgegen, und hätte damals ausgeführt, der Stadt bereits unendlichen Vortheil eingetragen. Solch praktischer weitausschauender Blick war diesem Manne eigen, solche Fürsorge widmete er seinen Mitbürgern, die zum Danke dafür ihn der Eigenmächtigkeit und Tyrannei anklagten!

Kurz vor seinem Tode trat der Bürgermeister auch die übrigen Grundstücke an seine Tochter Sophie und deren Ehegatten Ernst Reuter ab; so daß sich der ganze Besitz wieder in Einer Hand befand. Das gleichzeitig errichtete Testament hatte folgenden Inhalt:

Der Bürgermeister Reuter veranschlagte sein Vermögen auf gegen 15,000 Thaler Gold, und theilte es gleichmäßig unter seine drei Kinder: Lisette, Fritz und Sophie. Der Sohn sollte das auf ihn entfallende Capital erst dann bekommen, wenn er vier Jahre hintereinander sich von dem Laster der Trunksucht freigehalten hätte. So lange bezog er nur die Zinsen, und auch die sollte er verlieren, falls er etwa heirathete; wo sie dann den Schwestern zufielen. Um sein Erbe zu verwalten, ward ihm ein Curator bestellt, und als solcher fungirte zunächst sein Oheim, der Pastor Ernst Reuter. Dieser, welcher seit 1845, wo er in den Ruhestand trat, gleichfalls in Stavenhagen wohnte und daselbst 1852 starb, legte jedoch bald die Curatel nieder, wahrscheinlich weil sie ihm zu lästig wurde. Seine Nachfolger waren: der Apotheker Dr. Grischow bis 1860; und dann der Prediger Niederhöffer in Stavenhagen, der die Curatel bis zu Fritz Reuter's Tode geführt hat.

Wie befremdlich dies Testament auch heute erscheinen mag: es war durch die Umstände geboten, und es war gesetzlich nicht anzufechten.

In jener Zeit, da Fritz Reuter als „Strom" umherlief, that er nun den ersten Versuch als Schriftsteller, und zwar entnahm er den Stoff seiner Umgebung. Das „Mecklenburgische Volksbuch für das Jahr 1846", das angeblich bei Hoffmann & Campe in Hamburg erschien, thatsächlich aber von dem Buchhändler Hinstorff, damals noch in Parchim, verlegt wurde, eine freisinnige Haltung beobachtete, wie sie der Zeitströmung entsprach; und durch seine Artikel, welche die heimischen Mißzustände beleuchteten und geißelten, unter Adel und Ritterschaft viel Anstoß und Aerger erregte — enthält u. A. einen anonymen Beitrag: „Die Feier des Geburtstages der regierenden Frau Gräfin, wie sie am 29. und 30. Mai 1842 in der Begüterung vor sich ging". Der Verfasser war Fritz Reuter, und der Artikel richtet sich gegen die Gutsherrschaft von Demzin, namentlich gegen die Gräfin Agnes Schlippenbach, die zweite Gemahlin des Grafen Hahn-Basedow, dessen erste Ehe mit der Gräfin Ida Hahn-Hahn bekanntlich getrennt worden war. Fritz Reuter schildert die Feier des Geburtstages, zu welcher Groß und Klein aus der Begüterung, und außerdem der halbe Olymp aufgeboten war; er sucht die Vorgänge und festlichen Aufzüge zu verhöhnen, aber er thut's mit viel Behagen und wenig Witz, mit einer Weitschweifigkeit und Umständlichkeit, die nur zu sehr an den Neuling erinnert, und in einer Sprache, die wirklich grausam zu nennen ist. Man urtheile selber:

„Rechts und links von obbesagtem molo war ein kleines Eselfuhrwerk mit einer Kofent*)-Tonne in den See hineingefahren, und auf dem einen derselben stand der

---

*) Kofent, eine Art Dünn- oder Halbbier.

Schweinejunge, auf dem andern der Gänsejunge, beide in Bacchusse verpuppt und brüllten Mecklenburgische Dithy= ramben: Hurrah, bei Fru Gräfin sall leben! Ihre Ver= puppung war außerordentlich einfach durch ein Shirting= Hemde und einen Weinlaubkranz bewerkstelligt; ihr Attribut war ein hölzerner Becher, der genau so aussah wie das Gefäß, in das die Meierinnen die Butter einzupfunden pflegen. Bei diesem Anblick ward mir wunderlich melancholisch zu Muthe und ich jammerte: Ihr armen Götterjünglinge! eure Götterschaft hat heute Nachmittag schon ausgespielt; euer Becher wird sich morgen in den Dreizack verwandelt haben, nicht in den des Neptun, nein in den des Mist= hofs und eure Schultern, blendend jetzt durch die Unschulds= farbe des griechischen Shirting=Gewandes, werden in allen Regenbogenfarben spielen, wenn der Wirthschafter merkt, daß ihr die göttliche Kosent=Tonne noch nicht vergessen oder daß ihr euch nach Art der alten Heidengötter in ein dolce far niente einwiegen wollt. — Diese trüben Be= trachtungen wurden plötzlich durch ein kläglich Gewimmer von Kinderstimmen unterbrochen. Ich weiß nicht, wie es kam, es schreckte mich der Gedanke an den Kindermord von Bethlehem auf; mich umsehend gewahrte ich den schwarzen Kapellmeister, wie er gleich einem Zauberer wunderbare Kreise über die kleinen bunten Kinder schwang, die sich um ihn herumdrängten und aussahen wie die her= aufbeschworenen Geister des Trödels."

Die Erzählung ist eigentlich inhaltslos und wird fortwährend durch unerträgliche Abschweifungen und gewalt= same Reflexionen unterbrochen; z. B. „In den ältesten Zeiten, in den Zeiten der babylonischen, assyrischen, chal= däischen, ägyptischen u. s. w. Könige, der Prototypen des Absolutismus, gab es keine öffentliche Tafeln, und außer von Nebukadnezar habe ich von keinem Regenten jener Zeit gelesen, der öffentlich gespeiset hätte; Nebukadnezar aber fraß

Gras, wie ein Ochse, auf einer gut bestandenen Kleeweide vermuthlich, also wohl öffentlich. Die griechischen Kaiser, jedenfalls die würdigsten Vertreter des Absolutismus in einer späteren Zeit, hüteten sich wohl, ihrer Gottähnlichkeit durch öffentliche Befriedigung ihrer Bedürfnisse Abbruch zu thun. Die Beherrscher der Orientalen haben heut zu Tage gewiß durch Ohrenabschneiden und Bastonaden den richtigsten Tact in dem Absolutismus erlangt, und sind in dieser Art wirklich bewunderungswürdig, vielleicht dann für einige Liebhaber beneidenswürdig; aber frage ich, würde wohl Abdul=Meschid öffentlich seinen saffrangewürzten Pillau mit höchsteigenen Fingern in seinen höchsteigenen Mund stopfen? Oder würde der Dalai Lama, dieser Repräsentant des geistlichen und weltlichen Despotismus, wohl eine seiner berühmten wohlriechenden Büchsen verkaufen können, wenn Jedermann sähe, welche Ingredienzen er zu der Bereitung ihres Inhalts verbrauchte, und wenn etwa ein Thibetanischer Chemiker auf dem Wege der Analyse zeigte, daß ein Jeder diesen Inhalt der Büchse selbst machen könne?" — —

Inmitten dieser witzig sein sollenden Hin= und Her=reden zwischen X. — so bezeichnet Fritz Reuter sich selber — und seinen Freunden Fischer und Meier, vernimmt man eine Stimme, die uns aufhorchen läßt, insofern sie an Bräsig erinnert: — „Na, sagte ein breiter vollwichtiger Mann, dies geht mich doch über Kreid' und Rothstein; derentwegen sich einen eignen Meschantikus aus Berlin kommen zu lassen! Dieses is noch doller, als die Pferde in 'n Kutschwagen zu fahren!" —

Der „gräfliche Geburtstag" ist eine bloße Stilübung, wie sie etwa ein Primaner zu leisten pflegt; und wer sie heute liest, kann nur den Abstand anstaunen zwischen diesem Erstlingsversuch und den spätern Meisterwerken des Dichters.

Ein anderes Ereigniß, das gleichfalls in die Zeit des

Demziner Aufenthalts fällt, ist weit wichtiger, da es in
Fritz Reuter's Leben einen Wendepunkt bezeichnet. Im
Herbst 1845 knüpfte er einen nachbarlichen Verkehr mit
dem Pfarrhause zu Rittermannshagen an. Wie es in
seinem herzlichen Wesen lag, wurde er mit der Familie
bald vertraut, und gewann schnell ihre Gunst. Er zeich=
nete den Pastor, Namens Augustin, und die Frau Pastorin
ward seine gute Freundin. Wer ihn aber am meisten an=
zog, war die Erzieherin der Kinder: Fräulein Louise
Kuntze, die älteste Tochter eines mecklenburgischen Predigers,
aus Roggensdorf bei Grevismühlen. Die Dame, etwa
28 Jahre alt und eine angenehme Erscheinung, fesselte ihn
sofort durch ihr gewandtes Wesen und ihr musikalisches
Talent. Sie spielte gut Klavier und sang dazu auch gut,
namentlich Volkslieder, von denen Fritz Reuter ein großer
Freund war. Am 7. November desselben Jahres, gerade
an seinem Geburtstage, gab's in Demzin eine Bauernhoch=
zeit, wo sich vom Gutshofe das ganze Wirthschaftspersonal
und auch die Insassen des Pfarrhauses zusammenfanden.
Fritz Reuter tanzte viel mit der Erzieherin, und beim
Tanze drückte er ihr ein Liebesbriefchen in die Hand. Er
kannte sie erst einige Wochen, da er ihr den Antrag machte;
aber sein Herz hatte für's Leben entschieden. Er schrieb
ihr, daß er sich nicht verhehle, welche Bedenken ihm ent=
gegenstünden; er sprach offen von seiner unglücklichen Leiden=
schaft, von seinen verlorenen Jahren; gelobte aber für den
Fall, daß er das Jawort erhalte, seine lasterhafte Schwäche
auszurotten und ein anderer Mensch zu werden. Fräulein
Kuntze wies ihn ab. Wahrscheinlich hatte er sie ganz kalt
gelassen, denn es sprach nichts für ihn, Alles gegen ihn.
Sein Gesicht mit der dicken plumpen aufgestülpten Nase
nahm sich nie vortheilhaft aus, war geradezu häßlich, und
nur die blauen Augen, welche er von der Mutter geerbt
hatte, und die in der Regel gar freundlich und schalkhaft

blickten, milderten die Häßlichkeit und ließen sie allmälig vergessen. Aber von seinem Aeußern und selbst von seinem Wandel ganz abgesehen: wo besaß er denn die Mittel, um eine Ehe einzugehen; wovon wollte er eine Frau ernähren? Genug, die Dame schlug ihn aus. Er nahm sich das sehr zu Herzen, stellte natürlich die Besuche im Pfarrhause ein, verschwand für Wochen völlig aus der Gegend, war wieder in die Trunksucht verfallen. Etwa ein Jahr später traf er das Fräulein zufällig auf einer Gesellschaft. Sie sang den Erlkönig, den Fritz Reuter so liebte; er ward ganz entzückt, und bald darauf erschien er wieder im Pfarrhause. In beweglichen tief empfundenen Worten erneuerte er seinen Antrag, den die hinzukommende Pastorin gerührt befürwortete; doch er empfing zum zweiten Male einen Korb. Fräulein Kuntze hatte noch einen andern Bewerber; sie verließ ihre Stellung und nahm eine ähnliche in Ludwigslust an. Aber Fritz Reuter konnte sie nicht vergessen und mochte sie nicht aufgeben. Wieder verstrich ein Jahr, da trug er sich ihr zum dritten Male an, und diesmal fand er Gehör. Sie verlobten sich, aber die Hochzeit stand noch im weiten Felde. Der Bräutigam verharrte in seiner fragwürdigen Existenz und traurigen Lebensweise; die Braut ging als Erzieherin zu seinem Freunde, dem Gutsbesitzer Hilgendorf in Vorpommern, und blieb hier noch längere Zeit. Auch das Bild des Pfarrers von Rittermanshagen ward erst nach dessen Tode fertig, wo es die Wittwe von Fritz Reuter erbat und erhielt. Aber die beiden würdigen Gatten, die ihm so viel Liebe und Güte erwiesen, ließ der Dichter später Modell stehen in der Geschichte „Ut mine Stromtid", wo Pastor Behrens und namentlich die Frau Pastorin mit dem ewigen Wischtuch und ihrem herzigen Wahlspruch: „Denn ich bin die Nächste dazu!" gar manche Züge der Urbilder tragen.

Die Landwirthschaft war für immer an den Nagel gehangen, Fritz Reuter hatte keine Lust, sein Brod als Inspector zu verdienen; und um eine Oekonomie selber zu begründen, fehlten ihm die Mittel, da er die Bedingung des väterlichen Testaments nicht erfüllen, also auch sein Erbcapital nicht erhalten konnte. Er mußte sich mit den Zinsen begnügen, und führte Jahrelang ein Art von Wanderleben. Sein Hauptquartier nahm er in Stavenhagen, in der Brauerei bei seinem Schwager Ernst Reuter, wo er ohne Entschädigung und ohne Gegenleistung freie Wohnung und freie Kost hatte. Er porträtirte Freunde und Bekannte, er gab auch ein wenig Unterricht im Zeichnen und in der Mathematik; aber zu einer ordentlichen regelmäßigen Beschäftigung kam es noch immer nicht. Seinen Umgang und Verkehr hatte er gern mit Ackerbürgern, Handwerkern, Wirthschaftern, Schulmeistern und dergleichen. Da saß er im Gaststübchen der „Frau Postcommissariussin"*) mit Otto Braun, dem Musikus, mit Otto Bold, dem ehemaligen Inspector, mit Kitte Risch, dem Glasermeister, und ergötzte sich an den Reden und Einfällen dieser schlichten, ehrlichen Leute. Kitte Risch, so geheißen von seiner Berufsthätigkeit, die Fenster zu verglasen und zu verkitten, und zum Unterschiede von seinem ältern Bruder, dem Schneider Risch — war ein Spielkamerad Fritz Reuters, mit dem dieser als Knabe einen schwunghaften Tauschhandel getrieben hatte. — „Ich besaß einen wunderschönen Kaninchenbock," erzählt er in der kleinen Geschichte „Von't Pird up den Esel"**); „blau mit weißem Vorkopf, den wollte mein bester Freund, Fritz Risch, gern haben. Er bot mir dafür acht Schachfiguren, drei ausgeblasene Hühnereier und eine halbe Lichtputzscheere, die er auf dem Bauhof gefunden hatte.

---

*) Vgl. „Ut mine Festungstid", Capitel 5.
**) „Schurr-Murr" S. 123.

Die andere Hälfte sollte ich finden, und die ganze Scheere dann für acht Groschen verkaufen. — „Kik mal, säd hei, min Vader is en bloten Smidt, und Din Vader is en Burmeister; worüm süllst Du nich so gaud wat sinnen, as ik." — Später erbaute Kitte Risch ein hübsches Haus am Markte, Ecke der neuen Jvenacker Straße, wo er „wohlhäbig vom zierlichen gußeisernen Balkon" herabschaute*); und sprach nun hochdeutsch. Wie köstlich weist er nicht den fremden General zurecht, der nach einem der umliegenden Güter spazieren will**): „Sehn Sie mal, säd Kitte Risch, denn gehn Sie hier erstens den Wall entlang bis in die Malschinsche Straße, und denn gehn Sie hier rechtsch um die Suseminsche Ecke in die Gaß, und denn gehn Sie rechtsch um den Burmeistergoren, da finden Sie ein Steg. . . ." — „„Ih wo? Wo braucht der Herr so weit zu gehn?"" säd Otto Vold. „„Sie gehen blos von meinem Haus dwas über die Straße, und denn gehen Sie durch Christopher Schulten seinen Hof un Goren — wollt' ich sagen Garten — und denn sind Sie in die Koppel."" — Ein anderer Spielkamerad und Duzbruder, den der Dichter gleichfalls verschiedentlich auftreten läßt und dabei ausdrücklich seinen „guten Freund" nennt, war Hanne Bank, der Schuster***). Aber auch der Stadtmusikant Berger, der dem „Demagogen", da er von der Festung nach Hause kam, ein Ständchen brachte; Johann Meinswegen, der Färber, sonst Ladendorf geheißen; Fritz Siewert, der Fuhrmann und noch Viele dieses Schlages gehörten damals zu den intimen Bekannten Fritz Reuter's, von denen er viel, sehr viel gelernt hat — die schönsten „Läuschen" und drolligsten Schnurren, die merkwürdigsten Redensarten und tausend kleine Charakter=

---

*) „Schurr=Murr" S. 149.
**) „Ut mine Festungstid", S. 44 u. 45.
***) „Ut mine Stromtid", Theil III. S. 140.

züge. Dazu pflegte er auf seinen Wegen und Wanderungen jedes Kind, jedes alte Weib anzusprechen, und vornehmlich mit Handwerksburschen, Bettlern und Vagabunden gar unterhaltende Gespräche und interessante Discurse anzuknüpfen. Den Geringsten und Unbekanntesten nannte er „Min leiw Fründ!"; und da es ihm aus dem Herzen kam, löste er jegliche Zunge.

An der so allgemeinen Bewegung von 1848 scheint er sich nur nebenher betheiligt, sie mehr mit kritischem Auge verfolgt zu haben. Er hatte seine politischen Erfahrungen bereits 1832 und 1833 gemacht, und auf der Festung genugsam büßen müssen. Aber das „tolle Jahr" lieferte ein hübsches Material, das er lange nachher in der Dichtung „Ut mine Stromtid" verwerthete, wo die lustigen Scenen im Rahnstädter Reformverein seine ganze Meisterschaft bekunden.

Von Stavenhagen aus wanderte er bald hierhin bald dorthin, durch beide Mecklenburg und Vorpommern, wo er überall Verwandte und Freunde hatte. Der „beste" von ihnen war der Schwager seines Lehrherrn Rust, der Gutsbesitzer Fritz Peters in Thalberg, welcher ihn später auch nach Treptow zog und ihn bewog, endlich eine bürgerliche Thätigkeit zu ergreifen. Wohin Fritz Reuter auf seinen Besuchsfahrten kam, er war stets ein angenehmer Gast, und man ließ ihn nur ungern wieder gehen. Er wußte vortrefflich zu erzählen, er war unerschöpflich an Geschichten und Anekdoten, er brachte Lust und Fröhlichkeit mit, er hielt im Familienkreise kleine Reden und brachte hübsche Toaste aus, er feierte jedes Fest durch ein passendes Gedicht oder einen gereimten Scherz. Freilich mochte sich in den Beifall seiner Wirthe ein gewisses Mitleid mischen, indem sie, durchgehends praktische angesehene Männer, denn doch bedauerten, daß ihr Gast seine Kenntnisse und seine Begabung nicht besser nütze. Nun, sie sollten Alle noch mit ihm ausgesöhnt, und durch seine Thaten und seine Erfolge sehr überrascht werden!

Von jeher hatte Fritz Reuter eine Vorliebe für das Plattdeutsche, das in seiner Kindheit auch sehr viel von den Gebildeten gesprochen wurde, während es heute nur noch die Sprache des Kleinbürgers und Landmanns in Mecklenburg ist. Der Bürgermeister Reuter, seine Frau und seine Verwandten sprachen in der Familie und mit Ihresgleichen nicht platt; Tante Christiane liebte plattdeutsche Sprichwörter und Redensarten; Onkel Herse drückte sich in der Regel „gewählt" aus. Aber Fritz Reuter liebte es zu allen Zeiten platt zu sprechen und mit Jedem, der's irgend verstand. Das Plattdeutsche harmonirte mit seinem schlichten biedern vertraulichen Wesen; es war ihm der willkommenste Ausdruck für seinen Witz und Humor; und so verfiel er denn auch bald darauf, in dieser Mundart zu schreiben. Von den Gelegenheitsgedichten und Polterabendscherzen, die erst 1855 im Druck erschienen, aber schon lange vorher, in seiner „Stromzeit" entstanden, sind die meisten plattdeutsch, und diese verdienen auch weitaus den Vorzug. Die hochdeutschen Stücke bestehen fast nur in Reminiscenzen und fabrikmäßigen Reimereien; wie z. B. das folgende, wo „Tag und Nacht," „von zwei Damen dargestellt," erscheinen*):

Nacht.

Aus dem fernen Morgenlande,
Wo die Lotosblume blüht,
Wo der Ganges, mächtig schwellend,
Durch die dichten Gungeln zieht,
Wo um jede Tempel-Trümmer
Heiliges Geheimniß weht,

---

*) Polterabendgedichte in hochdeutscher und niederdeutscher Mundart, von Fritz Reuter. Treptow, 1855. — Zweite, sehr vermehrte Auflage. Schwerin, 1863.

Wo auf jedem grauen Steine
Schrift uralter Weisheit steht —
Daher kommen wir gezogen,
Ein ungleiches Schwesterpaar:
Ich ums Haupt den dunklen Schleier,
Sie den Blumenkranz im Haar.
Was wir bringen, es ist Wahrheit;
Pflanzt sie tief in euer Herz!
Wahrheit ruht im stillen Ernste,
Wahrheit lacht aus heiterm Scherz.

Tag.

Mit leichtem geflügeltem Schritte
Durchziehe ich Wiese und Feld,
Und mit dem leuchtenden Auge
Verklär' ich die finstere Welt.
Ich schwinge mich auf in die Lüfte,
Vergolde die Wolken mit Glanz,
Ich senk' mich hinab in die Ströme
Und reihe die Wellen zum Tanz u. s. w.

Dagegen sind die plattdeutschen Scherze schon durchweg dem Leben abgelauscht und voll echter Komik; nur daß die Orthographie noch schwankt und etwas willkürlich ist. Als Probe stehe hier:

Ein Kutscher und ein Stubenmädchen.

Christian (allein).

Wo bit woll wab? Wo bit sich woll regiert?
Id hew mien Dings all säbenmal probirt,
Id segg't bald sacht und segg't bald luut
Un krieg't nich 'rut un krieg't nich 'rut. —
Marie! — Wo blieft set denn, wo täuwt*) sei nah? —
Id liehr mi, wo id stah un gah;
Bald bün 'd in Angst, bald bün 'd in Wuth,
Un krieg't nich 'rut un krieg't nich 'rut. —
Marieken!! —

---

*) Täuwen = warten.

Marie (tritt auf).

Wat röpst Du denn? — Wat schriegst Du denn?
Du büst woll nich so recht bi Trost?
Kuum dat ick man den Rüggen wenn,
Denn geiht ok gliek Dien Schriegen los.

Christian.

Du leiwer Gott, wo sall dit waren?
Ick sitt nu in 'ne schöne Supp!
Ick war noch heil un deil tau'n Nahren!
Wo kümmt denn uns' Madam doaup?
Velangt, ick sall en Stück upführen
Un sall hüt Abend bekliniren
En Stück so zort, en Stück so säut,
En Stück, so wohr ick Chrischan heit,
Dat rohren*) möt ein Jereman,
Dat sich en Hund erbarmen kann.

Marie (liest).

Hier sitzt das holde Paar
Auf diesen beiden Stühlen,
Das ich als Kutscher fahr
Mit innigen Gefühlen. — —

Wer hett dat maakt? Wo hest dat her?

Christian.

Ih, wer hett't maakt? Wat's dat vör Frag? —
Un kümmt't Di denn so prächtig vör? —
Na, daß ich's Dich's benn doch man sag',
Ich sülwsten habe das gemacht,
Un hab's mich's sülwsten ausgedacht,
Un Zeit hab' ich da naug**) dazu.

Marie.

Du Klas! Je, Du un maaken! Du! —
Wist Du kein richtig Rehr hier führen,

---

*) Schreien, laut weinen.
**) Genug.

Denn bauh 'ck Dien Lex*) Di nich behüren.
Meinst Du, ick sall Din Lägen glöben?

Christian.
Ih wo? Ick hew in'n Spaß man spraken,
Uns' Schaulmeiste dehr dat Ding mi maaken;
Acht Gröschen müßt 'ck em doavör geben.

Marie.
Nu fang' mal an.

Christian.
So geiht dat noch nich los! Dat is en schweres Wesen.
Du möst den ganzen Vers ierst lesen.

Marie (liest).
Hier sitzt das holde Paar
Auf diesen beiden Stühlen,
Das ich als Kutscher fahr
Mit innigen Gefühlen.

Christian (nachsprechend).
Hier sitzt das holde Paar
Mit innigen Gefühlen,
Das ich als Kutscher fahr
Auf diesen beiden Stühlen.

Marie.
Ich sitze auf dem Bock
Mit rother Litz und Kragen,
In meinem Kutscherrock;
Sie sitzen in dem Wagen.

Christian.
Sie sitzen auf dem Bock
Mit rother Litz und Kragen,
In meinem Kutscherrock;
Ich sitze in dem Wagen.

---

*) Lection, Aufgabe.

Marie.

Dat is jo bei verkihrte Welt!-

Christian.

Ih wat! Ick hew't man'n bäten anners stellt.

Von 1840 bis 1850 bot Fritz Reuter einen kläg= lichen Anblick. Nachdem er sieben Jahre auf der Festung gesessen, hatte er die folgenden zehn Jahre verbummelt. Er war ein Vierziger geworden, und sein Leben schien den Augen der Welt ein verlorenes zu sein. Aber in Wahr= heit bilden jene beiden Perioden nur seine Lehr= und Wanderjahre. Er war nun genugsam vorbereitet und aus= gerüstet. Mit großem Eifer, mit wahrer Lust hatte er seine Heimat Alt=Mecklenburg, das Reden und Thun seiner Landsleute studirt; er strotzte von all' den „Läuschen un Rimels," die er in Wirthshäusern und Bauernstuben, in Dorf und Stadt eingesogen, und mit denen er zunächst vor das Publikum treten sollte; und auf dem Grunde seiner Seele schlummerten, unter seinem Herzen trug er bereits alle die Helden, mit welchen er seitdem unsere Literatur bereichert und das deutsche Volk entzückt hat: Vadder Witt und Vadder Swart, Küster Suhr und Hanne Nüte, Müller Voß und Friedrich Schult, Havermann und den Kammer= rath, Pastor Behrens und Pastor Gottlieb, die Frau Pastorin und Fritz Triddelfitz, Moses und David, Pomuchelskopp und Slus'uhr, Jung'=Jochen und Rector Baldrian, Madam Nüßlern und — — Zacharias Bräsig.

V.
Schulmeister und Dichter.

„Im Jahre 1850," sagt Fritz Reuter*), „entschloß ich mich auf den Rath mehrerer Freunde, Preuße zu werden und ließ mich in Vorpommern als Privatlehrer nieder." Und am Schlusse von „Ut mine Festungstid" erzählt er, wie er eines Tages eingesehen, daß sein Kahn zu tief gehe, weil er ihn mit unnützen Wünschen und Hoffnungen überladen; daß er nun nacheinander über Bord geworfen den Juristen, den Künstler und den Oekonomen, und darauf den „engen geflickten Rock des Schulmeisters" angezogen habe.

Er wurde Preuße; das heißt, er mußte es werden. Trotz der vor eilf Jahren in Graudenz beschworenen „Urphede," trotz des damals abgegebenen feierlichen Versprechens, sich nie wieder in Preußen betreten zu lassen, erhielt er jetzt ohne Weiteres das preußische Bürgerrecht, gegen Zahlung von 27½ Silbergroschen. Sein neuer Wohnsitz hieß Treptow an der Tollense, und ist ein kleines unansehnliches Städtchen hart an der mecklenburgischen Grenze, etwa drei

---
*) In einem Briefe an den Verfasser.

Meilen von Stavenhagen und nur zwei Meilen von Neu=
Brandenburg entfernt. In der Umgegend lag das Gut seines
„besten" Freundes, Fritz Peters auf Thalberg*); und haupt=
sächlich dieser gab wol für die Wahl des Orts den Ausschlag.
Den Entschluß selber brachte die Liebe zu wege, Fritz Reuter's
Verlangen, seine Braut heimzuführen. Die Empfehlung
seiner Freunde verschaffte ihm die ersten Schüler, und er
unterrichtete nun, wie er selber bemerkt, die Stunde um
zwei Groschen.

 Nach einem Jahre glaubte er's wagen zu können.
Zwar stand ihm das Testament entgegen, die Bestimmung
des Vaters, daß er, falls er heirathete, auch den Zinsgenuß
verlieren und dieser den Schwestern zu theil werden sollte;
aber beide Schwestern freuten sich von Herzen, daß er end=
lich einen Anlauf zu solider Thätigkeit genommen hatte;
sie begriffen, daß nur eine Frau ihn dabei erhalten und
bestärken könne; und so verzichteten sie gern auf ihr Vor=
recht. Sie hätten ihn auch in den Besitz des Kapitals ge=
setzt, aber das lag nicht in ihrer Macht, sondern allein in
der Hand des Bruders selber. Um sein Erbe zu erhalten,
mußte er zuvor die Forderung erfüllt haben, welche das
Testament an ihn stellte, und das ist ihm leider nie gelungen.

 1851 verband sich Fritz Reuter mit Fräulein Louise
Kuntze, und saß nun mit Behagen am eigenen Herde.
Jahre lang blieben die Verhältnisse sehr beschränkt, ja
knapp. Auch die junge Frau suchte zu den Haushaltungs=
unkosten beizusteuern und gab Klavierunterricht. Von
Verwandten und Freunden lief manche Sendung für Küche
und Speisekammer ein, ergingen regelmäßig Einladungen
zu längerem Besuch in den Schulferien und Festzeiten.
Gar häufig fuhr und ging man nach Thalberg hinaus,
und im Städtchen selber knüpfte sich ein enger Verkehr

---

*) Heute auf Siben=Bollentin bei Treptow.

mit den Familien Schumacher und Schröder an. Beim Superintendenten Schumacher, einem gebornen Berliner und feingebildeten Manne, gab's in jeder Woche einen Schachabend, wo die Herren sich im Spiele maßen, und die liebenswürdige Hausfrau auch den Kreis der Damen zu beleben wußte. Justizrath Schröder war ein vielbeschäftigter Rechtsanwalt, und „mit seiner behäbigen Figur, seinem glattrasirten breiten weinfrohen Gesicht und seiner unverwüstlichen Laune eine allbeliebte Persönlichkeit; dazu ein wenig Original, von dem unter anderm erzählt wird, daß er bei Erwartung eines Besuches in der Zerstreutheit wol selber an die Thür seines eigenen Zimmers geklopft habe, um dann Herein! rufen zu können".*) Reuter ward schnell der Liebling des jovialen Herrn, der ihn vertraulich „Rutsching" nannte und sich an seinem Humor erlabte. Manch neues „Läuschen" ward dem dicken Justizrath zuerst erzählt, von ihm herzlich belacht und kritisch gewürdigt. Manch Wortgefecht, bald Scherz, bald Ernst, fand zwischen Beiden statt**), und manche Stunde haben sie miteinander verschwatzt und froh genossen. Schröder war eine generöse Natur; er streckte das Geld vor, um für Frau Louise ein Fortepiano zu kaufen, und er hat auch sonst ausgeholfen. So lange er lebte, galt er für einen wohlhabenden Mann, bis man nach seinem Tode plötzlich das Gegentheil entdeckte, und die Hinterbliebenen sich in Verlegenheit und Sorge versetzt sahen.

Frau Reuter übte auf ihren Gatten einen ebenso großen wie wohlthätigen Einfluß. Sie besaß Alles was ihm fehlte: Umsicht und Beharrlichkeit, Selbstgefühl und Unternehmungsgeist, Streben und Ehrgeiz. Wahrscheinlich

---

*) „Zum Andenken Fritz Reuter's", von Dr. Otto Piper. „Daheim", Jahrgang 1874, Nr. 47.
**) Vgl. „Ut mine Festungstid" S. 24 u. ff.

ist er nur durch sie in die schriftstellerische Laufbahn gedrängt worden. Wenn er im Laufe des Tages sechs und mehr Privatstunden gegeben, schrieb er jetzt des Abends, während sie bei ihm saß, „Läuschen un Rimels". Er schrieb die Anekdoten und Schnurren nieder, die das Volk sich erzählt, die er von Andern vernommen oder selbst erlebt und zum Theil auch bereits in Freundeskreisen mündlich vorgetragen hatte; er ließ sie alle in Mecklenburg oder Vorpommern, unter Plattdeutschen spielen, und brachte sie in Vers und Reim. Er rechnete nicht auf eine weite Verbreitung, sondern nur auf die nächste Umgegend; er dachte nicht an Ruf und Ruhm, sondern nur an einen kleinen Nebenverdienst. Des Dichters überaus bescheidnen Anfang hat Frau Reuter kürzlich selber erzählt und beziehentlich erzählen lassen.*)

Es ging ihm, wie es den meisten Autoren und namentlich solchen zu gehen pflegt, die später die halbe Welt erobern: er fand zuerst keinen Verleger, bis sich dann die Verleger um ihn rissen. Als er ein Bändchen zusammengeschrieben hatte, bot er's verschiedenen Buchhändlern in den benachbarten Mittelstädten an, die um so weniger darauf eingingen, als das Verlegen eigentlich gar nicht ihre Sache war, und sie es jedenfalls nicht mit einen Neuling riskiren wollten. Er entschloß sich zum Selbstverlage; und da er das nöthige Geld nicht besaß, entlieh er's zum Theil von Justizrath Schröder, zum Theil von seinem Vetter und Schwager, Ernst Reuter in Stavenhagen. In Treptow gab's keine Druckerei, wol aber in Neu-Brandenburg, wohin nun Bogen für Bogen das Manuscript wanderte. Im November 1853 erschien Fritz Reuter's erstes Buch. Es nannte sich „Läuschen un Rimels.

---

*) „Fritz Reuter's Louising", von Friedrich Friedrich. „Gartenlaube," Jahrgang 1874, Nr. 40.

Plattdeutsche Gedichte heitern Inhalts in mecklenburgisch-vorpommerscher Mundart"; und war dem „besten Freunde", Fritz Peter's gewidmet. Anstatt 600 Exemplare, wie er anfangs beabsichtigte, war der Autor so kühn gewesen, gleich 1200 drucken zu lassen. Die Mehrkosten wären nicht viel größer, es sei so vortheilhafter; tröstete er die erschreckte Gattin. Auch die Versendung der Exemplare für Mecklenburg und Vorpommern führte er selber aus; nachdem er vorher bei allen Buchhandlungen rings umher angefragt, und von den meisten auch Bestellungen, aber gewöhnlich nur „zur Ansicht", empfangen hatte. Tagelang packte die Frau, die Latzschürze vorgebunden und den Zuckerhammer, dem sich das steife Papier besser fügte, in der Hand; tagelang schrieb der Mann Begleitbriefe und signirte und siegelte. Auf dem großen langen Zeichentische häufte sich Packet über Packet, Frau Louise bekam ob der ungewohnten Arbeit Blasen in den Händen, und Fritz Reuter versprach ihr, um sie anzufeuern, bei gutem Erfolge ein neues Seidenkleid. Die Packete gingen ab und kosteten viel, sehr viel Porto. Ein großer Vorrath von Exemplaren war noch zurückgeblieben, und man zitterte vor den „Krebsen". Statt ihrer kamen täglich Nachbestellungen, und bald konnten sie nur noch theilweise berücksichtigt werden. „Die Kuhn'sche Universitätsbuchhandlung in Rostock begehrte dreihundert Exemplare und sprengte den ganzen Kram," erzählt Frau Reuter. „Unsere Seelen hatten nicht daran gedacht. Wir lachten und weinten. Die lieben Menschen, deren Freundschaft wir uns damals erwarben und bis auf heute unverändert treu bewahrt, fühlten in rührender Theilnahme mit uns, als wär's ihnen geschehen. Nach sechs Wochen begann der Druck der zweiten Auflage, gleichfalls im Selbstverlag. Das Seidenkleid nehmen wir vom allerbesten End', sagte Fritz zu mir, und die Fische brätst Du mir von jetzt an nicht mehr in Wasser!" — Beide Auflagen und auch noch die dritte, welche 1856 erschien, wurden fast gänzlich in Mecklenburg und Vorpommern, und durch den Dichter direct verkauft; nach „auswärts" hin, wo die Buchhandlung von C. Brünslow in Neu=Brandenburg den Vertrieb besorgte, war der Absatz nur langsam und mühsam.

Der überraschende Erfolg mit den „Läuschen un Rimels" ermuthigte den jungen Schriftsteller, im nächsten Jahre (1855) zwei neue Bücher, wieder im Selbstverlage, herauszugeben. Das erste war die schon erwähnte Sammlung „Polterabendgedichte"; das andere „De Reis' nah Belligen. Poetische Erzählung in niederdeutscher Mundart"; und dem Apotheker Dr. Grischow in Stavenhagen, dem vom Vater im Testamente bestellten Curator gewidmet. Der Dichter pflegte seine noch ungedruckten Sachen bei Gutsbesitzer Peters, bei Justizrath Schröder und in andern befreundeten Familienkreisen vorzutragen, und zwar mit Lust und Geschick. Doch mag hier gleich bemerkt werden, daß er für größere Versammlungen kein besonderer Vorleser, auch kein eigentlicher Redner war. Ebensowenig besaß er, wie man wol behauptet hat, die Gabe zu improvisiren.

Ostern 1855 verband sich Fritz Reuter mit dem ihm befreundeten Buchhändler Lingnau in Neu=Brandenburg zur Herausgabe des „Unterhaltungsblatt für beide Mecklenburg und Pommern"; das er genau ein Jahr redigirte. Es erschien wöchentlich in 4 Seiten Folio und kostete in Mecklenburg nur 10 Sgr., in Preußen mit Postaufschlag und Steuer 15 Sgr. vierteljährig. Der Verleger trug das Risico, und zahlte dem Redacteur einen kleinen Gehalt. In dem der ersten Nummer vorangeschickten „Programm" verspricht Fritz Reuter — „Unterhaltung auf lokaler Grundlage"; wirft aber sofort die Frage auf: „Will denn das Publikum unterhalten sein?" — was wol zu allen

Zeiten außer Frage gestanden hat; klagt, daß das Unterhalten früher so schön leicht gewesen sei; bekennt, daß hinter ihm, dem Redakteur, schon die „schwarze Sorge" sitze; findet das Datum des neuen Unternehmens, den 1. April, selber ominös; und bittet dringend um „active Theilnahme" und allseitige Mitarbeiterschaft, durch fleißige Einsendung von Novellen, Gedichten, Schwänken, Anekdoten, Räthseln, lokalen Berichten und Neuigkeiten. Aber die Mecklenburger und Pommern sind nicht besonders schreibselig und druck= lüstern; es fanden sich nur eine geringe Zahl von bekannten und unbekannten, genannten und anonymen Einsendern; und selbstverständlich war von den Einsendungen nur der kleinste Theil zu brauchen. Fritz Reuter war und blieb in der Lage, das Blatt hauptsächlich mit eigenen Artikeln zu füllen. Anfangs scheint er davon Vorrath gehabt zu haben. Gleich die erste Nummer beginnt mit der Skizze „Meine Vaterstadt Stavenhagen", die aber bald abbricht; „Fortsetzung folgt" heißt es in Nummer 8, ohne daß dieses Versprechen je erfüllt wurde. Statt dessen folgt die kleine hochsentimentale Geschichte „Haunesiken"*); und hernach „Eine heitere Episode aus einer traurigen Zeit", worin Fritz Reuter seine Gefangenschaft in Graudenz erzählt — die Vorarbeit zu dem Buche „Ut mine Festungs= tid". Nachdem das Journal diese Skizzen und daneben eine Menge von plattdeutschen Gedichten, die den Stamm von „Läuschen un Rimels, Neue Folge," bilden, verschlungen hat, zeigt sich eine traurige Ebbe, und der Redakteur ist genöthigt, zum Nachdruck zu greifen. Er druckt sonder Scheu, jedoch meist mit Angabe der Quellen nach: Feuilletons von Ernst Kossak, eine längere Abhandlung „Handelsvölker der Gegenwart" von Franz Löher, und allerhand kleinere und längere Artikel aus deutschen, Ueber=

---

*) „Schurr=Murr" S. 23.

sehungen aus französischen und englischen Zeitschriften. Nach Verlauf des ersten Halbjahrs schreibt er:

"Unser Blatt besteht jetzt zwei Quartale hindurch — eine kurze Zeit für das lesende Publikum, eine lange für einen armen Teufel von Redacteur, der, in die engen Mauern einer kleinen Landstadt eingepfercht, hauptsächlich auf die kleinen Beobachtungen und Begebnisse seines täglichen Lebens angewiesen ist. Dankbar müssen wir anerkennen, daß unsere Leser, soweit unsere Kenntniß reicht, eine überaus freundliche Rücksicht gegen uns und unsere Schwächen, die wir im Geringsten nicht verkennen oder bemänteln wollen, geübt haben, und gerade dies lebendige Gefühl der Dankbarkeit, sowie das der Verpflichtung, dessen wir dem Publikum gegenüber uns bewußt sind, hat diese Zeilen hervorgerufen.

Eine längere Reise und die mit einer solchen verbundene größere Anknüpfung und Erneuerung von Bekanntschaften hat uns nämlich überzeugt, daß zu einer zeitgemäßen Befriedigung unseres Leserkreises die Mitwirkung von Personen aus verschiedenen Gegenden und Lebensstellungen nothwendig ist. Wir haben in Folge dieser Ansicht die geeignetsten Schritte gethan, unserem Blatte diese Kräfte zu sichern und haben namentlich unserm früheren Programm hinzuzufügen, daß wir von jetzt ab vorzugsweise auf **beachtenswerthe und unterhaltende Neuigkeiten** Rücksicht nehmen werden. Diese Absicht, so gut sie auch gemeint sein mag, ist jedoch schwer, fast unmöglich zu realisiren, wenn nicht freundliche Mithülfe von den Lesern selbst geleistet wird. Wir bitten daher alle Leser unseres Blattes, uns aus ihrem Kreise jeden ernsten oder heiteren Stoff, entweder in selbstgewählter Form, oder wenn dies nicht ist als Material zur Bearbeitung zuzusenden. Allen Freunden, die uns passende Aufsätze in ansprechender Form zusenden, können wir im Namen der Verlags=Buchhandlung von C. Lingnau in Neubrandenburg ein angemessenes Honorar versprechen.

Da wir nun doch schon einmal mit Bitten dem Publikum unter die Augen getreten sind, so mag es uns in Bausch und Bogen hingehen, wenn wir einen überaus prosaischen nüchternen Wunsch aussprechen, nämlich den: statt der vielen Gedichte uns lieber Arbeiten in Prosa zu senden. Gedichte — und auch von den besten gilt es — sind gewöhnlich zu subjectiv, als daß sie in einem größeren Kreise interressirten, sollte uns aber ein kräftiges, von poetischer Originalität übersprudelndes Gedicht zugesandt werden, so versprechen wir dasselbe von einem Lorbeerkranz umgeben unserem Inhalt voran drucken zu lassen.

Treptow a. d. Toll, den 20. September 1855.

Die Redaction."

Die Naivetät, welche aus dieser Ansprache hervorblickt, spiegelt sich auch in dem Briefkasten der Redaction, worin es z. B. heißt: „Herrn Dr. W. R. Wirklich erdrückende Arbeiten haben mich bis jetzt an der Beantwortung Deines freundlichen Schreibens gehindert." — „Herrn K. zu M. Mein Herr, ich danke dafür, jedes geistlose Gedicht in mein Blatt aufzunehmen." — „Ein Unbekannter aus Neu=strelitz: Ihr Brief ist ausnahmsweise aufgenommen; Sie haben uns doch nicht mit einer Reminiscenz aus andern Blättern zum Besten gehabt?" — „Drei Herren aus T. Die Hasengeschichte eignet sich nicht zur Aufnahme, da dieselbe aller Pointe baar ist. Passirt bei Ihnen nicht einmal etwas Anderes? Wie heißt der Gutsbesitzer in Ihrer Gegend, der aus Rache eine Tagelöhnerfamilie in ein vom Typhus angestecktes Haus geworfen hat, und der armen, dadurch zur Wittwe gewordenen Frau Schweine=

futter statt Brodkorn hat verabreichen lassen?" — „Freund W. in Rostock. Laß das nur gut sein! Rühr' keine alte Geschichte auf, sondern bring Neues, wie Du angefangen hast. Animir mir die Leute in dem Kreise Deiner Bekanntschaft, daß sie Deinem Beispiel folgen." — „Herrn W. zu W. Lieber Bruder, was ich gelesen habe, hat mir sehr gefallen, doch scheint mir das Ganze etwas zu lang für unser Blatt, auch möchte sich der äußerst gediegene Inhalt mehr für ein belehrendes Volksbuch eignen." — „Herrn C. C. Neustrelitz. So etwas remittirt man nicht, für so etwas bedankt man sich und bittet höflichst um mehr." — Diesen Correspondenzen in Prosa mögen noch zwei in Versen folgen. Die erste ist plattdeutsch:

„Herrn H. in St.
Bähl schönen Dank för bei Gedichten!
Doch gliek sei bringen, geiht mit nichten.
Von tau vähl so 'n geriemelte Gerichten
Tauletzt ganz stumpe Tähnen kriegt' en.
Drüm, olle Jung, stah Di nich in den Lichten,
Schick mi man leiwerst lustige Geschichten
Un häur Di vör bei plattdütschen Gedichten."

Die andere Antwort ist hochdeutsch und lautet:
„Mein unbekannter Freund C . . . a
Wie ich aus Deinem Brief ersah,
Wünschst Du durch mich den Feind zu züchtg'en.
Bist Du im Zorn, in einem richtgen,
Dann faß den Kerl nur selber an,
Denn, guter Freund: selbst ist der Mann.
Bin auch wol mal in jungen Jahren
So wild auf einen losgefahren.
Und schlug bann kreuz und quer d'rauf ein;
Doch Deine Peitsche, Freund, möcht' ich denn doch nicht sein."

Von den wenigen Mitarbeitern, die der arme geplagte Redacteur fand, ist nur Einer erwähnenswerth; aber dafür war er auch Fritz Reuter'n durchaus ebenbürtig. In Nr. 8 des „Unterhaltungsblatts" tritt zum ersten Male der Mann auf, dem der Dichter seinen Hauptruhm verdankt — der Inspector Bräsig. Herr Bräsig, der sich damals noch nicht Zacharias, sondern Jochen nann e, schreibt an den Redacteur:

Lieber Herr Gönner!

Also so ans! Wo kömmt dieser Hund in die Koppel! nu nun kömmt's anders, als mit der seel. Frau! — Ich, als ein Berichterstatter — als Sie mir beehren — aus der Begüterung? — das nehm mich keiner übel, das is so spaßig, als Sie als Redaktöhr. Wissen Sie woll noch als wir mit Oerche Blanken, der nachher ins Faulenrosser Mühlenschütt sich versoff, die Kraunen* von den frischen Erbsschlag jagten? Un nu doch! Was aus en Menschen all werden kann, un oll Mutte Schultsch ihr Arm würd ümmer dicker! — Na, ich segg! —

Ihren lieben Brief habe ich den Donnerstag vor seben Wochen richtig gekrigt und war nicht ohne für mir, was die Anerkennung von Beobachtung betrefft. Ich würde mich noch mehr auf die Beobachtung legen; aberften die Gicht! Und denn auch weil mich Bollen seine sackermentschen Jungen die Brille entzwei gemacht haben, worum ich auch nu erst schreibe. Gott bewahr mir in allen Gnaden vor liebe Kinder un vor Allen vor die Art.

Sie schreiben da von Ihre Unterhaltungsgeschichten; es is möglich, aber Jeder auf seine Art! Ich bin jetzt bei unsen Herrn Pasturen seine Staatskalender. Diesen lieben langen Winter hab ich sie durchgelesen von die Jahren 1813—17, wo ich noch bei bin, un was mir sehr pläsirlich ist. Apopo! schreiben Sie doch auch mal

---

*) Kraniche.

eins so'n Staatskalender! Sie können ja falsche Namen schreiben.

Aber nu auf Ihre briefliche Vorkommenheiten! Ja, Gott sei Dank bei uns passirt noch ümmer was, aber was jetzund grade passirt, das is eigentlich schon lange passirt, denn nu is Dodsgeruch, un wer was von sich ausgehn läßt, ist nur ein Untergebener, denn die hohen Herrschaften sünd nich hier. Jedennoch wäre es möglich, daß vor Sie das Beiliegende eine Unkenntniß wäre und daß Sie es in Benutzung nehmen könnten; also derowegen schenieren Sie sich gefälligst gar nich; mir kann kein Deuwel was, denn die fünf dausend Torf, die ich extra krieg, hab' ich mendag nich gekrigt, weil daß der neue Inspecter sie ümmer erst um Martini will anfahren lassen un daß sie denn zu Morr sünd. Un das Andere können sie mich nich nehmen, weil daß ich die Papieren drüber hab; in diesen Hinsichten bün ich ein Freiherr.

Schlechte Witzen machen Sie aber nich darüber, denn wozu? Haben Sie schon geangelt? Es passabelt schon! Ein Boars von 3 Pfund als gestern.

Bleiben Sie in guter Gesundniß und wünsche Ihnen ein länger Leben, als Ihre Unterhaltungsgeschichte.

Leben Sie wohl

wohnhaft zu
Haunerwiem bei
Clas Hahnenurt den
7 Mai 1855.

Ihr

bis in den Tod
getreuer Bräsig
immerirter Inspector.

Die Beilage führt den Titel: „Kleines Festprogramm, also gedacht für die Tage der Hochzeit unserer lieben Tochter"; welche Hochzeitsfeier sich über eine ganze Woche erstreckt und an 70 Nummern zählt. Der „Kranzwinde= Abend" enthält unter Nr. 7: „Auf dem Schloßhofe Begrüßung des leiblich dargestellten guten Geistes, der das Hahn'sche

Haus stets regiert hat und regieren soll, des Geistes des Glaubens und der Liebe, gegründet auf das Gottes=Wort und ruhend im Schatten des Kreuzes". „Das Kleine Festprogramm" ist also ein Seitenstück zum „Gräflichen Geburtstag" und spielt gleichfalls in der Hahn'schen Begüterung, wo Fritz Reuter als „Strom" umherlief, und der ehemalige Inspector Bräsig nun als Pensionär sitzt.

Aber auch Bräsig ist etwas schreibfaul. Sein erster Brief bleibt lange der einzige, bis er im zweiten Halbjahr des „Unterhaltungsblatts" eine ziemlich regelmäßige Correspondenz beginnt. Er berichtet über weitere Vorkommnisse in der „Begüterung", und bringt gelegentlich auch eine Privat=Angelegenheit zur Sprache. Bräsig besaß damals einen Groß=Neffen, den er in der Geschichte „Ut mine Stromtid" noch nicht besitzt. Für diesen „Schwestertochtersohn", Namens Körling*), sucht er im redactionellen Theil des „Unterhaltungsblatts" eine Stelle als Lehrling in der Wirthschaft. Es melden sich als „Prinzipäler" 27 „richtige Oekonomiker"; und um keinem seiner Collegen vor den Kopf zu stoßen, beschließt Bräsig, den Groß=Neffen verloosen zu lassen. Es geschieht; und der Glückliche, der Körling gewinnt und ihn seiner lieben Frau zum heiligen Weihnachtsabend als „Julklapp" in die Stube wirft, ist Schmidt, Gutsbesitzer Schmidt auf Karmin; dem indeß der neue Lehrling alsbald eine sonderbare Ueberraschung bereitet. Bräsig schreibt darüber an Fritz Reuter.

„— — Mich geht es noch passablemang; aber mit meinem Schwesterdochterkinde Körling! — Selftiger hat sich schon in alle Förmlichkeit und Regelmäßigkeit mit mehrfache Unregelmäßigkeiten und dämliche Formulirungen vermengt. Denken Sie sich, schreibt mich Schmidt, daß er sich mit die entschiedenste Dummheit eingelassen hat. Schmidt is

---

*) Karlchen.

nähmlich sehr stark in den Hempbau und verkauft welchen, nähmlich Hempsaat. Nu is Schmidt aus und kömmt nach Haus. „Was passirt?" fragt er. — „Ja," sagt mein Schwesterdochterkind Körling, „mit Hempsaat. Ich habe ein Faß davon verkauft." — „So," sagt Schmidt, „haben Sie Order dazu." — „Dieses weniger," sagt Körling, „aber ich that's aus milder Barmherzigkeit. Der Mensch war so weit hergegangen, un wollt ich ihn doch nich um süs*) gehen lassen. Mein Großmutterbruder sagte noch zuletzt mit möglichster Einschärfung zu mir, ich sollte nie Einen gehen lassen." — „Schön," sagt Schmidt, „dieses sünd Grundsätze und die liebe ich. Aber wo is er denn her?" (Nämlich der Hempsaatkäufer.) — „Dieses weiß ich nich," sagt Körling un süht Schmidten grad ins Gesicht. — „Wo heißt er denn?" fragt Schmidt, — „Dieses weiß ich auch nich," sagt Körling un kuckt Schmidten noch dreister an. — „Was haben Sie denn for diesen Hempsaat gekricht?" fragt Schmidt un süht Körling as Prinzipahl mit entschiedener Nachdrücklichkeit an. — „Gekricht?" sagt Körling und kuckt Schmidten mit die unverschamtigste Frechheit grad in die Augen, „gekricht habe ich nichts nich, weil daß ich nicht wußte, was das Hempsaat gellen**) sollte."

Na nu hört Allens auf! Oh, Du Brut! Den Nahmen Deines alten Großmutterbruders willst Du als einen Schleier for Deine eigene Dämlichkeit ziehen? „Körling!" habe ich gesagt „nie laß mich einen gehen, der Geld bringt;" und der dämliche Jung' läßt einen ohne Geld mit Hempsaat gehen!" —

Abgesehen von diesen Briefen Bräsig's, geht's nun mit dem „Unterhaltungsblatt", trotz der schönen Ver=

---

*) Umsonst.
**) Gelten.

sprechungen, womit der Redacteur das zweite Semester ein=
geleitet hatte, schnell abwärts. Es lebt jetzt weitaus vom
Nachdruck, wobei namentlich die „Grenzboten" („Bilder aus
der deutschen Vergangenheit" und verschiedene andere Auf=
sätze) herhalten müssen; und die Rubrik „Lesefrüchte" mit
Auszügen aus. neuen und ältern Büchern tritt ungebühr=
lich in den Vordergrund. Von Fritz Reuter's eigenen Bei=
trägen sind noch zu erwähnen: „Brief des Juden Samuel
Warschauer an Rebeckche Goldstein"; und die viel zu lang
ausgesponnenen „Memoiren eines alten Fliegenschimmels",
wo nur die Partien in „Missingsch", wie man in Meck=
lenburg das Gemengsel von Hoch= und Plattdeutsch à la
Bräsig nennt, eine heitere Erholung bilden. Fritz Reuter
hatte eben keinen Beruf weder zum Journalisten noch zum
Redacteur, er war zu etwas Höherem erlesen; und glück=
licherweise zwangen ihn die Verhältnisse, das einzusehen.
Das „Unterhaltungsblatt" kam lange nicht auf die Kosten,
es hatte zwischen 3 und 400 Abonnenten, und selbst diese
hielten nicht Stich. Da brachen die anscheinend endlosen
„Memoiren eines alten Fliegenschimmels" jäh ab und
schlossen mit folgender Erklärung:

„Hier wird das Manuscript unleserlich u. s. w. —
— — Der Schulmeister aus Haunerwiem schreibt an mich,
dem alten Inspector Bräsig sei die Gicht in den Magen
getreten, man zweifle an seinem Aufkommen, sein thätiges
Leben neige sich zur letzten Ruhe; warum soll ich mich
noch ferner der Unruhe hingeben, wenn Alles rings um
mich entschlafen ist?

Meine contractliche Pflicht ist erfüllt, warum sollte
ich noch länger bleiben und schreiben, dahin schwanden die
Wackern all? Zu schwinden beginn ich in Preußen, meinen
Schritt sieht Treptow nicht mehr; in Brandenburg werd
ich entschlafen als Redacteur des Unterhaltungsblattes;

Denn ein Jahr hab ich's ertragen,
Trag's nicht länger mehr;
Hab die Schreiberei im Magen,
Bleib nicht Redakteur.

Allen fernen und nahen Freunden, die mich mit Wort und Schrift bei der Herausgabe des Blattes unterstützt haben, sage ich meinen aufrichtigsten Dank, dem nachsichtigen Publicum nicht minder, dem Unterhaltungsblatt rufe ich ein zärtliches Lebewohl zu und will wünschen, daß es für die Folge mehr Unterhaltung bieten möge, als ich in einer gänzlich isolirten Stellung liefern konnte.

Treptow den 1. April 1856.

Fritz Reuter."

Und gleich darunter steht, die letzten Worte des „Unterhaltungsblatts" lauten: „Allen meinen Bekannten, sowie auch meinen Herrn Geschäftsfreunden mache ich die ergebenste Anzeige, daß ich vom 2. April d. J. ab, meinen Aufenthalt in Neubrandenburg nehmen werde.

F. Reuter."

Nachdem er sechs Jahre in Preußen verbracht hatte, zog es ihn wieder nach Mecklenburg zurück, wo er, wie er's nennt, nun „Einlieger" wurde. Er vertauschte das kleine häßliche trist liegende Treptow mit dem größeren schöneren und durch romantische Umgebung ausgezeichneten Neu-Brandenburg, wo er über sieben Jahre verweilte, seine bedeutendsten Sachen schrieb und zu Ruhm gelangte. Daher, und weil hier auch die Geschichte „Dörchläuchting" spielt, verdient die Stadt eine kleine Beschreibung.

———

Neu-Brandenburg, die Vorderstadt — so genannt, weil sie auf dem vereinigten Landtage der beiden Mecklenburg neben Parchim und Güstrow den Vorsitz führt — liegt, wie Treptow, an dem Flüßchen Tollense, 4 Meilen von Stavenhagen und 15 Meilen von Berlin; ist nach der Residenz Neu=Strelitz die bedeutendste Stadt des kleinen Großherzogthums und zählt etwa 7000 Einwohner. 1248 erbaut, erhielt sie ihre gegenwärtige Gestalt nach dem großen Brande von 1735, und hat noch ein ziemlich alterthümliches Gepräge, aber trotzdem ein sehr freundliches, ja schmuckes Ansehen. Ihr Grundriß ist ein ovaler Zirkel. Noch heute umgiebt sie eine feste Mauer, etwa eine Viertelmeile lang, mit 2 Warten oder Fangel=Thürmen und 25 sogenannten Wiekhäusern. Diese, in ziemlich gleicher Entfernung angelegt, treten aus der Mauer etwas heraus, dienten früher zur Befestigung und standen unter besonderen Wiekhaus=Hauptleuten, während sie heute von Arbeitern und kleinen Handwerkern bewohnt werden. Vier gewölbte Doppelthore, die bis vor etwa zwölf Jahren zur Nachtzeit noch gesperrt wurden, führen in die Stadt. Unweit des Neuen Thors sieht man in der Mauer ein paar Stückkugeln. Sie rühren von der Belagerung unter Tilly her, wo die Stadt eine so schreckliche Plünderung erfuhr, daß sie zur Erinnerung daran bis in dieses Jahrhundert hinein eine besondere Bußfeier, den sogenannten Tilly=Tag beging. Noch liest man an der Mauer ältere Bekanntmachungen der Stadtbehörde mit der Unterschrift „Bürgermeistere und Rath". Noch knarren die Nachtwächter zur halben Stunde in erschrecklicher Art, während sie beim vollen Glockenschlage blos pfeifen, zu Fritz Reuter's Zeiten aber noch ebenso schauerlich tuteten.

Die Bauart der Stadt ist eine sehr regelmäßige. Alle Straßen sind schnurgerade, breit und sauber, und schneiden einander stets im rechten Winkel. Mitten auf dem großen Marktplatz steht das Rathhaus, mit zwei Bogendurchgängen und so anzusehen, „als wenn es vor langen Jahren aus

einer Weihnachtspuppenschachtel genommen wäre*)." Im
Erdgeschoß befindet sich der Rathskeller, wo Fritz Reuter
viel verkehrte; eine Treppe hoch der Sitzungssaal, mit dem
lebensgroßen Bildnisse Herzogs Adolf Friedrich IV., der
von 1753 bis 94 regierte, und den Reuter in seinem Buche
„Dörchläuchting" behandelt. Auch die Gebäude rings umher
sind fast alle durch den Dichter historisch geworden.

An der Ostseite des Markts, oder eigentlich auf
diesem selber, den es etwas beeinträchtigt und entstellt,
steht das vor etwa 90 Jahren von Adolf Friedrich IV.
erbaute Palais, ein großer zweistöckiger Kasten, mit kleinem
Säulengange vor der Hauptthüre, und einer Menge von
Blitzableitern auf dem Dache**). Es wird gegenwärtig
nur vom Kastellan bewohnt, und pflegt in seinem häufig
erneuerten Anstrich zwischen Lila und Gelb zu wechseln.
Gegenüber liegt die Bäckerei von Schulz, woher „Dörch=
läuchting" sich Morgens zum Kaffee den Zwieback holen
ließ. Seine Schwester, Prinzeß Christel, wohnte an der
Südseite des Markts, Ecke der Wage=Straße, bei Kauf=
mann Buttermann „auf dem Bähn", das heißt, eine Treppe
hoch. An derselben Seite wohnt noch heute Dr. Siemer=
ling, Apotheker, Kaufmann und Banquier in Einer Person,
ein genauer Freund Fritz Reuter's***). Geradeüber befindet
sich der erste Gasthof der Stadt „Zur goldenen Kugel",
in Reuter's Schriften „Der goldene Knopf" genannt. In
„Dörchläuchting" wird er nur nebenbei erwähnt†); aber Brä=
sig, da er mit Moses Löwenthal zum „Wullmarkt" nach „Bram=
borg" fährt, hält seine „Niederkunft" im „goldnen Knop"††);

---

*) Dörchläuchting, S. 8.
**) Vgl. „Dörchläuchting" S. 150.
***) Vgl. „De Reis' nah Konstantinopel" S. 105.
†) S. 130 und 323.
††) „Schurr=Murr" S. 49.

und als er von der unfreiwilligen abenteuerreichen Reise nach Berlin zurückkehrt und im „goldnen Knop" bei einem „Bifstück" sitzt, umgeben von „gebildete Docters un junge Avkaten", tritt „der Gewisse", nämlich Fritz Reuter, herein und begrüßt ihn: „Gun Abend, Unkel Bräsig! Wat maken Sei, oll Fründ?" Da erhebt sich der „immeritirte Entspekter" unwillig und spricht zur Gesellschaft gewendet: „Meine Herrens, nennen sie das einen Freund, vor dem man sich vor dem Herrn Polezeipresidenten in Berlin schaniren muß? Estimiren Sie das for einen Freund, der mit neunzehn Jahren die ganze preußische Monarchie und den wohllöblichen Bundestag hat umstürzen wollen?"*) — — In der „Goldenen Kugel" war Fritz Reuter gleichfalls Stammgast, und zwar pflegte er im zweiten Zimmer auf dem langen schwarzledernen Ecksivan zu sitzen, und stets einen Kreis von lustigen Leuten um sich zu versammeln. Der damalige Wirth, Fritz Rohn, ist noch heute hier thätig.

Wie in Mecklenburg überhaupt, hat auch in Neu-Brandenburg die Bevölkerung eher ab- denn zugenommen. Ehemals saßen hier an 800 selbständige Tuchmacher, von denen heute keine 10 mehr vorhanden sind. Dessenungeachtet ist es noch immer eine lebhafte nahrhafte Stadt, und ihr Handel und Wandel muß bedeutend genannt werden, wiewol er fast ausschließlich sich in den Händen der Christen befindet, da ältere Verordnungen die Niederlassung von Juden beschränken. Neu-Brandenburg hat ein großes wohlhabendes Hinterland, an den Wochen- und andern Märkten herrscht hier ein reger Verkehr, und es blüht namentlich der Vieh- und Getreidehandel. Daneben treiben die Einwohner Ackerbau; sie befinden sich durchgängig in guten Vermögensverhältnissen, und ihre Frauen gelten von altersher für hübsch**).

---

*) „Schurr-Murr" S. 119.
**) Vgl. Dörchläuchting S. 300.

Die Umgebung der Stadt ist reizend. Der ehemalige Doppelwall bildet jetzt einen Spazierweg, von den schönsten Eichen-, Kastanien-, Linden- und Pappelbäumen eingefaßt; und daran stoßen lauter Privatgärten. Zu jedem Thore hinaus hat man anmuthige Partien; aber die Perle der Landschaft ist der Tollense-See. Er erstreckt sich südsüdwestlich der Stadt, etwa 1½ Meilen lang und ungefähr ¼ Meile breit, ist ebenso fischreich wie romantisch, und seine laubwaldreichen Ufer spiegeln sich auch in der Reuter'schen Dichtung „Dörchläuchting". Vor dem Treptow'schen Thor liegt die Vorstadt oder das alte Stift St. Jürgen, und weiter führt der Weg nach dem ehemaligen Augustinerkloster, jetzigen Kammergut Broda. Das „Broda'sche Holz" am westlichen Ufer des Sees ist für die Brandenburger der beliebteste Ausflug. Hier erhebt sich „de Bellmandür", wie's im Volksmunde heißt — das Belvedere, errichtet „nach Feierabend" von dem Abfall an Holz und Steinen, die beim Bau des Palais auf dem Markt übrig blieben*). Schräg über, vor dem Stargard'schen Thore, liegt an der andern Uferseite die frühere Johanniter-Comthurei Nemerow; und im „Nemerow'schen Holz" spielt auf dem Volksfeste am zweiten Pfingsttage das 11. Kapitel von „Dörchläuchting", erreicht die Geschichte ihre Haupt-Verwickelung.

Bei der Uebersiedelung nach Neu-Brandenburg glaubte Fritz Reuter schon, von dem Ertrage seiner Feder leben zu können, sah sich aber fürs Erste getäuscht. Er ertheilte auch hier noch Privat-Unterricht; so dem Sohne des Dr. Siemerling, den Söhnen des Instrumentenmachers Roloff u. A. Ebenso wollte Frau Reuter wieder Klavierstunden geben, fand aber keine; wahrscheinlich weil an dem größeren Orte auch die Concurrenz größer war.

---

*) „Dörchläuchting" S. 15.

Fritz Reuter entfaltete jetzt eine mannigfaltige literarische Thätigkeit und eine überraschende Arbeitskraft. Zunächst betrat er ein ganz neues Gebiet. Im Laufe des Jahres 1856 entstanden verschiedene Theaterstücke, die aber der Dichter selber „sehr stark verunglückt" nennt*). Von ihnen haben sich drei an die Oeffentlichkeit gewagt. „Onkel Jakob und Onkel Jochen" und „Blücher in Teterow" sind im Druck erschienen**). Das letztere kam unter dem Titel „Blücher's Tabakspfeife" auch zur Aufführung, und ebenso ein drittes Stück „Die drei Langhänse"; beide während des Winters 18$^{56}/_{57}$ auf dem „Wallner=Theater" in Berlin. Der Dichter war bei der ersten Vorstellung zugegen; beide Stücke errangen einen Achtungs=Erfolg und verschwanden bald wieder vom Repertoir.

„Die drei Langhänse, Lustspiel in drei Acten"***) — sind in der Kotzebue=Benedir'schen Manier geschrieben; und hat Fritz Reuter hier seine juristischen Reminiscenzen verwerthet. Es handelt sich um einen uralten Erbschafts= prozeß wegen der Herrschaft Woldenberg, die gegenwärtig ohne Gerichtsstand existirt, da man sie auf dem Wiener Congreß vergessen, sie keinem der bestehenden Bundesstaaten zugetheilt hat. Einstweilen wird sie verwaltet von Langhans und Kluckhuhn. Langhans ist zugleich Justizamtmann, Rentmeister und Oberförster, und hat sich drei besondere Bureaur eingerichtet: das Justiz=, das Rent= und das Forstamt; während sein Factotum Kluckhuhn gleichzeitig als Gerichtsdiener, Steuererheber und Holzwärter fungirt. Beide wechseln an jedem Tage zwanzigmal ihre Rollen und da=

---

*) In einem Briefe an den Verfasser.
**) Greifswald und Leipzig; C. A. Koch's Verlagsbuchhandlung, Th. Kunike, 1857.
***) Durch die Güte der Wittwe des Dichters lag dem Verfasser des Manuscript vor.

mit auch ihre Uniformen, die Langhans einfach trägt, Kluckhuhn aber häufig dreifach über einander zieht, so daß er aus dem Schwitzen und dann wieder aus dem Erkälten nicht heraus= kommt. Diese spaßige Anekdote, die übrigens historisch ist, da sie auf wirklichen Vorkommnissen in verschiedenen Gegen= den Deutschlands beruht, hat dem Dichter den Stoff ge= liefert, aus dem er die ziemlich losen Fäden der Handlung spinnt. Baron von Stolt, ein armer Edelmann, und Agnes von Baldau, jetzt Frau von Gernfried, eine junge reiche Wittwe, sind die beiden Erbprätendenten; und da sie einander seit Jahren zugethan sind und sich nur eine Zeit lang aus den Augen verloren haben, ist das Ende gleich in den ersten Scenen vorauszusehen. Lüchting, ein junger unbeschäftigter Advokat, der einstweilen mit seinem früheren Schulkameraden und jetzigen Schreiber Zwippel „Wald= schlößchen" kneipt, wird von beiden Parteien angegangen, und arbeitet nach dem Wunsche beider Theile auf einen Vergleich hin, wobei jedoch ein doppeltes Mißverständniß entsteht. Baron Stolt weiß nicht und will es durchaus nicht begreifen, daß Agnes von Baldau und Frau von Gern= fried Eine Person sind; wogegen Lüchting auf Grund der Acten in den komischen Irrthum verfällt, aus dem Herr= schaftsverwalter Langhans, der gegen jeden Vergleich pro= testirt — drei Langhänse, drei Brüder Langhans zu machen, mit denen er denn auch richtig nacheinander zu= sammenstößt. Leider bleibt der Zuschauer über diesen Irrthum zu lange im Unklaren, wodurch die Wirkung be= einträchtigt wird. Das Stück schließt in der hergebrachten altehrwürdigen Weise mit der Heirath, und zwar gleich mit einer dreifachen. Der Baron heirathet die junge Wittwe, Advokat Lüchting die Tochter von Langhans, und Schreiber Zwippel die Tochter von Kluckhuhn. Die origi= nellsten Figuren sind: Zwippel, ein mit allen Hunden ge= hetzter aber durchaus nicht bösartiger Thunichtgut, und

Emma Langhans, ein „kleiner maulfertiger kurzweiliger Wachtmeister", wie Zwippel sie nennt. Die Entwickelung ist schwerfällig und verzögert; der dritte Act beginnt genau da, wo der zweite aufhört. Der Dialog ist sehr breit und umständlich, häufig ein bloßes Gespräch, eine bloße Unterhaltung. Das Stück mußte zum Zwecke der Aufführung sehr gekürzt und arg zusammengestrichen werden. — „Ein Berliner Theaterschneider hat mir's zusammengeflickt", sagte Fritz Reuter*); „da war's aber meine Arbeit nicht mehr, und erst recht nichts. Der Theater=Effect ist nicht meine Sache."

„Der 1. April 1856, oder Onkel Jakob und Onkel Jochen, Lustspiel in drei Acten" — vollzieht sich zwar während Eines Tages, aber auch in derselben gemüthlichen und behäbigen Weise. Onkel Jakob und Onkel Jochen sind Brüder, doch von sehr verschiedenem Charakter. Onkel Jacob ist eine „berechnende kalte Natur"; er speculirt auf den Fortgang des großen Krieges gegen Rußland, auf das Steigen der Kornpreise, und hat sich zu diesem Zwecke mit dem Commerzienrath Fasel verbündet, auch dem Sohne von Fasel, einem „frechen verlebten Burschen", seine einzige Tochter Julie versprochen. Er ist Wittwer und hat eine Haushälterin, Namens Marianne, eine „volle gesunde Sechsundvierzigerin"; und einen Neffen, Anton, der ihm das Gut bewirthschaftet. Hingegen ist Onkel Jochen, der im Hause des Bruders lebt, eine „korpulente Figur mit Perücke und Stulpstiefeln, von sanguinischem Gemüth und größter Gutmüthigkeit", dazu Rentier und alter Junggeselle; er seufzt nach dem Frieden, und er hat nur einen Bedienten, der sich Samuel nennt und bereits 59 Jahre zählt. Durch ein Mißverständniß, in Folge eines bloßen „Spaßes", kommt der „ernste bedächtige stark=

---

*) Nach einer Mittheilung der Wittwe des Dichters.

knochige" Samuel in Verdacht, das Herz Mariannen's verführt zu haben, und soll nun auf Geheiß seines Herrn, der in solchen Dingen keinen „Spaß" versteht, die Haushälterin ehelichen. Nach vielem Sträuben — denn er ist ebenso heirathsscheu wie Onkel Jochen selber — entschließt er sich dazu, weniger aus Liebe zu Mariannen als aus Gehorsam gegen seinen Herrn; da schlägt dieser plötzlich um und verlangt, daß Samuel, der sich inzwischen schon mit dem Gedanken befreundet hat, „entsagen" solle. Onkel Jochen ist in ein neues Mißverständniß gerathen, und auch dieses muß natürlich hartnäckig festgehalten werden: er glaubt, sein Bruder Jakob habe es auf die Haushälterin abgesehen; und wiewohl er darüber zuerst sehr indignirt war, und nach besten Kräften dagegen arbeitete, beschleicht ihn später Reue und Mitleid, und er beschließt, den Bruder glücklich zu machen, ihn durch Marianne für den großen Verlust zu trösten, den Jenem der eben bekannt gewordene Friedensschluß bereitet hat. Onkel Jakob ist von Commerzienrath Fasel noch gestern zu einer neuen Speculation beschwatzt und von diesem überhaupt schändlich betrogen worden; natürlich kann von einer Verbindung zwischen beiden Familien nicht mehr die Rede sein; sondern Julie darf nunmehr ihren Herzen folgen, und den Vetter Anton heirathen, wodurch die trübselige, fade Liebesgeschichte der jungen Leute und damit auch das ganze Stück zum guten Ende kommt; denn Onkel Jakob überläßt die Haushälterin gern an Samuel, und umgewandelt wie er plötzlich ist, beschließt er, den „Justizrath Schröder" holen zu lassen, dem Neffen Anton das Gut zu übergeben, und mit Onkel Jochen nur noch dem Glück der beiden Pärchen zu leben. Onkel Jochen spricht „Missingsch", Samuel Platt und Marianne Berlinisch, was ihr aber nicht recht gelingen will; die Uebrigen reden ein „gebildetes Hochdeutsch". Onkel Jochen, Samuel und Marianne sind vollblütige saftige Erscheinungen; wogegen die Andern ganz nach der Schablone geschnitzt sind.

Das interessanteste und gelungenste von den drei Stücken ist — „Fürst Blücher in Teterow, dramatischer Schwank in Einem Act". Den Stoff, der gleichfalls einer historischen Anekdote entstammt, hatte Fritz Reuter schon vorher zu einem „Läuschen" verarbeitet: „Von den ollen Blüchert"*); nun dramatisirte er ihn, wobei er wieder Vers und Reim anwandte. Fürst Blücher kommt auf der Durchreise nach Teterow, dem Mecklenburgischen Schilda. Natürlich ist die ganze Stadt auf den Beinen, und man hat Alles aufgeboten, um den berühmten Helden würdig zu empfangen. Es stehen schon bereit: weißgekleidete Mädchen, die Schützengilde, und Bürgermeister und Rathsherren in Galauniform. Da fährt, von Keinem beachtet, ein schlichter Wagen zum Thor herein und hält vor dem einzigen Gasthof. Das Weitere mag der Dichter selber vorführen:

7. Scene.

Gastwirth Brandt. Fürst Blücher (mit einer brennenden, kurzen Meerschaumpfeife). **Sein Adjutant.**

Brandt (voraufgehend im Eintreten).
Man hier herinner!
Adjutant.
Warum denn in das Hinterzimmer?
Brandt.
Nee, miene Herrn, dat nehm'n S' mi nich för äwel,
Wenn Jederein mit siene dreck'gen Stäwel
Un mit sien Piep Toback doa vörn herrinne tappst
Un doa as süs herümme schnapst,
Denn wier't vebei mit Nendlichkeit
Un mit bei ganze Festlichkeit.
Blücher.
Ja, aber, oller Freund, ik bün . . . .

---
*) „Läuschen un Rimels" I., S. 253.

Brandt.

Sei mägen Oberföste sin,
Dat scheert mi nich, dat is' mi ganz egal.
(aus der Thür rufend).
Oh, Fruu, oh bring' doch mal . . . .

8. Scene.

Stadtdiener Griepenkerl stürzt in's Zimmer, gefolgt von dem Ivenacker Kutscher und Madame Brandt.

Stadtdiener (auf Blücher losfahrend).

Hier is' e, hier! Hier is dei Kuntravenienz!
Her mit dei Piep! Her möt s', un wenn s'
Mit Gold beschlagen wier.
Ick bün von wegen't Rooken hier!

Adjutant (dazwischen springend).

Kerl, ist er rein verrückt?

Stadtdiener.

Wat willen Sei?
Mit Sei hew ick hier nicks tau schaffen.
Ick bün hier so as Polezei,
Sei hebb'n mi nicks nich tau befehlen.
(zu Blücher.)
Wat? Hier so in dei Stadt herin tau paffen?
Hier in dei Stadt herin tau schmölen?
Up apen öffentliche Straat?
Dat süll mi noch gehorsamst fehlen!
Her mit dei Piep! Ick bün hier Magistrat!

Blücher.

Man still, mein Sohn! Man ruhig, Kind!
Wenn ick mir hier vergangen haben duh,
Denn will ick mir nich opponiren,
Denn nehmt dat Ding un laßt mich nu in Ruh.
(Giebt die Pfeife an den Stadtdiener, der sich damit entfernt.)
(Zum Wirth.)
Wo heißt das Nest, wo wir hier sünd?

Brandt.
Herr Oberföste, seihn S' nah Ehren Wüüren!
Sei fünd bi uns in Teterow.

Blücher.
Ach so? — In Teterow? — Je so!
Na, haben schon von Euch gehört,
Dat jetzt hier manchesmal en Bitschen sehr verkehrt.

Brandt (aufgebracht zum Protocollisten).
Herr Widerrist, ick raup Sei hier tum Tügen,
Dei Herr hett Redensoarten maakt!
(zu seiner Frau.)
För den'n ward hier kein Frühstück kaakt?

Adjutant.
Herr, sind Sie unklug? — Wissen Sie,
Mit wem Sie reden? — Wer das ist?

Blücher (lächelnd).
Na, na! Wir wissen't schon.
Man ruhig, Sohn!

Brandt.
Ih wat! Ik bün hier Börge, bün kein Sohn! —
Bün ik en Sohn, Herr Widerrist?

Protocollist.
Erlauben Sie, Sie sind ein Mann,
Der, wenn er will, schon Schwiegervater ist,
Wie ich das leicht beweisen kann.

Herr Widerrist, der Stadtprotocollist, ist nämlich in Liebe entbrannt zu Carolinen, dem Töchterchen des Gast=wirths Brandt, und gedenkt noch heute um sie anzuhalten. Er ist nebenbei „ein Stück von Dichter", hat zum heutigen Tage zwei poetische Reden gefertigt, eine zur Be=grüßung Blücher's, und die andere in Sachen seines Herzens an Vater Brandt; und er ist so schlau gewesen, die letzte Strophe mit einer kleinen Veränderung zu dem einen wie zu dem andern Zwecke zu verwenden. Als er aber nun vor Blücher steht, passirt ihm 'was Menschliches und er spricht:

Oh, laß der Blumen holde Festgewinde
Dein graues Haupt mit Lieb umkränzen,
Gieb mir die Tochter heut zum Angebinde — — —
    Blücher (lachend).
Wat? Meine Dochter? — Hab' ja keine.
   Chirurg Stropp (vortretend).
Eu'r Edelgeboren, er meinet Brandten seine.
Sie werden gütigst ihm verzeihn,
Er kam in's falsche Gedicht hinein.

Alle drei Stücke sind weniger Lustspiele denn Possen. Sie werden von keiner einheitlichen Idee, von keinem höhern Gedanken getragen. Es überwiegt bei ihnen das Burleske und Derb-Komische, der Wortwitz und die Situationskomik. Die Handlung ist dürftig, die Entwickelung springend, die Motivirung ungenügend und oft sehr willkürlich. Trotzdem sind sie nicht schlechter wie hundert andere Stücke, die gegenwärtig und zum Theil mit Erfolg über unsere Bühnen gehen. Als Erstlingsversuche sind sie jedenfalls nicht zu verachten; und Fritz Reuter urtheilte zu streng, wenn er hinterher über sie einfach den Stab brach, und von sich selber meinte, daß es ihm an der nöthigen Bühnenkenntniß fehle. Es ist sehr fraglich, ob die genaue Kenntniß der Bühnentechnik und des Theaterapparats dem Dramatiker nicht mehr schadet als nützt; ob sie nicht häufig aus dem Dichter einen Handwerker macht; und ob sie nicht eigentlich blos dem Fabrikanten zu Gute kommt, dessen ganzes Können sie begreift und der nach ihren Recepten alljährlich ein vier bis sechs neuer Stücke liefert. Jene Versuche bezeugen übrigens, daß die Bühne Fritz Reuter'n gar nicht so fremd war, daß er auch die Theater-Effecte kannte und sie zu benutzen verstand; und höchst wahrscheinlich hätte er auch auf diesem Gebiet noch Bedeutenderes leisten können. Indem er's aber verließ und für immer aufgab, that er doch wol das Richtige, folgte er seinem Genius und der instinctiven Erkenntniß, daß er, wie alle Humoristen, mehr Erzähler als Dramatiker sei.

Man könnte nun fragen, weshalb Fritz Reuter den Weg, den er mit „Läuschen un Rimels" und mit „De Reis' nah Belligen" eingeschlagen, trotz des überraschend guten Erfolges, dennoch wieder verlassen hatte? Vermuthlich geschah es aus verschiedenen Ursachen. Einmal befriedigte ihn wol der pecuniäre Ertrag nicht. Die Schulmeisterei konnte ihm auf die Dauer nicht zusagen, er wollte seine Existenz als Schriftsteller finden, er wollte mehr Geld und schneller Geld verdienen. Darum übernahm er die Redaction des „Unterhaltungsblatts", wobei er aber sehr zu kurz kam; und darum schrieb er hernach jene Theaterstücke, die ihm wahrscheinlich ebensowenig eintrugen. Ein anderer Grund ist in der natürlichen Unsicherheit des jungen Autors zu suchen. Auch Fritz Reuter schwankte hin und her, versuchte Dies und Jenes, bis er sein eigentliches Talent erkannte. Selbst jetzt, wo er dem Journalismus und dem Theater den Rücken wandte, that er noch einen neuen Fehlgriff. Wie man das, was man hat und was man kann, am wenigsten zu schätzen pflegt, mochte auch Fritz Reuter das komische und humoristische Genre, das er mit solchem Glück angebaut hatte, nur für ein untergeordnetes halten; und so nahm er als Vorwurf der nächsten Dichtung einen streng ernsten, ja tragischen Stoff, dem er in keiner Weise gewachsen war. Es ist die Erzählung in Versen „Kein Hüsung", und sie behandelt die Noth und Verzweiflung des armen heimatlosen Mannes in Mecklenburg, unter greller Beleuchtung der dortigen Mißzustände. 1857 entstand die Dichtung, und 1858 erschien sie im Druck, erregte aber unter den Freunden und Verehrern des Verfassers nur Befremden und Enttäuschung. Im selben Jahre erlebte auch „De Reis' nah Belligen" die zweite Auflage.

Während Fritz Reuter jetzt in seiner Heimat schon ein ziemlich verbreiteter Schriftsteller war, hatte man von ihm in weitern, namentlich in hochdeutschen Kreisen noch keine Ahnung. Ihm war es nicht so gut ergangen, wie seinem Vorläufer, dem Dithmarsen Klaus Groth, der mit der 1852 erschienenen Sammlung plattdeutscher Gedichte, „Quickborn" genannt, sofort Lohn und Anerkennung in Hülle und Fülle fand, den berühmte Gelehrte auf den Schild hoben, vornehme Damen in ihre Salons zogen und zu ihrem „Mignon" erklärten. Nein, Fritz Reuter sollte seinen Weg ganz allein machen, langsam und mühsam hinausklimmen, und ziemlich spät von der hochdeutschen Kritik entdeckt werden. Es war Robert Prutz, der in dem von ihm herausgegebenen „Museum" (Jahrgang 1857, Nummer 45) zuerst auf Fritz Reuter aufmerksam machte. Nachdem er von Klaus Groth gesprochen, dem er nach wie vor große Anerkennung zollt, fährt er fort:

„— — Jedenfalls sollten Diejenigen, die jetzt so laut für Klaus Groth und seine niederdeutsche Muse schwärmen, dabei nicht einen Dichter übersehen, der schon vor dem gefeierten Autor des „Quickborn" in plattdeutscher Sprache gedichtet*), und sich durch diese seine Dichtungen, wenn auch allerdings nur in seiner nächsten Nachbarschaft, ein ebenso zahlreiches wie anhängliches Publikum erworben hat. Das ist der Mecklenburger Fritz Reuter, gegenwärtig in Neu-Brandenburg lebend, ein Name, der in Mecklenburg und Pommern überall bekannt ist, wo der

---

*) Es sind die Gelegenheitsgedichte gemeint.

alte heimische Dialekt noch irgend Zutritt findet, ja der selbst da noch mit Begeisterung genannt wird, wo man übrigens kaum einen zweiten deutschen Dichter kennt. In mancher Hinsicht ließe sich sogar behaupten, die Reuter'schen Poesien seien für Sprache und Denkweise unserer plattdeutschen Bevölkerung charakteristischer als selbst diejenigen von Klaus Groth. Klaus Groth steht in der Mehrzahl seiner Gedichte wesentlich unter dem Einfluß der modernen hochdeutschen Bildung, es sind Momente hochdeutschen Cultur- und Geisteslebens, die er bearbeitet, und gerade der Widerspruch, der darin liegt, diese zum Theil sehr raffinirten Empfindungen — man erinnere sich beispielsweise nur an die zahlreichen Heine'schen Pointen, die bei Klaus Groth wiederkehren — in dem nachlässig naiven Gewande des plattdeutschen Dialekts wieder anzutreffen, bildet vielleicht einen Hauptreiz dieser ebenso interessanten wie anmuthigen Dichtungen. Fritz Reuter dagegen ist durch und durch Plattdeutscher, seine Muse ist eine derbe Landmagd, etwas vierschrötig, mitunter selbst etwas ungeschlacht, aber kerngesund, mit prallen Gliedern, die schalkhaft verschmitzten Augen keck im Kreise umherwerfend und jeden Augenblick zu lustiger Rede und Gegenrede bereit. Darum gelingt ihm auch das komische Genre am besten; er entwickelt hier nicht nur einen gewissen derben trocknen Humor, sondern auch eine Plastik und Frische der Gestaltung, die ihn unsern besten komischen Dichtern anreiht. — —"

Dieses überaus mäßige, fast zurückhaltende Lob bewog nun Klaus Groth, dessen Stern bereits im Erbleichen war, zu einem gehässigen Ausfall gegen Fritz Reuter. Er schrieb 1858 die „Briefe über Hochdeutsch und Plattdeutsch", wo er zunächst dieses auf Kosten jenes ungebührlich erhebt, wo er dem „Quickborn" ganz bescheiden einen Platz neben Klopstock, Schiller und Goethe anweist, und ebenso unbefangen in Gemeinschaft mit Jakob Grimm und Wilhelm von Humboldt sprachwissenschaftliche Urtheile fällt; um sodann über einen Mann herzufallen, der still seinen Weg gegangen war, nie Ein Wort weder schriftlich noch mündlich, weder gegen noch über seinen Angreifer geäußert hatte; dessen ganzes Verbrechen darin bestand, in einer um Jahre verspäteten Recension mit einer winzigen Anerkennung bedacht worden zu sein. Nun, er sollte seiner Züchtigung nicht entgehen, die, so muthwillig herausgefordert, Fritz Reuter natürlich selber übernahm. Er antwortete in einer bald darauf erschienenen Brochüre „Abweisung der ungerechten Angriffe und unwahren Behauptungen, welche Dr. Klaus Groth in seinen Briefen über Plattdeutsch und Hochdeutsch gegen mich gerichtet hat". Auf das Schriftchen, welches das Beste ist, was Fritz Reuter in hochdeutscher Sprache geschrieben hat, und worin er den Gegner wahrhaft vernichtet, soll später zurückgekommen werden. Nach dem Vorgange von Robert Prutz fand Reuter bald noch andere Fürsprecher; auch Julian Schmidt nahm sich seiner in den „Grenzboten" mit großer Wärme an.

1859 erschienen „Läuschen un Rimels. Neue Folge", theilweise schon im „Unterhaltungsblatt" veröffentlicht, und jetzt dem Justizrath Schröder „nicht blos in Anerkennung sonstiger ausgezeichneter Eigenschaften, sondern auch vorzugsweise zur Kräftigung seiner gemüthlichen Laune" gewidmet; sodann im nächsten Jahre „Hanne Nüte un de lütte Pudel", eine heiter anmuthige und sinnige „Vagel- un Minschengeschicht", wieder in Versen, und mit der Widmung: „Sinen ollen Fründ Korl Kräuger*) taum Gedächtniß an de schönen Jungs- un Schauljohren, von den, de't schrewen hett". Mit dieser Dichtung hatte Fritz Reuter das richtige Fahrwasser erreicht, und das Bewußtsein davon sollte ihn zuerst in einem Privatzirkel überkommen.

---

*) Vgl. S. 31.

Er befand sich bei dem Geheimen Ober=Medicinal=rath Peters in Neu=Strelitz; mit ihm der nachher so bekannt gewordene Vorleser Karl Kräpelin, ein ehemaliger Schauspieler. Auf Veranlassung des Hausherrn begann dieser ein Stück aus dem eben vollendeten, aber noch nicht im Druck erschienenen „Hanne Nüte" vorzutragen. (Ein Augenzeuge berichtet nun:*) — — „Während Kräpelin las, verklärte und verschönte sich Fritz Reuter's häßliches Gesicht, wie man's gar nicht für möglich gehalten hätte. Plötzlich unterbrach er den Vorleser, griff ihn bei der Brust und rief in höchster Aufregung: „„Korl, dat hew ik nich schrewen!"" So sehr hatte ihn im Munde Kräpelin's seine eigne Dichtung gepackt." — Damals — es war im Februar 1860 — besuchte Fritz Reuter auch den „Sonn=abend=Verein" zu Neu=Strelitz, wo man ihm zu Ehren eine Feier veranstaltet hatte, und versuchte hier aus dem Manuscript des „Hanne Nüte" selber vorzulesen, gab es jedoch bald auf, und reichte das Heft Kräpelin mit den Worten hin: „Weißt Du, Korl, dat Vörlesen is nir för mi, dat versteihst Du beter!"**) Kräpelin, der ein eifrig anregendes förderndes Mitglied und bald Vorstand vom „Sonnabend=Verein" war, ist hier für Reuter sehr thätig gewesen; indem er bald dieses bald jenes Werk des Dichters vorführte, und die neuen Schriften desselben schon im Manu=script oder in den Aushängebogen vortrug; bis er dann als Reuter=Vorleser alle größeren Städte Norddeutschlands durchzog, und damit den eigentlichen Ruhm des Dichters begründete.

Seit 1860 beginnen auch die Erzählungen in Prosa, die als Gesammttitel die bescheidene Bezeichnung „Olle Kamellen"

---

*) Aus einem Privatbriefe an den Verfasser.
**) Nach einer Mittheilung von Hermann Kindt, in der Berliner „National=Zeitung", 1874, Nr. 349.

führen, das ist etwa: Alte, allgemeine bekannte Sachen und Geschichten, mit dem Nebenbegriff des Unbedeutenden, ziemlich Werthlosen; die aber den Dichter in seiner ganzen Kraft und vollen Glorie zeigen, ihn mit Einem Schlage unsern bedeutendsten zeitgenössischen Schriftstellern zugesellten. Der erste Band, welcher die kleine Erzählung „Woans ik tau 'ne Fru kamm" und das Meisterwerk „Ut de Franzosentid" enthält, erschien auch noch 1860; dazwischen, im nächsten Jahre, „Schurr=Murr", eine bunte Sammlung von Geschichten und Aufsätzen; 1862 der zweite und dritte Band von „Olle Kamellen", nämlich die Memoiren „Ut mine Festungstid" und die längere Erzählung „Ut mine Stromtid", Erster Theil; deren zweiter Theil 1863, der dritte Theil 1864 herauskam.

Indem der Dichter so Jahr für Jahr einen neuen Band veröffentlichte, daneben die ältern Sachen wiederholt aufgelegt wurden, und seine sämmtlichen Schriften in den Besitz Eines Verlegers übergingen, des ihm von früher bekannten Buchhändlers Hinstorff, jetzt in Wismar — begann endlich für ihn die Ernte, die alle seine Hoffnungen bald weit übertraf, seine bisher sehr bescheidenen Verhältnisse rasch aufbesserte. „Olle Kamellen" erwiesen sich als ein glücklicher Wurf, die Perle von Geschichte „Ut de Franzosentid" schlug zuerst durch, wozu die Vorlesungen von Kräpelin viel beitrugen; und seitdem begann der lebendige Vertrieb der Reuter'schen Schriften auch außerhalb Mecklenburgs. Jetzt ließ Justizrath Schröder durch Instrumentenmacher Roloff den Wechsel beitreiben, den ihm Reuter in Treptow ausgestellt hatte; und jetzt konnte Frau Louise, wenn sie wollte, auch das Häuschen erwerben, das lange ihr größter Wunsch gewesen — ein kleines Häuschen, mitten auf dem Felde stehend und von zwei Linden beschattet, das im Sommer ein ganz leidlicher Aufenthalt sein mochte, aber zur Winterszeit doch recht unwirthlich war.*) Aber nun ging ihr Streben höher hinauf, und sie begann schon an den Wegzug von Neu=Brandenburg zu denken.

In dieser Zeit bot Fritz Reuter — er war damals ein Fünfziger — das Aussehen eines wohlconditionirten Landmanns. Uebermittelgroß, breit in den Schultern, mit breiter hoch gewölbter Brust, musculös — erschien der ganze Körper kräftig, ja robust, voll und prall, sogar etwas beleibt, später mit Ansatz zum Bäuchlein. Haar und Vollbart waren dicht und aschblond, später natürlich grau; die Augen blau, und weil kurzsichtig, mit einer Brille bewaffnet; die Nase von „sokratischer" Form, fast wie eine Kartoffel gestaltet, mit Kupfer darauf und Kupfer darum. Entsprechend seinem schlichten derben formenlosen Wesen, war auch seine Tracht; in der Kleidung blieb er, trotz aller Bemühungen der Frau, immer etwas salopp.

Natürlich war Fritz Reuter in Neu=Brandenburg all= gemein bekannt, aber er war auch eine allgemein beliebte, populäre Persönlichkeit. Er hatte wenig Gegner, fast lauter Freunde, unter Alt und Jung. Wenn die Gymna= siasten ihre alljährige sogenannte „große Turnfahrt" an= traten, dann pflegte auch der Dichter Tasche und Feld= flasche umzuhängen, und den Knotenstock in der Hand, unter lustigem Liede mit den jungen Leuten zum Thore hinaus zu marschiren; und nur wenn Reuter mit dabei war, gab's eine ordentliche Turnfahrt**). In seinem Wesen und Gebahren war er außerordentlich harmlos und gegen Jedermann zuthunlich. Während er auf der Star= garder Straße, im Hause des Buchhändlers Krüger wohnte,

---

*) Vgl. den schon erwähnten Artikel in Nr. 40, Jahrgang 1874 der „Gartenlaube".

**) Vgl. den angeführten Artikel in Nr. 47, Jahrgang 1874 des „Daheim".

sah sein Arbeitszimmer auf den Nachbarhof, wo er sich an dem Husten, Niesen und den Selbstgesprächen eines noch heute lebenden Raben, Jakob geheißen, oft ergötzte. Wenn der Herr dieses Raben an der Gicht litt, stellte sich auch Reuter gichtlahm, und humpelte unter schalkhaftem Grinsen und Nicken vorbei; oder er setzte sich zu der Frau Nachbarin vor die Thür, und plauderte mit ihr in der freundschaftlichsten Weise. Verkehren that er namentlich in den Häusern des Präpositus Boll, des Ersten Bürgermeisters, Geheimen Hofrath Brückner, des Advokaten Behm, Directors der dortigen Hagelgesellschaft, und des Apothekers Dr. Siemerling. Dieser wurde nun auch sein Banquier; und Hofrath Brückner ist der freundliche Herr mit der Tabaksdose, der auf dem Landtage zu Malchin den Rittergutsbesitzer und mecklenburgischen Gesetzgeber Pomuchelskopp, als dieser nicht weiß, wo und wie er die nöthigen Visiten machen soll, so schelmisch zurecht weist*).

Von Gastwirthschaften besuchte Fritz Reuter ziemlich regelmäßig, wie schon erwähnt, den „Rathskeller" und die „Goldene Kugel"; außerdem die Brauerei von Moneke, heute Bechly, und bei seinen Spaziergängen das „Schützenhaus" vor dem Neuen Thore, wo er sich auch an dem öfters veranstalteten gemeinsamen Abendtisch betheiligte, und dann hübsche kleine Reden hielt und launige Toaste ausbrachte. Der greise Wirth des Schützenhauses, Namens Susemihl, ein ehemaliger Apotheker und aus der Umgegend von Stavenhagen gebürtig, weiß von dem Dichter und auch noch von dessen Vater, dem alten Bürgermeister, zu erzählen. In den Wirthshäusern zog es Reuter wieder zu den schlichten halbgebildeten Bürgersleuten, unter welchen er manches Original aufgelesen und dann in seinen Schriften verwerthet hat. So den „Zimmerling" (Zimmermeister)

---

*) „Ut mine Stromtid" II. S. 143 ff.

Schulz, der mit seinem „Rut! Rut!"*) in „Ut mine Stromtid"**) gar oft erscheint; und den Uhrmacher Mercker, der in „Dörchläuchting"***) Zachäus genannt wird, und von dem der Dichter u. A. die Redensart entlehnt hat: „Das is eigentlich 'ne Farbe, die's gar nicht giebt!" Ferner gehörten noch zu seinem Umgang: Chirurg Keller, Carl Volkmann, ein Bruder Lüderlich, der hinterher nach Australien ging, einige Gymnasialehrer, Musiklehrer und Componist Johannes Schondorf, jetzt Organist in Güstrow, und Cigarrenhändler Fritz Volkmann; welche letzteren Beiden von dem „immeritirten Entspekter" Präsig — Jöching Lehndorf und Fritzing Volkshagen genannt werden†).

Reuter's Ehe blieb kinderlos, aber er fand in ihr dennoch Wohlbehagen und Glück. Er liebte seine Frau innig, schätzte sie über die Maßen, behandelte sie immer gut, zart und rücksichtsvoll, auch in seinen bösen Tagen, und ließ sich von ihr leiten und lenken. Sie war ihm eine treue Lebensgefährtin, eine kluge tactvolle Beratherin und eine sorgsame Pflegerin. Wie groß auch ihr Einfluß war — in Einem Punkte vermochte sie leider nichts über ihn, mußte sie sich fügen und sich ergeben. Darum hatte sie mit ihm doch einen schweren Stand, und darum lebte sie auch etwas zurückgezogen.

Von Zeit zu Zeit, nach längeren oder kürzeren Pausen, überfiel es ihn wie eine Krankheit; aber mit Unrecht hat man's für eine Krankheit, für eine Art von Herzleiden ausgeben wollen. Dann wurde er unruhig, erregt und gereizt; dann trank er mehr und mehr, schneller und hastiger; dann konnte er, indem sich seine sonstige Art und Weise voll=

---

*) Hinaus! Hinaus!
**) A. a. O. „Stromtid" III. S. 142, 215, 232, 328.
***) S. 81.
†) „Schurr=Murr" S. 112 ff.

ständig verkehrte — hecheln, sticheln, spotten, höhnen, Streit und Händel anfangen; ja bei vollständiger Betrunkenheit auch roh werden und ausarten. Doch kam das Letzte nur selten vor, meistens blieb er auch im Rausch gemüthlich und unterhaltend. Diese Anfälle, die man in Mecklenburg sehr bezeichnend „Saufkoller" nennt, trafen ihn, wo er gerade sich befand; zuweilen auch in Wirthshäusern, auf Reisen, bei Besuchsfahrten, wo er dann längere Zeit liegen blieb. Erfolgte der Anfall zu Hause, oder konnte er sich noch dahin zurückziehen, so trank er im Bett, Tag und Nacht in Einem Zuge und unglaubliche Quantitäten, gewöhnlich Wein; in älteren Zeiten französischen Rothwein, später, da er zu Geld kam, schweren Weißwein. Welch schreckliche qualvolle Stunden für die arme Gattin, die ihm dann nicht von der Seite wich, und natürlich Niemanden zu ihm ließ! Als er einst so dalag, kamen die Turner aus Demmin*) vor das Haus gezogen und wollten dem verehrten Dichter ein „Gut Heil!" bringen: die Frau entschuldigte ihren Mann und gab vor, er wäre verreist. —

Dem unmäßigen Trinken folgte stets ein wochenlanger, physischer wie moralischer, sehr starker Jammer, wo er schwach und elend das Bett oder doch das Zimmer hütete. Er klagte sich bitter an, bedauerte seine Frau und mußte von ihr getröstet und aufgerichtet werden. Sobald er genesen, griff er wieder zur Feder und arbeitete fleißig und anhaltend. Doch trank er auch bei der Arbeit, ja er schrieb, wenn er durch Getränke angeregt war, die besten Sachen, und erzählte dann auch sehr hübsch, weit interessanter als im ganz nüchternen Zustande. Selbstverständlich mußte sein Ansehen unter dem unseligen Laster etwas leiden, aber man übersah es fast und entschuldigte es gern, wegen

---

*) Nachbarstadt in Pommern.

seiner sonstigen liebenswürdigen Eigenschaften und um seiner köstlichen Schriften willen; und als der Dichter berühmt wurde, zu seiner eigenen Ueberraschung wie zu der seiner Mitbürger und Landsleute, wußten auch diese ihn voll zu schätzen und erzeigten ihm alle mögliche Ehren; wie das namentlich bei seinem Abzuge hervortrat.

Binnen ein paar Jahren hatte Fritz Reuter ein kleines Vermögen erworben, und jetzt bei seinem Banquier, dem Apotheker Dr. Siemerling, einen hübschen Posten stehen. Da wußte Frau Louise es durchzusetzen, daß sie Neu=Brandenburg und überhaupt Mecklenburg verließen und sich weitab einen andern Wohnort suchten. Der guten Bekannten und Zechkameraden waren schließlich zu viel geworden; der Dichter, dessen Gesundheit schon damals wankte, sollte von ihnen getrennt werden, und seine Schwäche, wie die Gattin hoffte, möglicherweise an einem fremden Orte überwinden lernen; welche Hoffnung sich freilich als trügerisch erwies. Fritz Reuter gab endlich nach, aber er schied mit schwerem Herzen. „Wur nich plattdütsch redt ward, holl ik't nich ut!" sprach er zu einer Nachbarin; und in „Ut mine Stromtid"*) bemerkt er: „Börn Johr, ihre ik von Mecklenborg nah Thüringen treckte, besöchte ik de ollen Füerstäden noch eins wedder, wo ik mal in jüngeren Johren gaude Dag' hatt hadd." Er nahm Abschied von Stätten und Menschen, und sehnte sich bis an sein Lebensende zurück.

Bevor er die Heimat verließ, gab er noch ein schönes Zeugniß von seiner Pietät, indem er den nun schon so lange todten Eltern ein sinniges Denkmal setzte. In Stavenhagen, auf einer Anhöhe südlich der Stadt, auf dem Alt=Bauhofsfelde, das der Bürgermeister zum Nutzen

---

*) III. S. 330.

der armen Einwohner erwarb*) — steht eine junge Eiche. Sie ist umgittert, und an ihrem Fuße befindet sich eine Tafel mit folgender Inschrift:

Zum Andenken
an seinen Vater, den Bürgermeister

Johann Georg Reuter

und seine Mutter, Johanna geb. Oelpke,
ist diese Eiche gepflanzt von ihrem Sohne

Fritz Reuter.

Schonet den Baum, daß Ihr Euch dereinst
an seinem Schatten labet.

Dieser Baum aber heißt seitdem im Volksmund die „Fritz=Reuter=Eiche"; und ein Kranz von ihren Blättern lag elf Jahre später auf — dem Sarge des Dichters.

Durch ganz Mecklenburg erregte Reuter's Weggehen Befremden und Bedauern, und seine Mitbürger in Neu=Brandenburg gaben ihren Gefühlen einen feierlichen Ausdruck. Den letzten Abend verlebte der Dichter im Hause des Advokaten Behm. Da brachten ihm die Gymnasiasten einen Fackelzug, unter allgemeiner Betheiligung der Einwohner. Primaner Brückner, Neffe des vorhin erwähnten Ersten Bürgermeisters, und gegenwärtig in seiner Vaterstadt ein junger Arzt, hielt die Abschiedsrede. Fritz Reuter antwortete sehr bewegt.

Johanni 1863 zog der Dichter von Neu=Brandenburg, wo er über sieben Jahre wohnte, nach Eisenach.

---

*) Vgl. S. 116.

Diese sieben Jahre sind der wichtigste inhaltreichste Abschnitt seines Lebens. Er hatte hier einen überraschenden Aufschwung genommen, sich von einem unbekannten Gelegenheits- und Localdichter zu einem der gelesensten Schriftsteller aufgeschwungen. Er stand jetzt auf dem Gipfel seiner Schöpfungskraft; aber noch schneller als er hinaufgekommen war, sollte es leider, entsprechend der menschlichen Natur und dem Loose des Menschen, mit ihm wieder abwärts gehen.

VI.

In Eisenach.

Wiewol Fritz Reuter das Sprichwort: der Prophet gilt nichts in seinem Vaterlande — bereits Lügen gestraft hatte, beginnt sein eigentlicher Ruhm doch erst mit der Uebersiedelung nach Eisenach, und zum Theil in Folge der Uebersiedelung. Wäre er zeitlebens in der Heimat geblieben, wo seine traurige Schwäche, seine unvortheilhafte Vergangenheit offenkundige Thatsachen waren, wo seine unscheinbaren Anfänge als Schriftsteller in Aller Erinnerung standen, und wo man, trotz seiner überraschenden Erfolge, sich gewöhnt hatte, ihn mit einem gewissen Maßstabe zu messen — er würde vielleicht nie das hohe Ansehen gewonnen haben, das ihm in der Fremde zufiel. Ein Mann von Ruf, trat er nun in eine völlig neue Umgebung, wohnte er jetzt mitten in Deutschland, an der großen Verkehrsstraße, boten sich ihm fortan die mannigfachsten Berührungen und Verbindungen, sowol mit dem Publikum wie mit den Männern der Literatur. Frau Reuter aber mochte das mehr oder weniger gefühlt, und auch deshalb den Abzug von Mecklenburg so eifrig betrieben haben.

Ein paar Monate zuvor hatte die Universität Rostock

den Dichter, in Anerkennung und Würdigung seiner Schriften, zum Ehren-Doctor der Philosophie ernannt; eine Auszeichnung, für die er auch dem Großherzog, als Rector der Hochschule, in einem originellen Schreiben seinen Dank aussprach.

In demselben Jahre (1863) fing Kräpelin seine Wandervorlesungen aus Fritz Reuter's Dichtungen an. Er las zuerst in Rostock, Stralsund, Lübeck, Hamburg, Bremen, Stettin und anderen Küsten-Städten, wo das Plattdeutsche noch immer eine wichtige Rolle spielt, und auch den besseren Klassen verständlich und vertraut ist. Gleich in Rostock hatte er solchen Zulauf, daß der bekannte Senator Blanck die Vorträge verbot, „weil sonst Niemand mehr in's Theater gehe". Aehnliches erfuhr er in Hamburg, wo man von ihm Steuern erhob und dieselben, als er wiederkam, so ungebührlich erhöhte, daß er beim dritten Besuch die bereits angekündigten Vorlesungen unterließ und abreiste. Später ergingen von hier aus an ihn dringende Einladungen, und als er diesen endlich folgte, las er ohne irgend welche Abgaben. Im April 1865 kam er zum ersten Male nach Berlin, wo er auch sofort Anklang fand*), und stets gut aufgenommen wurde. Seitdem war sein Ruf als Reuter-Vorleser begründet; er durchzog alljährlich Norddeutschland und sammelte sich gleichfalls ein kleines Vermögen. Außer ihm und neben ihm reisten noch andre „Rhapsoden", wie namentlich Emil Palleske; und sie warben dem plattdeutschen Dichter eine Unzahl neuer Verehrer. Damals bildeten sich in Berlin und an vielen andern Orten plattdeutsche Vereine: Verein der Mecklenburger, der Pommern, Oldenburger, Ostpreußen, Westphalen ꝛc. — und in allen standen Vorträge und Vorlesungen aus Reuter's Schriften auf der Tagesordnung.

---

*) Der Verfasser berichtete über ihn in der „National-Zeitung", Nr. 179, 1865.

Fritz Reuter wurde jetzt „Mode", noch mehr „Miede" wie einst Klaus Groth; und allerdings auch mit weit größerer Berechtigung. Jede Zeitung und jede Zeitschrift brachte über ihn kritische oder biographische Artikel, führte ihn ihren Lesern in Wort und Bild vor*). Alle Kreise der „Gesellschaft", so verschieden sie auch sonst durch Bildung, Geschmack und Parteiwesen von einander waren, begeisterten sich plötzlich einmüthig für Fritz Reuter; und in Mittel= deutschland, später sogar in Süddeutschland, fing man an, ihm zu Liebe Plattdeutsch zu lernen. Auch Fritz Reuter hat dazu beigetragen, die ehemalige Mainlinie zu überbrücken, das Ge= meingefühl zwischen Nord und Süd zu erregen und zu nähren.

Selbstverständlich stieg mit diesem Ruhme, der bald wie ein Meteor über ganz Deutschland strahlte und auch das Ausland aufblicken ließ, ebenso der Absatz seiner Bücher. Fritz Reuter gehörte von vorn herein zu den wenigen Autoren, deren Schriften man bei uns nicht blos liest, sondern auch kauft, und die einen Platz in der Familienbibliothek finden. Er wurde für das lesende Publikum die Parole, und seine Bücher eine allgemein begehrte Waare, die manchmal, nament= lich um die Weihnachtszeit, in den Läden vergriffen war. In den Jahren 1864 und 1865 vermochte der Verleger kaum soviel zu drucken, wie man verlangte, und die massen= haft einlaufenden Bestellungen nicht immer zu befriedigen. Als 1864 der 3. Band von „Ut mine Stromtid" erschien, lagen die ersten beiden Bände schon in dritter Auflage vor, und dieser Schlußband mußte im Laufe der nächsten Monate wiederholt neu gedruckt werden.

*) Vom Verfasser erschienen zwei längere Abhandlungen über Fritz Reuter; eine in Nr. 40 und 41, Jahrgang 1864 des „Volksgarten" (wie die Ausgabe der „Gartenlaube" für Preußen damals hieß), und die andere in Nr. 306 ff. 1864, des „Berliner Fremdenblatt".

Die literarischen Einnahmen Fritz Reuter's stehen in der Geschichte des deutschen Schriftstellerthums bis jetzt vereinzelt da. Nach den Ostermessen von 1863, 1864, 1865 und 1866 soll er als Honorarantheile die Summen von je 5000, 7000, 12,000 und 20,000 Thaler erhalten haben. Von jedem Bande, der immer Einen Thaler kostete, bezog er ein Drittel des Ladenpreises, also Zehn Silbergroschen*). Nach einem ungefähren Ueberschlage, welcher sich auf die Anzahl der verschiedenen Auflagen stützt, die durchschnittlich 5—6000 Exemplare stark waren, sind von Reuter's Schriften gut eine halbe Million Bände verkauft worden, und das dafür gezahlte Honorar muß zusammen hunderttausend Thaler erreichen.

Auch in Eisenach wohnte Fritz Reuter anfangs zur Miethe, in einem geschmackvollen reizend gelegenen Schweizerhause am Predigerplatz. Hier schrieb er 1863 und 1864 den 3. Band von „Ut mine Stromtid"; und unternahm dazwischen mit der Gattin einen weiten Ausflug. Wie sehr er auch an der Heimat hing, und am liebsten auf dem Lande oder an kleinen ruhigen Orten lebte, so reizte ihn doch auch wieder die Ferne und das Getriebe der großen Welt. Im Frühjahr 1864 betheiligte er sich an einer jener Gesellschaftsreisen, die damals in Aufnahme kamen; an einer Orient-Fahrt, die von zwei Wienern geleitet wurde, und über Triest nach Konstantinopel und Smyrna, und zurück über Venedig und Verona ging. Unterwegs, auf dem Meere gab's argen Sturm; und nicht nur einmal, wie der Dichter hinterher in seiner Geschichte „De meckelnbörgschen Montecchi un Capuletti"**) erzählt, sondern dreimal mußte der Lloyddampfer, der an 120 Personen ver-

---

*) Mittheilung des Verlegers D. C. Hinstorff an den Verfasser, vom 4. April 1865.
**) Kapitel 9 und 10.

einigte, in den Rothhafen von Gravoſa, an der dalmatiniſchen Küſte, einlaufen. Die Reiſe ward vom Wetter nicht begünſtigt, und Fritz Reuter hatte viel von ſeinen Nerven zu leiden.

Zurückgekehrt, vollendete er den letzten Theil von „Ut mine Stromtid", den ſchon Tauſende und abermal Tauſende ungeduldig erwarteten; und folgte dann ſeiner Sehnſucht, indem er einen Beſuch in Mecklenburg abſtattete. Bei dieſer Gelegenheit ſah er ſeine Lieblingsſchweſter Liſette zum letzten Mal. Sie ſtarb als Wittwe 1865 zu Güſtrow, und hinterließ nur Stiefkinder, fünf Geſchwiſter Jenning, die ſie beerbten. Auch Fritz Reuter erkrankte. Juni 1865 begleitete ihn die Gattin nach der Kuranſtalt Laubach, zwiſchen Koblenz und Stolzenfels, woſelbſt man bis Oſtern 1866 verblieb. Doch machte er von hier aus einen zweiten Beſuch in der Heimat, der ſich zu einem wahren Triumphzug geſtaltete. Wie einen Fürſten empfing man ihn, Stadt und Land ſtritten ſich um die Ehre, ihn zu bewirthen, überall wurde er mit Feſtmahlen, Muſikſtändchen und Fackelzügen gefeiert. So auch in Stavenhagen, wo er alle alten Kameraden und Bekannten — darunter Fritz Sahlmann — aufſuchte, und mit ihnen ganz ſo wie früher verkehrte. Sylveſter 1865 war er in Neu-Brandenburg und machte den Ball in der Reſſource mit. Am erſten Vormittage des neuen Jahres kam er in das Comptoir des Dr. Siemerling, und erzählte hier ein Stück aus ſeiner „Urgeſchicht' von Meckelnborg", die er ſchon vor ſeinem Abzuge nach Thüringen begonnen, aber aus verſchiedenen Gründen nie vollendet hat. Im ſelben Jahre verlieh ihm der Großherzog von Mecklenburg-Schwerin die große goldene Medaille für Kunſt und Wiſſenſchaft, am Bande zu tragen. Auch andre Fürſten ehrten ihn. Wenn der Großherzog von Weimar im Frühling und Herbſt auf der Wartburg wohnte, zog er den Dichter regelmäßig zu Hof, und er schenkte ihm später auch sein Bild. Von König Ludwig von Baiern erhielt Fritz Reuter den Maximiliansorden, mit welchem der persönliche Adel verbunden ist. Aber alle Ehren und Auszeichnungen ließen ihn unverändert; all' der Weihrauch, den man streuete, konnte ihm nicht den Kopf verrücken, sondern ihn nur in Verlegenheit setzen. Er behielt seine schlichte Haltung, seinen bescheidenen Sinn, sein anspruchsloses gemüthliches Wesen. Er blieb der Freund der Kinder und der kleinen Leute; und er weilte am liebsten da, wo er sich keinen Zwang aufzuerlegen brauchte. Mit dem anwachsenden Ruhme ward ihm das Plattdeutsche noch theurer; er sprach es jetzt noch häufiger wie früher, mit Jedem, der es verstehen konnte, und mitten in der hochdeutschen Rede fing er gern an „plattdütsch tau snacken".

Auf sein poetisches Schaffen hatte Niemand Einfluß, auch die Frau nicht. Weder sprach er über seine Pläne und Vorwürfe, noch über seine Bücher und Erfolge. Nur was er schon niedergeschrieben, zeigte er wol Bekannten, war aber gegen Einwürfe etwas empfindlich, und wies selbst thatsächliche Bemerkungen und Berichtigungen schroff zurück. Ebensowenig nannte er, trotz Bitten und Drängen, die Vorbilder zu seinen Gestalten. Ueber diese rieth und stritt man in der Heimat viel hin und her, und wies auf gewisse Personen mit Fingern; aber Fritz Reuter verstand sich zu einer bestimmten Aufklärung nur in wenigen Fällen, wo die Originale längst todt oder verschollen waren.

Ostern 1868 bezog der Dichter sein eigenes Haus, die stolze „Villa Reuter" vor dem Frauenthor, an der man mehre Jahre gearbeitet hatte. Die Zeichnung lieferte Professor Bohnstedt in Gotha, durch seinen preisgekrönten Entwurf zum deutschen Parlaments-Gebäude neuerdings auch in weitern Kreisen bekannt geworden. Die ganze Einrichtung und alle Maße hatte der Dichter selbst angegeben. Eisenbahn-Ingenieur Kleinicke leitete den Bau, dessen Untergrund ein steiler wüster steiniger unwegsamer Bergabhang war. Das Treppenhaus, sowie der hintere Theil des Gebäudes, sind aus dem Felsen gehauen, was allein ein halb Jahr erforderte; die Terassen des Gartens sind aufgemauert. Die Villa ist äußerst solide erbaut, das beste Material dazu verwandt. Sie besteht aus einem hellen Souterrain, woselbst sich die Wirthschaftsräume und die Zimmer der Dienstboten befinden; aus dem Hauptgeschoß mit großem stattlichen Balkon und runden Erkern; und darüber aus einem Halbgeschoß, das die Schlaf- und Fremdenzimmer enthält. Hier haben die Freunde aus Mecklenburg öfter gewohnt. Die Mitte des Hauptgeschosses nimmt der Salon ein, von welchem man auf den langen Balkon tritt, den dorische Säulen aus Sandstein tragen. Rechts liegt das hochelegante Gemach der Hausfrau, mit wundervollem Blick auf die seitwärts thronende Wartburg; links das weit einfacher gehaltene Arbeitszimmer des Dichters. Der getäfelte Speisesaal führt mit breiten Glasthüren auf die Hauptterrasse, in den kostbar angelegten, überaus gepflegten Garten, der in jedem Jahre eine verschwenderische Fülle von Blumen und Früchten bringt. Der ganze Bau kostete gegen 30,000 Thaler, während das Besitzthum heute einen Werth von 40,000 Thalern haben mag.

Die „Villa Reuter" fällt mit ihrem platten Zinkdach und dem vornehmen edeln Ausdruck bald in die Augen. Sie steht im Johannisthal, hat die Morgensonne, und da sie sich hinten an den Berg lehnt, eine sehr geschützte Lage. Auch bietet sie vielleicht die schönste Aussicht in ganz Eisenach. Ihr gegenüber liegt das kleine Hainthal mit den beiden Hainteichen; links blickt man in das mit zierlichen Landhäusern erfüllte Marienthal, rechts zu der herrlichen Wartburg hinauf, nach welcher dicht unter den Fenstern der Villa zwei Wege führen, die Chaussee und ein weit näherer Fußpfad. Allsommerlich zogen Tausende an der Wohnung des Dichters vorbei, und sahen ihn auf dem Balkon oder im Garten sitzen. Viele kannten und grüßten ihn, aber auch Viele überfielen ihn, langweilten und quälten ihn mit nichtssagenden Redensarten oder mit neugierigen zudringlichen Fragen. Daher erklärt sich auch die etwas auffällige Inschrift am Eingange der Villa:

Dr. Fritz Reuter.
Vormittags nicht zu sprechen.

Der arme berühmte Mann wollte wenigstens am Vormittag ungestört sein, aber Viele drangen auch dann in's Haus oder belagerten es, bis man sie einließ; und selbst wenn der Dichter krank war und schlechterdings Niemanden sehen konnte, ließen ihm die ungebetenen Gäste keine Ruhe. Was mußte die Frau nicht noch leiden, als der Gatte schon auf der Bahre lag!

Reuter's Arbeitszimmer hatte eine dunkelgrüne Tapete und war sehr einfach meublirt. Nahe dem Fenster stand sein kleiner Schreibtisch, vor dem er in einem schon ziemlich abgenutzten Korbstuhl zu sitzen pflegte. Dahinter lehnten eine Menge von Pfeifen. Der Dichter rauchte gern „aus den Köpfen seiner Freunde". Wenn er Sommers nach dem nahen Ruhla fuhr und dort den Hofrath Alexander Ziegler besuchte, kaufte er jedesmal einige schöne Meerschaumköpfe, und ließ auf die silbernen Deckel den Namen eines Freundes schreiben. Gestern rauchte er aus Fritz Peters' Kopf, heute aus dem des Justizrath Schröder, morgen aus dem Kopfe des „Käpitän", und so fort. Die Wittwe aber wird jetzt die Köpfe den betreffenden Personen, soweit sie noch leben, als Andenken zustellen. Neben dem Schreibtisch stand die Büste von Bismarck, den Reuter seit 1866 von Herzen bewunderte; und außerdem befand sich im Gemach auch das Bildniß des berühmten Staatsmannes, ein guter Stich. An den Wänden hingen die nicht sonderlich ausgeführten Portraits des Dichters und seiner Gattin; ferner große prächtige Stiche nach Ludwig Knaus, wie der Taschenspieler, Durchlaucht auf der Reise u. a.; die Bildchen der Gebrüder Grimm; eine photographische Aufnahme der Mitglieder des „Fritz Reuter-Verein" in New-York; und „Dörchläuchting"*), Herzog Adolf Friedrich IV. von Mecklenburg-Strelitz, ein Oelgemälde, das man dem Dichter geschenkt, und das er, wie er sich ausdrückte, „aus Dankbarkeit gegen den alten Knaben", hatte aufputzen lassen. In einem Glasspinde befand sich die kleine Bücher-Sammlung Reuter's, die sich recht vermischt ausnahm; und die gerade nicht schließen ließ, daß er sich viel um Wissenschaft und Literatur bekümmerte. Am liebsten las er Reisewerke, und in den letzten Jahren Schriften über Gartenkunst und Blumenzucht. Seine Büste aus weißem Marmor, ein Meisterwerk von Bernhard Afinger, stand unter schönen Topfgewächsen im Zimmer der Gattin.

In Eisenach schuf Fritz Reuter nur noch spärlich und nach großen Pausen. Mit dem Verlassen des heimatlichen Bodens waren seiner Dichterseele die Flügel gelähmt. Schon der 1864 erschienene letzte Theil von „Ut mine Stromtid" ist, obgleich er noch viele köstliche Scenen und meisterhafte Schilderungen enthält, in mehrfacher Hinsicht den vorausgegangenen beiden Bänden nicht ganz ebenbürtig. „Dörchläuchting", welches 1865 und 1866 geschrieben ist und in Neu-Brandenburg spielt, bekundet die Liebe und Sehnsucht des Dichters nach seinem früheren Wohnorte, aber auch den Verfall, die entschiedene Abnahme seiner Kraft und Frische. Die 1868 herausgekommene Erzählung endlich zeigt seine völlige Erschöpfung, daß er bereits um

---

*) Vgl. S. 148.

einen Stoff verlegen war, und nur noch sich selber abzu=
schreiben vermochte. Welch gesuchter Titel: „De mecklen=
börgschen Montecchi un Capuletti; oder De Reis nah
Konstantinopel!" Welch frostige und zum Theil alberne
Späße, welch wässrige breitgetretene Sentimentalität, welch
kümmerliche, mühsam zusammengetragene Handlung, welch
schülerhafte Reminiscenzen und welch ermüdender Wort=
kram! Nicht nur im Vergleiche mit den früheren lebens=
vollen und so wahrhaft hinreißenden Dichtungen, sondern
auch an und für sich betrachtet, macht das Buch einen
traurigen niederschlagenden Eindruck; und wenn es trotz=
dem bereits die 6. Auflage erreicht hat, so ist das natür=
lich nur dem Zauber zu verdanken, welchen der Name
des Verfassers ausübt, auf Rechnung seiner zahllosen Ver=
ehrer zu schreiben. Aber glücklicher Weise ließ sich Fritz
Reuter dadurch nicht täuschen, nicht verleiten zu weitern
Versuchen, die seinen Ruhm hätten ernstlich beeinträchtigen
können; sondern er fühlte, daß es mit seinem Schaffen
vorbei sei, er sprach es gegen verschiedene Bekannte offen
aus, und er nahm die Feder nur noch in die Hand, um
ein paar Gelegenheitsgedichte zu schreiben.

Mit lebhafter Spannung, mit voller Befriedigung
und schließlich mit wahrer Begeisterung verfolgte er die
politischen Ereignisse des letzten Jahrzehents, den groß=
artigen Aufschwung Preußens, die überraschende Neuge=
staltung Deutschlands. Den Krieg gegen Dänemark be=
gleitete er mit mehreren Gedichten in plattdeutscher Sprache,
die er in schleswig=holsteinischen Zeitungen veröffentlichte.
1866 forderte er in mecklenburgischen Blättern seine
Landsleute zu Beisteuern für unsere Soldaten auf. Die
Sammlungen ergaben, außer Lebensmitteln und anderen
Sachen, die Summe von 2000 Thaler, die Reuter per=
sönlich dem in Frankfurt a. M. aufgeschlagenen Johanniter=
Hospital überbrachte. Nach beendetem Feldzuge sandte er

dem Grafen Bismarck seine gesammelten Schriften*), und
sprach ihm den Dank dafür aus, daß er „die Träume
seiner Jugend und die Hoffnungen des gereisten Alters"
so glänzend verwirklicht habe. Noch höher schlugen seine
Pulse während des glorreichen Krieges von 1870. Als
die Kunde von dem Siege bei Sedan kam, brach er vor
Freude in Thränen aus, und blieb den ganzen Tag über
in einer Erregung, die seine Frau um ihn sorgen ließ.
Auch steuerte er zu der bekannten Sammlung „Lieder zu
Schutz und Trutz**)", zum Besten der Verwundeten, zwei
Gedichte bei: „Ok 'ne lütte Gaw för Dütschland" und
„Großmutting, hei is dod!" Diese beiden erzählenden
Gedichte sind Reuter's letzte Arbeit, und sie bezeugen wieder,
daß er ein echter rechter Volksmann und Volksfreund ist.
In beiden bringt er nachdrücklichst zur Anschauung, wie
gehorsam und willig das niedere Volk, der arme kleine
Mann in den Kampf gezogen, wie treu und tapfer er ge=
fochten, wie heldenhaft und löwenmuthig er den Sieg er=
rungen; wie er aber auch so häufig diesen gewaltigen Sieg
mit seinem Blut und mit seinem Leben bezahlt und nichts
weiter hinterlassen hat als verwaiste Eltern und verwitt=
wete Bräute, jammernde Weiber und hilflose Kinder. In
beiden Gedichten sind tiefe tragische Töne angeschlagen, und
beide sind gewissermaßen das letzte Aufflackern des Dichter=
feuers.

„Ok 'ne lütte Gaw för Dütschland" schildert in neun
Abschnitten Anfang und Ende des Krieges. Auch das
kleine Dörfchen stellt zwei Streiter: Hann Jochen und

---

*) Fürst Bismarck kennt das Plattdeutsche seit seinen
Kinderjahren, auch war er von jeher ein Verehrer der Reuter'=
schen Muse.

**) Vier Hefte, Berlin 1870 und 1871, Verlag von Franz
Lipperheide.

Friedrich Snut; und als sie abmarschiren, sind Groß und Klein versammelt:

> Un ganz vöran, dor steiht 'ne Fru
> Mit wittes Hor un Ogen tru,
> De sött Hann Jochen üm un küßt:
> Du büst min Letzt, min Einzigst büst.

> Wenn't äwer up den Franzmann geiht,
> Denn weg mit all de Trurigkeit!
> Sei heww'n hir stahlen as de Rawen
> Sei heww'n min Oellern ehr Gramm eins grawen.

> Un hinnenwarts, so in de Firn,
> Dor steiht 'ne grote ranke Dirn,
> De ward be Ogen nebberslahn
> Un heimlich wischt s' sik af be Thran.

Friedrich Snut ist „en rugen Gast"; er läßt Niemand zurück, um ihn trauert Niemand. Desto fester schließt er sich an den Kameraden, desto kecker geht er d'rauf los. Nach dem schweren Kampfe bei Gravelotte vermißt er den Freund. Er sucht ihn bei Nacht uud findet ihn unter den Todten:

> Min einzigste Fründ, Hann Jochen, is gahn;
> Ik möt nu för em mit för Dütschland slahn.

Er schlägt sich jetzt für Zwei, und auch er findet seinen Lohn. — Wieder hat sich das Dorf versammelt; der Schulz ist in Berlin gewesen, und er hat viel zu be=richten. Er erzählt, daß er die „swarten Apen" gesehn, die „Polium" aus Afrika hat kommen lassen, er vermeldet Sieg und wieder Sieg, aber er bringt auch noch eine andere Kunde: — Zwei Kämpfer schickte das Dörfchen aus, und sie schlafen Beide in Frankreich den Todesschlaf.

„Großmutting, hei is dod!" tönt wie eine nordische Ballade und ist von farbenprächtiger und theilweise fast wilder Romantik. Großmutter und Enkelin sitzen am Heerd=

feuer, während draußen Sturm und Wetter toben. Das junge Mädchen, das bis dahin still spann, steht auf, geht vor die Thür und ruft dann auch die Alte hinaus:

„Ach Gott, Großmutting kumm her!

De ganze Hewen is bläudigrod,
Bon Nurden kümmt de Schin.
Oh grote Jammer, oh grote Noth,
Dat möt woll Rostock sin."

Un de Ollsch kümmt rut, un de grisen Hor
De fleigen in Storm un in Wind;
Mit blöde Ogen starrt sei vor
Un leggt de Hand up ehr Kind.

„„Dat is kein Füer, dat is kein Brand,
Dat is en Gottes Gericht,
Dat is dat Blaud, wat von dat Land
Henup taum Hewen schriggt.

Dat is de Wedderschin von Blaud,
Dat heww ick vördem all seihn,
As de Franzmann treckte in frechen Maud
Woll äwer den dütschen Rhein.

As hei treckte in't kolle Rußland herin
Un Dinen Großvader mi namm,
Ik süll von de Tid Wittfru sin,
Wil dat hei nich wedder kamm.

Dat was 'ne lange, lange Qual,
Ik was noch so jung as Du;
Nu seih ik't hüt taum annern Mal
Un bün 'ne steinolle Fru."""

Sie sitzen wieder am Feuerherd; da schreckt das Mädchen auf. Sie meint, es klopfe draußen; die Alte will's ihr ausreden, aber sie hört's noch ein Mal und stürzt hinaus. Vor ihr steht der Schicksalsbote, der Briefträger:

Un as hei nu den Breiw ehr girwwt,
Dunn wendt s' em üm un üm.
„Großmutting, dat's nich fine Schrifft,
Un ik weit woll worüm."

Sei breckt den Breiw. Ob hei lewt, oder ob — —?
De Breiw föllt in ehren Schoot.
Sei smitt de Schört sik äwer den Kopp:
„Großmutting, hei is dod!" —

Anfang 1869 war Fritz Reuter zum letzten Mal in Mecklenburg und in seiner Vaterstadt Stavenhagen; und er sollte hier erfahren, daß seine Eigenschaft als Dichter den Leuten auch unheimlich werden konnte. Auf der Straße begegnete er einer Jugendbekanntin und wollte sie begrüßen, aber sie entschlüpfte ihm mit den Worten: „Ne, ne, Fritz; ik kam süs in de Bäuker!"*) Der Vaterstadt zeigte Fritz Reuter immer Interesse und Anhänglichkeit. Außer einer Sammlung von andern Büchern, übersandte er der dortigen Volksbibliothek, auf Veranlassung des zeitigen Bürgermeisters Fr. von Bülow, auch seine eigenen Schriften, die seitdem von allen Schichten der Einwohnerschaft fleißig gelesen werden. Wo es galt einem Freunde oder Bekannten aus alter Zeit eine Liebe oder Aufmerksamkeit zu erweisen, da war er stets bei der Hand. So bereitete er dem Schneider Risch eine hübsche Ueberraschung. Dieser war, wie schon erwähnt**), der ältere Bruder von Kitte Risch; und er hatte dem Bürgermeister Reuter bei dessen ökonomischen Unternehmungen mancherlei hilfreiche Hand geleistet. Im November 1869 beging Schneider Risch, der jetzt als Stadtsprecher, das ist

---

*) Dem Verfasser erzählt von der Nichte des Dichters, Fräulein Ida Reuter in Stavenhagen.
**) Vgl. S. 123.

als Vorsitzender des Bürger-Ausschusses waltete, sein fünfzigjähriges Bürgerjubiläum; und Fritz Reuter überschickte ihm zur Feier des Tages das folgende Gedicht:

Zu dem
funfzigjährigen Bürger-Jubiläum des wackern Stadtsprechers,
Herrn Risch zu Stavenhagen.

Hüt sünd dat föftig Johr, dat Snider Risch
Hir in den Rathhus' stunn vör minen Ollen,
De bunntaumalen ok noch stramm un frisch,
Un swür den Eid as Börger tau Stemhagen,
Den wull hei hollen! —
Nu kann sik Jedwerein befragen
Hir in de Stadt un in de Gegend ok,
Wat hei het hollen, wat hei dunn versprok,
Un Jeder, de wat von Stemhagen weit,
Ward seggen: „Ja! de Sak is dit:
Tausneden was sei man sihr lütt,
Doch richtig äwerst was hei neiht,
Hei hett mit Flit un Redlichkeit
De Stadt behött vör Schuld un Schaden,
Un hett mit allen sinen Kräften
Naug Tid noch hatt bi eigene Geschäften,
De Stadt taum Besten tau beraden. —
Dorüm Ji All, Ji Börgers tau Stemhagen,
Wi Annern ok, de hir sünd buren un sünd tagen,
Wi raupen All hüt fri un frisch:
Hoch lew' uns' brav' Stadtspreker Risch!
Un, Hoch! ok bei, de ehren Swur so höllen!
So'n brave Ort, de sall woll gellen!

Fritz Reuter.

In Eisenach, wo der Dichter so sehr von dem Schwarm der Reisenden geplagt wurde, unterhielt er fast gar keinen Verkehr. Von Gasthäusern besuchte er in den ersten Jahren den altempfohlenen „Rautenkranz" am Markt, später den

"Löwen" nahe dem Frauenthor, wo er mit Friedrich Friedrich und andern am Orte lebenden Schriftstellern zusammentraf. Er war und blieb für gewöhnlich ein unterhaltender gemüthlicher angenehmer Gesellschafter; aber selbst die Kellner merkten, wenn seine schlimme Zeit kam, und hüteten sich dann, ihn zu reizen. Seine Leidenschaft brach immer wieder aus, und sogar bei den Triumphreisen in Mecklenburg ist er verschiedentlich abgefallen.

Schon seit 1868 war sein Leben nur noch ein Siechthum, war er bereits ein körperlich wie geistig geknickter Mann. Ja, es ist zu bewundern, daß er sich noch so lange erhielt, und ein Beweis von seiner ursprünglich so kräftigen, robusten Constitution. Im Sommer 1873 sah er zum letzten Mal seine jüngere, jetzt einzige Schwester Sophie, die seit dem Jahre 1856 Wittwe ist. Sie kam nach Eisenach und fand ihn krank im Bette, aber ihr Besuch überraschte ihn so freudig, daß er sich schnell ein wenig erholte. Ostern 1874 traf ihn der erste Schlaganfall, und fortan versagten ihm die Füße den Dienst. In einem Rollstuhl mit beweglicher Rückenlehne ward er umhergefahren, und an heitern warmen Tagen durch das Speisezimmer in den Garten geschoben, wo er unter den schattenden Zweigen einer Eiche in einer kleinen Grotte saß, die gegen Wind und Zug schützte, die Lüfte des Frühlings einsog, sich an dem Blumenflor des Sommers erlabte, und die auf der nahen Chaussee nach der Wartburg hinaufziehenden Fremden beobachtete. Oft saßen die Freunde: Gerichtsrath Fischer und Schriftsteller Friedrich bei ihm, und er plauderte und scherzte mit ihnen in alter Weise. Drei Tage vor seinem Tode war er noch einmal im Garten, der jetzt in voller Blüthenpracht stand. Es dufteten die weißen Lilien, es dufteten die hochstämmigen Rosen, es blühete die blaue Blume der Klematis, die an dem Balkon der Villa sich emporrankt, und die der Liebling des kranken Dichters war. Die heißen schwülen Tage verschlimmerten seinen Zustand, er legte sich zu Bett und stand nicht wieder auf. Bald fühlte er auch, daß es mit ihm zu Ende gehe, und er sprach mit der Gattin von seinem Tode. In stiller Nacht, als sie Beide mit einander allein waren, als sie über ihn gelehnt, auf seinen Athem lauschte, fragte er sie plötzlich: ob sie wol glaube, daß seine Dichtungen ihn überleben würden, sein Andenken sich erhalten möchte. „Und ist das Dein Wunsch, mein Fritz?" versetzte sie mit gewaltsamer Fassung. „„O gewiß! Es wäre doch so schön!!"" erwiederte er, und seine Züge belebten sich noch einmal. Am nächsten Tage begann das Ringen mit dem Tode, das bis zum Abend währte. „Herr Doctor, ein schwerer, schwerer Kranker!" sprach er zu dem eintretenden Arzte; und seine letzten Worte waren: „Friede, Friede!!" Trotz aller Erfolge, die ihm zugefallen; trotz des großen Glückswechsels, den er erfahren, schied er doch mit der Erkenntniß, daß sein Leben ein schwerer Kampf gewesen. Fritz Reuter starb Sonntag, den 12. Juli 1874, halb sechs Uhr Abends, noch nicht 64 Jahre alt. Nach allen Richtungen trug der Telegraph die Trauerkunde, allein sie kam den Freunden und Bekannten des Dichters nicht unerwartet.

Die Begräbnißfeier, zu welcher die umfangreichen Anstalten von Rath Fischer und Dr. Friedrich getroffen waren, fand Mittwoch am 15. Juli statt. Die Leiche war im Zimmer der Wittwe, in dem Eckzimmer mit dem schönen Blick nach der Wartburg, aufgebahrt. Der Todte lag in einem Zinksarg, welchen wieder ein Sarg von Eichenholz umschloß. Er ruhte auf weißen Kissen, geschmückt mit Blüthen, Blumen und Kränzen; in den bleichen gefalteten Händen hielt er eine blühende weiße Lilie, und über seinem Haupte erhob sich ein Zelt von Cedern und Palmen.

„Er lag in seinem Sarge zwischen Blumen und aufgeschichteten Kränzen", sagt Gustav Freytag*); „sanft berührt von der Hand des Todes, das Antlitz etwas bleicher als sonst, die mannhaften Züge wie verklärt. Und wer aus dem stattlichen Hause, das er sich am Fuße der Wartburg gebaut hatte, herab sah auf den reichen Blüthenflor der nächsten Umgebung, in das kleine sonnige Thal unter dem Hause und rings um in die lachende Landschaft, der merkte, daß die Natur ihre heitersten Farben um den Verstorbenen vereinigt hatte, als wollte sie verkünden, daß der Tod eines Mannes, der dazu erwählt ist, unvergänglich unter uns zu leben, mehr Erhebung als bittern Schmerz bereitet. Und wer am Tage der Bestattung von dem Wohnhaus des Dichters nach der Wartburg hinüberblickte, nach den Thürmen und Mauern, die hoch gegen den blauen Himmel ragten, dem durfte wol einfallen, daß vor 660 Jahren ein anderer großer Dichter dort aus- und eingegangen war, der sich vergeblich ein Heimwesen im Schatten der Fürstenburg ersehnt hatte. Es liegt eine lange Zeit deutscher Geschichte zwischen Walther von der Vogelweide und Fritz Reuter, zwischen dem ritterlichen Minnesänger, der in kunstvollen Versen den schwäbischen Dialect zu einer Schriftsprache von hoher Schönheit ausbilden half, und zwischen dem bürgerlichen Niederdeutschen, der die Dialectklänge seiner Heimat zu herzerfreuender Poesie verwerthete. Aber beide Dichter haben den idealen Bedürfnissen ihrer Zeit reichen und vollen Ausdruck gegeben; und der Humorist der Gegenwart sicher nicht weniger als der lyrische Dichter des 13. Jahrhunderts."

---

*) „Ein Nachruf für Fritz Reuter"; in der Zeitschrift „Im neuen Reich".

Zur Begräbnißfeier waren gekommen*): der Commandant der Wartburg, Herr von Arnswald, als Vertreter des Landesherrn; Baron von Loën, der Intendant des Hoftheaters zu Weimar; Bürgermeister Fr. von Bülow aus Stavenhagen, welcher Namens der Stadt einen Kranz von den Blättern der „Fritz Reuter=Eiche" überbrachte; Deputirte der drei Burschenschaften in Jena; Hofbuchhändler Hinstorff aus Wismar, der Verleger; und August Reuter aus Stavenhagen, ein Neffe des Dichters. Von den Häuptern unserer Literatur war nur Gustav Freytag erschienen, und auch er entfernte sich noch vor der eigentlichen Feier, indem er vom Bahnhof aus der Wittwe ein Billet sandte, worin er seine plötzliche Abreise durch eine Familienangelegenheit entschuldigte.

Friedrich Friedrich und andere in Eisenach lebende oder zur Zeit dort anwesende Schriftsteller trugen den Sarg auf die Gartenterrasse, wo ihn ein Sängerchor mit dem Liede empfing: Es ist bestimmt in Gottes Rath. Auf dem Sarge lag ein Lorbeerkranz, den der Großherzog von Weimar gespendet; und der nach mecklenburgischer Sitte offene Leichenwagen, den die Polizei zuerst beanstandet hatte, war mit Blumen, Kränzen und Zweigen überschüttet. Preußische Militairmusik geleitete den „Demagogen" zu Grabe; preußische Officiere — das ganze Officiercorps der Garnison — erwiesen dem alten „Hochverräther" die letzte Ehre; und ihnen vorauf, dem Sarge zunächst, schritten die Jenenser Studenten: Germanen, Arminen und Teutonen, im Sammetwamms und Lorbeerkränze in der Hand.

---

*) Nach den Berichten von Herrmann Oelschläger im „Rostocker Tageblatt", und von Friedrich Friedrich in der „Gartenlaube"; später vereinigt in dem Schriftchen „Ein Andenken an Fritz Reuter's Begräbnißfeier", Wismar, bei Hinstorff, 1874.

Generalsuperintendent Petersen aus Gotha, ein Freund des Dichters, sprach im Trauerhause und auf dem Friedhofe; und er sprach schöne, treffende, ja poetische Worte*). Dort sagte er, der Wahrheit gemäß: Fritz Reuter's Abscheiden ist für ihn eine Erlösung; und die Ruhe, die er von schwerem Krankheitsleiden endlich gefunden, ist ihm wohl zu gönnen. Am Grabe verglich er den Verblichenen „einem Baume von starkem knorrigem Wuchse, mit einer rauhen Rinde, an der sich eine böse Krankheit angesetzt. Aber drinnen das Mark des Baumes ist kerngesund, und die frischen Säfte aus dem Herzen unseres Volks steigen durch den Stamm empor, und treiben volles Leben in Blüthen, Blättern und Früchten, ja in den Früchten zumal!" Die schwungvolle Rede am Grabe gipfelte in den beiden Sätzen: Für unser Volk ein Herz, und Den Aufrichtigen läßt es Gott gelingen. Fritz Reuter's „Herz wurzelte mit allen Fasern im Wesen und Leben des deutschen Volks. Was das Volk in seinen Freuden und Leiden, bei seiner Arbeit und Erholung erfüllte und bewegte, das hat er, ein treuer Sohn unseres Volks, in sich aufgenommen und zu guter Stunde dichterisch gestaltet. Aufrichtig, bieder und anspruchslos, ohne Falsch, ungeschminkt, allem Gemachten feind, in Lauterkeit und Wahrhaftigkeit des Sinns grad' durch, so hat er bewährt für unser Volk ein Herz. — Darum hat Gott es ihm gelingen lassen, daß er nach schwerem Lebenskampfe ein herrliches Ziel erreichte: — geliebt und geehrt von unzähligen Herzen, von dem Höchstgestellten auf Fürstenthronen bis zu dem schlichten Kinde des Volks. — Ach, daß er in seinem Glücke so hinkrankte!" — — —

Nordwärts der Stadt, auf einer kleinen Anhöhe be-

---

*) Nach dem betreffenden Berichte in dem erwähnten Schriftchen: „Andenken an Fritz Reuter's Begräbnißfeier."

findet sich der neuen Friedhof von Eisenach; und in einer
stillen Ecke daselbst, wo zwei Wege sich treffen, ruht Fritz
Reuter. Geboren im nordischen Flachlande, umrauschen sein
Grab die Thüringer Wälder; unten im Thale liegt die
alte Stadt, seitwärts stehen die Hörselberge, und von oben
herab grüßen die Thürme der Wartburg, zu welcher der
Dichter so oft emporgestiegen ist, und an deren Fuße er
eilf Jahre gewohnt hat.

Es wird von besonderem Interesse sein, auch noch die
Wittwe zu hören; und so folge denn hier die Schilderung,
welche Frau Reuter von ihrem Gatten entwirft:*)

„Mein geliebter Entschlafener war von äußerst kräfti-
gem Körperbau, über Mittelgröße; breite Schultern, breite
hochgewölbte Brust, man sagte ja, Alles im vollkommenen
Ebenmaß, kernig, nach Ausspruch der Aerzte ein Normal-
körper, trotz seines Leidens in Folge schwerer Festungshaft
und harter Entbehrungen aller Art. — Sein Haarwuchs
war der üppigste, bis zum letzten Athemzuge voll und
dicht, „ein Urwald" scherzte er früher bisweilen mit seinem
Haarkünstler, wenn der darin „arbeitete", in dem damals
aschblonden Haar. „Und wenn ich meinem Bart die
Freiheit gönnte," fügte er hinzu, „möchte ich jetzt wohl
darauf treten." — Trotz seiner letzten langen Krankheit
bewahrte sein Gesicht Frische und Fülle, Alles darin war
fest und glatt, fast ohne jede Falte. — Sie sehen's an
der beigefügten Photographie, noch am Tage seiner Bestattung aufgenommen. — Mein Reuter war rasch und
bestimmt in seinen Aussprüchen, nachdem er überlegt,
was er wollte; klar und deutlich, mit unbefangenem Frei-
muth sprach er wie er dachte, es würde ihm schwer geworden sein, „hinterm Berge" zu halten. Vor ihm galt

---

*) Aus einem Briefe an den Verfasser, vom 1. Septem-
ber 1874.

kein Ansehn der Person, wenn es drauf ankam, der
Wahrheit die Ehre zu geben, unbekümmert, ob ihm selbst
das schadete oder nicht; dabei aber hatte sein Wesen nichts
Schroffes, nichts Verletzendes, im Gegentheil es war herz=
gewinnend, gleichmäßig, freundlich, wohlwollend und heiter;
Launen kannte er nicht. Menschenverkehr war ihm Be=
dürfniß: — „Der Mensch ist der Schöpfung interessantestes
Werk," sagte er oft, „man wird nicht müde, es zu be=
trachten." Seine Menschenliebe erkaltete nicht, trotz mancher
üblen Erfahrung. Der Kreis der Freunde, namentlich der
theuersten, in Noth und Tod bewährten, der treuen Ge=
nossen der Kerkerzeit, ward enger und enger, der Tod
lichtete die Reihen. Solch Scheiden war allemal ein
harter Schmerz für ihn, und er klagte dann: „Wieder
Einer! Nun sind's nur noch Die und Die, welche noch
leben!" Sie hielten aber auch zusammen wie selten Brüder.
Und noch vor acht Tagen kam sein treuer alter „Kapitän"
(aus der „Festungstid") — Justizrath Schultze aus Mese=
ritz, um am Grabe seines „Charles" sich auszuweinen!
— Mit größter Liebe hing er an seinem Garten, seiner
Schöpfung, und Allem was darin wuchs. Seine Spalier=
bäume, die Blumen, Gesträuche, Gemüse, Alles lag ihm
am Herzen, und kannte er auf's Genaueste. Wehe dem,
der sich daran vergriff! — Er liebte aber nicht nur den
Garten, er kannte auch die Behandlung jedes darin Wach=
senden und darnach ward dann gezogen. Er studirte die
Garten=Literatur, und der Tisch vor seinem Sopha zeigte
stets irgend welche aufgeschlagenen Gartenbücher und eine
Anzahl Blumen=Verzeichnisse. Es existirte wohl keine
Pflanze, deren botanischer Name ihm unbekannt. Aber
nicht allein für die Pflanzenwelt interessirte er sich so leb=
haft — die Thierwelt, das Thierleben fesselte ihn nicht
minder. Alles, was Kunst heißt, übte auf sein Gemüth
einen mächtigen Zauber; ein schönes Gemälde (hätte er

doch selbst Maler werden wollen), die Formenschönheit einer Statue ward er nicht müde zu betrachten und zu bewundern. —·— — „Seit dem März entwickelte sich ein Herzleiden; bestanden hatte es schon lange, lange, wie sich jetzt ergeben, und erklärt sich daraus manche Erscheinung seiner schweren Leiden bis in frühere Zeit zurück. Seit Ostern nahm es schnell zu und eine Herzlähmung machte seinem Leben ein Ende." —

Von den zahlreichen Nachrufen an Fritz Reuter sind zwei hervorzuheben, und zur Würdigung des Abgeschiedenen sollen sie an dieser Stelle theilweise übernommen werden.

Julian Schmidt sagt:*) „— — Ein guter tüchtiger Mensch, ein Dichter von außerordentlicher Lebenskraft ist weniger in der Welt. Und unsere Literatur hat nicht Viele zu entrathen. — — „Wo finden wir in neuerer Zeit eine so gesunde kräftige Lustigkeit, wo hören wir ein schallendes Lachen, das so hell aus dem Herzen kommt und alles mit sich fortreißt! Wo hat ein Dichter diese derben Kerngestalten, aus enger beschränkter Existenz freilich, aber voll Blut und Leben! Figuren, die Jedermann im Volke kennt, als wäre er lange mit ihnen umgegangen. Und neben dem Scherz, dieser biedere echtdeutsche Ernst in allen sittlichen Dingen, das Vertrauen auf Gott und auf die Vernunft im Weltall!"

Ebenso treffend, und dazu sehr unbefangen, urtheilt Gustav Freytag. Er sagt:**) „— — In Fritz Reuter hat die Nation wieder einen von den stillen Führern verloren, welche in der engen Zeit vor 1848 zu Männern wurden. — „Er selbst hat härter als die meisten Andern

---

*) Nr. 320 der Berliner „National-Zeitung", vom 13. Juli 1874.

**) In dem schon herangezogenen Aufsatz der Zeitschrift: „Im neuen Reich".

dafür gebüßt, daß er in einer Zeit engherziger polizeilicher Bevormundung heraufwuchs, er wurde aus geebneter Lebensbahn geschleudert, lange Jahre der Unsicherheit, der Entbehrung und eines gedrückten Daseins bildeten in ihm ein Leiden aus, das er später nicht überwand. Aber wie oft er dadurch gestört wurde, die unübertreffliche Frische, Klarheit, Heiterkeit seines Geistes, seine warme Liebe zu den Menschen und die wundervolle Laune, mit welcher er seine Umgebung betrachtete, wurden ihm durch keine trübe Erfahrung und durch keine Krankheit vermindert. Er lebte unter uns als ein guter hochsinniger Mann, redlich, opferbereit, wahrhaft, von einer seltenen Reinheit des Gemüthes. Nicht Alle, welche mit fröhlichem Lachen seine Bücher lesen, wissen auch, daß er zugleich in allen großen Dingen von gereiftem und sicherem Urtheil war, ein warmherziger, aber auch ein besonnener und scharfsichtiger Patriot; von einer guten Natur, welche den Instinkt für das Wahre und das Herz auf dem rechten Fleck hatte. — — „Und wieder sehr wenigen Dichtern unserer Nation ist eine so wirksame Unsterblichkeit beschieden, als gerade ihm. Denn er hat, während er unter uns weilte, durch seine Poesie das Herz erfreut, das Leben verschönt. Auch den kleineren Kreisen des Volkslebens, wo die Tage mit harter und ernster Arbeit erfüllt sind, und die Strahlen der Kunst das Dasein sonst nur spärlich verschönern, hat dieser Dichter die Familie, das Hauswesen, die Arbeit verklärt wie kein anderer. Hunderttausende haben durch ihn das Bewußtsein erhalten, wie tüchtig und brav ihre Existenz ist, wieviel Wärme, Liebe und Poesie auch in ihrem mühevollen Leben zu Tage kommt. Sie alle sind durch ihn freier, reicher und glücklicher geworden. Und dieses edle Amt eines Vertrauten und Lehrers, der durch herzgewinnendes Lachen stärker und besser macht, wird Fritz Reuter unter uns verwalten, so lange die Klänge der niederdeutschen Sprache dauern, so lange unser Volksthum etwas von der Kindlichkeit, von der treuherzigen Einfalt und Herzensgüte bewahrt, welche in den Gebilden des Dichters jetzt mit unwiderstehlichem Reiz auf den Leser wirken."

Noch bei Lebzeiten Fritz Reuter's hatte seine Vaterstadt ihm eine hohe Ehre erwiesen, vielleicht die höchste Ehre, die es überhaupt giebt. Am Rathhause zu Stavenhagen, zwischen den beiden Fenstern des Parterre-Eckzimmers linker Hand, ist eine Marmortafel eingelassen mit der Inschrift:

Der Dichter **Fritz Reuter** wurde am
7. November 1810
in diesem Hause geboren.

———

Nach Beschluß von Rath und Bürgerschaft
am Geburtszimmer angebracht.
1873.

Unterm 27. October 1874 haben Rath und Bürgerschaft zu Stavenhagen ferner beschlossen, einem neuen Platze am nördlichen Ende der Stadt, nach der Bahnhofsseite zu, den Namen Fritz-Reuter-Platz beizulegen; und soll das Denkmal für den Dichter entweder hier oder auf dem Markte errichtet werden.

Fritz Reuter hat ein ansehnliches Vermögen hinterlassen, und durch Testament seine Gattin zur Universalerbin eingesetzt. Seine Schwester, die verwittwete Frau Sophie Reuter geborene Reuter, lebt in Stavenhagen, und ist noch heute im Besitze der väterlichen Brauerei, die sie zur Zeit verpachtet hat, nächstens aber einem ihrer Söhne zu übergeben gedenkt. Dieser Schwester und beziehentlich ihren fünf Kindern hat Fritz Reuter ein Legat ausgesetzt und außerdem das väterliche Erbcapital überwiesen, das er selber nie erlangen konnte. Doch genießt seine Gattin die Zinsen davon bis zu ihrem Tode fort.

Die Wittwe läßt dem Abgeschiedenen durch Bernhard Afinger ein Grabmal fertigen, an dessen Ausführung sich auch ein Namensvetter des Dichters betheiligen soll. Einst erhielt Fritz Reuter einen Brief von einem Gerichtssekretär aus Schlesien. Der schrieb: Er heiße auch Reuter und sei vielleicht ein Verwandter des berühmten Mannes, jedenfalls befinde er sich in beschränkten Vermögensverhältnissen, habe aber einen Haufen Kinder, darunter einen muntern Knaben, Namens Fritz, der mancherlei gute Anlagen zeige, und aus dem sich wol etwas machen ließe. Ob der große Fritz sich nicht des kleinen Fritz annehmen wolle? — Der große Fritz wurde durch das originelle Schreiben gewonnen, und ließ, in Verbindung mit gleichgesinnten Freunden, den kleinen Fritz zum Bildhauer ausbilden. Der Schützling schlug gut ein, und so wird nun der Bildhauer Fritz Reuter an dem Grabmal für seinen Wohlthäter, den Dichter Fritz Reuter, arbeiten.

Ein anderes Denkmal will ihrem Liebling die Nation setzen, zu welchem Zwecke namhafte Männer aus allen Theilen Deutschlands zusammengetreten sind. Doch herrscht über den Ort der Aufstellung noch Zweifel und Zwiespalt. Zwei Städte bewerben sich um die Ehre, und beide mit gleich großem Rechte: Stavenhagen, wo der Dichter geboren, wo er seine Kinder- und zum Theil auch seine Männerjahre verlebt hat; und Neu-Brandenburg, wo seine Hauptdichtungen entstanden und die Grundsteine zu seinem Ruhme gelegt worden sind. Hier wie dort fehlt es nicht an einem würdigen Platze für das Monument; und für jede der beiden Städte haben sich innerhalb wie außerhalb Mecklenburgs zahlreiche Stimmen erhoben.

Aber Fritz Reuter hat sich bereits selber ein Denkmal gesetzt, ein schönes und herrliches Denkmal, das von keinem andern übertroffen werden wird: — seine Bücher. Und diese müssen dem Volke, für das er sie geschrieben, zugänglicher gemacht werden! Das ist die einmüthige Forderung, die sich nach dem Tode des Dichters erhebt, und das ist das gute Recht der Nation an ihn. Seine Dichtungen, so echt volksthümlich sie geschrieben sind, haben doch ihre Leser vorwiegend unter den Gebildeten und Wohlhabenden. So groß auch die Verbreitung seiner Bücher ist, sie kann und muß noch eine weit größere werden. Dem aber steht als Hinderniß entgegen der unverhältnißmäßig hohe Preis, der trotz all der zahlreichen Auflagen noch immer festgehalten wird. Um Reuter's Schriften auch dem gemeinen Manne zugänglich zu machen, um sie so recht in's eigentliche Volk dringen zu lassen, sind billige Ausgaben nöthig; und diese zu veranstalten, ist für die Wittwe des Dichters, von der die Entscheidung allein abhängt, Aufgabe und Pflicht; eine heilige Pflicht gegen ihren abgeschiedenen Gatten, und eine Ehrenpflicht gegen die Nation.

Fritz Reuter's Dichtungen.

Läuschen un Rimels.

Ein Maler wollte Fritz Reuter werden; dazu hatte er entschiedene Neigung und auch Anlagen. Auf der Schule wie als Student, auf der Festung wie als „Strom" zeichnete und malte er mit Herzenslust; und die zahlreichen Portraits, die er von Verwandten und Freunden gefertigt hat, sollen nicht selten von unzweifelhafter Aehnlichkeit gewesen sein. Erst als er die Malerei aufgegeben hatte, auffallend spät — schon ein Vierziger — begann er zu schriftstellern. Seine früheren Versuche sind nicht zu rechnen. Was er vorher in hochdeutscher Sprache geschrieben, ist kaum erwähnenswerth; nur die Gelegenheitsgedichte in plattdeutscher Mundart bekunden schon sein Talent. Auch als er, nachdem er sich verheirathet hatte, die Schriftstellerei ergriff, that er's nicht gerade aus eigenem Antrieb, sondern mehr auf Veranlassung, unter dem Einfluß Anderer; weniger aus innerer Nöthigung als um des Erwerbs willen. Es fehlte ihm an Ehrgeiz wie an Selbstvertrauen, und seine Erwartungen waren sehr bescheiden; was er hinterher bei verschiedenen Gelegenheiten ausgesprochen hat. Noch in dem Vorworte zur vierten Auflage der „Läuschen un Rimels" bemerkt er:

"Als diese Gedichte vor mehreren Jahren erschienen, konnte ich nicht ahnen, daß sie einen größeren Leserkreis finden würden; sie waren, wie sie auf Anrathen von nahestehenden Freunden in den Druck gegeben waren, zunächst auch nur für diese bestimmt, und deshalb mußte ich Sorge tragen, gerade diesen, die mich größtentheils nachbarlich umwohnten, so viel als möglich leicht verständlich zu werden."

Im November 1852 war Klaus Groth mit seinem „Quickborn" aufgetreten; genau ein Jahr hernach wagte Fritz Reuter sich mit den „Läuschen un Rimels" vor. Möglich, daß ihn der große Erfolg des „Quickborn" zu seinem eigenen Unternehmen ermuthigte, mit bewog; aber er war in keiner Hinsicht Klaus Groth's Nachahmer und Nachtreter. Auch in Betreff der plattdeutschen Mundart nicht, deren er sich durchaus nicht zufällig bediente, nicht etwa aus bloßer Berechnung; sondern die er um ihrer selbst willen liebte und bevorzugte, die ihm von Kindesbeinen an geläufig war, und in der er sich längst als Gelegenheitsdichter versucht hatte. Darum sagt er, in seiner 1858 erschienenen Streitschrift gegen Klaus Groth:*) „— — Mir mag bei meinen „Läuschen un Rimels" manches genützt haben, was dem Herrn Doctor beim „Quickborn" gemangelt hat. Ich rechne dazu eine 48jährige Uebung in der Sprache, die Gewohnheit darin zu denken, welches der Herr Doctor, wie er selbst eingesteht, erst später mühsam erlernt hat — ob dies zu erlernen ist, lasse ich dahin gestellt — und dann, daß ich schon lange vor dem Erscheinen des „Quickborn" plattdeutsch geschrieben und gedichtet habe." Beide Dichter haben mit einander gar nichts gemein, stehen sich gerade gegenüber; und Fritz Reuter war sich dieses Gegensatzes von vorne herein bewußt. „Obgleich ich das Gefühl hatte," sagt er in jener Streitschrift, „daß wir nie miteinander gehen

---

*) Vgl. S. 162.

würden, so hoffte ich doch, wir würden friedlich neben einander gehen können; das hat nicht sein sollen." —

Klaus Groth, ein Elementarlehrer, der bis dahin in verborgener Thätigkeit gelebt hatte, nicht über die Grenzen von Schleswig-Holstein hinausgekommen war — ließ im Alter von 33 Jahren eine Gedichtsammlung in die Welt gehen. Er hatte das Manuscript vorher an Jacob Grimm und dann an Gervinus gesandt, und von Letzterem eine sehr günstige Beurtheilung erhalten. Mit dem Briefe von Gervinus in der Hand, fand er einen namhaften Verleger (Perthes-Besser und Mauke in Hamburg), und sein specieller Landsmann, der bekannte Kanzelredner und Volksschriftsteller Klaus Harms schrieb ihm zu den Gedichten ein warm empfehlendes Vorwort. Klaus Groth nannte die Sammlung „Quickborn", d. i. Born der Erquickung. Ein anderer Landsmann, der Germanist Müllenhoff, recensirte das Buch in den beiden verbreitetsten Zeitungen des Herzogthums, und stattete es später mit einem Glossar und einer literarhistorischen Einleitung aus. Klaus Groth sah im Handumdrehen seine ungemessenen Hoffnungen erfüllt, sich mit Ehren und Lohn überhäuft. Die Damen von Kiel schenkten ihm eine ganze Wohnungseinrichtung, der König von Dänemark verlieh ihm ein Reisestipendium, und der König von Preußen sandte ihm auf Empfehlung Alexander von Humboldt's eine Goldrolle. Er reiste zwei Jahre durch Deutschland und verkehrte überall mit den berühmtesten Gelehrten, Künstlern und Schriftstellern. In Bonn wurde er, wieder durch einen Landsmann, Otto Jahn, in die dortigen Professorenkreise eingeführt, und von der Universität zum Ehrendoctor ernannt. In Kiel endlich machte man ihn zum Privatdocenten der deutschen Literatur, und er erhielt von Dänemark eine lebenslängliche Pension, die später Preußen übernahm. Der „Quickborn" erlebte rasch eine Auflage nach der andern, er wurde von Otto Speckter illustrirt, in verschiedene Sprachen übersetzt, und wol ein Dutzend Componisten machten sich an die einzelnen Lieder.

Aber Klaus Groth's Ruhm verflog ebenso rasch, wie er gekommen. Der „Quickborn", sein erstes Buch, war auch zugleich sein weitaus bedeutendstes; er hatte damit gegeben, was er überhaupt besaß, und seine spätern Dichtungen gingen wenig beachtet vorüber. Er war Mode gewesen, und die Mode ließ ihn wieder fallen. — Klaus Groth griff zum Plattdeutschen ohne innern Grund. Er mußte, wie er, sehr naiv, selber berichtet, sich erst zwingen, plattdeutsch zu denken und zu dichten, was ihm schwer genug wurde. Er wollte zeigen, was für ein Künstler er auf diesem bisher so mißachteten Instrumente sei, welch neue zarte sentimentale elegische Töne er ihm zu entlocken vermöge. Und eben dies trug ihm so großen Beifall ein, hauptsächlich von schwärmerischen halbgebildeten Frauen und von überbildeten übersättigten Männern, die beide die Natur in der Unnatur suchen. Klaus Groth's eigentliche Art und Weise ist eine unklare gemachte Gefühlsschwelgerei nach hochdeutschen Mustern, und ein unwahrer verschwommener Idealismus, die wol zuerst blenden und bestechen können, aber keine nähere Prüfung aushalten, sondern dann als unleidliche Manier hervortreten. Dazu geberdete er sich wie ein Reformator und Gesetzgeber. Er wollte das Plattdeutsche wieder in seine alten Rechte einsetzen, es nicht nur dem Hochdeutschen gleich, sondern darüber stellen; er erklärte jenes für „die vollkommnere der beiden Schwestern", und erließ Vorschriften und Regeln, wie man fortan sagen und singen solle. Um das angeblich vielfach corrumpirte Plattdeutsch zu säubern, um es zu veredeln, that er der Sprache Gewalt und oft grausamen Zwang an; erlaubte er sich, wo ihm Vers und Reim Verlegenheit bereiteten, in Worten und Endungen die gröbsten Willkürlichkeiten; schliff er das ohnehin schon sanfte glatte Schleswig=Holsteinische Platt noch mehr ab, so daß es in seinem Munde schwächlich und süßlich klingt. Von seinen Gedichten sind die kleinen lyrischen Stücke die gelungensten, die größern epischen langweilen und ermüden; völlig ungenießbar aber sind die lustig und launig sein sollenden Partien.

Fritz Reuter nannte sein erstes Büchlein „Läuschen un Rimels", was er selber „Anekdoten und Reimereien" übersetzt. Gewiß ein sehr bescheidener Titel; und noch be= scheidener, mehr als anspruchslos, lautete das Motto: „Wer't mag, de mag't; un wer't nich mag, de mag't jo woll nich mägen." Er begann mit dem Erzählen von Schnurren und Späßen, von denen, wie er wußte, der Mecklenburger und überhaupt der Norddeutsche ein gar großer Freund ist. Er wollte nicht belehren, nicht erheben; nein, nur ein wenig unterhalten, belustigen und zum Lachen reizen. Zum Theil waren diese Geschichtchen allgemein bekannt, ja bereits in alten Kalendern und Anekdoten=Sammlungen gedruckt; zum Theil hatte sie Fritz Reuter erst selber erlebt oder doch ge= hört und gesammelt, sie schon häufig im Kreise von Freunden vorgetragen und damit viel Vergnügen bereitet. Er goß sie nun sämmtlich um, vermischte, erweiterte und vertiefte sie; er versetzte sie alle nach Mecklenburg=Vorpommern und gab ihnen ein neues Gewand, indem er sie in Vers und Reim brachte. Für diese Schnurren und Schwänke war das Plattdeutsche die gebotene, weil allein zweckentsprechende Form; sie spielen ja alle im plattdeutschen Lande und unter plattdeutschen Leuten. Viele waren in hochdeutscher Sprache gar nicht möglich, vielen hätte dann die nöthige Kraft und Würze gefehlt; alle müßten sich hochdeutsch weit matter und blässer ausnehmen.

Zu den Geschichten, die auf Fritz Reuter's Erfindung oder auf eignen Erlebnissen und Beobachtungen beruhen, oder in denen er persönliche Erinnerungen verwerthet, ge= hören: „Wer hett de Fisch stahlen?", „De Bullenwisch",

„De Ihr un de Freud", „De Ümgang mit Damen", „De
Köster up de Kindelbier", „Fisematenten", „De Pirdkur",
„Dat Sößlingsmetz", „Moy inricht", „De Meckelnbörger",
„Mutter hett ümmer Recht", „Dat Ogenverblennen", „Dat
Tähnuttrecken" u. a. m. — In „Wer hett de Fisch stahlen?"
läßt der Dichter seinen verehrten Pathen auftreten, um zu
zeigen, wie Der mit den Leuten umzugehen verstand. Vor
dem Amtmann haben die Bauern gelogen, daß die Balken
sich bogen; jetzt nimmt sie der alte Herr in's Verhör:

   „Na, hürt mal," säd be Oll,
„Ick bün Amtshauptmann hier, Ji kennt mi woll.
Ji Slüngels staht hier vör Gericht,
Ji staht hier vör Amtshauptmann Wewern!"
Un borbi makt hei so'n vergritzt Gesicht,
Dat all de Kirls fung'n an tau bewern.
„Nu patzt mal up un hürt mal tau,
Un bauht, wat ik Jug heiten dau:
De stahlen hewwen, bliwen stahn,
De Annern können rute gahn."
Twei güngen rut, brei blewen stahn.
„„Ja, Herr Amtshauptmann, ja wi brei, wi hewwen't bahn""

  „De Bullenwisch" behandelt den Kampf zwischen Bürgern
und Bürgermeister. Die Bullenwiese soll von Neuem verpachtet werden; dazu steht Termin vor dem Bürgermeister
an, der seit langen Jahren selber der Pächter war und
fest entschlossen ist, es auch ferner zu bleiben. Er bietet
wie früher fünf Thaler; aber Schneider Meier, der Stadtsprecher, faßt sich ein Herz und übertrumpft das Stadtober-
haupt. Er bietet acht und dann sogar sechszehn Groschen
mehr, jedoch vergebens:

  De Herr Burmeister richt't sik hoch in En'n,
Leggt äwer sine Ogen beide Hän'n,
Dormit hei beter kiken künn.
Un kikt dorhen, wo unse Snider stünn.

Den Sniber bewt dat Hart in sinen Liw;
De Herr Burmeister büttt noch mal sin „Fiw!"
Gevabber Dreier stött den Sniber an:
„Lat Di nich lumpen, Babbermann!"
„„Söß Daler"" röppt de Sniber „„gew it Meid!""
Doch uns' Burmeister, rasch entslaten,
Will sit de Wisch nich nehmen laten:
„Wat is denn dat för'n dämliches Gebeid? —
Fiw Daler! — Wat sall dat bebüden?
Taum irsten, annern, un taum brübben!"
Bautz! sleit hei up den Disch:
„Min is de Bullenwisch!"

Wie man in Stavenhagen sich erzählt, soll dieser Bürger=
meister der eigene Vater des Dichters gewesen sein; woran
aber billig zu zweifeln ist. — „De Ihr un de Freud"
dagegen entspricht genau einem Vorgange, der sich in Staven=
hagen zugetragen als Fritz Reuter noch ein kleiner Knabe
war, und welchen er auch in seinen Erinnerungen erzählt.*)
Im „Läuschen" sind nur die Namen verändert. Aus Staven=
hagen ist Waren gemacht, Schuster Saalfeld heißt hier Schuster
Bull, und seine Tochter Cläre, die mit den Komödianten
entläuft, wird Fiken genannt. Fiken, oder eigentlich Cläre,
kam mit der Truppe in ihre Vaterstadt zurück, und trat
hier im Grambow'schen Thorwege**) auf. Das Orchester
besorgte Zoch, der musikalische Adjutant von „Onkel" Herse**),
mit seinen „Jungen"; und als Theatervorhang fungirte ein
weißes Laken. Vor ihm, in der erster Reihe, sitzt der Schuster,
der zürnende Vater, und oben reißt die entlaufene Tochter
durch ihr enragirtes Spiel alle Zuschauer hin. Da benutzt
sie geschickt eine Stelle ihrer Rolle, um den wider seinen
Willen schon halbgewonnenen Vater vollends zu erweichen.
Und zwar so:

---
*) „Schurr=Murr" S. 272 ff.
**) Vgl. S. 12

Verlangs smet sei sik up de Ir*),
„Oh Vater", schreg s', „verzeihe mir!"
Ull Schauster Bull, be drögt sik sine Ogen,
Fat't sik en Hart, sprung nach ehr 'rup,
Stöbb Jochen un de Lampen runn,
Un as hei bi sin Fiken stunn,
Bört hei sei ut den Kneifall up.**)
„"Min Döchting, nils hir von Vergeben!
An Di kann ik blot Ihr***) un Freud erlewen.""

Ebenso spielen in Stavenhagen „Dat Sößlingsmetz"
und „Dat Tähnuttrecken". Sie spielen beide bei „Docter"
Metz, dessen Fritz Reuter gleichfalls in seinen Erinnerungen
gedenkt†). „Docter" Metz hat drei Messer, mit denen
er seinen Patienten die Bärte abnimmt: das erste kostet
zwei Groschen, das zweite einen Schilling, das dritte einen
„Sößling" oder einen halben Schilling. Vauer Hagen
aus Hanschendörp läßt sich aus Gründen der Billigkeit
mit dem „Sößlingsmetz" barbieren, muß diesen Versuch
aber theuer genug bezahlen:

De Thranen lepen an de Backen run,
Dat Sößlingsmetz, dat rackt un schunn,
As wenn so'n durn=börchfluchten Egt
Em unre Näs herümmer fegt.
Un länger kunn hei nu nich swigen;
Hei sung nu ludhals an tau schrigen:
„Verfluchter Hund, nu lat mi los!
Ik wull, ik hadd, Di Racker, blos,
Wo ik Di hewwen wull; ik wull Di't lihren.
Du Esel! Nennst Du dat balbiren?!
Nu lettst Du los mi up de Stell!

---

*) Erde.
**) Upbören = aufheben.
***) Ehre.
†) „Schurr=Murr" S. 229.

Du sallst nu länger nich ut minen Fell
Mit Din verfluchtes Metz Di Reimen sniden!"
Un dörmit löppt hei ut de Dör herut.

Was Bauer Hagen vor Schmerz wüthend macht, versetzt Bauer Päsel in Bewunderung und Dankbarkeit. „Docter" Metz ist nicht blos Balbirer, sondern auch Cichorius — „die deutsche Sprache sagt Gregorius"*), verbessert Bräsig seinen Groß-Neffen Körling. Bauer Päsel hat „Zahnwehtag" und nimmt seine Zuflucht zu „Docter" Metz, trifft aber blos den „Docterburschen" anwesend. Der zieht mit seinem Instrument den Bauer ein paar Mal durch's Zimmer, und krigt so auch endlich den Zahn heraus. Päsel giebt aus freier Entschließung einen Gulden und geht zufrieden in sein Dorf. Nach einiger Zeit meldet sich bei ihm ein anderer Zahn krank, und er muß wieder in die Stadt. Diesmal findet er den „Docter" zu Hause; Metz selber vollzieht die Operation, und zwar mit einem einzigen „Ruck". Natürlich erwartet er noch besser als sein Bursche belohnt zu werden, sieht sich jedoch sehr enttäuscht, denn Päsel reicht ihm ein „olles dämliges" Zweigroschenstück. Vergebens thut er verletzt und beleidigt — es hilft ihm nichts:

„Ne, dat hett Allens sinen Schick",
Seggt Päsel; bit gung mi tau swinn.**)
Doch bi den Burßen — ne, dat lat man sin —
Ne, Brauder Metz, för wat, is wat:
Wat het de nich för Arbeit habb."

Auch in „Moy inricht" (Vortrefflich eingerichtet) erscheint ein persönlicher Bekannter des Dichters. Es ist der Küster Suhr, den Fritz Reuter in Jabel fand, wo sein Onkel Pastor war***). Küster Suhr spricht das klassische

---

*) Chirurgus.
**) Geschwind.
***) Vgl. S. 23 und 108.

„Mijüngjch", dieses urkomische Gemisch von Hoch- und Plattdeutsch, worin nach ihm Bräsig so excellirt. Man höre den Küster, während er seines Schulamts waltet:

„Ja, Kinder, ja! Glaubt mich das nur!
Seht, unsre Welt, das is' ne Welt
Wie's nahrens*) eine giebt hier in der Welt.
Ich wär schon weit herumgekommen
Auf meine Wanderschaft, as ich noch Schneider wär,
Doch hätt ich niemals nich vernommen,
Daß's eine beßre gebe mehr;
Das heißt, den Himmel ausgenommen.
Das kann Jedweberein insehn.
Ne, unsre Welt un all die Sachen,
Die in ihr sünd, die sünd so schön,
Daß ich sie selbst nicht könnte besser machen.

Gott schuf den Menschen und den Affen;
Worum hat er denn woll das Jahr erschaffen? —
Wer weiß't? Besinnt Euch noch en Beten! — —
Ihr dummen Jungs, Ihr wißt das nicht? — —
Seht! das is dorum so inricht,
Daß jeder Knecht und jedes Mäten
Zu rechter Zeit sein Jahrlohn kriegt,
Un unserein sein Bitschen Geld.

Un denn die Monat! Seht wie wunderbor!
Zwölf Monat hat ein jedes Johr,
Un jeder Monat dreißig Tag',
Un etliche noch einen mehr.
Klänhamels Jehann Jöching, sag',
Wo kömmt denn diese Sach woll her? —"

Und der Knabe antwortet ganz im Sinne des Meisters:

„Von bie Karninkens kömmt das her,
Wil di benn ümmer jungen baun."

---

*) Nirgends.

„De Köster up de Kindelbier" ist nicht Suhr, sondern der Küster im Allgemeinen; wie er drei Tage vor der Festlichkeit fastet und dann auf dem Gastschmause so lange ißt, bis er fast berstet, und so viel trinkt, daß er auf dem Heimwege liegen bleibt und auf einem Misthaufen ausschläft, wo ihn am nächsten Morgen der Schulz findet. Da spricht er nun:

„Vadder Schult, lat Di bedüden:
Böse Geister sind bereit,
Uns, de von de Geistlichkeit,
Stets tau foppen und tau brüden.*)

Sett man Din Gemäuth in Ruh,
Vadder, un verrad mi nich.
Seggt man blot den Preister nich
Un bileiw nich mine Fru!"

Solcher Studien und Charakterbilder, die von glücklicher Beobachtung zeigen und durch ihre humoristische Darstellung fesseln, hat der Dichter viele gegeben. In „De Ümgang mit Damen" wird der „Strom" oder junge Wirthschafter geschildert, wie de- und wehmüthig er auf dem Gutshofe, unter den Augen des Herrn, sich benimmt; wie „großspurig" er auftritt, wenn er einmal in die Stadt kommt; und in welch eigenthümlicher Manier er gelegentlich mit Damen umgeht. „De Mecklenbörger" illustrirt den gesunden Appetit der Eingebornen, die außerhalb ihrer Heimat die Portionen stets zu klein finden, und daher, wie der Inspector Schimmel-Brandt auf der Reise, in Berlin sich gleich sieben Tauben und fünf Flaschen Rothwein auf einmal geben lassen. „Dat Ogenverblennen" enthält den Bericht Jochen's über die Vorstellung eines Taschenspielers, der ihm allerlei Schabernack angethan und ihn auch sonst nicht recht

---

*) Necken, höhnen.

befriedigt hat. Der „Teufelskerl" versprach das Junge
von einem Hahn und einem Kaninchen zu zeigen, brachte
aber schließlich nur die „beiden Eltern" zum Vorschein.
Von tieferer Bedeutung sind „Anners möt't warden" und
„Mutter hett ümmer Recht", die beide die Politik auf dem
Dorfe behandeln. Dort wollen Pastor und Schulze
'Ne Stärkung for Regierung sein
Un for den hohen Adel —

werden aber, da sie sich in ihren Privatinteressen geschädigt
sehen, noch .am selben Tage gegen Regierung und Adel
aufsätzig. Hier sind die Bauern versammelt, um über eine
Botschaft des Edelmanns zu discurriren, der sie warnt, sich
nicht von „Juden und Advocaten" verführen zu lassen.
Sie höhnen und schimpfen den Edelmann, bis dieser plötzlich
einen Vertheidiger findet:

Dunn krop uns Schultenmutter ut de Eck
Bi'n warmen Aben*) rut un säd:
„Nu holl't dat Mul, wenn ik hier red!
Dat is nu so, so as dat is;
Dat Ein is äwer ganz gewiß.
Hei seggt, Ji sälen Jug von Juden un Avkaten
Nich in de Fingern krigen laten;
Un dat möt ik verstännig heiten,
Un dorin hett hei seker recht.
Dat möt hei sülwst am besten weiten,
De herw'n em in sin Schullen**) bröcht!"

Eine große Anzahl der „Läuschen" sind ihrem Kerne
nach, wie schon gesagt, alte allbekannte Anekdoten, und von
Fritz Reuter nur umgearbeitet, lokalisirt; z. B. „Perdüh",
„De Frigeri", „Dat kümmt endlich doch an den Rechten",
„De Besorgung", „As Du mi, so ik Di", „De Hülp",

---

*) Ofen.
**) Schulden.

„Dat En'n", „De Gaushandel", „Tru un Glowen" u. a. m. Aber auch sie erscheinen hier wie neu, oder sie erwecken doch neues Interesse durch die dramatische Einkleidung und individuelle Färbung, sowie durch allerlei komische und humoristische Zuthaten und originelle Nutzanwendungen. Da bringen die Bauern ihrem etwas habgierigen Pastor einen Kuchen. Er nimmt ihn mit Dank, aber er wird das Geschenk auch sofort buchen. „Es ist nur um die Observanz!" bemerkt er:

„Hm!" brummt de Oll un kratzt sik in den Däz
Un grint den Preister as en Pingstoß an.
„Min leiw Herr Paster, oh, denn schriwen S' man
Vor achter Ehren Satz noch bit:
Die Bauern brachten ihn mir woll,
Doch nahmen sie ihn wieder mit.
Un nu abjüs, Herr Paster!" seggt be Oll
Un packt den Kauken in. — „„Holt!"" röppt de Preister, „„sacht!
Wat heit denn dat? Wo so? Wo ans?""
„Ih, Herr", seggt unse Oll un lacht,
„Dat is man üm be Observanz!"

Knecht Jochen hat seinen Herrn wegen zu schlechter Beköstigung verklagt. Bäcker Hagen weist die Beschuldigung entrüstet zurück und führt ein Gericht an, das in seinem Hause gäng und gebe ist. Der Kläger wird hereingerufen, und der vorsitzende Bürgermeister fällt über ihn her:

„Du Slüngel, Du entsamtigte Hallunk!
Antwurt Du mi up mine Frag:
Rindfleisch un Plumen is't en slicht Gericht?" —
„„Den Deuwel ok,"" seggt Jochen Brümmer,
Un breit den Haut in sine Hand herümmer.
„„Rindfleisch un Plumen is en schön Gericht,
Doch, mine Herrn, ik krig't man nich.""

Von zündender Wirkung ist das gleichfalls aus einer altbacknen Geschichte umgeformte Läuschen „Wat debst Du, wenn Du König wirst?" Zwei halberwachsene Hütejungen liegen unter dem Busch, wo sie gegen den Regen Schutz gesucht haben, stecken sich ihre Pfeifen an und schwatzen vergnüglich, während das ihnen anvertraute Borstenvieh seine eigenen Wege geht. Die Jungen sprechen vom Schulzen, der den Knecht geschlagen und erklären einmüthig:

> Sei wullen sit gewiß nich slagen laten,
> Sei brulten dat tau liden nich von Keinen,
> Sei wullen för kein Släg nich deinen,
> Ne leiwerst würden sei Soldaten.
> Un von Soldaten kemen s' up den König.

Sie fragen einander: Wat bedst Du, wenn Du König wirst? Worauf die bekannten Antworten folgen. Lute meint, er würde dann seine Schweine bloß noch zu Pferde hüten; Krischan spricht: er wolle für diesen Fall keinen Tabak mehr, sondern lauter Zunder rauchen. Aus diesem Königstraum werden sie gar grausam geweckt:

> Dunn kamm uns Schultenvader achter'n Durnbusch rute,
> In sine Hand en Schacht, en rechten löhnigen.
> „Täuw, Rackertüg! täuw, ik will Jug bekönigen!
> Kikt bor mal hen! De Swin sünd in den Weiten.
> Ji Rackertüg! Ji rokt mi all Toback?!"
> Raps! Raps! tellt Schultenvader jeden
> En richtig Dutzend in de Jack.
> „Ji Snäsels! Ji willt König sin
> Un lat de Swin in'n Weiten rin?!"

Den Beschluß der „Läuschen un Rimels" macht die schalkhafte Epistel „An min leiwen Teterower":

> Ik beb nu all so männig Läuschen
> Ut Meckelnborg de Lüd vertellen,
> Nu möt Ji ran, dat helpt Jug nich.
> Ik lat mi nich von Jug begäuschen,
> Ji mägt nu bibben oder schellen;
> Wen dat nich jäkt, de kratzt sik nich.

Ji hewwt so männig Stückschen liwert,
De sünd so schnakschen tau vertellen;
Jk glöw, ik krig ok ein taurecht.
Un wenn Ji Jug ok bos't un iwert
Un mi ok utverschamt baubt schellen;
Dat schabt em nich, as Pogge*) seggt.

Du darwst mi dat nich äwel nehmen,
Ne, Teterow, ik kann 't nich laten;
Ne, Teterow, dat wir tau hart!
Jk müßt mi as en Pudel schämen,
Wenn ik mal güng dörch Dine Straten,
Min Bauk wir as en Hund ahn Start**).

Nich von den Häkt***), von 't Sobutmeten***),
Nich von den Bull'n***) will ik berichten,
Ne, ik vertell hüt, west versichert,
Wenn Einer tauhüren will en Beten,
'Ne ganze nie von Jug Geschichten,
Un be is: Von den ollen Blüchert.

Es folgt nun das „Läuschen", das Fritz Reuter später dramatisirt hat†). Hier erzählt es Jochen Ahlgrimm, der ehemalige Ivenacker Kutscher, dessen langer eingehender Bericht, unter wörtlicher Anführung der verschiedenen Reden und Gegenreden, sich in seinem Munde etwas unwahrscheinlich ausnimmt. Solcher Unwahrscheinlichkeiten, Uebertreibungen und Inconsequenzen finden sich manche; doch sind diese Schwänke auch wol nicht mit strengem Maßstabe zu messen. Ebenso müssen die mitunter grellen und stark aufgetragenen

---

*) Wahrscheinlich das bekannte liberale Mitglied des mecklenburgischen Landtags.

**) Schwanz.

***) Die Geschichte vom Hecht, vom Ausmessen des Brunnens und vom Bullen sind allbekannte Eulenspiegeleien der Teterower.

†) Vgl. S. 155.

Farben dem Genre zu gute gehalten werden; und gewisse
Derbheiten, die einem hochdeutschen Ohre mißfallen, sind
im Plattdeutschen eben gewöhnlich und auch hier keineswegs
von so übler Bedeutung. Dennoch ist nicht zu leugnen,
daß etliche Läuschen, wie „De Gesellschaft", „De Gesang",
„Twei Geschichten von Junker Corl von Degen" ꝛc. einen
geschmacklosen, läppischen oder gar unappetitlichen Eindruck
machen und besser weggeblieben wären. Andere sind gar
zu breit ausgeführt, oder sie lassen doch Ziel und Zweck
vermissen, z. B. „Dat Johrmark", „Wo is uns Oß?"
„Hei möt 'e ran". Ferner sind sprachliche Incorrect=
heiten, schiefe, gesuchte oder gehäufte Bilder, hinkende Verse,
unreine und unerlaubte Reime nicht selten; auch die Ortho=
graphie schwankt und muß sich Manches gefallen lassen.
Trotz alledem handhabt Fritz Reuter schon in diesem seinem
ersten Buche das Plattdeutsche mit einer Virtuosität, gegen
welche seine hochdeutschen Schriften ungelenk und gebrechlich
erscheinen, mit der Meisterschaft des echten Dichters. Unüber=
trefflich kleidet die „Läuschen un Rimels" das Mecklenburgische
Platt; mit seinem breiten vollen Klang, wie Brauder,
Kauken, Preister, Gäuder ꝛc.; mit seinen kosenden schmeichelnden
Diminutiven, wie Sähning (Söhnchen), Döchting (Töchter=
chen), Herring (Herrchen), Pasting (Pastorchen), sogar firing
(schnellchen), nipping und pricking (genauchen); sowie mit
seinen zahllosen naiven, naturwüchsigen und onomatopoietischen
Ausdrücken und Wendungen. Gar viele solcher Wörter,
wie Schosen, Finzel, Slasitken, Flutscher; braudern, ver=
grisen, fikatzen, stanzen, zaustern, spillunken, fummeln;
nägenklauk, stur, veninsch, fipprig, vergritzt, bräsig, piplings,
quanzwis u. a. m. — können gar nicht oder doch nur sehr
unvollkommen übersetzt werden.

„— — Meine Gedichte sind nicht wie vornehmer Leute Kinder, die vom Herrn Papa mit Empfehlungen aller Art, mit kleinen Ohren und aristokratischen Händen, geschnürter Taille und zartem Teint in die Welt gesendet werden, die allenthalben rücksichtsvolle Aufnahme finden und sich dafür mit gesetzten zierlichen Worten bedanken. Nein! sie sind oder sollen sein eine Congregation kleiner Straßenjungen, die in „roher Gesundheit" lustig über einander purzeln, unbekümmert um ästhetische Situationen, die fröhlichen Angesichts unter Flachshaaren hervorlachen und sich zuweilen mit der Thorheit der Welt einen Scherz erlauben. Der Schauplatz ihrer Lust ist nicht das gebohnte Parquet fürstlicher Salons, nicht der farbenglühende Teppich zierlicher Boudoirs; ihre Welt ist der offene Markt, die staubige Heerstraße des Lebens, dort treiben sie sich umher, jagen und haschen sich, treten ernst umher stolzirenden Leuten auf die Zehen, rufen dem heimwärts ziehenden Bauern ein Scherzwort zu, verspotten den Büttel, ziehen dem Herrn Amtmann ein schiefes Maul und vergessen die Mütze vor dem Herrn Pastor zu ziehen." —

So charakterisirt Fritz Reuter selber die „Läuschen un Rimels" in der Vorrede, die er unterm 18. October 1853 schrieb; und seine Worte bezeugen, daß er, das Genre und die Form anlangend, sehr wohl wußte, was er wollte und brachte; daß ihm nichts ferner lag als etwa eine Nachahmung und ein Wettlauf mit dem „Quickborn", sondern daß er gegen diese Sammlung sentimentaler idealistischer Gedichte gewissermaßen Front machte. Dann fährt er fort:

„Ja, springt und lärmt nur, ihr armen Schelme! Bald wird es aus sein mit eurer Lust, und wenn ihr unter fremde Leute kommt, wird man euch ziehen und zerren, euch richten und hobeln, man wird eure Ausgelassenheit züchtigen; was ihr in aller Unschuld und Natürlichkeit für Scherz hieltet, wird man euch als Grobheit und Rohheit in Anrechnung bringen. — — „Ich bin darauf gefaßt, und sitze, wie der Perser sagt, auf dem Sopha der Geduld und rauche die Pfeife der Erwartung." —

Aber solch albener Vorwurf ist von der Kritik niemals erhoben worden. Nur Eine Stimme ließ sich gegen den Dichter vernehmen; sie erklang sehr spät und von ganz unerwarteter Seite. Es war die Stimme des Neides und der Mißgunst; es war Klaus Groth, der plattdeutsche Nebenbuhler, der, erbittert durch das günstige Urtheil, welches Robert Prutz im „Museum"*) über Fritz Reuter ausgesprochen hatte, sich 1858 — fünf Jahre nach dem Erscheinen der „Läuschen un Rimels", als diese schon in dritter, „De Reis' nah Belligen" in zweiter Auflage herausgekommen, und auch bereits „Kein Hüsung" erschienen war — der sich nun in seinen „Briefen über Hochdeutsch und Plattdeutsch" folgendermaßen äußerte:

„— — Fritz Reuter hat sich besonders durch seine Läuschen un Rimels einen Namen gemacht, und die Kritik erklärt fast allgemein diese Art Poesie für die echte plattdeutsche Volkspoesie. Es thut mir leid, daß ich dem nicht anders wirksam widersprechen kann, als indem ich die Unrichtigkeit dieser Ansicht im Speciellen nachweise. — Die Läuschen un Rimels sind in gewandtem Plattdeutsch geschrieben, ohne Zwang und Gewaltsamkeiten, sie sind leicht und bequem erzählt, klar und anschaulich, die Pointe wird nie verfehlt, Reim und Rhythmus sind natürlich, aber sie sind durch und durch gemein. Sie führen uns nur plumpe unwissende oder schmutzige schlaue Figuren vor. Ein Bauer wird betrogen oder betrügt selbst, er begeht die gemeinsten Ungeschicklichkeiten, versteht nicht einmal eine Tasse Kaffee zu trinken, belügt seinen Amtmann, zeigt sich dümmer als sein Knecht. Und nicht blos der Bauer, auch der Kaufmann,

---

*) Vgl. S. 160.

der Handlungsreisende, der Arzt, der Advocat, der Küster auf der Kindtaufe werden uns nur vorgeführt, um über sie als Tölpel oder Spitzbuben zu lachen. Der christliche Prediger tritt nur auf als geeignetste Person, von einem jüdischen Roßkämmer beim Pferdehandel düpirt zu werden, unser deutscher Held Blücher nur, damit ein übereifriger Polizeidiener ihm die Tabackspfeife wegnehmen und dafür von ganz Teterow Prügel bekommen kann. Das wäre die Blüthe des Volkslebens? das seine Poesie, die man ihm absieht und ihm wiederbringt? Nein, das heißt alles in den Qualm und Wust der Bierstube hinab- und hineinziehen, wo man sich in der schluderigsten Sprechweise Vademecums-Anekdoten erzählt. Da ist alles gleich, nämlich Alles gemein, Bürger und Adel, hoch und niedrig." — — — „Wer in den Läuschen un Rimels die Natur Mecklenburgs und seiner Bewohner sucht, der wird staunen über einen Augiasstall von Grobheit und Plumpheit. So kann die grellste Wirklichkeit nicht sein und ist es nicht und nirgends."

Wie man sieht, zollt Klaus Groth den „Läuschen un Rimels" in formaler Hinsicht unbedingtes, und thatsächlich zu hohes Lob, um sodann vom sittlichen und ästhetischen Standpunkt über sie den Stab zu brechen. Er nimmt sich mit gewaltiger Entrüstung angeblich gemißhandelter Bauern und Bürger, Küster und Geistlichen, Amt- und Edelleute an; nach seiner Ansicht ist das ganze mecklenburgische Volk von Fritz Reuter tief heruntergezogen und arg beleidigt worden. Wie merkwürdig, daß man in Mecklenburg selber davon gar nichts spürte, im Gegentheil die „Läuschen un Rimels" mit angenehmer Ueberraschung aufgenommen, und sich an ihnen so sehr ergötzt hatte! Wirklich hält es auch schwer, diese harmlosen gemüthlichen Geschichten anders aufzufassen, an ihnen ein Aergerniß zu nehmen. Nirgends findet sich die geringste Gehässigkeit gegen irgend einen Stand oder eine Partei; nirgends eigentliche Satire oder Sarkasmus, die überhaupt nicht Fritz Reuter's Sache sind, wozu er gar keine Anlagen besitzt. Man hört nur das helle, vergnügte Lachen des Humoristen über die kleinen Schwächen und Thorheiten der Welt, an denen auch der Dichter Theil zu haben sich vollkommen bewußt ist. Fritz Reuter's Herz hängt viel zu sehr am Volke, und insbesondere an seinen Landsleuten, als daß er mit ihnen Spott und Hohn treiben sollte. Einige wenige Läuschen sind allerdings, wie schon zugegeben, etwas geschmacklos und unappetitlich, aber geradezu „gemein" und „unfläthig", wie Klaus Groth sie nennt, ist kein einziges. Selbst wenn Fritz Reuter Säufer und Vielfraße, Tölpel und Einfaltspinsel, Schelme und Gauner, oder ganz naturalistische und paradiesische Scenen vorführt, so malt er sie doch nie um ihrer selbst willen. Er malt mit völliger Unbefangenheit und nur um die komischen und humoristischen Seiten solcher Figuren und Situationen hervortreten zu lassen; welchen Zweck er auch so gut erreicht, daß Einem derartige Nebengedanken gar nicht kommen. An diesen lustigen Geschichten Anstoß nehmen zu wollen, zumal wenn man erwägt, in welchen Kreisen sie spielen, ist mindestens altjüngferliche Prüderie und Coquetterie; von Klaus Groth eben noch etwas Schlimmeres.

Fritz Reuter antwortete nun in der früher erwähnten Broschüre.*) Er wies dem Ankläger Verdrehung und Entstellung sowol der eigenen Gedichte, als der Prutz'schen Recension nach, und zeigte dann, daß gewisse Dinge, wie Unflath und Zweideutigkeiten und ein Sichlustigmachenwollen, z. B. über ehrsame Schuster und mauschelnde Juden, nicht in den „Läuschen un Rimels", wol aber in dem zarten elegischen „Quickborn" zu finden sind. Auch aus dem „Missingsch" und „Judenplattdeutsch" hatte Klaus Groth

---

*) Vgl. S. 162.

dem Dichter einen Vorwurf gemacht; mußte aber hören,
daß er Beides im „Quickborn" selber versucht, jedoch leider
damit nicht zu Stande gekommen sei. Genug, Fritz Reuter
schlug seinen Gegner in jedem Puncte und leuchtete ihm
gründlich heim. — Hinterher wollte Klaus Groth seinen
Mißgriff wieder gut machen, und begrüßte die „Olle
Kamellen" (1860) im Altonaer „Merkur" mit sehr an=
erkennenden Worten. Indeß kam er mit seinem Lobe etwas
spät, und dazu beging er eine neue Sottise; indem er, an=
statt sein Unrecht oder wenigstens seinen Irrthum offen
einzugestehen, die Recension mit der Bemerkung einleitete:
Fritz Reuter sei seiner Mahnung gefolgt, und habe den
früher eingeschlagenen Weg verlassen; er wünsche ihm zu
dieser Umkehr Glück, und freue sich, ihm jetzt seinen Bei=
fall aussprechen zu dürfen. — Glücklicherweise war von
einer Umkehr keine Rede, wohl aber von einem Fortschritt.

Als Fritz Reuter jene Entgegnung schrieb, befanden
sich bereits unter der Presse: „Läuschen un Rimels, Neue
Folge". Sie erschienen genau fünf Jahre nach dem ersten
Theile; und die Vorrede, worin der Dichter das Bücher=
schreiben mit dem Kegelschieben vergleicht, datirt vom 18.
October 1858. Auch hier sind die einzelnen Stücke, theils
dem Inhalt, theils der Ausführung nach, wieder von ungleichem
Werthe; im Ganzen genommen wird aber die erste Sammlung
von der zweiten wol noch übertroffen. Der Dichter hat
mehr gesichtet und mehr gefeilt, und gewisse Verstöße gegen
Geschmack und Wahrscheinlichkeit zu vermeiden gesucht; was
ihm freilich nicht immer gelungen ist. Bedenken aus diesem
oder jenem Grunde erregen z. B. auch hier die Läuschen:
„En Mißverständniß", „De Korten," „Woran Einer einen
pommerschen Buren kennen kann", „Dat kümmt mal anners",
„De Drom" u. a. Etliche leiden wieder an ungehöriger

Breite und unverhältnißmäßiger Ausdehnung, wie „De Kalwerbrad", „De nige Paleto", „De Fulheit" ꝛc. Glücklich verarbeitete, gut abgeschlossene Anekdoten sind dagegen: „Wo dat woll taugeiht?" „En Beten anners", „Dat Best", „Dat wir bald wat worr'n", „De Reknung ahn Wirth", „Ümkihrt", „'Ne gaude Utred", „Dat geiht woll nich" u. s. w. Andere sind behäbig, aber hübsch variirt, z. B. „En Schmuh", „Wer is klauker?" „Dat smeckt dor äwwerst ok nah", und ganz besonders „Oh Jöching Päsel, wat büst Du för'n Esel!" Da steht der Officierbursche und meldet, daß sein Herr auf die Einladung zum Mittagsmahl leider verzichten muß:

„Empfehlung von 'n Herrn Leutinant
An gneb'ge Fru von Diamant,
Un was mein gnebigst Leutnant wär,
Der kem heut nich zu's Essent her.
Denn nach 'ner guten Stunde schon
Mußt Allens gnebigst abmarschiren,
In Woldeck wär 'ne Rebellion,
Un thäten hellschen rebelliren
Von wegen einer Holzgeschicht,
Un darum könnt' Herr Leutnant nich."
„„Das is ja Schad', das thut mir leid!""
Un Jochen Päsel steiht un steiht
Un ward be Feldmütz börch ben Knäwel wringen.
Sei fröggt, worüm hei benn nich geiht?
„Das Essent," seggt hei, „süll ich bringen."
Na, sei is denn en lustig Wiw,
Dat up en Spaß sik gaud versteit;
Un in blotes Ümsein wir
En groten Korf vull Eten packt
Un Jochen Päseln upgesackt.

Er sollte das Essen aus dem Speisehaus holen, und wird nun von dem Herrn zurückgeschickt, um seine Dummheit wieder etwas gut zu machen:

„Empfehlung von Herrn Leutinant
Un gneb'ge Fru von Diamant — —"
„„Was bringst Du da, mein lieber Sohn?"" —
„Un wär als Esel längst bekannt,
Un gneb'ge Fru von Diamant —"
„„Na, laß nur, laß, ich weiß das schon.""
„Un sollten gnebigst doch verzeihn
Un einen Kauken is babrein,
Un sollt vor Sie 'ne Wolluft sein."

Er bringt ihr einen Kuchen, und als sie ihm einen Thaler Trinkgeld gibt, versteht er das wieder miß:

„Ne", seggt uns Jochen, „dit's man Ein,
De Kauken kost't uns sülwen drei."

Obenan stehen die Geschichten, die weniger Anek=
doten als Charakter= und Situationsbilder sind und auch
dem Stoffe nach dem Dichter zugehören; z. B. „Dat nige
Whist" — das Kartenspielen mit Redensarten; „De swarten
Pocken" und „En lütt Versein" — zwei originelle ärztliche
Kuren; „En gaud Geschäft" und „Wat All in so'n Stadt=
reknung steit" — zwei Beiträge zur Polizei=Praxis; „De
Börgers bi Regenweder" und „De Buren bi Regenweder" —
der Unterschied zwischen Stadt= und Dorfbewohnern; „Wat
sik de Kauhstall vertellt" — ein köstliches Liebes=Jdyll;
„En Prozeß will hei nich hewwen" — ein sonderbares Gerichts=
verfahren; „Grugliche Geschicht" — das nächtliche Abenteuer
zwischen Herrn Penkuhn und seinem Dienstmädchen Lotte;
und „De Sokratische Method" — worin Schulrath Jr dem
Schulmeister Rosengrün die pädagogische Hebeammenkunst
zeigt, und Letzterer, wie Küster Suhr, durch sein „Missingsch"
glänzt. Einen humoristisch rührenden Eindruck macht das
kleine Läuschen „Dat ward All slichter in de Welt". Der
Pastor tröstet die auf dem Sterbebette liegende arme Alte
und verweist sie auf das Jenseits:

„Drum hoffet auf den Himmel nur,
Der Himmel nur giebt uns Gewinn."
„„Ja"", seggt be Ollsch, „„dat säd ik ümmer,
Doch segg'n sei All jo, Herr Pastur,
Dat sall vor ok nich mihr so sin.""

Außer diesem Läuschen zeigen noch verschiedene andere, welche mannigfaltigen Töne dem Dichter zu Gebote stehen. So strotzt „Du dröggst de Pann weg" von übermüthiger und doch liebenswürdiger Laune; „Noth= und Liebeswerke" hat den Schmelz und Duft eines Frühlingsblümchens; und „Wat wull de Kirl?" ist von der schalkhaftesten Anmuth und reizendsten Naivetät.

Wären die „Läuschen un Rimels" nichts weiter als eine Sammlung von Schwänken und Schnurren, so könnte natürlich ihr Werth nur ein sehr untergeordneter sein; zumal den meisten von ihnen die knappe gedrungene Form, die Schärfe und Spitze der eigentlichen Anekdote fehlt. Auch sind sie weniger witzig als komisch und humoristisch, und darum so behäbig und ausführlich. Als bloße Anekdoten würden sie nicht so weite Verbreitung gefunden, nie solch allgemeinen und dauernden Beifall gewonnen haben. Es steckt eben in ihnen noch etwas Anderes und Höheres: eine realistische Dichterkraft. Sie sind erfüllt und belebt von lauter vollblütigen originellen Gestalten, deren Thun und Wesen ebenso fesselt wie ergötzt. Der Dichter malt mit kräftiger sicherer Hand, mit frischen gesättigten und oft brennenden Farben. Mit wenigen Strichen weiß er Personen und Dinge so hinzustellen, daß man sie zu sehen und zu fühlen meint. Fritz Reuter hat die Luther'sche Regel be=
folgt und „den Leuten brav auf's Maul gesehen". Alle seine Helden und ihre kleinsten Eigenthümlichkeiten sind dem

wirklichen Leben abgelauscht; und was er in der Vorrede zur ersten Sammlung befürchtet, hätte ihm wol einmal passiren können; daß nämlich der Bauer Jochen Päsel oder Krischan Swart in des Dichters Zimmer getreten, sich breitspurig vor ihn hingestellt, drohend seinen Kreuzdorn geschwungen und dazu gesprochen: „Herr, wat hewwen Sei mit mi und min Fru tau dauhn?!"

Fritz Reuter hat weit mehr gegeben als er eigentlich beabsichtigte. Was der „Quickborn" auf dem Titel nur verspricht: „Volksleben" — findet sich in den „Läuschen un Rimels" wirklich und vollauf. Mit Recht konnte daher der Dichter in seiner Streitschrift gegen Klaus Groth sagen: „Wenn nach Jahren sich vielleicht ein oder das andere Exemplar des „Quickborn" und der „Läuschen" in der Rumpelkammer eines Büchersammlers erhalten haben sollte, so wird dieser auf zehn Seiten meines Buches mehr Fingerzeige zu einer richtigen Beurtheilung unseres jetzigen plattdeutschen Volkslebens und unserer Volkssprache finden, als in dem ganzen „Quickborn". Diese bescheiden=stolzen Worte charakterisiren zugleich den Mann und den Dichter, der instinctiv geschaffen, und dem erst hinterher das Bewußtsein davon kam. Denn Fritz Reuter hat in diesen anspruchslosen Schwänken und Schnurren zugleich seine Heimat und seine Landsleute mit ebensoviel Liebe wie Treue geschildert; und die „Läuschen un Rimels" sind nichts Geringeres als — eine Naturgeschichte Mecklenburgs und seiner Bewohner. Darum haben sie einen wahrhaft cultur=historischen Werth, und darum ist auch der große Erfolg, der ihnen zu Theil geworden, nicht unverdient.

Die Erzählungen in Versen.

Nach den „Läuschen un Rimels" erschienen die „Polterabendgedichte" und drei längere Erzählungen, gleichfalls in Vers und Reim; welche Fritz Reuter damals noch für die einer Dichtung nöthige Form oder doch für das kleidsamste Gewand einer solchen halten mochte. Er läßt sogar das Versmaß mehrfach wechseln; was, da es ohne erkennbaren Grund geschieht, sich etwas wie Spielerei ausnimmt. Die metrische Form überhaupt ist dagegen wol zu erklären und zu rechtfertigen. Wennschon sie dem Dichter oft sichtlich Beschwerden verursacht und ihn zwingt, aus der Noth eine Tugend zu machen, ist sie doch hier, wie bei den „Läuschen un Rimels", eine hübsche Verzierung. Hauptsächlich aber hilft sie über mancherlei Unwahrscheinlichkeiten und Lücken hinweg, über den theilweisen Mangel an Handlung und Motivirung; und sie verbirgt fast, daß der eigentliche Inhalt und specifische Gehalt dieser Erzählungen ziemlich unbedeutend ist. Von ihnen nennt sich die erste

De Reis' nah Belligen.

Sie wurde 1855, wenig über ein Jahr nach der ersten Sammlung der „Läuschen un Rimels" veröffentlicht, denen sie sich, hinsichtlich des Vorwurfs wie der Behandlung, noch eng anschließt. Sie erscheint wie ein weiter ausgeführtes „Läuschen", und wirklich ist sie das auch nur. Der Stoff entstammt dem Läuschen „Dat Johrmark", welches zum Theil schon dieselben Personen enthält, die hier auftreten: — Bauer Swart, seine Frau, seinen Sohn Fritz und dessen Freund Corl Witt. Dort hält Oll Swart dafür, daß Fritz, ein zwanzigjähriger Schlaps, endlich „Cultur der Welt" lerne, und schickt ihn zu diesem Zwecke nach der Stadt, auf den Jahrmarkt, wo er eine Kuh verkaufen soll. Corl Witt begleitet ihn und überredet ihn, die Kuh einem Juden für fünfzig Brillen zu überlassen. Fritz Swart macht dasselbe Geschäft, das einst der Sohn des Vicars von Wakesfield abschloß; kehrt aber nicht, wie der ehrliche Moses, nüchtern und mit sich zufrieden heim, sondern schweren Kopfes, von Schlägen zerbläut und voll böser Ahnung. Wirklich empfängt ihn der Vater ob des Brillen-Handels mit verfänglichen Geberden; doch die Mutter, der er heimlich den geliebten Schnupftabak zusteckt, nimmt ihn unter ihre Flügel und führt geschickt seine Vertheidigung. — So ist der Inhalt des „Läuschen"; und zu den genannten Personen treten in der gegenwärtigen Erzählung noch Oll Witt, Corl's Vater, Küster Suhr und dessen Tochter Dürten.*) Das Motiv ist dasselbe, nur daß es voller durchgeführt wird, und dazwischen eine Liebesgeschichte sich schlingt.

Vadder Swart und Vadder Witt haben auf dem landwirthschaftlichen Verein zu Güstrow öfter vernehmen müssen, wie sie mit ihren Kenntnissen und Anschauungen

---

*) Dürt oder Dürten, d. i. Dorothea, Dorchen.

hinter dem Zeitgeist der Aufklärung und des Fortschritts so
schmählich weit zurückgeblieben sind; darum beschließen sie, ihre
beiderseitigen Sprößlinge, Fritz und Corl, über Berlin nach
Belgien zu bringen, um sie dort „Cultur der Welt" und
„höhere Wirthschaft" lernen zu lassen. Die Väter sind
einig, aber die Mütter protestiren und lamentiren auf das
Heftigste; besonders Mutter Swartsch, die ihren Ehemann,
als er sich zögernd erklärt, und dann ihr den Mund ver=
bieten will, entrüstet anläßt:

„Wo? Ih! Ne! Dit wir doch curjos!
Ik sall vör Di dat Mul hir hollen?
Ik sall nich reden? Vör so'n ollen
Entsamten Voßkopp sall ik swigen?
Wo? Du sallst jo dat Wetter krigen!
Wo? dat unmünnig Kind wullst Du up Reisen schicken?
Ik glöw wahrhaftig, dat Du't dedst, wenn ik em
Nich unner mine Flüchten*) nem.
Min Jung! Min Fritz! Verluren wir 'e!
Wo hest Du denn noch ann're Kinner?
Du olle Däskopp, olle Sünner!
Du olle grise Nägenmüre!"**)

Auch prophezeit sie von der Reise selber alles mög=
liche Unheil:

„— — — Wo lang würd't wohren,
Denn grepen up Jug de Schandoren,***)
Denn habben Di de Landhusoren
Mit sammt min ollen leiwen Jungen
Un Corln un den Nahwer Witten
As Vagelbunten†) ingesungen
Un leten Jug en Strämel††) sitten."

---

*) Flügel.
**) Neuntödter.
***) Gendarmen.
†) Vagabunden.
††) Streifen, hier: eine Zeit lang.

Indeß sie wird nicht gehört, nicht einmal von ihrem Sohne Fritz, der nur an Küster's Dürten denkt, von der er so eben herzlichen Abschied genommen hat, sich tröstend der baldigen Rückkehr und demnächstigen Hochzeit; noch weniger von Corl Witt, der ganz erfüllt ist von seinen gelbledernen Hosen, dem neuen blauen Rock, dem rothen Halstuch und weißen Hut, und der so aufgeputzt nicht nur seine eigene, sondern auch Anderer Bewunderung erregt. Küster Suhr gibt den Reisenden noch eine Strecke das Geleit und läßt sich über den Weg nach Belgien folgendermaßen aus:

„Von hier nach Ollen Strelitz, ja das geht;
Ja, aberſten von da, da geht's erst an,
Das find't so leicht nich Jedermann.
Das Einzigſte, was ich Euch sagen kann,
Wenn Ihr den Weg werd't wiſſen wollen,
Das ist, daß Ihr Euch rechtſch müßt hollen,
Denn fahrt Ihr linkſch, denn kann Euch das paſſiren,
Daß Ihr thut hen nach Rußland führen,
Ja, oder auch nach Oeſterreich,
Un möglich selbst nah Hinnepommern."

Und als die Bauern sich ob seiner Weisheit wundern, meint er selbſtzufrieden:

„Mir könnt Ihr ſtellen', wo Ihr wollt,
Bi düster Nacht in'n dickſten Holt,
Denn will ich, was ich hätt, verwerr'n,
Daß ich mir finn durch jedes Land,
Wenn ich 'ne Landkort hab zur Hand;
Ich muß ja braus die Kinner lern'n."

Sodann macht er ihnen die Gesetze der guten Lebensart kund, und wie man sich im Verkehr mit der großen Welt aufzuführen habe:

„Ihr müßt auch driſt un munter sein
Un mit 'ner Kuntenanz auftreben,

Un wenn sie höflich Euch anreden,
Denn müßt auch obleschirt Ihr sein,
Vor Allen bei dat Militör.
Ihr seid zum Beispiel grad in't Danzen,
Un 't kommt en Unt'rossziere her,
Der fängt nu an, Euch anzuranzen:
Verdammter Kerl von Syphilist,
Ich will mit die Mamsell mal danzen.
Na, slimm! Doch helpt dat nich! Dann müßt
Ihr fründlich sagen: Woll, Herr Kapperal!
Zu dienen, Herr! Ja danzen Sie man mal.
Un so, daß Jedermann das hürt,
Ruft Ihr denn lud: Markür! Markür!
Oh, bring' mich mal zwei bittere Lakür!
Un wenn er die Mamsell zurück Euch führt,
Denn sprecht Ihr dreist: Sehr obleschirt!
Dies hätt mir köstlich amusirt,
Un hätt mir die Erlaubniß nommen
Un ließ vor Sie en Bittern kommen;
Denn sollt Ihr sehn, er trinkt ihn richtig aus."

Schon die Fahrt nach Alt=Strelitz, die mit eigenem Fuhrwerk gemacht wird, ist mit schlimmen Anzeichen verbunden. Die Pferde gehen durch und der Küster verloren; die Gesellschaft verfällt in einen tiefen Mittagsschlaf, den ein paar muthwillige Musensöhne benutzen, um die Pferde vom Wagen zu strängen, und die sieben Kiepen, in welchen sich die unermeßlichen Proviantvorräthe befinden, zunächst ein wenig zu leeren und dann in die Baumwipfel zu hängen. Aber nun erst die Reihe von Unfällen in Alt=Strelitz, woselbst die Reisenden einen Rasttag halten! Corl Witt kommt um seinen blauen Rock und muß ihn mit einem grünen Frack vertauschen. In der Nacht böse Träume, Alpdrücken, Nachtwandeln und falscher Feuerlärm. Am Morgen große Prügelei mit einer Musikantentruppe, wobei Vadder Swart in die türkische Trommel, Vadder Witt in den Contrabaß stürzt, Beide aber vom Herrn Bürgermeister in Strafe und Entschädigung, Schmerzensgeld und Kosten, zusammen weit über hundert Thaler, verurtheilt werden. Hinterher feierliche Versöhnung mit den Musikanten in Schnaps und Rundgesängen, und gemeinsame Fahrt nach Berlin auf dem Omnibus. An der Zollgrenze wollen die Bauern sich selber nach Umfang und Gewicht versteuern, verbergen aber sorgfältig ihre Börsen, denn „ins Preußische darf bei Leibe kein Geld eingeführt werden".

Und nun ist man in Berlin, das seine Wunder und Herrlichkeiten über die Reisenden ausschüttet, und sie aus einem Erstaunen in das andere fallen läßt. Sie stolpern durch die meilenlangen Straßen, starren zu den himmel= hohen Häusern hinauf, nehmen die öffentlichen Denkmäler in Augenschein, und bewundern in dem stattlichen Portier eines Hôtels, der sich in seiner kostbaren Uniform vor der Hausthüre sonnt, den „König von Portugal"; denn so lautet die Aufschrift des Gasthofs. Dann geht's nach der „Muf'geschicht", wie Oll Swart die Museen nennt; aber hier ereignet sich das erste Malheur. Vadder Witt, der, um recht „forsch" zu erscheinen, von einem der Musikanten, dem Bruder „Vigelin"*) eine Hose von „Gummilastikum" gekauft hat, und sich über dieses Prachtexemplar wie ein Kind freut, da er sie nach Belieben kurz und lang machen kann; dem Vadder Witt platzt der „Gummilastikum" gerade über den Knieen, und zwar inmitten der feinen Herren und Damen, die jetzt statt der Gemälde diesen großartigen Riß bewundern. Man hilft sich, so gut es gehen will, und wandert nach dem Opernhause, wo man unter Schauern von Ehrfurcht das Paradies erklettert, und sich an dem „Freischütz" erlabt, der auf alle Vier einen großen Ein= druck macht. Oll Witt kriegt bei dem Höllenspuk, der das

---

*) Violine.

Gießen der Freikugeln begleitet, den Grusel; Corl macht seiner Theilnahme in zu geräuschvoller Weise Luft, und wird von einem höflichen Constabler hinausgeführt. Oll Swart wundert sich, wie der „grüne Jungfernkranz", den er bisher nur in seinem Dorfe gehört, plötzlich nach Berlin komme; und entschließt sich später „nach dem Rechten zu sehen", indem er mit Donnerstimme den bethörten Mar vor dem verhängnißvollen Schusse warnt, worauf er das Schicksal von Corl theilt, und gleichfalls vor die Thüre gesetzt wird. Nahwer Witt folgt ihm freiwillig. Fritz allein bleibt bis zu Ende; er glaubt sich im Himmel und träumt von Küster's Dürt.

Am nächsten Morgen geht's in aller Frühe nach der Eisenbahn, deren Bekanntschaft die Reisenden zum ersten Mal machen, und die ihre höchste Bewunderrng erregt, denn die Pferde werden hier nicht vorgespannt, sondern sitzen gleichfalls in besondern Wagen. Doch bald erfolgt die Katastrophe. — Auf der ersten Station steigt Corl Witt aus, um zu sehen, ob man die Pferde wechselt; auf der zweiten Station steigt Oll Swart aus, um zu erfahren, wo Corl Witt geblieben ist; auf der dritten Station steigt Fritz Swart aus, um nach seinem Vater zu forschen; und auf der vierten Station verläßt Oll Witt das Coupé, indem er dem Bahnhofs-Inspector erklärt: er wolle nun auch nicht weiter fahren; womit der Beamte einverstanden ist. Die vier Reisegefährten sitzen also auf vier verschiedenen Stationen, und Jeder beschließt auf eigne Hand nach Berlin zurückzukehren. Dort angekommen, entdeckt Fritz Swart im Scheine der Gaslaternen die gelblebernen Hosen von Corl Witt, worauf Beide uneingeladen einen Studentencommers besuchen, aber hinausgeworfen und dann arretirt werden. In Nummer Sicher finden sie auch ihre Väter wieder, welche die Söhne mit Vorwürfen empfangen, ob der Schande, die sie ihnen im fremden Lande machen. Tags darauf stehen alle Vier vor einem Referendar, der sie wegen nächtlicher Ruhestörung zur Verantwortung zieht. Die Väter geloben ein offenes Bekenntniß abzulegen, aber nicht in Gegenwart der Söhne. Sobald man diese entfernt hat, behauptet Oll Witt, nur wegen seiner „Dugendsamlichkeit" aufgegriffen worden zu sein, und Vadder Swart macht dazu eine Erklärung. Sie seien in ein Tanzlokal der Demimonde gerathen, woselbst Vadder Witt in arge Versuchung gefallen, und nur, wider seinen Willen, durch das energische Einschreiten von Vadder Swart gerettet worden; was sie aber Beide in eine Schlägerei verwickelt, und so in die Hände der Polizei geliefert habe.

Der Referendar begreift, mit was für Leuten er's zu thun hat und entläßt sie; worauf sie, von aller Reisesucht geheilt, mit der Post nach Alt=Strelitz zurückfahren, und von hier aus sich zu Fuß auf den Heimweg machen. Vadder Swart zagt jetzt seiner Frau unter die Augen zu treten; er überredet Fritz, vorauf zu gehen und die Mutter vorzubereiten, aber gewisse Dinge zu verschweigen. Zum Dank dafür wolle er ihn in seiner Bewerbung um Küster's Dürt unterstützen.

Während die Alten im Regen sitzen bleiben, geht Fritz mit Corl ins Dorf und kommt zu seiner Mutter, mit welcher inzwischen gleichfalls eine große Veränderung vorgegangen ist. Sie, die sich früher entschieden gegen Küster's Dürt, als eine „nackte" Dirne, erklärt hat, ist vor wenig Tagen ins Wasser gefallen, aber von dem jungen Mädchen herausgezogen und liebreich gepflegt worden; weshalb sie in sich gegangen und die Verbindung der jungen Leute beschlossen hat. Die beiden Frauen sitzen traulich bei einander und plaudern von den Abwesenden; da sehen sie plötzlich Fritzen in der Stube stehen, und die Alte ruft:

„Herr Jesus, Dürten! Kinner, Lüd'!
Dor steiht hei sülwsten ganz un gor,"

As wenn hei dat persönlich wir.
Jung'! Fritz! — Sprek, Bengel! Späukst Du hir?" —
„"„Ne, Mutter! . . ."" — „Jung', wo kümmst Du her?
Wo kümmst Du in de Stuwendöhr?"

Endlich wagt sich auch Oll Swart ins Haus, indem er den Küster als Beistand vor sich her schiebt. De= und wehmüthig nähert er sich der Gattin, die ihn mit den ausgesuchtesten Ehrentiteln begrüßt, und als er sich vertheidigen will, hart unterbricht:

„Nu höllst Din Mul! Ik will dorvon nicks weiten.
Du hest nu Dinen Willen hatt.
Dor sittst Du nu mit all Din Klaukigkeiten!
Du hest de groten Städer nu besöcht.
Du hest ben Jung'n de Landwirthschaft bibröcht,
Du kannst so vörnehm nu, as Ein
Tau Güstrow up den sapperlotischen Verein
Bon't utlän'nsch Meßupladen brähnen —
Du magst en up französch all laden känen —
Nu sittst Du hir as 't söwte Rad!
Du hest nu Dinen Willen hatt.
Nu segg 'k Di äwerst, krig ik minen! —
Kortüm! Uns' Fritz, de sall nu frigen;
De Köster Dürt, de sall hei nemen!
Un beihst Di nich dortau bequemen,
Denn sallst dat Dunnerweder krigen!"

Worauf der Alte:

„Woll, Mutter, woll! In Gottes Namen!
Denn Fritz un ik, wi sünd all äwerein . . . ."

Das Gedicht schließt mit der lustigen Hochzeit, und in einem Nachtrage sieht man das glückliche Ehepaar, umgeben von Eltern und Kindern, während Oll Swart dem Badder Küster gegenüber die Moral der Geschichte in den Worten ausspricht:

„Mit den uns' Herrgott meint hat tru,
Den giwwt hei eine gaude Fru!" — —

Die Geschichte spielt und ist geschrieben im Jahre 1854; zu der Zeit, als Eisenbahnen und Telegraphen den Bewohnern entlegener Provinzen noch etwas Neues und Wunderbares waren. Auf Fritz Reuter selber haben sie tiefen Eindruck gemacht und seine dichterische Phantasie angeregt. Die Reise schlichter Landleute nach Berlin, in die fremde große Welt, und die damit verbundenen Fährlichkeiten und Abenteuer — sind ein Vorwurf, den er wiederholt erwählt und mit sichtlichem Behagen ausgeführt hat. In der vorstehenden Erzählung wird der Bauerngesellschaft, die so plötzlich ins Blaue hineinfährt, arg mitgespielt, eigentlich etwas zu stark; das Ungemach, das sie auf Schritt und Tritt verfolgt, der Schabernack, den sie unaufhörlich erleiden, berühren fast grausam, und sind in der That auch schlimmer als ihre Einfalt und Unbehülflichkeit es verdienen. Die derbvolksthümliche Holzschnittmanier des Gedichtes ist dem Stoff durchaus angemessen; aber gewisse Vorgänge und Schilderungen sind trotzdem übertrieben, oder, wie das Zusammenschlafen der beiden alten Bauern und ihre Verirrungen im Schlaf, unsauber und widrig. Während Vadder Swart, Vadder Witt und Corl Witt sich plump und albern ausnehmen, erscheint Fritz Swart weit manierlicher und verständiger; ganz anders als in dem Läuschen „Dat Johrmark", wiewol er seitdem nur wenig älter geworden sein kann. Der Dichter ist offenbar bemüht, ihn Dürten's wegen zu heben, und läßt ihn wie einen verliebten Träumer umher gehen. Küster's Dürten ist sogar zart und schmachtend gehalten, mit „weißen Händen" und „krankem Herzen", was beides zu der Braut eines Bauern nicht recht passen will. Unbedingt störend wirkt es, wenn der Dichter in der Abschiedsscene zwischen den Liebenden sich ironisch also vernehmen läßt:

Fritz was en Taps un unmanirlich —
Dat is't möt seggen, biht mi weih —

> De Jung' was nich en Spirken*) zirlich
> Un sôll ok gor nich up de Knei.
> Hei swûr ok nich bi Höll un Himmel
> Sin Seel ehr tau, bi Man un Sünn.
> Worüm? Nu, wil hei was en Lümmel,
> Un wil hei 't beter nich verstünn.

Noch störender ist diese Ironie, als gleich darauf der Ernst und die Innigkeit der beiderseitigen Gefühle betont wird:

> Doch in sin Hart**), dor was dat Himmel
> Bi all den Gram un all de Trur,
> Un 't was doch eig'ntlich man en Lümmel,
> Un 't was doch man en dummen Bur. —

> Un Dürten stunn un dacht an 't Scheiden
> Un müggt vergahn hir up de Stell
> Vör luter Lust, vör luter Leiden;
> Un 't was doch man 'ne Reihmamsell.

„'Ne Reihmamsell" ist Dürten hier blos des Reimes wegen. In Wirklichkeit führt sie an Stelle der todten Mutter das Hauswesen, besorgt Küche und Stall, und näht nur, wenn die andern Geschäfte sie dazu kommen lassen.

Ferner zeigt sich in diesem sonst so derb komischen Gedicht schon ein bedenkliches Gelüst, auf Rührung und Empfindsamkeit hinzuarbeiten. Die ganze Anlage und die ganze Atmosphäre ist der Art, daß Niemand hier ernste Verwickelungen und Kämpfe, am wenigsten einen unglücklichen Ausgang erwarten wird; und doch fragt der Dichter, als das Mädchen nach Fritzen's Abreise sich mit krankem Herzen und nassen Augen an ihre Nätherei setzt — er fragt wie voll schwerer Sorge und unheimlicher Ahnung:

---

*) Bischen.
**) Herz.

Würd't Hochtidskled? — Würd't Dodenhemd? — —

Später sitzt Dürten am Bette der Mutter Swartsch, die ihre Abneigung gegen die Verbindung der Liebenden völlig aufgegeben hat, was freilich das Mädchen noch nicht bestimmt weiß, aber doch schon errathen muß; und als nun der Mond ins Zimmer scheint, schildert der Dichter ihren Zustand in solch jämmerlicher herzbrechender Weise, als ob Fritz ihr eben gestorben wäre:

> Doch nicks ehr drat entgegenlacht,
> Ut hellen Sünnenschin von'n Morr'n
> Was bleike, blasse Manschin worr'n,
> Un dräwer leggt hadd sik de Nacht:
> Un as sei kek in't Hart herin,
> Dunn was dor Nacht: weg was de Sünn,
> En bloten Schämer*) was noch blewen,
> In'n blassen Manschin lagg ehr Lewen.**) —

Solch sentimentalistische Malereien gehören am wenigsten in dieses Gedicht, dessen Grundton tolle Lustigkeit ist, neben welcher Ernst und Schmerz, Trauer und Schwermuth schlechterdings nicht aufkommen können und auch gar keine Berechtigung haben. Man will hier nur lachen und sich amüsiren; wozu freilich auch noch immer Gelegenheit genug vorhanden ist. Gar viele Partien sind von echter ungesuchter Komik, und vornehmlich diejenigen, welche dem Dichter eigenthümlich zugehören, z. B. die Stimmungsbilder und Familienscenen. Wie packend ist gleich der Eingang des Gedichts, wo Oll Swart über seinem großen Entschlusse ob der Reise brütet, in Folge der ungewohnten Anstrengung

---

*) Schimmer.
**) Wahrscheinlich in Folge der Kritik des Verfassers, sind diese Verse und auch die vorhergehende, ebenso empfindelnde Strophe in den spätern Ausgaben der Dichtung gestrichen.

eindruſſelt, und nun im Halbſchlummer mit dem Maikäfer
kämpft, der ſich hartnäckig auf ſeine kleine kartoffelrunde
Naſe ſetzt! Wie köſtlich philoſophiren die beiden Bauern,
als ſie wieder heimgekehrt, ſich nicht gleich in ihr Dorf
wagen, ſondern erſt das Abenddunkel abwarten wollen, und
unter einer Dornenhecke ſitzen, nur ſchlecht geſchützt gegen
den ſtrömenden Regen! Oll Swart ſeufzt:

„Wat is dat Lewen, Vadder Witt?“
„„Dat is gewiß,““ ſeggt Witt, „„dor heſt Du Recht!
Dat heww ik Di jo ümmer ſeggt.
Du fröggſt mi woll: Wat is dat Lewen?
Nu frag ik Di: Wo is min Strump woll blewen?
Ik hewm de beiden Stäweln an
Un hewm den einen Strump verluren.““

Von klaſſiſchem Werthe iſt endlich die Schilderung der
Hochzeitsfeier. Noch nach hundert Jahren wird man aus
dieſem Capitel die Sitten und Redensarten, Tänze und
Moden unſerer niederdeutſchen Bauern ſonder Mühe entnehmen können:

Un Jehann treckt den Rock ut, den Haut in de Quer,
Geiht ran nah Fik Schulten: „Na, Dirn, kumm mal her!“
Un Fik Schulten, de leggt up ſin Schuller ehr Hand,
Un ſei rückt an de Mütz, un ſei ſtrikt an den Band,
Un bald rechtſch un bald linkſch wiwaken ſei dwas,
Fik Schulten, de trippelt un pebbt denn ſo knas,
Un Jehann pebbt den Tact, un hei winkt mit de Hand:
„Noch fixer! Noch greller! Noch düller, Muskant!“
Un Jehann ſpringt in En'n. Herre Je, wo hei ſprung!
Un wo jucht hei, wo röppt hei: „Solo, meine Herrn!“
Un de Thalbarger*) Scheper mit de rodbunte Weſt,
Wo de Kirl mit lütt Liſch in de Ecken rüm föſt't!
Un up nimodſch verſöcht hei 't, ſo as Keiner ſüs künn,

---

*) Thalberg, das Gut, wo Fritz Peters, der „beſte Freund“
des Dichters, damals wohnte. Vgl. S. 132.

Un denn rüggwarts un vörwarts un anners herüm.
Un de Virturig kümmt un de preuß'sch Nummereh
Un de engelsche Scheck un de Plummenplücker kümmt:
„Ne, wat doch de Scheper för'n Anseihn sik nimmt!"
Un oll Swart, de bestellt sik den Großvaderdanz:
„Un as uns Großvader de Großmauder namm,
Dor was uns Großvader ein Brüdigam."
„„So, Vabberfch! Schän dörch nu! Nu wedder nah vör!
Nu rechtsch üm! Nu linksch üm! Nu wedder verquer!""
As de Großvaderdanz nu is richtig tau En'n,
Dunn setten de Ollen tau 't Schapskopp sik hen:
„Kreuz Kringel un Tweiback! Un nu nochmal Kür!
Un Ruten herut! Bedein mal Kalür!"
Un de Smidt ut den Dörp, de Racker versteiht't,
Un wo hei oll Witten sin Korten woll weit!

 Von mehrfachem Interesse ist die Vorrede zur Dichtung. Fritz Reuter erzählt hier, wie er mit einem Freunde nach Ivenack wanderte, nach dem herrlichen geliebten Ivenack*). Im Walde lagern sie sich, und Fritz Reuter holt das Manuscript „De Reis' nah Belligen" vor. Der Freund hört bis ans Ende ruhig zu, weicht aber aus, als der Verfasser ein Urtheil verlangt. Verstimmt geht Fritz Reuter nach dem Wirthshause und überläßt sich einem Schläfchen. Im Traume erscheinen ihm die „Incarnationen" seiner „bedeutendsten Lebensphasen"; nacheinander: der Student, der Festungsgefangene, der Maler, der „Strom", der Schulmeister und der Treptower „Philister und Stadtverordnete". Sie begrüßen ihn, setzen sich zu ihm, bemerken das Manuscript und fordern ihn zum Vorlesen auf. Ihre Urtheile lauten sehr verschieden, aber sämmtlich nicht gerade ermuthigend. Fritz Reuter erwacht und berichtet dem Freunde seinen Traum. Jener lacht und spricht: „Mein Junge, ich hätte Dich für klüger gehalten. Du hast da vor einiger Zeit ein

---
*) Vgl. S. 10.

Buch voll kleiner Geschichten herausgegeben, „Läuschen un Rimels". Du hast damit Manchem eine frohe Stunde gemacht, und ich selbst habe über einige der Schnurren recht herzlich gelacht. Die Recensenten waren freundlich genug, Dich nicht zu arg mitzunehmen, und das Publikum gütig genug, Deine — wie sage ich nur gleich? gereimten Läppereien zu kaufen; was hat das aber Alles mit der Poesie zu thun? Sei ja zufrieden, wenn man den Inhalt deines Manuscriptes, das Du so breitspurig mit Dir herum trägst, mit derselben Nachsicht aufnimmt". — Sie trennen sich kühl. Doch der Freund kehrt noch einmal um und ruft: „Fritz Reuter, häud Di vör de Inbillung! De Inbillung is düller as de Pestilenz!" — „„Nun, rief ich zurück, wenn in dem ganzen Dinge nichts von Poesie zu finden sein sollte, so soll doch wenigstens auf dem Titelblatte etwas davon zu lesen sein; ich werde es „Poetische Erzählung" nennen.""

Diese launige Vorrede, worin Fritz Reuter sich selber und auch wol seine guten Freunde und Bekannten verspottet, ist doch nicht blos scherzhaft zu nehmen. Sie verräth, wie stark er noch an sich zweifelte, und wie auch das Publikum, das er seither gewonnen, in ihm nichts Besonderes sah. „De Reis' nah Belligen", so hofft er, soll ihn zum Dichter stempeln. Als ob das die „Läuschen un Rimels" noch nicht gethan hätten! Welch ein Heer von originellen Gestalten schon dort; welch ein Reichthum von Charakteren und Situationen, welch eine Fülle von Natur= und Menschenbeobachtung! Aber Fritz Reuter hält eben das Genre für zu gering, und legt noch zu großen Werth auf Form und Umfang. Weil „De Reis' nah Belligen" eine länger ausgesponnene Geschichte ist, meint er etwas Größeres geleistet zu haben; weil sie aber gleichfalls der komisch=humoristischen Sphäre angehört, blickt er doch wieder gewissermaßen auf sie herab, sind seine Erwartungen von ihr auch nur klein. Ungleich

höher als solch heitere lustige Geschichten, dünkt ihm ein
ernster Stoff, erst an ihm wird sich wahre Dichterkraft
erproben und beweisen lassen; und darum erwählt er als
Vorwurf der nächsten Erzählung — eine wüste That, ein
blutiges Verbrechen. Nachdem Fritz Reuter von Ostern 1855
bis dahin 1856 das „Unterhaltungsblatt" herausgegeben,
und dann eine Reihe possenhafter Bühnenstücke abgefaßt
hatte, schrieb er 1857

Kein Hüsung.

Zu der ausgelassenen anspruchslosen Erzählung „De
Reis' nah Belligen" bildet diese düstre tendenziöse Dichtung
einen schrillen abstoßenden Gegensatz. Ein Knecht ersticht
im Jähzorn oder aus Haß oder aus Rachsucht — das
Motiv ist eben fraglich geblieben — seinen Herrn, und
entflieht nach Amerika, wo er rast- und ruhelos umherirrt,
während seine zurückgebliebene Braut, die ihm inzwischen ein
Kind geboren, in Wahnsinn verfällt und dann als Selbst-
mörderin endet. Dies ist der eigentliche Inhalt der Geschichte,
die in der Schilderung von Elend und Schande, Mord
und Verzweiflung schwelgt. Trotzdem macht sie nicht einmal den Eindruck eines Schauer- oder Nachtstücks, weil sie
durch und durch unwahr und mißlungen ist, weil sie
keine Täuschung, keine Illusion zu erzeugen vermag, sondern
Zweifel und Unglauben, Widerspruch und Unbehagen erweckt.
Man merkt sofort, daß der Dichter sich in einem Elemente
bewegt, das ihm fremd und unnatürlich ist; daß er sich an
eine Sache gewagt hat, zu der seine Kräfte nicht ausreichen;
ja man erkennt, daß er mit sich selber uneins und im
Zwiespalt ist, indem er die Sache seines Helden nicht folge-
recht durchführt, bald für, bald gegen ihn Partei nimmt,
bald in ihm einen mißhandelten Unglücklichen, bald nur
einen starren Verbrecher sieht.

Johann Schütt und Mariechen Brand dienen beide auf

einem Gutshof als Knecht und als Magd. Sie lieben sich und möchten sich gern heirathen, zumal Mariechen bereits ein Kind unter dem Herzen trägt; aber sie haben kein „Hüsung", sie finden keine Wohnung, kein Unterkommen. Vergebens hat Johann an zwanzig Orten angefragt; überall Ueberfluß an Arbeitern, sowol im fürstlichen wie im ritterschaftlichen Landesantheil, die sich in Ein und demselben Staate scharf von einander abgrenzen, sich gegen den Zuzug armer Leute von dieser oder von jener Seite hermetisch abschließen. Und in den Städten ist es nicht anders; auch dort fand Johann keinen Einlaß. Ohne „Hüsung" gibt sie kein Pfarrer zusammen, und doch hat es mit der Hochzeit Eile, denn Mariechen will nicht als eine liederliche Dirne gelten, ihr Kind soll nicht, mit einem Makel behaftet, zur Welt kommen. Es gibt noch einen Ausweg, nämlich den, nach Amerika auszuwandern — es wandern ja jährlich Hunderte und Tausende aus Mecklenburg und fahren über das große Meer, weil sie im Vaterlande nicht Brod und Wohnung finden — aber Mariechen hat einen alten kranken Vater, den sie nicht verlassen will. Im Gute selber „Hüsung" zu finden, haben Beide wenig Hoffnung; dennoch will Johann einen Versuch machen, wenngleich Mariechen davon abräth.

Der Gutsherr soll ein tyranischer grausamer Mann sein, aber die Beweise dafür ist der Dichter schuldig geblieben. Er erscheint in Wesen und Worten rauh und kurz, nur auf den eigenen Vortheil bedacht, ohne Mitgefühl für Noth und Elend; aber seine Leute behandelt er nicht schlechter und nicht härter als es die meisten seiner Standesgenossen zu thun pflegen. Ja, er zeigt sich nicht immer so unzugänglich. Als der Knecht den günstigen Augenblick benutzt, wo der Herr des Erntesegens sich freut, und seine Bitte vorbringt, antwortet ihm dieser:

„Ja, Jehann Schütt, dat is woll wohr,
Du büst mi tru un ihrlich west

> Un in de Arbeit büst de Best;
> Indessen doch — de eigen Lüd',
> De warb'n mi gor tau vel, tau dür.*)
> Ik hew mi einmal dorup stemmt:
> Up mine Gäuder lat 't nich frigen,
> Wenn ok de Arbeit mal ins klemmt,
> Ik kann naug Lüd' ut't Fürstlich' krigen.
> Un denn is ok kein Hüsung fri."

Und als nun Johann dringender wird, scheint er zu schwanken und fragt nach dem Namen der Braut. Erst wie er diesen hört, wendet er sich ab und spricht mit höhnischem Ton:

> „Ne, säuk Di man 'ne Anner ut;
> Kein Hüsung hew 'k för so'ne Brut."

Und warum nicht? — „Wil ik em nich tau Willen was," erklärt später das Mädchen ihrem Bräutigam.

Johann ist ein kräftiger Pursche; ehrlich und arbeitsam, wie der Herr selber anerkennt. Er liebt sein Mädchen warm und treu, und er holt mit Lebensgefahr das Kind der Müllersfrau aus dem Feuer; aber er hat auch ein starkes Selbst- und Rechtsgefühl, er befindet sich fast immer in erregtem Zustande, schnaubt Haß und Zorn, Rache und Wuth gegen alle Herren überhaupt und gegen seinen Herrn insbesondere. Gleich zu Anfang, als noch gar nichts geschehen ist, nennt er ihn einen „Hund", einen „Menschenschinder"; obwohl, wie erwähnt, die ganze Dichtung hiefür kein Beispiel liefert; und er fügt die Drohung hinzu:

> „Kümmt hei mal in min Fust**) herinner,
> Denn ward 't em en Stück vertelln!"

Aehnliche Ausbrüche erfolgen noch häufig und meist ohne ersichtliche Ursache. Auch raisonnirt und schimpft er gegen

---

*) Theuer.
**) Faust.

Regierung und Gesetze, Adel und Geistlichkeit wie ein Jakobiner und in einer Weise, die denn doch das Begriffsvermögen eines Pferdeknechts bedeutend übersteigt.

Es kostet den Dichter sauern Schweiß, ein annehmbares Motiv und eine passende Gelegenheit für die Blutthat zu finden, die er nach mancherlei fruchtlosen Ansätzen gerade dann eintreten läßt, als man sie am wenigsten erwartet, und ohne daß Mörder wie Dichter über den eigentlichen Beweggrund sich klar geworden sind. Bald richtet sich Johann's Zorn gegen den Herrn, bald gegen die Gattin desselben; bald fühlt er sich selber, bald sein Mädchen oder seinen angehenden Schwiegervater gekränkt. Jedesmal ist er wild aufgefahren, jedesmal hat er seinem Herrn und der ganzen Herrenbrut Rache und Vertilgung geschworen, sich aber stets durch Mariechen's oder eines Dritten Bitten und Vorstellungen wieder besänftigen lassen, und dem Mädchen dann gelobt:

>„Jk lat Di nich, ik lat Di nich!
>Hei mag mi martern fürchterlich,
>Hei mag mi schin'n*), hei mag mi pedd'n**),
>Jk holl hir ut bi unsen Herrn."

Nach solchen Reden sollte man glauben, der Herr habe ihn täglich geröstet und gebraten, oder doch irgendwie verfolgt und gereizt; aber nichts von alledem. Der Herr bekümmert sich gar nicht um ihn, und ebenso wenig um seine Braut und deren Vater. Der Dichter freilich ist stets bemüht, den Leser in Spannung und Angst zu erhalten. Er thut als ob das gräßlichste Unglück vor der Thür der Verlobten stünde, und schließt die einzelnen Gesänge mit unheilschwangern Warnungen; z. B.

---

*) Schinden.
**) Treten.

Ach, arme Kirl, ach, arme Dirn!
Kennt Ji de Welt? Ji wardt Jug wunnern!
Seiht Ji dat lüchten*) in de Firn?
Hürt Ji dat dump heräwer dunnern?

Oder:

Jehann, Marik! O häud Jug vör den Herrn!

Man fragt verwundert: weshalb? und meint, nun müßten die finstern Pläne und Thaten des Herrn doch endlich zu Tage kommen; aber es ist davon eben nichts zu entdecken. Es thäte umgekehrt Noth, den Herrn vor seinem Knechte zu warnen. Das aber scheint der Dichter für unnöthig zu halten, vielmehr der Ansicht zu sein, der Herr habe den Tod mindestens zehnmal verdient, und der Knecht könne gar nicht anders, denn ihn ermorden.

Vater Brand ist gestorben und begraben. An seinem Sterbebette standen Johann und Mariechen und versprachen, ihr Loos in Geduld und Ergebung zu tragen. Johann nimmt den Tod des Alten wie ein günstiges Ereigniß, denn nun will er nach Amerika auswandern, und Mariechen wird nicht länger zögern ihn zu begleiten. Das sind die Gedanken, mit welchen er vom Begräbniß heimkehrt, und die ihn muthiger in die Zukunft blicken lassen. Aber dazwischen redet er sich wieder in Wuth, und um diesen Gefühlen etwas Luft zu machen, ergreift er die Peitsche und schlägt ingrimmig auf die Pferde. Sie scheuen, gehen durch, werfen den Wagen um und schleifen den Knecht, der die Zügel nicht aus den Händen lassen will, über Stock und Stein, bis sie endlich vor dem Stalle Halt machen. Johann ergreift eine Mistgabel und schlägt damit wie ein Wahnsinniger auf die armen Thiere los. Sein Mitknecht Daniel will ihm wehren, aber er schleudert den alten Mann in die Ecke. Da tritt der Herr in den Stall und spricht ob des Lärms

---

*) Blitzen.

seinen Unwillen aus. Johann antwortet grob und trotzig. — „Halunk! So'n Antwort giwwst Du mi?" fragt der Herr. — „„Ja, Minschenschinner, so'n för Di!"" entgegnet der Knecht; worauf der Herr selbstverständlich in Zorn geräth und ihm mit der Reitpeitsche in's Gesicht schlägt. Da faßt Johann die Mistgabel und sticht den Herrn einfach todt.

Am andern Tage haust der Mörder im Walde, unter Wölfen und andern reißenden Thieren — von denen man glauben sollte, daß sie auch in Mecklenburg schon ausgerottet wären. Hier besucht ihn Daniel, auf dessen Anrathen er geflohen ist, um ihm Wäsche und Reisegeld zu bringen. Wer da erwartet, den Mörder wegen seiner Unthat in Verzweiflung, unter der Folter des Gewissens zu sehen — wer das erwartet, der irrt sich. Er weist jeden Vorwurf mit Entrüstung zurück und rechtfertigt sich in einem weit ausgeführten Gleichniß: „Ich hab' nicht gesäet, ich hab' nur gemäht, was Andre vor mir gesäet. Die solche Gesetze einst machten, die haben's gesäet und gepflügt; der elende Geiz that's eggen, Willkür hat's gepflegt, Hochmuth war der Sonnenschein, die fromme Lüge ließ Thränen regnen, und Satan segnete das Feld ein. Ich hab nur geerntet." — Sodann stößt er einen zwei Seiten langen Fluch aus; er verflucht „Alles, was stolz und reich", alle Herren und ihre Kinder, das ganze Vaterland — und schlägt sich seitwärts in die Büsche.

Mariechen gebiert in Jammer und Verzweiflung, unter dem Beistande mitleidiger Nachbarinnen ihren Knaben, in dessen Anblick sie sich über den Verlust des Geliebten zu trösten sucht. Sie singt dem Kinde von seinem Vater, der kein Mörder sei, sondern ein starker und braver, lieber und treuer Mann. So möge der Sohn auch werden, und wenn er's geworden, dann wollen sie Beide dem Vater nachziehen und mit ihm in Amerika ein neues Leben beginnen. Da erscheint der „Statthalter"*) — es ist gerade am Weihnachtsabend — und meldet dem Mädchen, es sei der Wille der Gutsherrin, daß das Kind ausgethan, zu fremden Leuten gegeben werde. Das ist nun freilich das Schicksal unehelicher Kinder, zumal wenn die Mutter eine arme Dienstmagd ist, aber Mariechen will ihr Kind nicht lassen. Sie macht noch einen Versuch, das Mitleid der Herrin anzuflehen, und als dieser mißglückt, ergreift sie wahnsinnige Angst, und sie stürzt mit dem Kinde in die Nacht hinaus, wo sie in Schnee und Sturm umherirrt. Daniel findet sie, leider verrückt, aber das Kind frisch und gesund in ihrem Arm. Sie erkennt es wol noch, kümmert sich aber nicht mehr darum, und führt fortan ein eitel lustiges Leben — ungefähr wie Hamlet's Ophelia. Sie sitzt am Weiher, unter dem Fliederbaum, wo sie ehemals mit Johann gesessen, flicht singend ihr „langes gelbes Haar", tanzt auf bloßen Füßen mit Elfen und Nixen im Mondschein umher, und hört sich aus dem Weiher rufen:

„— — Marik, Marik,
Kumm runner, Du leiwliche Brud!"**)

Eines schönen Tages wird sie denn wirklich im Teiche gefunden und an der Kirchhofsmauer eingescharrt. Aber noch immer klagen im und am Weiher das Schilf und die Wasserlilien, der Fliederbaum und die Nachtigall um das schöne unglückliche Mädchen; sie singen ein unendliches Klagelied, in das zuletzt auch Wind und Wasser, Erde und Himmel einstimmen; Alles, „was lebt und webt, das beugt die Kniee" und singt um die Wette:

„Un heilig, heilig is de Städ,
Wo'n Minschenhart eins breken deb!"

---

*) Aufseher.
**) Komm 'runter, Du liebliche Braut!

Mariechen ist längst todt, und der kleine Johann zu einem derben Jungen herangewachsen, da erscheint plötzlich der Mörder unter dem Fliederbaum vor dem alten Daniel, erzählt von seinem unstäten abenteuervollen Leben, wie ihn der Gemordete bei Tag und bei Nacht als blutiges Gespenst verfolge, wie er aber dennoch, wenn jener wieder lebend vor ihm stünde, ihn gern noch einmal erstechen würde. Er freut sich, daß sein Fluch — den Gott im Himmel gehört! — so schön in Erfüllung gegangen sei, denn immer mehr wandern alljährlich nach Amerika aus, und an ihre Stelle wandern fremde Bettler ein; worauf er wieder in eine langathmige Jakobinerpredigt über Freiheit und Menschenrechte, Sklaverei und Despotenthum verfällt. Mariechen's Ende ist ihm schon bekannt, denn solch Geschick „schreit zum Himmel, schallt über Land und Meer, klopft Nachts von Thür zu Thür und spricht von Sünde gegen die Natur." Jetzt ist er gekommen, um sein Kind abzuholen, das hier nicht in Schande und Knechtschaft verkommen darf, das er zu einem freien Mann erziehen wolle; an seinem Sterbebette solle der Sohn einst stehen und bekennen, was er für ihn gethan, denn des Vaters blutige That werde dem Sohne zum Segen gereichen.

Nach solcher Häufung und Verwirrung in den Motiven, nach diesem beständigen Widerspruch in den einzelnen Handlungen und Reden, darf man wol sagen, daß Mörder wie Dichter weder wissen was sie gewollt, noch was sie gethan haben. Das ganze Gedicht ist aus den verschiedenartigsten Reminiscenzen zusammengeflickt, und entbehrt nicht nur einer einheitlichen Handlung, sondern sogar des leitenden Grundgedankens.

Wahrscheinlich wollte der Dichter, anknüpfend an die damaligen Zustände seiner Heimat, wo das Lebensglück, ja die bloße Lebensnothdurft eines Dienstknechts oder Gutsinsten von der Willkür seines Herrn abhing; wahrscheinlich hat er zur Darstellung bringen wollen, wie solch „weißer Sklave", wenn ihn die Gesetze nicht in seinen ersten und heiligsten Rechten schützen, durch Noth und Druck zur Empörung getrieben wird, daß er aufsteht und sein Recht sich selber nimmt, wo dann im Taumel der Rachestunde Ausschreitungen unausbleiblich sind, die aber nicht blos den Thäter beflecken, sondern auch auf Dränger und Machthaber zurückfallen. Dann aber hätte er einen andern Herrn, einen andern Knecht hinstellen müssen, und beide im Feuer kräftiger Leidenschaften, im Kampfe gegenseitiger Interessen auf einander prallen lassen. Einen harten grausamen Herrn, der aus Gewohnheit seine Leute mißhandelt, aus persönlichem Haß Einen derselben bis aufs Blut peinigt und zur Empörung treibt; nicht aber solch indifferenten Alltagscharakter, dem man nichts weiter vorwerfen kann, als daß er keinen verheiratheten Knecht halten mag, und der seines traurigen Ausgangs wegen jedenfalls mehr Theilnahme erregt als sein Mörder. Noch weniger aber durfte er zum Helden der Dichtung solch rüden großmäuligen Burschen machen, der im Rausche des Jähzorns seinen Herrn wie eine Ratte ersticht, der ob seiner Unthat nicht die geringste Reue zeigt, sondern damit prahlt und sie zu wiederholen wünscht; der alle Schuld von sich ab- und auf Dritte wälzt, der hinterher noch der Welt zu fluchen und geradezu Gott zu lästern wagt.

Der Jähzorn, als eine ganz brutale, ja bestialische Leidenschaft ist an und für sich einer poetischen Behandlung kaum fähig. Aber selbst eine große und edle Leidenschaft kann nur Sympathie erregen und ist nur dann ein poetischer Vorwurf, wenn sie im Verlaufe der Dichtung eine Sühnung und Versöhnung erfährt. Von beiden ist in „Kein Hüsung" nicht die Rede. Das Häßliche und Gräßliche — allerdings mit dem Beigeschmack des Fratzenhaften und Abgeschmackten — erscheint fast nur um seiner selbst willen. Die streitenden Gegensätze werden nackt und schroff einander gegenübergestellt, und verharren in dieser feindlichen Stellung, so daß die ganze Dichtung nicht das geringste Resultat aufzuweisen hat. Der Herr wird ermordet, ehe er sein etwaiges Vergehen zu begreifen, geschweige denn zu bereuen und gut zu machen vermag. Auch wird keiner seiner Standesgenossen in diesem Morde ein abschreckendes Beispiel, sondern nur eine Unthat sehen. Ebenso bleibt der Mörder trotzig in sich bestehen. Seine Flucht und sein unstätes Herumschweifen ist keine Sühne für das begangene Verbrechen, zumal er sie als solche nicht gelten lassen will. Nur Daniel tritt den Wuthausbrüchen und der Selbstgefälligkeit des Verbrechers wiederholt entgegen. In diesem alten Knecht finden Vernunft und Wahrheit ihren unerschütterlichen Anwalt; in seinen treffenden Gegenreden verräth sich des Dichters Zwiespalt, dessen Ehrlichkeit und bessere Einsicht, fast wider Willen, hervorbricht. Daniel verdammt den Mord, er richtet den Fluch als neuen schweren Frevel; aber Johann behandelt ihn wie einen alten Narren, wie einen kindischen Schwächling; und der Dichter gönnt dem Mörder das letzte Wort: „Frei soll er sein! Frei soll er sein!!" ruft er aus, wie er den Sohn mit sich fortnimmt. Als ob die Freiheit in Amerika auf den Bäumen wüchse, und ein solcher Vater geeignet wäre, seinen Sohn zur Freiheit zu erziehen! —

Auch im Übrigen enthält „Kein Hüsung" große Schwächen und Auswüchse. Es wird darin entsetzlich viel gestöhnt und geweint, geklagt und declamirt, wie es sonst dem schlichten zähen Wesen armer Dienstleute durchaus widerstrebt. Auch die plattdeutsche Mundart widerstrebt diesen sentimentalischen Ergüssen und pathetischen Ausbrüchen, weshalb sie sich in doppelt öden Schwulst und Bombast verlieren; sie ermüden und verstimmen, und wo sie rühren und ergreifen sollen, wirken sie fast lächerlich. Auch die zahlreichen Naturschilderungen, Stimmungs= und Genrebilder

erscheinen zu selbständig und weitschweifig, sind gar zu breit
getreten. Die Erzählung besteht eigentlich nur aus einer
Reihe von Skizzen, und enthüllt den Mangel an Com=
positionsgabe, die man freilich in fast allen Dichtungen
Fritz Reuter's sehr vermißt. Nach jeder Hinsicht ist „Kein
Hüsung" eine verfehlte Leistung; und es bessert sie nicht,
daß sie der Dichter in edler Absicht unternahm, aus herz=
lichem Erbarmen mit dem armen recht= und heimatlosen
Volk. Es kann sie auch nicht bessern, wenn Fritz Reuter
selber sie für sein bestes Werk erklärt haben soll, wenn er
auf sie stolz gewesen ist und eine Anerkennung, ein Lob
von „Kein Hüsung" ihn besonders glücklich gemacht hat.
Solch falsche Vorliebe, solch verblendete Zärtlichkeit für
mißrathene Kinder ist etwas ganz Alltägliches.

Auf „Kein Hüsung" folgten Ende 1859 „Läuschen
un Rimels. Neue Folge", und Anfang 1860

Hanne Nüte un de lütte Pudel.
'Ne Vagel un Minschengeschicht.

Es ist die Liebes= und Leidensgeschichte zweier Dorf=
und Nachbarskinder, an welchen die Vögel den freund=
schaftlichsten Antheil nehmen. Sie geleiten und schirmen
die Liebenden, sie stehen zu ihnen in Leid und Noth, und
sind fortlaufend für sie thätig. Ungefähr die Hälfte des
Gedichts ist von sonniger Schönheit und fließt in glattem
Flusse dahin; dann zögert und stockt die Handlung, sie
schlägt völlig um und verläuft in eine Criminalgeschichte,
mit zwei Mord= und andern Schandthaten. Diese beiden
Elemente, das echt poetische und das grob kriminalistische,
vertragen sich schlechterdings nicht miteinander, lassen durch
die Dichtung einen Riß gehen, den auch der glückliche Aus=
gang nicht verdecken kann. Trotzdem, und obwol die Com=

position wieder viel zu wünschen übrig läßt, steht „Hanne Nüte" doch entschieden höher als „De Reis' nah Belligen"; ganz zu schweigen von „Kein Hüsung", das eben ein vollständiger Mißgriff ist, eine Verirrung, von welcher die gegenwärtige Erzählung die Umkehr bedeutet. Falsche Sentimentalität und schwülstiges Pathos sind zwar auch hier noch zu finden, indeß weit vereinzelter und gemäßigter; während andrerseits nicht mehr das Derb=Spaßige und Possenhafte vorherrscht, sondern schon das Fein=Komische und Ueberlegen=Humoristische waltet.

Die erste Hälfte des Gedichts ist ein wahres Idyll; gleich der Anfang ist von holder Anmuth und süßem Liebreiz. Das Jahr steht auf der lachenden Grenze von Frühling und Sommer; die Dorfkinder hüten auf der grünen Wiese die Gänse, und springen und tanzen vor Lust. Von ihnen ist das älteste, hübscheste und sittigste — Fiken Schmidt, die dreizehnjährige Tochter eines armen Häuslers, wegen ihrer krausen dunkeln Haare, „de lütte Pudel" genannt, und wegen ihrer Vorzüge an Leib und Seele bei Jung und Alt beliebt. Sie errettet aus den Händen ihres kleinen Bruders ein Sperlingsweibchen und verpflichtet sich dadurch das ganze Vogelgeschlecht; während sie selber wieder ihren Ritter in Hanne Nüte, dem Schmiedejungen findet, der sie gegen den rohen Bäcker aus „Stemhagen" beschützt. Nach Jahr und Tag wird Hanne Nüte von seinem Vater zum Gesellen gesprochen, heißt nun Johann Schmut und rüstet sich auf die Wanderschaft. Er macht im Dorfe seine Abschiedsbesuche und kommt zu seinem frühern Lehrer, dem Küster Suhr, der ihn mit folgender Betrachtung empfängt:

> „Die junge Menschheit wast heranne
> In's Handümdrehn, man weiß nich wo,
> Un mit die Imm is't ebenso;
> Es ist dasselbigte Ereigniß.
> Sehn Sie die Imm hier zum Vergleichniß;

Das fliegt in 't Irst blot in den Goren,
Jedennoch bald — wo lang' wird's wohren —
Denn fliegt dat äwer't Feld heräwer
Nah'n Klewerflag, — kein besseres Insect
Gibts för die Imm, as witte Klewer —
Un wenn das nu so rümmer treckt
Von Blaum tau Blaum, denn sucht das Honnig,
Un jede kehrt zurück in ihr Behältniß,
Un darum auch, Herr Nüte, kann ich
Sie stellen in dasselbigte Verhältniß."

Es ist der Küster Suhr, den man schon aus "De Reis' nah Belligen" kennt; nur daß er hier jünger und noch nicht Wittwer ist. Er bittet seinen ehemaligen Zögling, einen Auftrag zu übernehmen:

„Als ich noch wäre in der Schlesing,
Da kennt ich mal en nettes Mäten
Un hätt auch in's Verhältniß seten
Ziemlich genau mit ihr, sie hieß Theresing.

— — — — — — —

Wenn's Ihnen also minschenmüglich,
Denn grüßen Sie ihr ganz vorzüglich,
Und sagen S' ihr, ich säß nu hier
Und hätte sehr geliebet ihr,
Und dieser Brief, der käm' von mich
Und dächt' noch immer an die Zeiten. —
Un wat min Fru is, darw't nich weiten." —

Ach, armer Küster! Die Gattin steht hinter der Thür und hat Alles gehört. Jetzt stürzt sie hervor, entreißt ihm die Liebesepistel und überhäuft ihn mit den schrecklichsten Vorwürfen. Erst nachdem sie verschwunden, kommt Herr Suhr wieder zu Worte, und spricht zu dem jungen Gesellen:

„Ich hab' hauptsächlich blos den Brief geschrieben,
Mich in die Liebes-Schreibart einzuüben;

Denn der Artikel geht nicht slecht.
Die Lieb' kommt allerweg' zurecht,
Wo jugendvolle Herzen blühn;
Auch hier bei uns, hier in Gallin.
Doch wenn ich mir in Liebe übe,
Is't's blos um's Brod, nich um die Liebe.
Was meinen Sie, krieg ich for so en Jungen,
Und's Jahr is um, wenn ich ihn lern?
Nich halb so viel, as Durtig Bungen
For Liebesbrief mir zahlet gern.
Die Lieb', Herr Nüte, is en Kram,
Der führt verdeuwelt viel im Mun'n;
Uns' Herrgott führt die Herzen woll tausam,
Wo aber wird der Ausdruck fun'n?
Uns' Herrgott kümmert sich nich d'rum,
Er säet blos die Liebessaat;
Ein Liebender, der würklich Liebe hat,
Is for den Ausdruck viel zu dumm;
Darum bün ich darauf verfollen
Die Liebesleut' tausam tau hollen
Und Ausdruck ihrer Lieb zu geben
Herr Nüte, for ein Billiges." —

Vom Küster geht Hanne Nüte zum Herrn Pastor, der unter seinen Linden spaziert und sich des Frühlings freut. Der greise Herr läßt eine Flasche Wein kommen; unter dem Trinken wird er wieder jung und heiß, und die Erinnerung an das goldene Purschenleben überkommt ihn:

„Ach Jena! Jena! lieber Sohn,
Sag' mal, hört'st Du von Jena schon?
Hast Du von Jena mal gelesen?
Ich bin ein Jahr darin gewesen,
Als ich noch Studiosus war.
Was war das für ein schönes Jahr!
Ach, geh mir doch mit Mutters Schwaan
Und mit des Alten Engeland,
Nein, Ziegenhan und Lichtenhan,

Und dann der Fuchsthurm, wohlbekannt,
Und auf dem Keller die Frau Vetter —
Es war ein Leben, wie für Götter! —
Trink' mal, mein Sohn, trink aus den Wein;
Ich schenk' uns beiden wieder ein. —
Und auf dem Markte standen wir,
Zur Hand ein Jeder sein Rappier,
Und Terz und Quart und Quartrevers —
Gieb mir Dein Glas nur wieder her —
Die flogen links und rechts hinüber!
Sieh so, mein Sohn, so wurd's gemacht,
So lag man aus, so kreuzte man die Klingen." —

Man sieht, wie dem Dichter noch immer Jena und die flotte Studentenzeit im Kopfe stecken. Er läßt den alten Herrn sich so weit vergessen, daß dieser eine Bohnenstange ergreift, dem jungen Schmied zu Leibe geht und mit zitternder Stimme zu singen beginnt: „Stoßt an, Jena soll leben! Hurrah hoch!" — Erst die in Staunen und Schrecken aus dem Hause kommende Frau Pastor gibt ihrem Ehegemahl das Bewußtsein seiner geistlichen Würde wieder, worauf er beschämt einlenkt und gegen die Thorheit der Welt und die in Sünden versunkene Creatur eifert; in einem Tone, der dem wackern Herrn gar nicht anstehen will.

Am andern Morgen erscheint der Wanderbursch vor seinem Vater. In schönem blauen Rock, den Ränzel auf dem Rücken, den Knirkstock in der Hand und auf den gelben Locken einen blanken Wachstuchhut; so tritt er zu dem Alten in die Schmiede und spricht auf gut „Hufschmidtsch":

„Mit Gunst, daß ich rein schreiten mög'?
Gott ehr das Handwerk, Meister und Gesell!"

Er reist wie die Preußen auf „Hufschmidtsch"; nicht wie die Mecklenburger auf „Cumpansch", oder wie die Hansestädter auf „Seehahnsch". — Hinter ihm steht die Mutter, die Schürze vor den nassen Augen, aber vor Freude über den schmucken Burschen unter Thränen lächelnd. Der Alte ertheilt ihm den Segen, und um seine Rührung zu verbergen, beginnt er aus Leibeskräften auf das glühende Eisen einzuhauen.

Die Mutter gibt dem Sohn noch eine Strecke das Geleit, löst ihr Strumpfband ab und bindet ihm damit die Uhr fest. Johann geht durchs Dorf, rechts und links rufen ihm Frauen und Kinder ihre Glückwünsche nach; aber er sieht nicht die junge hübsche Dirne, die hinter der Gartenhecke steht, und mit nassen Augen, glühenden Wangen, die Hände auf die wogende Brust gepreßt, ihm nachblickt. Es ist Fiken Schmidt, „de lütte Pudel", die plötzlich fühlt, daß dem scheidenden Burschen ihr Herz gehört.

Am Eingange des Waldes macht Johann Halt und blickt nach seinem Dorfe zurück, das die scheidende Sonne in Gold und Purpur taucht. Er sieht das Feuer in der Schmiedeesse flackern, er sieht über dem Hause den Rauch emporsteigen, der ihm verkündigt, daß Mütterchen jetzt zu Abend koche — und der Schmerz der Trennung, die Sehnsucht nach seinen Lieben ergreift ihn. Er zieht aus der Tasche ein großes fettes Butterbrod — es ist das letzte, das Mütterchen ihm gestrichen — und beginnt es mit nassen Augen zu essen, und je öfter er hineinbeißt, desto reicher fließen seine Thränen. Alsbald fühlt er sich von Weinen und Essen etwas angegriffen, und streckt sich auf den Rasen nieder. Während er einschläft, werden um ihn die Vögel geschäftig.

Zu seinen Häupten, in der hohlen Weide sitzt ein Sperlingsweibchen — dasselbe, welchem die hübsche Fiken einst die Freiheit wiedergegeben hat. Lotte ist eine betrübte Hausfrau; ihr locker Gatte, Jochen Spatz, schwärmt mit Jehann Stieglitz und Krischan Fink in den Wirthshäusern umher und macht einer koketten Goldammerwittwe die

Cour. Endlich kommt er nach Hause, aber etwas schräge und zerknittert. Lotte empfängt ihn mit Vorwürfen und Thränen, deren Ursache der schlaue Spatz nicht kennen will. Ganz unschuldig steht er in Nachtmütze und Unterhose vor ihr und fragt:

„— — — — Was is Dich denn?
Sprich, Lotte; antwort' doch, Charlotte!
Es wird zuletzt bei Dir noch zur Marotte,
Daß thränentröpfelnd Du hier sitz'st qui pleure,
Wenn ich qui rit nach Hause kehre.
Na, Lotting, sprich Dir deutlich aus!" —

Als ein Mann von Bildung und Lebensart redet der Spatz, gleich den Küstern, „Missingsch". Lotte dagegen erklärt ihre Eifersucht in plattdeutscher Mundart.

„Hinc," röppt be Spatz: „hinc illae lacrimae!"
Dat heit up Dütsch: Dor herww'n wi nu den Thee! —
Üm de oll Gelgaus*) bit Gerohr?**)
De Gelgaus? — Frilich is dat wohr,
In meiner jungen Creatur
Steckt viel, sehr viel erbsündliche Natur;
Doch diese Gelgaus, Lotte — nic!
Denn gelb war mir von je zuwider.
Man nenn't dies Idiosynkrasie.
Doch, Lotting, bit versteist Du nich;
Un't schad't ok nich. — Genug, ich bin —
Hol mich die Katz! — Dein treuer Spatz."

Er weiß sie zu beschwatzen, die beiden Eheleute legen sich versöhnt in's offne Fenster und genießen die laue Mondnacht. Im nahen Teiche beginnt der dicke Froschkantor das große Räter=Räter=Sonett, das Karl Kräpelin, der bekannte Fritz=Reuter=Vorleser, eigens für ihn in Musik gesetzt hat. Im Sumpfe singt die Unke eine schwermüthige

---

*) Goldammer.
**) Geweine.

Romanze von der hier versunkenen Königstochter. Die Nachtigall hebt ein süßes schmelzendes Lied an, ein Lied von stiller heimlicher Liebesgluth, von Weh und Scheiden, Hoffen und Harren. Die Sperlings-Gatten aber plaudern von dem Schläfer; das schönste Mädchen im Dorfe liebe ihn, und er wisse es nicht einmal; jetzt laufe er in die Welt und lasse seinen Schatz in Schmerzen zurück — den „lütten Pudel", den Liebling der Vögel. — Johann hat Alles im Traume gehört, und als er nun aufwacht, erklingt in seinem Herzen das Nachtigallenlied, und er zieht mit ihm in die Fremde.

Er kommt in die große Stadt „Stemhagen", wo er auf der Herberge mit einem alten Schmiedegesellen, dem Bruder des rohen Bäckers, in Zank und Prügelei geräth; und dann wandert er weiter von Stadt zu Stadt, allein und mit Kameraden, bis an den Rhein, wo er bei einer jungen muntern Wittwe in Arbeit tritt. Sie backt ihm Waffeln und schänkt ihm Chokolade, sitzt mit ihm im Garten und erzählt von ihrem Seligen, den sie als blutjunges Ding geheirathet, aber nur ein halbes Jahr besessen, den sie wie ihren Augapfel gehalten und gepflegt, der aber trotzdem mit Tode abgegangen sei; wie sie jetzt Haus und Feld, Schmiede und Garten, und Alles schuldenfrei besitze, aber leider so ganz allein stehe. Der junge Schmied ißt und trinkt, aber er versteht ihre Gefühle nicht, bis sie immer näher rückt, und er sich endlich zu einem Kusse entschließt. Da läßt die Nachtigall ihr Lied ertönen, klagend und warnend. Von rother Scham übergossen, springt er auf und bekennt, wie er zu Hause ein Liebchen habe, das er nimmer lassen könne. Das Weibchen weint, ist aber edel genug, ihn ohne Groll ziehen zu lassen; und so wandert er weiter, bis er zu Köln wieder Arbeit nimmt.

Inzwischen findet bei Jochen Spatz eine Kindtaufe statt, deren er in jedem Jahr vier bis sechs, und fast jedesmal mit Sechslingen auszurichten pflegt. Versammelt sind:

Lerche, Bachstelze, Schwalbe, Hänfling, Fink, Wachtelkönig, Krammetsvogel, Staar, Rebhuhn und hundert andre geflügelte Damen und Cavaliere; nur die Goldammerwittwe ist nach Lotten's Willen nicht geladen; auch nicht der hohe Adel: Habicht, Weihe und Eule, die sich mit dem Philosophen Storch nicht vertragen können; auch nicht die Geheimräthin von Schuhu, weil sie sich mit der Demokrätin Nachtigall stets wegen des Landtags zankt. Konsistorialrath Puter hält die Tauf= rede, wozu er den Text aus den kleinen Propheten wählt, „sehr stark verbrämt mit Chronikon"; er läßt die Pathen vortreten, es sind Storch, Kibitz und Nachtigall; und ver= langt die Namen der Täuflinge zu wissen. „Oscar, Arthur, Balduin — Olga, Rufine, Melanie!" antwortet Jochen stolz. Aber nun der Herr Konsistorialrath Puter: Ob er unter Heiden und Türken wäre? Ob solche Namen in irgend einem christlichen Kalender stünden? Das hieße, dem Teufel in den aufgesperrten Rachen laufen! Nimmer= mehr!! Und er tauft die Spatzenkinder auf eigne Hand: Hans, Peter, Christian — Bärbe, Lotte und Annemarie. — Erst nachdem sich Puter, Gans, Hahn und die andern Frommen entfernt haben, athmet die Gesellschaft auf, und es entfaltet sich ein lustiger Commers. Auch die An= gelegenheit von Hanne Nüte und Fiken Schmidt kommt zur Sprache, und die Vogelgesellschaft beschließt, die Sache der Liebenden zu der ihrigen zu machen.

Durch diese heiter anmuthigen Bilder schlingt sich nun eine dreifache Criminalgeschichte. Der rohe reiche Bäcker am Markt zu Stavenhagen und sein Bruder, der alte vaga= bundirende Schmiedegesell, haben einst gemeinsam einen Juden ermordet. Noch ruht der Verdacht auf Beiden, aber die That selbst hat man ihnen nicht nachweisen können und sie wieder freilassen müssen. Fiken dient beim Bäcker als Magd, der sie erst verführen, später heirathen will. Als ihm beides nicht gelingt, steckt er ein paar silberne Löffel in ihren

Koffer, und klagt sie als Diebin an. Desgleichen überfällt
der Bruder Schmiedegesell am Rhein eine alte Frau, die
Mutter des früher ermordeten Juden, schlägt sie halbtodt,
und weiß die Beschuldigung auf den von ihm gehaßten
Johann Schnut zu wälzen.

Diese plumpen verbrauchten Criminalfälle, mit ihrem
Gefolge von Polizeiverhören, Untersuchungshaft und Assisen,
sind in das sonnige duftige Gedicht gezogen, und mit dem
Geschick der beiden Liebesleutchen ganz äußerlich und in der
unwahrscheinlichsten Weise verknüpft. Auch ohne dies hätte
sich eine Verwickelung leicht herbeiführen lassen; ja die
Anfänge sind bereits gegeben. Denn Fiken soll nach dem
Willen der Mutter den reichen Bäcker heirathen, um sich
selber ein behagliches Auskommen, ihren armen Eltern
und Geschwistern eine Unterstützung zu bereiten; nur der
wortkarge, aber innerlich liebreiche Vater will sie nicht
zwingen. Und Johann lag in den Armen der rheinländischen
Wittwe, wo man ihn sonder Schaden ein wenig hätte lassen
können. Dazu etwa noch falsche Gerüchte, gegenseitige
Eifersucht, ein paar Prüfungen: und der obligate Knoten
wäre geschürzt. Aber wie auf die meisten zeitgenössischen
Dichter, scheint die Criminalistik auch auf Fritz Reuter
einen großen Reiz geübt zu haben, und er spinnt ihre Fäden
hier um Mensch und Thier.

Schon in „De Reis' nah Belligen" ist den Vögeln
eine kleine Rolle zugetheilt, nämlich die der Zuschauer.
Der Zaunkönig hat's gesehen, wie die muthwilligen Studenten
der eingeschlafenen Bauerngesellschaft die Pferde und dann
die Kiepen entführten; er erzählt's weiter, und bald weiß
es der ganze Wald. Die Vögel im Chor höhnen und
verspotten die armen Reisenden; und als diese in Alt=
Strelitz einfahren, werden sie auch hier von einem Gänserich
und seinen drei Weibern mit sarkastisch=diabolischem Geschnatter
empfangen. In der vorliegenden Erzählung ist der Dichter

noch weiter gegangen; er hat den Mäusen, Fröschen und
Vögeln menschliche Sprache und menschliche Gefühle ver=
liehen. Die Vögel greifen in die Handlung ein und treten
selber handelnd auf; sie spielen ein Stückchen Vorsehung
und Gottesgericht, wodurch die Dichtung einen phantastischen
und zugleich dämonischen Anstrich erhält. Die Kibitze
haben den Mord des armen Juden gesehen und verfolgen
den Bäcker, wo er sich blicken läßt, mit ihrem Rachegeschrei,
das ihn jedesmal erbleichen und wie im Fieberfrost sich
schütteln läßt. Das Spatzenpaar begleitet Fiken nach der
Stadt, baut sich unter dem Dache des Bäckerhauses an,
und hält auf das Mädchen ein wachsames Auge. Ihr
jüngster Sprößling, Krischan Spatz, ein schwindsüchtiger
Melancholikus, wohnt mit Fiken in einer Kammer — sie
hat ihn aus Mitleid an sich genommen — und er bringt
aus einem Mauseloche die Fetzen eines Rockes und einen
halben Fingerring hervor, die dem ermordeten Juden gehörten,
und nun gegen den Bäcker zur Anklage werden. Storch,
Rebhuhn und Nachtigall interveniren, wenn Johann und
die rheinländische Wittwe sich herzen und küssen wollen.
Ein vor Alter blödsinniger Staarmatz erscheint vor den
Assisen als Hauptzeuge für den unschuldigen Johann und
gegen den wirklichen Mörder. Genug, die Vögel bringen
alle Unthaten an den Tag, und führen Alles zum rechten Ende.

Der Dichter läßt sie also eine doppelte Rolle spielen:
eine humoristisch=gemüthliche und eine mythologisch=unheimliche.
Beide Rollen entsprechen auch, wie Julian Schmidt bemerkt
hat, der alten Volkssage; aber beide lassen sich nicht gut
vereinen, beide können nicht einmal neben einander laufen,
ohne mancherlei Disharmonie hervorzurufen; gerade so wie
die heitern Liebesscenen mit den düstern Criminalgeschichten
disharmoniren. Das humoristische Treiben der Vögel, ihre
häuslichen Sorgen und geselligen Zusammenkünfte, selbst
ihre Theilnahme an den beiden Liebenden und ihre Pläne

für die Vereinigung derselben — alles Das ist dem Dichter vortrefflich gelungen; wogegen ihre dämonisch-rächende Thätigkeit nicht besonders geschickt durchgeführt ist, und überdies auch dem modernen Bewußtsein widerspricht. Man glaubt heute wol noch an die Kraniche des Ibykus, aber schwerlich an die Kibitze des jüdischen Handelsmannes.

Nicht minder stört eine andere Episode. Als Johann mit zwei Landsleuten den Rhein hinab wandert, geben diese ein paar hübsche Schelmenlieder zum Besten. Da fährt Jener auf:

„Wat? Ji willt plattdütsch Burßen sin,
Un künt nich plattdütsch singen?" —

Nein! er wolle ihnen ein plattdeutsches Lied singen, das „prächtig klingen und zum Herzen gehen" soll. Und nun beginnt er ein Gedicht von sechs langen Strophen, worin er einen mächtigen Eichbaum verherrlicht, der an der See steht und seine Aeste, in denen ohnmächtig der Nordsturm braust, „von Pommern bis Niederland reckt". Von keiner Menschenhand gepflanzt, steht er schon tausend Jahre und wird noch tausend Jahre stehen. Diese Rieseneiche erblickt staunend ein König, der mit Gemahlin und Tochter am Strande spaziert, und forscht, was für ein Baum es sei? Da tritt ein Bauerlümmel vor und antwortet barsch: Es sei die plattdeutsche Sprache und Art, um die sich bisher weder König noch Ritter gekümmert, die nur von „Arbeitsleuten" gewahrt und gepflegt worden, und trotzdem lustig wachse und grüne:

„Kein vörnehm Kunst
Hett s' uns verhunzt,
Fri wüssen s' tau Höchten ahn Königsgunst."

Bekanntlich singt so Schiller von der „deutschen Muse". — Was der König erwidert, erfährt man nicht, nur die Königstochter reicht dem Grobian die Hand und spricht:

„Gott segn' Di, Gesell, för Din Red!
Wenn de Stormwind eins bruft dörch dat düt|che Land,
Denn weit is 'ne fätere Städ'*)!"

Wie gemacht und schwulstig das ist, braucht nicht erst ausgeführt werden. Das Plattdeutsche als das Heil deutscher Art und Kunst hinstellen zu wollen, ist eine lächerliche Anmaßung; und ebenso lächerlich ist der Glaube, es werde nach tausend Jahren noch in derselben Frische und Ausbreitung bestehen; da es doch vor der Schriftsprache zusehends zurückweicht und fast täglich mehr und mehr zusammenschmilzt.

Was man aber auch sonst noch an dem Gedichte aussetzen mag: seine Vorzüge und Schönheiten gewinnen doch sehr die Oberhand. Unter anderm ist die Schilderung des Handwerksburschenthums, die Vorführung der originellen Handwerksbräuche ein glücklicher Griff, der wohl mehr Nachahmung verdiente. An Dorf- und Bauerngeschichten hat die deutsche Literatur Ueberfluß, der Handwerksstand ist nur höchst selten in Scene gesetzt worden; und doch steckt gewiß auch in ihm viel Poesie! — Einen besondern Zauber übt das Thun und Gebahren der Vögel, wo es in humoristischer Beleuchtung erscheint. Welch tiefe Blicke hat der Dichter in das Natur- und Thierleben gethan, wie kennt er dessen Geheimnisse, und wie weiß er sie zu verwerthen! Noch geläufiger ist ihm das Wesen, Denken und Treiben der Kinder; und die Bilder, die er von den kleinen Leuten entwirft, suchen ihres Gleichen. Man lese z. B. den ersten Gesang, wo die „Gören" den Bäcker verlachen, als ihm der Gänserich in die Waden fährt. Dann nehmen sie ihre Holzpantoffeln in die Hand und vor dem zornigen Manne Reißaus. Wie aber Hanne Nüte herankommt, folgen sie ihm auf dem Fuße und schelten den Feind wie die Rohrsperlinge: „Hau em düchtig, düchtig, Hanne!" — „Kik den

---
*) Stätte.

Kirl! Wat will hei denn?" — „Will hir unf' lütt Fiken slahn?" — „Blot de Gant*) hett em wat dahn!" — Ein kleiner Bengel ruft ihm höhnend zu: „De Gant! de Gant!" Sobald sich der Bäcker aber gegen ihn kehrt, steckt er alle zehn Finger in den Mund und brüllt, als stäke er am Spieße. — Oder wie die Kinder Johann Schnut zum Dorfe hinaus wandern sehen. Jöching Schmidt meint:

„Ik wull, ik künn nu ok all smäden,**)
Un wir en groten Smädgesellen."
„„Nu weit ik wat, dat warb 'ne Lust!
Ik will Jug all,"" seggt Schulten Gust,
„„Mit Ine, mine, Mu***) afstellen,
Un wer dat warb, de 's Handwarksburs,
Un wi möt em den Bündel stehlen;
Wi will'n nu Hanne Rüte spelen."" —

Oder sie sprechen von ihren Mahlzeiten:

„Morrn slachten wi uns' gelbunt Haun,"
Seggt Jöching Frahm, „un dortau Grütt."
„„Wie eten Tüften†),"" seggt lütt Hinning Smidt,
„„Un ümmer Tüften eten wi.""
„Ji sib ok arm," seggt Schulten Gust,
„Un Tüften eten möten Ji;
Wi äwer eten Sünndags Wust.††)" —
„„Je, lat man uns' grot Fiken frigen†††),
Denn sallst mal sein, wat w' Stuten††††) krigen!"" —
„Denn giwwst mi doch wat af?" fröggt Jöching Frahm. —
„„Ne,"" seggt lütt Hinner, „„alltausam

---

*) Gänserich.
**) Schmieden.
***) Kinderreim.
†) Kartoffeln.
††) Wurst.
†††) Nämlich den Bäcker heirathen.
††††) Eine Art Kuchen.

Den Stuten fret 'k alleine up,
Du girwwst mi ok kein Hannersupp."" —
„Ja, Gören," seggt lütt Smidten=Luten,
„Herr Je, wat krig wi denn för Stuten!"

Das sind freilich die gewöhnlichsten Dinge von der Welt. Jedermann kann sie sehen und aller Orten, aber Jedermann sieht sie eben nicht; und nur Wenige, ach, wie Wenige! verstehen es, sie so frisch und saftig zu malen.

Das Gedicht schließt durchaus befriedigend. Johann und Fiken sind eben aus der Kirche gekommen, wo der Pastor seine beste Rede gehalten; Küster Suhr stattet dem jungen Paare seinen Glückwunsch ab, und die kleinen Geschwister der Braut zeigen den Nachbarskindern frohlockend ihre Kuchen. Jochen Spatz hat mit seiner Lotte unter dem Dach der Schmiede Quartier genommen, aus dem nahen Busche flötet die Nachtigall den Neuvermählten das Braut= lied, und auf der Giebelfirste des Hauses klappert schelmisch= vergnügt der Storch.

Was „De Reis' nah Belligen" noch nicht vermochte, „Kein Hüsung" vollständig verfehlte, gewann erst „Hanne Nüte". Fritz Reuter selber wurde von dieser Dichtung so ergriffen, daß er zu zweifeln begann, ob sie denn auch wirklich sein Werk sei*): bange Ueberraschung und frohes Selbstgefühl bemächtigten sich seiner. Das Publikum fing gleichfalls an, in ihm einen Dichter zu sehen; und „Hanne Nüte" drang in viel weitere Kreise als seine Vor= gänger. Von den Gestalten der Erzählung wurde eine, wiewol nur eine Nebenfigur, bald populär: — der Küster Suhr. Er war kein Phantasiegebild, sondern der Ver= fasser hatte ihn leibhaftig vorgefunden in Jabel; in dem

---

*) Vgl. S. 163.

Dorfe, wo sein Oheim, Ernst Reuter, als Pastor waltete. Wenn Fritz Reuter eine dankbare Figur entdeckt hat, pflegt er sie wiederholt vorzuführen, in verschiedenen Dichtungen auftreten zu lassen — was eigentlich kaum zu billigen ist, da es die Illusion stören muß. Beispielsweise erscheint „Vadder Swart" dreimal; zuerst in dem Läuschen „Dat Johrmark"; sodann in „De Reis' nah Belligen"; und außerdem in „Kein Hüsung", wo er mit Vadder Witt in die Hubertusjagd der Edelleute hineinfährt, und bei dieser Gelegenheit sehr aufsätzige „hochdemokratische" Gedanken äußert. Ebenso oft ist nun auch Küster Suhr in Scene gesetzt, der schon in den „Läuschen un Rimels" vergnügliches Aufsehen erregte und dem Dichter herzliche Beglückwünschungen eintrug. Solche Küster und Schulmeister von „missingscher" Bildung und „missingscher" Sprechweise — ehemalige Schneider, Bediente ꝛc. — waren früher in Mecklenburg häufig, namentlich auf adligen Patronatsstellen; heute sind sie sehr selten geworden. Küster Suhr wurde im Laufe der Zeit so berühmt, daß er's endlich selber erfuhr. Als er mit dem Alter in Noth gerieth, sammelten Verehrer des Dichters eine Summe und sandten sie dem Greise mit einer Widmung, die etwa so lautete:

  Dem braven Küster Suhr
  Zur Stärkung dreißig Luggerdur.

Olle Kamellen.

Zwar bieten die „Läuschen un Rimels", „De Reis' nah Belligen" und „Hanne Nüte" Vieles, was die Sinne ergötzt und Herz und Gemüth labt; zwar werden diese Erstlings=Dichtungen wegen ihres poetischen und zugleich culturhistorischen Gehalts in der plattdeutschen Literatur einen Platz behaupten: aber sie verblassen doch, sie treten mehr und mehr zurück vor den nun folgenden Schöpfungen in Prosa, mit welchen sie überhaupt kaum einen Vergleich aushalten. Die gebundene Rede scheint für Fritz Reuter nur eine Fessel gewesen zu sein; erst nachdem er sie abgeworfen, entfaltet er frei und voll den herrlichen Humor, der sein eigentliches Können und seine eigentliche Natur bildet, der ihn allen mitlebenden Schriftstellern überlegen zeigt, ihn als einen wahren gottbegnadeten Dichter ausweist. Dieser kerngesunde sonnig strahlende Humor ist in der Literatur aller Völker so selten, daß er mit Nothwendigkeit als eine überaus kostbare Perle erkannt werden, und seinem glücklichen Besitzer die Bewunderung von ganz Deutschland gewinnen mußte.

Fritz Reuter that einen Aufschwung, den wol Niemand erwartet haben mochte. Aus dem schüchternen Anfänger, der sich auf verschiedenen Gebieten mit mäßigem Erfolge versucht hatte, war plötzlich ein Meister geworden; wenn auch noch nicht gleich ein selbstbewußter. Mit Meisterhand bildet und ordnet er jetzt. Er schafft Gestalten, so lebenswahr und vollblütig, so markig und originell, daß sie beim ersten Erscheinen unbedingten Glauben finden, mit dem ersten Worte tiefes Interesse erregen. Und dieses Interesse steigert sich alsbald zur Lust, zum Hochgenuß. Man lauscht ihren einfachen Reden mit herzlichem Wohlgefallen, man ist von ihrem naiven Bewegen und Thun erbaut, gerührt und entzückt. Sie blenden und überraschen nicht, sie versetzen nicht in besondere Spannung nach vorwärts oder nach rückwärts hin, aber ihre Gegenwart fesselt und befriedigt dermaßen, daß man darüber alles andere vergißt. Man vergißt, daß sie blos im Spiegel des Dichters erscheinen, und glaubt in ihnen persönliche Bekannte, alte liebe Freunde zu sehen. Mit Bedauern läßt man sie scheiden, und man wird nicht müde, sie immer wieder aufzusuchen.

Fritz Reuter schuf ein Meisterwerk, und doch gab er ihm wieder den bescheidensten Titel von der Welt. Hatte er sein erstes Büchlein „Läuschen un Rimels" geheißen, so nannte er dieses „Olle Kamellen"; das bedeutet: Alte, längst bekannte, ziemlich unbedeutende und werthlose Geschichten. Der Dichter tritt jetzt zu seinen Lesern, unter welchen er immer zunächst seine Landsleute versteht, in ein ganz persönliches Verhältniß. Er erzählt ihnen Geschichten, die er theilweise mit erlebt hat, in denen er selber eine Rolle spielt; nicht nur steckt er nach Humoristen Art gern den eigenen Kopf vor, sondern er mischt sich auch leibhaftig unter seine Helden, mit denen allen er bekannt und befreundet ist.

„Olle Kamellen. Twei luſtige Geſchichten" lautet der vollſtändige Titel; der inſofern nicht ganz zutrifft, als die eine der beiden Erzählungen kaum eine „Geſchichte" genannt werden kann, während die andere wieder nicht blos eine „luſtige" Geſchichte, ſondern weit mehr iſt.

Woans*) ik tau 'ne Fru kamm

verdient noch nicht den Namen „Geſchichte", iſt nach Form und Inhalt nur eine Skizze, eine zwangloſe hin- und herſchweifende Plauderei, die mancherlei Unweſentliches einflicht, mancherlei Weſentliches im Dunkel läßt, und ſchließlich etwas im Sande verläuft.

Ein 41jähriger Junggeſelle — dem Anſchein nach iſt es der Dichter ſelber — erzählt, wie er das Eſſen aus dem Speiſehauſe und das Regiment ſeiner Aufwärterin-Wittwe ſatt bekommt, und halb aus eigenem Antriebe, halb ſich fügend dem liſtigen Andrängen ſeines Oheims Matthies, öſterreichiſchen Wachtmeiſters außer Dienſt, auf die Freite geht, von der er zwar im Ganzen glücklich, aber doch nicht ohne Zweifel und Befürchtungen zurückkehrt, die auch nach der Hochzeit, in der Ehe nicht völlig ſchwinden. Der Held erzählt launig und kurzweilig, hält aber ſein Incognito bis an's Ende hartnäckig feſt, führt auch die Liebſte ſelber nie vor, ſondern bemerkt nur, er könnte Manches ausplaudern, z. B. wie es ihm ergangen, da er ihr ſeinen Antrag machte, oder von dem Glück der „wunderſchönen" Bräutigamszeit, oder gar von den „dummen Streichen", die er noch ſchnell vor der Hochzeit beſorgte, um ſich dadurch in der Ehe die Oberhand zu ſichern — aber er werde „ſich wohl hüten", dergleichen ſei nicht für Jedermann, könne leicht Schaden und Unheil anrichten. So wird der Leſer faſt zum Beſten gehalten; damit ihm aber die „Geſchichte" nicht völlig unklar bleibe, iſt ihr ein Motto vorgeſetzt:

---

*) Wie, auf welche Art und Weiſe.

Nah de Hochtid hett't en En'n;
Vör de Hochtid möst Du s' wen'n.

Das will sagen: Die Liebste soll schon als Braut, nicht erst als Frau gezogen werden — was indeß kaum für eine allgemeine Regel gelten darf, sondern sich in der Praxis verschieden macht. Mit der eigenen Liebes= und Heirathsgeschichte des Dichters hat die Plauderei nicht das Geringste zu thun; sie ist, wie gesagt, ganz hübsch, besonders wegen der eingestreuten Anekdoten aus dem Eheleben: aber ein höherer Werth kann ihr nicht zugesprochen werden; sie dient nur, um die Bedeutung der folgenden Geschichte in das hellste Licht zu setzen. Diese heißt

Ut de Franzosentid

und spielt in „Stemhagen", in des Dichters Vaterstadt, zu einer Zeit, wo der Deutsche im eignen Lande schutz= und rechtlos, im eignen Hause heimatlos war; wo Eigenthum und Ehre, Freiheit und Leben von der Willkür übermüthiger Eroberer abhingen. In schweren Fesseln liegt das deutsche Volk am Boden, hin und her gestoßen von den Fußtritten der fremden Dränger, und von diesen ob seiner Schmach und seines Elends noch verhöhnt; aber schon beginnt es sich trotzig und drohend zu regen und an den Fesseln zu rütteln; schon steigt das Ungewitter empor, das die Heere des Usurpators über den Erdboden fegen und wie Spreu in alle Winde verwehen wird. Auf diesem düsterschweren Hintergrunde erhebt sich die Erzählung wie ein goldiges Morgenroth, das dem heraufsteigenden Tage das Siegesbanner vorträgt: — ein Beweis von der wunderbaren Macht des echten Humors.

Der Dichter erzählt aus seiner frühesten Kindheit, von seinen ersten Freunden. Da ist der Bürgermeister und die Bürgermeisterin, der Rathsherr Herse mit seiner „Tanten", der Stadtdiener Luth und der Uhrmacher Droz, der Amtshauptmann

Weber mit seiner Gattin „Reiting", die ehr- und tugendsame Jungfer Mamsell Westphalen und der „unverständige Schlingel" Fritz Sahlmann. Da ist auch Fritz Reuter, der sich als kleiner Botenläufer zwischen dem Rathhause und dem Amtsschlosse einführt; obwol er in Wirklichkeit damals (Februar 1813) wenig mehr als zwei Jahre zählte.

Gleich der Eingang der Geschichte ist äußerst geschickt und packend — was übrigens von den meisten Dichtungen Reuter's gerühmt werden muß: am Besten gelingen ihm stets die Anfänge. Hier beginnt er mit seinem eigenen Ich, und die Stelle lautet in der Uebersetzung:

Getauft bin ich auch und hab' auch Pathen gehabt, vier Stück. Und wenn meine vier Pathen noch lebten und gingen mit mir über die Straße, dann würden die Leute still stehen und sagen: Guckt, was sind das für Kerle. Nach solcher Art kann man jetzund lange suchen; das sind noch Pathen! — Und Einer war darunter, der war einen Kopf länger als die andern und sah über sie hinweg, wie Saul über seine Brüder; das war der alte Amtshauptmann Weber, und er hatte einen saubern blauen Rock an und eine gelbliche Hose und lange blankgewichste Stiefel; und war sein Gesicht auch von Pocken zerrissen, und hatte der Teufel auch seine Erbsen darauf gedroschen, daß er aussah, als hätte er mit dem Gesicht auf einem Rohrstuhl gesessen; auf seiner breiten Stirn stand geschrieben, und in seinen blauen Augen konntet Ihr lesen: Keine Menschenfurcht, wohl aber Gottesfurcht! Und er war ein Kerl auf dem Platz.

Dieser unübertrefflichen Charakteristik folgt nun eine Scene, die im Originale stehen mag:

Eines Dags — 't was in de Tid, as dat Takeltüg, de Franzosen, ut Rußland t'rügg kamen wiren, und as sik dat all bi uns so rögen würd — kloppt wer an den Herrn Amtshauptmann sin Stuw. „Herein!" rep de oll Herr un rinne kamm oll Möller Voß ut Gielow, mit't

verkihrt En'n tauirst, un makt en Diner, de hellsch drwas=
lings rute kamm, as müßt hei den Herrn Amtshauptmann
vör allen Dingen irst wisen, von wat för 'ne Ort Tüg
sin Hosenbodden makt wir. „"Gun Dag, Herr Amts=
hauptmann!"" säd hei. „Gun Morrn, min leiw Möller!"
säd de oll Herr. — Na, wenn sei sik ok verschidene Dagstid
böden, so hadden sei doch, jedwerein up sin Ort, recht, denn
de Möller stunn des Morgens Klock vir up, un bi em
was't Nahmiddagstid, un bi den Herrn Amtshauptmann
was't tidig an'n Morgen, denn hei stunn Klock elwen up.
— „Wat wull Hei, min leiw Möller?" — denn dunn
würden de Möllers noch „Hei" heiten. — „"Je, Herr
Amtshauptmann, ik kam tau Sei in 'ne grote Sak. —
Ik wull Sei man mellen: ik wull nu ok Pankerott spelen,
Herr Amtshauptmann."" — „Wat wull Hei, min leiw
Möller?" — „"Pankerott spelen, Herr Amtshauptmann.""
— „Hm, hm!" brummt de oll Herr, „das ist ja eine
verzweifelte Sache," und riwwt sik den Kopp und geiht in
de Stuw up un dal. „Wo lang' wahnt Hei all in dat
Stemhäger Amt?" — „"Taukamen Jehanni warden't drei
un dörtig Johr."" — „Hm, hm," brummt de Herr Amts=
hauptmann wider, „un wo olt is Hei, Möller?" — „"In'n
Arwtaust warden't siw un sößtig Johr, känen mäglich ok
söß un sößtig sin."" — „Möller Voß, denn is Hei vel
tau olt tau Sin Vörnehmen." — „"Wo so denn?"" fröggt
de Möller ganz verdutzt. — „Pankerottmaken is en swer
Geschäft, dor ward Hei in Sinen Oeller nich mihr mit
sarig." — „"Meinen Sei, Herr Amtshauptmann?"" —
„Ja, dat mein ik. — Wi sünd dor Beid tau olt tau, dat
möt wi jung'n Lüd äwerlaten." — „Na," fröggt de oll
Herr, un schüddelt den Möller so'n Beten an de Schuller,
„wo drückt Em denn de Schauh? Wat quält Em denn
hauptsächlich?" — „"De Jud! de versluchtige Jud! Un
denn de Prinzeß, Herr Amtshauptmann! de versluchtige

Prinzeß!"" — „Süht Hei, Möller? dat is ok en Hans=
bunkenstreich von Em, dat Hei sik in Sinen Oeller in en
Prozeß rin giwwt." — „"Je, Herr, as ik mi in den
rin gaww, was ik noch in gauden Johren, un ik dacht ok
so, ik würd em noch bi Lewstiden utsechten; äwer ik mark
woll, so'n Prinzeß hett en längern Athen, as 'ne ihrlich
Möllerlung' uthollen kann."" —

Der arme Kerl liegt mit einem Vetter im Prozeß,
wobei es sich um nichts weniger, als um seinen ganzen
Besitz handelt, und außerdem schuldet er dem Wucherjuden
Itzig fünfhundert Thaler, die er nicht bezahlen kann; die
Franzosen haben ihn ausgeplündert, ihm Vieh und Pferde
weggetrieben; darum will er „Bankerott spielen", denn die
Exekution steht vor der Thür. — Ja, es sind schlechte,
sehr schlechte Zeiten, und Niemand hat baares Geld. Sagt
doch der alte Herr: Man könne ganz Stavenhagen, Stadt
und Amt, auf den Kopf stellen, und es fallen nicht fünf=
hundert Thaler heraus. Er sucht den Müller zu trösten,
so gut er kann; und kaum hat dieser sich zögernd verab=
schiedet, als sieben französische Chasseurs in den Hof reiten,
und einer von ihnen kommt herauf und fängt an, in den
alten Herrn hineinzuwettern und mit der blanken Klinge
ihm vor den Augen zu fuchteln. Der Amtshauptmann
versteht kein Wort, bleibt aber ruhig und kalt, holt ein
„Dictionnaire de poche" und schlägt nach, was Herr
„Poche" zu den Reden des Franzosen sage; läßt auch durch
Fritz Sahlmann den Bürgermeister rufen, welcher ihm den
Wortschwall des Marodeurs dahin verdolmetscht, daß dieser
fünfzehn fette Ochsen, eine Last Weizen, hundert Louisd'or
und dann noch für sich und seine Leute vielen „du vin"
verlange. Auf Anrathen des Bürgermeisters giebt man
ihm zunächst den Wein, und Müller Voß, der sich inzwischen
wieder eingefunden hat, muß dem Franzosen beim Trinken

Gesellschaft leisten, wozu ihm der auf= und abgehende Amts=
hauptmann Muth einspricht.

Inzwischen läßt der Bürgermeister den Uhrmacher
Droz holen, der von Geburt ein Neuschateller ist und früher
gleichfalls unter Napoleon gedient hat. Droz wirft sich in
seine ehemalige Uniform, und schlägt durch sein bloßes
Erscheinen die Marodeurs, die ihn für den Quartiermeister
eines französischen Regiments nehmen, in die Flucht; worauf
er mit Ober= und Untergewehr zu Mamsell Westphalen in
die Speisekammer marschirt, und hier für seine Heldenthat
mit Wein und Entenbraten belohnt wird. Nach ein paar
Stunden hat auch Müller Voß den Franzosen glücklich unter
den Tisch getrunken, dabei aber selber das Gleichgewicht
verloren, weshalb sein Knecht, Friedrich Schult, Beide auf
den Wagen ladet und mit ihnen nach der Mühle fährt,
den Chasseur aber, den er für eine unnütze Fracht hält,
unterwegs abwirft.

Aus dieser ganz unschuldigen Nothwehr erwachsen nun
die ärgsten Verwickelungen. Während Herr Droz noch in
der Speisekammer sitzt und mit Mamsell Westphalen rade=
brecht, rückt ein französisches Regiment in die Stadt, und
der Oberst nebst Adjutant und Ordonnanzen nehmen auf
dem Schlosse Quartier. Der Uhrmacher wagt jetzt nicht, in
seiner Uniform nach Hause zu gehen, und Mamsell West=
phalen räumt ihm für die Nacht ihr Bett und ihr Zimmer
ein, das nur durch eine Bretterwand von dem der franzö=
sischen Officiere getrennt ist. Da bricht die Entdeckung
herein! Zunächst verschuldet durch den „unverständigen
Schlingel" Fritz Sahlmann, welcher, um sich an Mamsell
Westphalen für die während des Tages erhaltenen Ohrfeigen
zu rächen, einen Eisklumpen auf ihren Betthimmel legt,
der später zu thauen beginnt und den Uhrmacher aus dem
ersten Schlafe weckt. Er meint, es regne durch die Zimmer=
decke, und fährt mit der Gardinenkutsche in der Stube um=

her, bis sie schließlich gegen die Nebenwand stürzt und auch die Officiere erweckt; worauf eine Scene folgt, die Niemand ohne ununterbrochenes Lachen lesen wird.

Der Oberst stürzt herein, nur in eine rothe Bettdecke gehüllt und ein doppelläufiges Pistol in der Hand. Hinter ihm der klapperdürre Adjutant, mit blankem Degen „un süs noch mit allerlei Blanks"; sowie die Ordonnanzen in ähnlichem Aufzuge. Von der andern Seite naht Mamsell Westphalen, eine große Stalllaterne in der Hand und gefolgt von ihren beiden Mägden, Fik und Corlin; auch die drei Frauenzimmer in „sehr bedrängten Kleidungsumständen". Herr Droz liegt unter Betten und Gardinen begraben, endlich arbeitet er sich vor, stülpt die Bärenmütze auf den Kopf und die Finger daran legend, spricht er mit militairischen Gruße: Bon soir, mon colonel! Mamsell Westphalen aber heißt die kichernden Mägde sich umdrehen, und indem sie selber ein Gleiches thut, macht sie dem Obersten hinterwärts einen Knicks, und spricht ihre Entrüstung ob des nächtlichen Lärms in einem christlichen Hause aus.

Das tolllustige Intermezzo nimmt indeß ein Ende mit Schrecken. Der Oberst hält Herrn Droz für einen Deserteur und läßt ihn verhaften. Zugleich entdeckt er den Säbel und das Casquet des Chasseurs, die man diesem mitzugeben unglücklicherweise vergessen hat, und faßt den Verdacht, daß hier ein Mord geschehen; weßhalb er am nächsten Morgen durch seinen Auditeur eine strenge Untersuchung vornehmen läßt, in die auch der Amtshauptmann, Mamsell Westphalen, Müller Voß und der Bürgermeister verwickelt werden. Mamsell Westphalen wird auf Anrathen des Rathsherrn Herse „selbflüchtig"; sie flüchtet in die Räucherkammer, unter die Würste und Schinken, wo ihr Fritz Sahlmann Kundschaft bringt, und dafür eine Mettwurst erpreßt. Amtshauptmann und Bürgermeister zeigen sich als wackere unerschrockne Beamte; namentlich tritt der letztere

für den Uhrmacher ein, der nur auf seinen Befehl gehandelt
habe; worauf er statt des Herrn Droz festgenommen wird,
und dem abziehenden Regimente als Gefangener folgen muß;
mit ihm Müller Voß und der Rathsherr.

Dieser erntet für seine Bemühungen großen Undank.
Schon Mamsell Westphalen und ihre beiden Mägde haben
ihm das Antlitz mit Asche und Besen bearbeitet, indem sie
ihn, seiner gestickten Rathsherrnuniform wegen, die er an
diesem wichtigen Tage anlegte, für einen französischen General
hielten; und bald darauf wird er arretirt, als er das Fuhr=
werk des Müllers vor den Franzosen in Sicherheit bringen
will. Auf dem Transport entwickelt er vor den Leidens=
gefährten seine Pläne, um Deutschland durch das Anstecken
sämmtlicher Windmühlen zum Aufstande zu bringen, dem
König von Preußen durch Ausplünderung der Juden zu
einer gefüllten Kriegskasse zu verhelfen, und den Kaiser
Napoleon durch geniale Flankenmärsche gefangen zu nehmen.
Während er diese beabsichtigten Heldenthaten erzählt und
sich dabei so begeistert, als habe er sie bereits ausgeführt,
weiß der Bürgermeister seine Zeit besser zu nutzen und
entflieht unter dem Beistande Fritz Sahlmann's, der so
ausnahmsweise auch einmal etwas Vernünftiges begeht.
Auch die andern Gefangenen werden später entlassen, als
Friedrich Schult den flüchtigen Chasseur greift und diesen
lebendigen Entlastungsbeweis zur Stelle schafft.

Neben dem ehrenfesten liebenswürdigen Amtshaupt=
mann erregt das größte Interesse jener Müllerknecht, der
ohne eine Miene zu verziehen die ergötzlichsten Dinge spricht
und vollführt, an schlagendem Witz und trocknem Humor
unerschöpflich ist, und hinter einem kalten phlegmatischen
Aeußern das treueste edelste Herz verbirgt. Er übersieht
nicht nur seinen Dienstherrn, den etwas beschränkten Müller,
sondern alle Bauern miteinander, denn er ist, wie er selber
sagt, ein Kerl, welcher die Welt gesehen hat, und etwas

mehr werth, als „solch Bauerjunge mit dickem rothen Kopf und Flachshaaren, der einen Diener macht wie ein Klappmesser und den Leuten in die Stube spuckt". Friedrich Schult ist ein geborner Preuße und hat in den neunziger Jahren unter dem Herzog von Braunschweig in Holland gefochten — daher sein Lieblingsfluch: „Dümurrjöh! Verfluchte Patriotten!" — ist aber später „dissentürt", weil er bei seinem Hauptmann nicht länger Kinder wiegen wollte. In dieser Geschichte spielt er eine bedeutende Rolle, und ist neben Fritz Sahlmann die Hauptursache der Verwickelung. Er hat den trunkenen Chasseur vom Wagen geworfen, aber dessen Pferd und Mantelsack nach der Mühle mitgenommen. In dem Felleisen des Franzosen findet er eine Menge geraubter Gold= und Silbersachen und gegen siebenhundert Thaler baar Geld. Er behält für sich ein einziges Achtgroschenstück, das haben ihm die Franzosen einmal geraubt und ihn, als er sich wehrte, noch mit furchtbaren Hieben tractirt; das Uebrige bringt er dem Müller und räth ihm, davon den Wucherjuden zu bezahlen. Der Müllerfrau erscheint er wie „die Schlange aus dem Paradiesgarten", aber Müller Voß selbst hat nicht übel Lust zuzugreifen, denn die Noth ist groß; doch auf Bitten seiner hübschen braven Tochter entschließt er sich, Alles an das Amthaus abzuliefern. Friedrich erklärt, das Achtgroschenstück als sein rechtmäßiges Eigenthum behalten, und nur die Schläge den Franzosen wiedergeben zu wollen. Als er aber erfährt, daß sein Dienstherr in den Verdacht des Mordes gekommen, macht er sich auf die Strümpfe, um den Chasseur zu suchen, den er aus einem Backofen herauszieht, und ihm zunächst die Knöpfe von den Hosen schneidet, damit er nicht „schappiren" könne.

Auch die Nebenfiguren, wie Bäcker Witt, Stadtdiener Luth, die Müllerfrau, Bauer Freier, Schulz Besserdichs — sind mit großer Liebe und Sorgfalt gezeichnet, athmen alle sprechendes Leben und eine gewisse Eigenart, die sie dem

Leser sofort sympathisch macht. Man höre z. B., wie das Stubenmädchen vom Amtshause eingeführt wird: — Fik Besserdichs was 'ne lütte fire Dirn, so wacht*) un kregel**), as 'ne Gülzow'sche Schultendochter man sin kann — denn dummals deinten de Schultendöchter noch. Nu stunn sei äwerst vör den Herrn Amtshauptmann un slog de Ogen dal un knäselt an den Schörtenband, denn sei habb't in't Gesäuhl, dat dit woll 'ne Ort Gerichtsdag warden wird. — — As sik Fik ümdreihen ded, föllen ehr Ogen up dat Eckfinster. Sei dreihte sik fir wedder üm un säd: „Herr Amtshauptmann, nu weit ik, wo Fritz Sahlmann is". — „"Na, wo denn?"" — „Seihn S', dor sitt'e. — Dor, Herr Amtshauptmann, dor in unsen ollen Kantappelbom, de an de Eck von de Käk steiht". —

Mit der Zurücklieferung des Marodeurs erhalten die Gefangenen ihre Freiheit wieder, und ziehen unter dem Geläute der Sturmglocke und dem Hurrahgeschrei der Bürger und Straßenjungen in Stavenhagen ein; der Rathsherr Herse natürlich voran. Vergebens läßt „Tanten" vor ihm die Fenstergardinen flattern, er fühlt seine Pflicht als öffentlicher Charakter und verfügt sich zunächst nach dem Rathhause, wo ihm „Tanten" später einen Kranz von „Lorbeerblättern" aufsetzt. So glich er, wie der Dichter sagt, Julius Cäsar'n; nur daß er „um ein gut Theil freundlicher und völliger aussah als der sauertöpfige knochentrockne Römer".

Damit könnte die Geschichte schließen, denn der Rathsherr wirkt dem Müller von dem Juden Stundung aus, und der junge Vetter Heinrich will den Prozeß gegen Jenen fallen lassen, und dafür des Müllers Fiken heirathen. Aber der Dichter mochte eine Heirath in Anbetracht der trüben Zeitverhältnisse nicht für schicklich, für verfrüht erachten;

---

*) Munter, lebhaften Auges.
**) Frisch, quick.

darum bringt er in die Handlung noch ein neues Motiv. Ist das schon ein Verstoß gegen die Einheit der Composition, so ist das Motiv selber ein zu gewagtes und unwahrschein= liches. Rathsherr Herse, der hier seinen Notarius publicus verwerthet, eröffnet dem Müller Voß, daß diesem nach dem Contrakt, den er mit dem Amte geschlossen, von jedem Scheffel Getreide nicht eine Metze, sondern wieder ein Scheffel als Mahllohn zustehe. Beide nehmen den Schreib= fehler, den der Hans Dampf, Fritz Sahlmann begangen, und den der Amtshauptmann später einfach corrigirt, für baar und handeln darnach. Der alte Müller hält sich schon für einen reichen Mann, verweigert dem jungen Vetter die Tochter, und verkauft alles Getreide, das die Mahlgäste zur Mühle bringen, so daß er bald statt Eines Prozesses zehn auf dem Halse hat. Seine Lage ist verzweifelter als je; da wird der brave Müllerknecht sein Retter. Diesem fällt auf Verwenden des Amtshauptmanns, der seine Ehr= lichkeit und sonstigen Verdienste erkannte, die Geldsumme zu, welche er im Mantelsack des Chasseurs gefunden hat. Er überläßt sie dem Müller als Darlehn, und zieht mit dem jungen Vetter Heinrich gegen die Franzosen, in den Krieg. Gleichzeitig erhebt sich, wie in ganz Niederdeutschland, so auch in Stavenhagen, der Landsturm, von dessen Exercitien und Recognoscirungsmärschen, unter Anleitung des Raths= herrn und des Uhrmachers Droz, eine launige Schilderung folgt, die aber dem Ernste und der Wucht jener unvergeß= lichen Zeit nicht den geringsten Eintrag thut. — Dabei fällt ein Streiflicht auf die Misère der deutschen Zustände, denn der französische Oberst von Toll ist ein geborner Westphale und der Sohn des liebsten Universitätsfreundes, den der alte Amtshauptmann einst in Jena besaß.

Nach der siegreichen Heimkehr der Krieger machen Fiken Voß und Vetter Heinrich Hochzeit, in welche der Rathsherr mit der von ihm dirigirten Musikcapelle fällt, die er zunächst durch Variationen über das schöne Thema „Gestern Abend war Vetter Michel da!" und hinterher durch ein Feuerwerk verherrlicht, welches das Hochzeitshaus bald in Brand gesteckt hätte. Friedrich Schult kehrt als Unterofficier zurück, und er ist für Stavenhagen eine historische Person geworden. Wenn man sonst glaubte, daß Blücher die Schlacht bei Leipzig gewonnen, so wissen das die „Stemhäger" besser: der Husarenunterofficier Friedrich Schult hat sie gewonnen. Er theilte seinen Schlachtplan dem Obersten Warburg mit, dieser gab ihn weiter an den Adjutanten Blücher's, und so kam er an den Marschall Vorwärts, der ihn flugs acceptirte. „Friedrich Schult hat Recht!" sagte der alte Haudegen, und that, wie ihm Friedrich Schult gerathen.

In dieser Geschichte spiegelt sich des Dichters ganzes Können; nicht nur seine komische und humoristische Vollkraft, sondern auch das Vermögen, dem Ernsten und Edlen, Rührenden und Ergreifenden Ausdruck zu geben, ohne, wie früher, in falsche Sentimentalität und schwulstiges Pathos zu verfallen. Dahin gehören die Scenen zwischen Fiken Voß und ihrem Vater; wie sie ihn beschwört, der Versuchung zu widerstehen und den werthvollen Fund wieder abzuliefern; wie sie ihm später Trost und Ergebung einspricht, und ihm muthig in die Gefangenschaft, mitten unter die Soldateska folgt. Ferner die Auftritte zwischen dem Amtshauptmann und dem Obersten; wie dieser von dem Vorwurfe, sein eignes Vaterland zu knechten, bis ins Herz getroffen wird, ohne sich mit der harten Nothwendigkeit vor sich selber entschuldigen zu können; und wie nun Zorn und Scham in seiner Seele einen schweren Kampf kämpfen. Endlich die kränkelnde Mutter des Dichters, der man plötzlich den Gatten entreißt, und ihre heftige Freude, als er so schnell heimkehrt. Fritz Reuter, der in seinen weit ausgemalten und sehr gehäuften Bildern sonst nicht besonders

glücklich ist, hat diesmal ein schönes Gleichniß an der Hand, das in der Uebersetzung etwa so lautet: All' die Ueber=
raschungen taugen den Teufel nichts, selbst nicht die guten. Wenn die Freude dem Menschen plötzlich in die Ohren schallt, als ob zwei Dutzend Musikanten hinter einem Busche zugleich loslegen, dann reißt das durch Herz und Kopf, und das schönste Lied wird eitel Wehtag. Nein, ich lob' mir die Freude, wenn sie ankommt wie ein Singvogel im grünen Holz, näher und immer näher von Zweig zu Zweig, bis sie zuletzt vom nächsten Baum ihr Lied mir voll in die Ohren singt.

Der Composition nach ist „Ut de Franzosentid" Fritz Reuter's bestes Produkt; es zeigt mehr Einheit in der Handlung, mehr Zusammenhang und Ebenmaß in den Theilen, als seine übrigen Dichtungen zusammen. Schürzung und Lösung sind straff und geschickt, und die eigentliche Handlung von dramatischem Gange. Aber einen Mangel theilt diese Geschichte mit fast allen Dichtungen Reuter's: sie hat keinen eigentlichen Helden, sondern mehre, viele Helden. Müller Voß und der Amtshauptmann, Friedrich Schult und der Rathsherr, der Bürgermeister und Mamsell Westphalen, selbst der „unverständige Schlingel" Fritz Sahlmann stehen ihrer Thätigkeit und Bedeutung nach alle auf einer Linie, nämlich in erster Reihe. Dieser Mangel zeigt sich auch bei andern Humoristen, und wirklich liegt er im Wesen, bildet er die Stärke des Humors, der im Großen das Kleine, im Kleinen das Große aufzudecken weiß, dessen Princip Ausgleichung und Vermittelung ist.

Neben der meisterhaften Charakteristik und fesselnden Handlung hat die Erzählung aber auch noch den großen Vorzug, daß sie ein treues farbenfrisches Bild giebt von jener denkwürdigen Zeit, und von dem Eindruck, den die bedeutungsschweren Ereignisse auf Alt und Jung, Hoch und Niedrig machten. Mit vollem Recht könnte sich diese

Geschichte eine „historische" nennen, sich eine Bezeichnung beilegen, mit der heute von Romanfabrikanten so viel Mißbrauch getrieben wird. Die Atmosphäre jener Tage umweht den Leser wie unmittelbare Gegenwart, und läßt sein Herz bald krampfhaft sich zusammenziehen, bald höher und höher schwellen. Fritz Reuter kennt die große Zeit nicht mehr aus eigener Erfahrung, wohl aber aus den Erzählungen seiner persönlich daran betheiligten Eltern und väterlichen Freunde. Diese unmittelbaren Berichte haben sich ihm tief eingeprägt und seine Phantasie in den Stand gesetzt, die Vergangenheit noch einmal zurückzurufen, sie der Nachwelt in lebensvollem Scheine vor Augen zu führen.

Fragt man nun, was in der vorliegenden, Herbst 1860 erschienenen Geschichte Wahrheit und was darin Dichtung ist, so kann diese Frage, auf Grund zuverlässiger, an Ort und Stelle eingezogener Nachrichten, ziemlich genau beantwortet werden.

Getreu nach dem Leben geschildert, gewissermaßen Portraits: sind die Eltern des Dichters, der Amtshauptmann Weber, die Amtshauptmännin, Mamsell Westphalen und der Uhrmacher Droz, Bäcker Witt und der Stadtdiener Luth.

Der Bürgermeister Reuter war immer im Dienst; er trug eine Arbeitslast, wie sie nur wenig Menschen, und höchst selten so lange, zu tragen vermögen. Die ganze Verwaltung und Justiz der Stadt besorgte er zwanzig Jahre allein; erst 1829 ward ihm für die Kanzlei und Registratur ein sogenannter Protocollist beigegeben, den er aber selber besolden mußte. Daneben fungirte er noch als Amtsactuar und für etliche benachbarte Güter als Patrimonialrichter! Mit solcher Arbeitskraft verband sich ein fester entschlossener Charakter, der keine Gefahr scheute und selbst von der Uebermacht sich nicht beugen ließ. Es entspricht durchaus der Wahrheit, wenn der Dichter in diesem Buche sagt: „Min Oll was en kräftigen resolvirten Mann, un Furcht hadd hei nicht so vel as dat Swart unner'n Nagel." Und an einer andern Stelle: „Min Vader was en krätigen Kirl, un wenn hei mal wat för Recht inseihn hadd, was hei so steinpöttig as en richtigen Meckelbörger man sin kann." Wie der Bürgermeister hier für den Bäcker Witt und für den Uhrmacher Droz Partei nimmt, ebenso tapfer ist er dem Landesfeinde gegenüber für seine Bürger verschiedentlich eingetreten; und thatsächlich hat er aus solchem Anlaß einmal fliehen, sich tagelang vor den Franzosen verstecken müssen. Auch der Abend im Rathhause, wo man die glückliche Heimkehr der Gefangenen feiert, wo der Rathsherr und der Bäcker, der Müller und der Amtshauptmann, der Müllerknecht und der „Herr Kammerdiener" alle miteinander als liebe Gäste bewirthet werden — zeigt den Bürgermeister, wie er wirklich war. Ernst und gemessen im Amt, benahm er sich im Privatverkehr einfach und schlicht, ging er mit seinen Bürgern und mit den geringen Leuten in ihrer Weise um. Die Gesellschaft der Höherstehenden suchte er nicht, ja er hielt sich von den benachbarten Edelleuten fern. Das beweist eben der „Herr Kammerdiener", der Abgesandte des Landraths von Oertzen, der das von dem Marodeur geraubte Silbergeschirr recognosciren soll. Dem Landrath gehörten die beiden Güter Jürgensdorf und Kittendorf, von welchen heute das letztere sein Sohn, das erstere ein Herr von Blücher besitzt. Für diese Güter war der Bürgermeister als Justitiar angestellt, ohne aber mit dem Eigenthümer andere als geschäftliche Beziehungen zu unterhalten. Dagegen war ihm befreundet der Inspektor oder Verwalter von Jürgensdorf; und er benutzt hier das Pferd des Freundes, um den Franzosen zu entwischen. Dieser Inspector heißt in den neueren

Auflagen von „Ut de Franzosentid" — Nicolai, in den früheren aber hieß er — Bräsig. Wie sein wahrer Name gewesen, wird sich später herausstellen.

Der Amtshauptmann Weber stand bei der Regierung wie bei den Amtseingesessenen in Gunst und Ansehn. Den wichtigen Posten, den er bekleidete, füllte er in jeder Hinsicht gut aus, und machte ihm alle Ehre. Er war ein gediegener Jurist und ein vorzüglicher Beamter; er verstand mit Jedermann umzugehen und hatte für das Volk eine gewinnende Freundlichkeit und herzliches Wohlwollen. Ihn zierte ebenso wissenschaftliche wie gesellschaftliche Bildung; und obgleich bieder und geradezu, hatte er doch ein vornehmes achtunggebietendes Wesen. Er befand sich in guten Vermögensverhältnissen — mehre Häuser am Markt, dem Rathhause gegenüber, gehörten ihm — aber er war auch freigebig, gastfreundlich und mildthätig. Fritz Reuter sah von früh an in ihm das Ideal eines Mannes, und hat diesem Gefühle in seinen Dichtungen wiederholt Ausdruck gegeben. Der alte brave Herr starb 1826, und seine Wittwe zog zu ihrem einzigen Kinde Jochen, Mitbesitzer der Handlung Sennither & Weber in Rostock, wo sie aber schon im nächsten Jahre ihrem Gatten nachfolgte. Erst mit dem Tode des Amtshauptmanns verließ auch Mamsell Westphalen das Schloß. Sie war eine Predigerstochter, und lebte im Alter von den Zinsen eines kleinen Erbcapitals.

Bäcker Witt und Stadtdiener Luth gehören gleichfalls zu den frühesten Erinnerungen Fritz Reuter's. Witt's Backwaaren übten auf den Knaben eine unwiderstehliche Anziehungskraft*), und mit seinen Genossen spielte er „Fahnschmidt und Luth", d. i. Räuber und Häscher**).

---

*) „Schurr=Murr" S. 164.
**) „Schurr=Murr" S. 149.

Luth war zur „Franzosenzeit" noch nicht im Dienst. Er trat erst 1818 ein, und bekleidete das Amt eines Stadt- und Gerichtsdieners 38 Jahre.

Den Rathsherrn Herse hat der Dichter etwas verzeichnet und karikirt. Herse war von 1798 bis 1814 Pächter der Grischow'schen Apotheke; und Rathsherr von 1810 bis 1829, wo er starb. Er war ein munterer, unterhaltender, frohsinniger, gebildeter, aber auch wohlangesehener Mann; und solch alberner Reden und thörichter Streiche, wie er sie hier vollführen muß, gar nicht fähig. Seine Aemter als Magistratsmitglied wie als Notar hat er stets nach Recht und Gebühr verwaltet. Der Schreibfehler im Contract des Müllers ist allein die Erfindung des Dichters, und, wie Fritz Reuter eingeräumt hat, keine glückliche. Wenn er trotzdem das unglaubwürdige Motiv nicht ausmerzte, so wußte er wohl kein besseres an die Stelle zu setzen. Ueberhaupt lag es nicht in seiner Natur, viel zu ändern; er ließ die vollendeten und namentlich die schon gedruckten Sachen meist wie sie waren.

Vorwiegend dichterische Gebilde sind der französische Oberst, der Müller und der Müllerknecht. Als Fritz Reuter auf der Festung Graudenz saß, war dort Commandant — Generalmajor von Toll, ein geborner Westphale, der schon unter Napoleon als Oberst gedient und die Feldzüge in Spanien und Rußland mitgemacht hatte. Er bewies den „Demagogen" so viel Fürsorge und Nachsicht, als ihm nur erlaubt war; und aus Dankbarkeit nahm ihn Fritz Reuter in diese Dichtung auf, wo er als ein Mann von Edelsinn und Ritterlichkeit erscheint. — Von dem Müller Voß weiß man nur, daß er eigentlich Hase hieß; im Uebrigen ist dieser prächtige Kerl, mit seinen Thaten und Schicksalen, das Produkt des Dichters, der hier wohl verschiedene Persönlichkeiten aus seiner Bekanntschaft zu Einer verschmolzen hat. Dasselbe gilt von dem Müllerknecht

Friedrich Schult, einem Original ersten Ranges, das in Wirklichkeit nicht so leicht gefunden wird. In ihm hat der Dichter wieder einen Freund seiner Kinderjahre, den Hausknecht Friedrich verewigt. Friedrich hatte allerdings 1813 gegen die Franzosen gefochten, war aber sonst ein ernster stiller nüchterner Mensch. 35 Jahre diente er im Hause des Bürgermeisters, und hing an seinem Herrn mit großer Treue und Liebe. Als er mit diesem einst bei dunkler Nacht über Land fuhr, kamen sie in ein Dorf, von dem der Bürgermeister, der etwas rechthaberisch war, gegen seine neben ihm sitzende Tochter behauptete, daß es Jägerhof wäre. Lisette widersprach, Friedrich wurde als Schiedsrichter aufgerufen, und er antwortete: „Eigentlich ist's Falkenhagen; wenn Sie, Herr Bürgermeister, aber meinen, kann es ja auch wol Jägerhof sein."

Fritz Reuter schließt sein Buch mit dem Bemerken, daß von den hier auftretenden Personen nur noch drei leben: er, der Erzähler, Fritz Sahlmann und Fik Besserdichs. Von der Letzteren sagt er: „Fik Besserdichs hett richtig oll Bur Freiern sinen flaßköppigen Jungen frigt un sitt nu schön in de Wehr in Gülzow up den irsten Burhof linker Hand". Fik Besserdichs verlor später ihren Mann, heirathete in zweiter Ehe den Bauer Pagels, und starb 1869 im Alter von 75 Jahren. Sie war eine freundliche und verständige, in ihren Kreisen geliebte und geachtete alte Frau.

Von den Dreien ist heute nur noch Fritz Sahlmann übrig, und auch mit ihm hat der Dichter sich einige kleine Freiheiten gestattet.

Fritz Sahlmann ist geboren 1802 und kam zum Amtshauptmann Weber erst 1817, hat also in der „Franzosenzeit" ebensowenig wie Luth mitgespielt. Dagegen lagen ihm später auf dem Schlosse wirklich die Functionen ob, die ihm in der Dichtung zugetheilt sind. Er besorgte für den alten Herrn die „laufenden Geschäfte", reinigte und stopfte ihm die Pfeifen, und wurde daneben zum Abschreiben benutzt. Auch ist es richtig, daß er mit Mamsell Westphalen in häufige Berührung kam, und von ihr zu gelegentlichen Aufträgen verwendet wurde. 1828 erhielt er beim Amte die Stelle eines Landreiters, die schon sein Vater bekleidet hatte. Er heirathete 1829, hat erwachsene wohlgerathene Kinder, und steht noch heute rüstig seinem Dienste vor. Seine Gestalt ist, trotz der 73 Jahre, noch stämmig und aufrecht, sein

Fritz Sahlmann.

weißes Haar voll und dicht, sein Gesicht frisch und wetter= geröthet, und seine Augen leuchten noch im blauen Glanze. Er wohnt vor dem Thore, in einem kleinen weinumrankten Häuschen, wo auch sein Vater schon wohnte. Fritz Reuter ist als „Strom" wie als berühmter Mann hier ein= und ausgegangen.

Fritz Sahlmann war zuerst von dem Umstande, sich gedruckt und sich so ausführlich abgehandelt zu sehen, wenig erbaut; hat sich aber allmälig in seine Berühmtheit ge= funden, und nimmt sie jetzt wie eine Schickung des Himmels.

Auch meint er noch immer, der Dichter sei ihm nicht ganz gerecht geworden, habe manches an ihm übertrieben und manches von ihm berichtet, was sich nicht mit der strengen Wahrheit vertrage. Wenn dem aber auch so ist: im Großen und Ganzen verdient Fritz Reuter doch Glauben. Dafür zeugen Fritz Sahlmann's eigene Augen, aus denen noch immer der alte Schelm blitzt. Wenn man in seine Augen sieht, so sagt man sich: dieser muntere liebenswürdige Greis ist sicher einst der durchtriebene muthwillige Eulenspiegel, der quecksilberne „unverständige Schlingel" gewesen, wie ihn der Dichter geschildert hat.

Schurr-Murr.

So nannte „Onkel" Herse den Labetrank, den ihm Gevatter Grischow aus sieben rothen grünen blauen und gelben Flaschen zusammenzugießen pflegte*); aber eigentlich bedeutet das Wort: Gerülle oder Gerümpel, alten verschlissenen Hausrath, den man in Dachkammern aufbewahrt; und in diesem Sinne ist es auch hier zu nehmen. Das Buch enthält eine Sammlung von Aufsätzen und Erzählungen — „wat tausamen is schrapt ut de hochdütsche Schöttel, ut den plattdütschen Pott un den missingschen Ketel" — theils in hochdeutscher Sprache, theils in plattdeutscher Mundart, theils in dem Kauderwelsch „Missingsch" abgefaßt. Sie sind zu verschiedenen Zeiten entstanden und von sehr ungleichem Werthe.

Wat bi 'ne Äwerraschung 'rute kamen kann.

In Mecklenburg, Vorpommern und Schweden findet sich, als Ueberbleibsel des altnordischen Julfestes, noch ein hübscher Brauch bei der Weihnachtsbescheerung. Jedes Geschenk

---

*) Vgl. S. 9.

wird in zahlreiche Umschläge verpackt, jeder Umschlag mit
einer andern Adresse versehen, und das Packet unter
dem Rufe „Julklapp!" plötzlich in's Haus geworfen. Erst
die letzte Aufschrift bezeichnet die Person, welche man eigentlich
beschenken will, und diese hat dann den Geber zu errathen.
Der Dichter erzählt, wie er als fünfzehnjähriger Tertianer
beschäftigt ist, seinem Mütterchen eine Julklapp einzuschlagen,
wie der Onkel Matthies*) hinzukommt, nach dem Inhalte
des Päckchens forscht, eine unbescheidene Antwort erhält, diese
mit einer Ohrfeige belohnt, und nun, wie es seine Art ist,
eine Geschichte erzählt, die da beweisen soll, daß alle solche
Ueberraschungen wenig taugen, in der Regel nur mit Aerger
und Verdruß für beide Theile verbunden sind. In der
Erzählung, die Onkel Matthies zum Besten giebt, handelt
es sich um einen Wagenbock, der dem Rathsherrn Zarnekow
in Güstrow abhanden gekommen ist. Um seiner Familie,
die auf dem kleinen Jagdwagen spazieren zu fahren pflegte,
eine Freude zu bereiten, schenkt ihr Zarnekow zu Weinachten
einen neuen Bock, wird aber von ihr mit der gleichen Gabe
„überrascht". Einen dritten Bock bescheert ihm sein Schwager,
und einen vierten der Kutscher, welcher den verlorenen wieder
gefunden hat. So sind in der Form von Julklappen glücklich
vier Böcke beisammen, und die „Ueberraschung" ist eine all=
seitige, selbstverständlich aber für Keinen von den Betheiligten
eine sonderlich angenehme.

Die Anekdote findet sich schon in Nummer 39 des
„Unterhaltungsblatts," welches Fritz Reuter 1855 herausgab.
Sie spielt dort im Hause eines Professors zu Jena, wo
aber der Julklappenbrauch gar nicht vorkommt; und sie
läßt nur drei Böcke auftreten, woran es auch vollkommen
genug ist. Hier giebt sie sich in plattdeutscher Mundart
und weiter ausgeführt; mit sehr hausbackener Nutzanwendung,

---

*) Vgl. S. 269.

die, um einen vulgären Vergleich zu gebrauchen, ungefähr
so paßt, wie die Faust auf's Auge. Hübscher als die
Anekdote selber ist die Einleitung, wo der Dichter von
seiner Kinderzeit plaudert, während der Schluß wieder ab=
fällt und sich theils zu rührsam, theils zu trivial ausnimmt.

Haunesiken

ist unverändert aus dem „Unterhaltungsblatt" übernommen,
wo es in Nummer 11 und 12 erschien, und dem Kerne
nach die Herzensgeschichte einer alten Magd, die seit 37
Jahren ihren mit den Franzosen nach Rußland gezogenen
Liebsten zurückerwartet und endlich am gebrochenen Herzen
stirbt. Gegen die eigentliche Geschichte, soweit sie nämlich
von dem Mädchen selber plattdeutsch berichtet wird, wäre
nicht viel zu erinnern; dagegen sind entschieden störend und
lästig die hochdeutschen Glossen und Standreden des Dichters,
der sich gegen Eugen Sue und für Berthold Auerbach
erklärt, und mit abgeschmackten Weibern über poetische Stoffe
und poetische Wahrheit zankt. Diese Kreuz= und Quersprünge
nehmen mehr als die Hälfte der Skizze ein, und ergehen
sich wieder in schwülstiger überladener Sprache, sind mit
gehäuften krampfhaften Bildern durchschossen. Die hyper=
sentimentale Geschichte schließt mit einer Reminiscenz aus
„Kein Hüsung". Es singen und klingen Nachtigall, Lerche
und der „ganze klare Himmel", es knicksen wieder Bäume
und Blumen, und alle mit einander stimmen ein in die
„Melodei":

Ja heilig, heilig is de Städ,
Wo'n Minschenhart ein's brefen deh!

Dergleichen Wiederholungen, und zwar wörtliche Wieder=
holungen, laufen dem Dichter öfters unter.

Kein größerer Gegensatz als der zwischen „Haunesiken"
und dem nun folgenden Stück:

Abendteuer des Entspekter Bräsig,
bürtig aus Mekelborg-Schwerin, von ihm selbst erzählt.

Der „immerite Entspekter" Bräsig hatte mit seinen Briefen im „Unterhaltungsblatt" so viel Glück gemacht, daß Fritz Reuter bald daran dachte, ihn zum Helden einer eignen Geschichte zu formen. Wieder handelt es sich um eine Reise nach dem modernen Babel — Berlin; aber es ist eine improvisirte, halb unfreiwillige Reise, und es unternimmt sie kein bloßer Bauer; nein, ein „gebildeter Oekonomiker", der nicht Plattdeutsch, sondern „Missingsch" spricht, der sich die fremden ungeheuerlichen Dinge nicht über den Kopf wachsen, von ihnen nicht ohne Weiteres niederschlagen läßt, der sich tapfer dagegen wehrt, und auch noch im Unterliegen darüber zu philosophiren, sein eigenstes Selbst zu retten weiß.

Zacharias Bräsig, wohnhaft in dem „verlassenen Müllerhaus" zu Haunerwiem, wird von Moses Löwenthal engagirt, mit ihm nach „Bramborg", geschrieben N-e-u-B-r-a-n-d-e-n-b-u-r-g, zu fahren, um ihm dort beim „Wullmarkt" zu assistiren, „natürlich gegen Diäten und Provision". Zu „Bramborg" werden Beide in eine Kneiperei verwickelt und versäumen darüber den „Wullmarkt"; weshalb sie am nächsten Tage nach Prenzlau und weiter nach Berlin reisen, um hier Wolle einzukaufen. Bräsig ist ohne Wäsche und ohne Paß, er hat sich für solch weite Tour nicht eingerichtet, aber Moses „perswadirt" ihm „ein reines Kollorett an den Hals und ein paar steife jüdische Vatermörder an die Kinnbacken", läßt ihn auch vor der Berliner Polizei als seinen Onkel, Levi Josephi aus Prenzlau recognosciren. Er kann nun als „Judenonkel" frei umhergehen und „alle Schildwachen von ganz Berlin besehn", wird aber bald eine Beute aller möglichen Schwindler und Gauner, die ihm nacheinander

Uhr, Taschentuch, Hut und Börse abnehmen. Als er den letzten Spitzbuben verfolgt, greift ihn ein Schutzmann auf, und bringt ihn zu seinem „betrübten Rewöh", Moses Löwenthal, der ihn in die Beilage zur „Vossischen", unter die verlaufenen Hunde setzen lassen, und dem ehrlichen Finder eine Belohnung von fünf Thalern versprochen hat. Nachdem der Schutzmann diese in Empfang genommen, arretirt er Onkel und Neffe „wegen gefälschte Paßverhältnisse", und führt beide nach dem Polizeigefängnisse, wo Bräsig „zum Kaffee balbirt, zum Frühstück potografirt und zum Mittagessen telegrafirt", dann aber nebst Moses Löwenthal aus Berlin und über die preußische Grenze geschafft wird.

Zacharias Bräsig macht dieselben bittern Erfahrungen wie jene Bauerngesellschaft in „De Reis' nah Belligen"; ihm wird ebenso übel, ebenso arg mitgespielt, seine Erlebnisse und Schicksale streifen gleichfalls an das Uebertriebene und Unwahrscheinliche, und so erhält auch er einen possenhaften Anstrich. Allein im Ganzen genommen, ist sein Ausflug doch weit ereignißreicher und denkwürdiger, er lernt die Freuden und die Leiden der Hauptstadt weit gründlicher kennen, und er dringt selbst in ihre dunkelsten Mysterien ein. Die Hauptsache aber ist: obgleich er seiner Habe in der schnödesten Weise verlustig geht, und völlig ausgeplündert seinen Rückzug nimmt — ihn begleitet das Bewußtsein, daß er um Vieles klüger geworden, und sich köstlich amüsirt hat; und als er wieder einsam zu Hause sitzt, schreibt er die Geschichte der Reise nieder, zur eigenen Unterhaltung und zum Nutzen Anderer.

Dieser angebliche Selbstbericht ist nun ein wahres Kabinetsstück, in welchem schlagender Witz und sprudelnde Komik, köstlicher Humor und üppige Laune durcheinander gaukeln und in einander fließen. Jeder Satz, fast jedes Wort reizt die Lachmuskeln; denn Bräsig's Sünden gegen Orthographie und Grammatik, seine seltsamen Wortbildungen und entstellten Fremdwörter, auf welche er, wie jeder Halbgebildete, stark versessen ist — alles das giebt eine ununterbrochene Kette von Witzen. Dazu die urlustigen Situationen, in die er sich fortwährend verwickelt sieht; und seine naive Anschauungsweise, seine originelle Auffassungsgabe, die ihn zu den kernigsten Aussprüchen, zu den treffendsten Urtheilen und zu den wundersamsten Betrachtungen bewegen.

Bräsig schließt seine Erzählung „den 1. März 1861 — was 'ne hellisch schlechte Jahreszeit for diese Temperatur is" — und im selben Jahre erschien auch „Schurr=Murr". Bräsig war gut bekannt mit Fritz Reuter, und vor den Berliner Polizeischranken beruft er sich auf diesen. „Mein bester Freund ist ein Gewisser," sagt er; „ein alter Mitcollege von mir, der sich im zurückgezogenen ökonomischen Zustand mit Schriften befleißigt, indem er daß er davon seine Nahrung sucht." Aber auch der Polizeipräsident kennt den „Demagogen" und schüttelt sich ob dessen Unthaten. — „Einen solchen Menschen wollen Sie for sich zum Bürgen stellen?" sagt er. — „Gott soll mich bewahren! Herr Presendent, nehmen Sie's nich übel," antwortet Bräsig; „aber wie kann Einer einem funfzigjährigten Menschen es an der Nase ansehn, was er in seinem neunzehnten Jahre for Schauderhaftigkeiten begangen hat." — „Mich überschlich das beschämende Gefühl, wenn man sich for einen Freund schämen muß," bemerkt er in Parenthese; und als er auf der Heimreise zu „Bramborg", im „Goldnen Knop" sitzt, und Fritz Reuter mit ungebildetem plattdeutschen Gruße an ihn herantritt*), kündigt er diesem die Freundschaft. Aber der Dichter war nicht gewillt, einen Mann von solchen Schätzen fahren zu lassen; alsbald bemächtigte er sich desselben nochmals, und machte Zacharias Bräsig zum König seiner poetischen Gestalten.

---

*) Vgl. S. 149.

Von't Pird up den Esel

ist von derselben untergeordneten Bedeutung wie „Wat bi 'ne Awerraschung rute kamen kann" und „Haunesiken"; wieder eine Anekdote, die Onkel Matthies auftischt, als er den zwölfjährigen Neffen beim Schutern oder Tauschhandel mit Fritz Risch*) betrifft. Der bucklige Rittmeister eines ungarischen Ulanen=Regiments vertauscht eine Glaskutsche gegen eine Kalesche, die Kalesche gegen einen Grauschimmel, den Grauschimmel gegen einen Jagdhund, und den Jagd= hund endlich gegen einen Pfeifenkopf, den er gleich darauf in Stücke wirft. Es muß befremden, daß Fritz Reuter solche Bagatellen noch „gesammelt", daß er sie später nicht ausgemerzt hat; und jedenfalls sollte das jetzt endlich geschehen.

Meine Vaterstadt Stavenhagen

schildert das Leben einer Landstadt überhaupt und die Geburtsstadt des Dichters insbesondere, und ist ein hübscher Beitrag zur norddeutschen Culturhistorie wie zur Jugend= geschichte Fritz Reuter's. Das „Unterhaltungsblatt", welches hauptsächlich „Unterhaltung auf lokaler Grundlage" verhieß, eröffnete mit den „Skizzen aus der alten Zeit". Von ihnen war die erste dieser Aufsatz, aber er brach in Nummer 8, mit der Schilderung der Jahrmärkte ab. Die ungleich längere Fortsetzung ist mehre Jahre später ge= schrieben und liest sich dafür auch weit besser als der Anfang, der an einer geschraubten beständig witzelnden Diction leidet. Eine Menge farbensatter Bilder und humoristischer Scenen ziehen nun vorüber. Die meisten Personen von „Ut de Franzosentid", wie der Amtshaupt= mann Weber, Mamsell Westphalen, Uhrmacher Droz,

---

*) Vgl. S. 123.

Stadtdiener Luth 2c. treten noch einmal auf, und so zu
sagen, im Hauskleide, das ihnen nicht weniger gut läßt,
wie vordem das poetische Gewand. Im Vordergrunde
stehen Tante Christiane und „Onkel" Herse, die mit sicht=
lichem Behagen und vorzugsweiser Laune gezeichnet sind.
Namentlich bei ihnen ist wol nicht Alles buchstäblich zu
nehmen, und Fritz Reuter fühlt sich gedrungen, dem lustigen
Rathsherrn zum Schlusse eine Ehrenerklärung zu machen.
Diese Schlußworte zeigen auch, mit welcher Liebe der
Dichter an seinen ältesten Freunden und an der Vaterstadt
gehangen, wie warm und treu er sie in Herzen getragen
hat. Er sagt:

„Sie haben ihn begraben (nämlich den „Onkel" Herse),
und mit Jedem, den sie in Stavenhagen begraben haben,
haben sie für mich ein Stück Poesie mit begraben. Alle
meine Gedanken sind einmal von dieser engen Welt aus=
gefüllt worden, alle Fibern meines Empfindens haben
einmal dieses kleine Heimwesen umsponnen und daran ge=
sogen, wie ein Kind an Mutterbrüsten, und das vergißt
man nicht. Ist die Kindheit ein fröhliches, liebliches
Wellengewimmel, von Gottes Sonne vergoldet, so ist die
Erinnerung daran der glänzende Streif, den das durch
die Nacht fortarbeitende Schiff in seiner Fahrt zurückläßt;
der Schiffer schaut vom Borde hinunter und sieht den
Himmel und seine Sterne sich in dem glatten Wasser
spiegeln und blickt weiter und weiter die durchmessene
Bahn zurück, bis ihm in dunkeler Ferne die Gestade der
Heimath verschwinden und sich mit Nebel und Wolken
mischen. Ich habe versucht, die alten heimischen Land=
marken und Wahrzeichen noch einmal in's Auge zu fassen;
sind's Wolken und Nebelgebilde, die mich getäuscht haben?
— Ich glaube nicht; Wahrheit ist's; wenn auch nicht jene,
wie sie das helle, nüchterne Tageslicht zeigt. Die heimath=
lichen Gestade, von denen ich Abschied nehme, sind nur

vom Mond im letzten Viertel beleuchtet; aber die phantastischen Gebilde, die unter seinem Scheine emporwuchsen, sind dennoch Wahrheit, wenn auch nur für diejenigen, welche sie gleich mir vom fernen Schiffsbord aus erblicken. — Ich meine die Jugendfreunde und rufe ihnen rüstig zu: Hurrah! für die Heimath und nun weiter fort in die See!" —

Onkel Matthies war der Mutterbruder Fritz Reuter's. Er hatte als Wachtmeister bei den ungarischen Ulanen gestanden, als solcher mehre Feldzüge mitgemacht, und dann den Abschied genommen. Von Zeit zu Zeit kam er nach Stavenhagen auf Besuch, und ist später verschollen. Fritz Reuter hat ihn selber wol kaum gekannt, sondern von ihm nur erzählen hören; daher fehlt er auch in der obigen Skizze.

Tante Christiane starb unvermählt 1856, im Hause des Pastors August Reuter zu Tessin, der zusammen mit Fritz Reuter von dem Bürgermeister in Stavenhagen erzogen worden war.

Ut mine Festungstid.

Von „Schurr-Murr" muß doch gesagt werden, daß es nur einen Lückenbüßer bildet, daß es die Schöpfungen, welche den Ruhm des Dichters ausmachen, nur unterbricht; und Fritz Reuter hat das gefühlt, denn er nennt das obige Buch „Olle Kamellen, Zweiter Theil", und reiht es so unmittelbar an „Ut de Franzosentid". Alle seine nun noch folgenden Schriften in Prosa führen den Gesammttitel „Olle Kamellen", welcher jedoch für „Ut mine Festungstid" kaum passend erscheint, indem er hier nur eigene persönliche Erlebnisse schildert, die letzten Jahre seiner Gefangenschaft behandelt.

Fritz Reuter war früher Erzähler als Schriftsteller; er besaß die Gabe, in kleineren Kreisen Anekdoten und Geschichten hübsch vorzutragen; darum zeigen seine Schriften eine natürliche Beredtsamkeit und eine gefällige abgerundete Form. Es wird berichtet[*], daß er in einer Gesellschaft auf dem Lande einst mit Hoffmann von Fallersleben zu-

---

[*] In dem schon erwähnten Aufsatz „Zum Andenken Fritz Reuter's" von Dr. Otto Piper. „Daheim", Jahrg. 1874. Nr. 47.

sammengetroffen sei, und bei dieser Gelegenheit Einiges aus seiner Festungshaft zum Besten gegeben habe. Hoffmann, durch Reuter's Darstellungstalent ganz überrascht, sei in ihn gedrungen, das Erzählte doch niederzuschreiben; er wolle ihm einen Verleger dafür besorgen. Aber Fritz Reuter habe es abgelehnt, wahrscheinlich weil er damals an seine schriftstellerische Befähigung noch nicht glaubte.

Lange hat er den Stoff mit sich herumgetragen, und die erste Bearbeitung war eine hochdeutsche. Sie erschien in Nr. 13 bis 29 des „Unterhaltungsblatts", unter dem Titel „Eine heitere Episode aus einer traurigen Zeit"; und sie beschränkt sich auf die Schilderung des Lebens in der Festung Graudenz, woselbst Fritz Reuter, nach dem scheußlichen Aufenthalt im Zellengefängniß zu Magdeburg, wieder froh aufathmete, und in ziemlich ungehindertem Verkehr mit guten Kameraden mancherlei Unterhaltung und Kurzweil betrieb. Zur Beurtheilung der hochdeutschen Vorarbeit folge hier eine Stelle, wo der Gefangene von seinen juristischen Studien berichtet:

„Ich warf mich auf's Bett und las in Höpfner's Commentar, ein unschätzbares Buch, welches mir in meiner Festungscarrière die wesentlichsten Dienste geleistet hat, nicht sowol durch bedeutende Förderung meiner juristischen Kenntnisse, als seiner calmirenden Wirkungen wegen. Ich brauchte es stets nur in kleinen Dosen einzunehmen, um in selige Vergessenheit meiner Lage zu versinken, und obgleich ich sieben Jahre hindurch jeden Tag zweimal einige Tropfen davon einnahm, habe ich das Quantum nicht ganz verbraucht und bin nur bis zur unvordenklichen Verjährung gelangt. Sollte der Verein gegen Thierquälerei seine Wirksamkeit von Hundefuhrwerken und Fleischerbrutalitäten auf Abschaffung und Linderung der Gefangenenquälerei ausdehnen, so würde ich ihm vorschlagen, jeden Gefangenen mit einem Exemplar von Höpfner's Commentar zu beschenken, er würde sehen, was er Wunder vermöchte." — —

Man braucht nur die 1855 veröffentlichte Skizze mit dem 1862 erschienenen Buche zu vergleichen, um zu sehen, wie unendlich den hochdeutschen Schriftsteller der plattdeutsche Dichter überragt. Dort scheint Fritz Reuter in einer fremden Sprache zu reden, die er nur unvollkommen beherrscht; hier spricht er seine Muttersprache. Dort ist die Diction geschraubt, überladen, holperig, mitunter geradezu barbarisch; hier einfach, natürlich, leicht und flüssig, und doch kernig und körnig, von einem Ausdruck, der immer den Nagel auf den Kopf trifft und den Gedanken erschöpft. Dort auffällige Witz- und Effecthascherei; hier quellende Laune, anmuthige Schalkhaftigkeit, echter köstlicher Humor, und — sei es heiterer Scherz, sei es tiefer Ernst — in beiden Fällen von unwiderstehlicher Gewalt und hinreißender Wirkung. Die hochdeutsche Skizze und das plattdeutsche Buch behandeln theilweise dieselben Vorfälle; aber welcher Unterschied! Dort der Versuch eines Dilettanten, hier die Arbeit des selbstbewußten Künstlers.

Auch „Ut mine Festungstid" beginnt nicht mit dem Anfang, sondern erst in der Mitte der Gefangenschaft, nachdem Fritz Reuter bereits über drei Jahre auf der Festung zugebracht hat. Schon darin zeigt sich der Künstler. Eine Schilderung der ganzen Haft würde ermüden, an Wiederholungen leiden, und dem Buche ein vorwiegend düsteres Gepräge geben, was der Dichter eben nicht beabsichtigte. Der erste Abschnitt handelt von der Festung Glogau, woselbst Fritz Reuter Frühjahr 1837 sechs Wochen saß. Er schildert seinen Wohlthäter, den Major Wichert (im Buche, Oberst B. genannt) und dessen schöne Tochter; den Schließer „Vatter Kähler" und den „Herrn Unteroffizier Altmann", der den Gefangenen in der Freistunde auf dem Spaziergange beaufsichtigte. Diese Perjenen sind meisterhaft gezeichnet, und ebenso meisterhaft ist das Capitel, in welchem Fritz Reuter die Erzählung unterbricht, und sich acht Jahre nachher als „Strom", in seiner Vaterstadt aufführt, wo ihm das tragische Ende des edlen Majors und der holden Tochter desselben zu Ohren kommt. Der zweite, weit längere Abschnitt ist der Festung Magdeburg gewidmet, auf welcher der Jüngling etwa ein Jahr, ein im Ganzen qualvolles und trostloses Jahr, verlebte. Hier treten in den Vordergrund: der elende Schließer, der gutmüthige aber furchtsame Inspector und verschiedene Kameraden des Gefangenen, mit denen er Leid und Freude redlich theilt. Es folgt: „Berlin un de Husvagtei (Nich taum irsten, ne! taum annern Mal)" — mit den erschütternden Scenen in der ungeheizten eisigkalten Kerkerzelle. Sie beweisen, daß auch das Plattdeutsche fähig ist, den Tönen der Angst und der Verzweiflung, des Schmerzes und des Elends, der Wehmuth und der Resignation einen vollkommen entsprechenden Ausdruck zu geben; wenn diese Töne dem Herzen entquellen, nicht, wie in „Kein Hüsung", erkünstelt sind. Man höre:

As wi wedder inslaten wiren, felen wi uns einanner in de Arm, un lang mägen wi woll so stahn un Schutz un Trost an einanner söcht hewwen — wo lang weit ik nich mihr. Natürlich müßten wi dese Nacht noch wedder up den Fautboden slapen; wi legen tausaum, min oll brav Kaptein lag in minen, ik in sinen Arm, dat Unglück smedt de Minschen hellschen dicht tausam. Den annern, den virten Morgen ümmer dat Sülwige! Min oll Kaptein blew still up sin hart Lager liggen, ik gung up un dal un stellt mi endlich vör den Bleckkasten hen, wo de grage Wintermorgen twei Hän'n breit von baben herinne sah). — Leiwer Gott! un hir noch siw un twintig Johr! Min oll Kaptein was upstahn, hei grep wedder nah dat Bibelbank. „Lat dat Bauk liggen, Kaptein! Uns' Herrgott helpt blot den, de sik sülwen helpt. — Wi will'n uns wehren, Kapteihn!" — Ach, du leiwer Gott! wi stünnen tausamen in en halwdüster Lock, inslaten, nicks up und nicks in den Liw; un wullen uns gegen de Welt wehren! Mäglich, dat mi Einer von de sogenannten Framen*) deswegen verachten deiht, dat ik dat Bibelbauk taurügg smeten heww; ik kann ehr äwer de Versicherung gewen, dat en helles, frisches Gottvertruen ahn Bibelbauk un Beden äwer mi kamen was, un taum Pris un Ruhm von unsen Herrgott will ik't hir seggen: „Dat hett mi nich bedragen!" — De Dör würd upslaten, un in de Dör stunn de Schandor**) Res'. Hei was en ollen, langen, drögen Mann, sin Gesicht was von Pockennoren terreten un von Sommersprutten bemalt — hübsch was hei nich, äwer dennoch! — wenn mi einmal uns' Herrgott in mine Dodsstun'n en Erlösungsengel schicken will, denn sall hei mi den ollen Schandoren Res' schicken. — —

Eine noch glänzendere Schilderung, die wieder einem ganz anderen Genre angehört, ist die folgende, wobei es sich um den Transport der beiden Jünglinge von der schrecklichen Hausvogtei nach der Festung Graudenz handelt:

As wi en twei Milen müggten führt sin, namm de lütt Schandor Prütz, de mi genäwer satt, sinen Schacko af un snerte dat Unnerfutter up un halte en blagwörpelten Snuwdauk herute. Hei halte ut den Snuwdauk en Stück gekaktes Kalwfleisch rute un ut de Tasch en schönen Knaggen Brod un en Metz un füng an recht nührig tau frühstücken. As Vatter Res' dit sach, namm hei ok sinen Furaschkasten von den Kopp un läd sik ok dwaslings***) för sine Gottes-

---

*) Frommen.
**) Gendarm.
***) Quer, der Breite nach.

gaw', un dor seten sei nu vör uns un eten as de Engel in'n Himmel, un de Kapteihn un ik segen andächtig tau.

Unse Andacht müggt äwerst woll en Beten tau utdrücklich warden un sik up uns' Gesicht afmalen, genaug, Prütz markte Müs' un säd, sin Snuwdauk wir ganz rein, un wenn wi Apptit hadden ..... un Vatter. Res' verswur sik, sine Wust wir von den rendlichsten Slachter in ganz Berlin, hei höll dorup un ok sine leiwe Fru, un wenn wi Lust hadden ..... un somit würd dat Dammast=Gedeck von blagwörpelten Snuwdauk äwer de acht Knei deckt, un de Wust gung in de Run'n, und dat Kalwfleisch un de Metzers gungen ümschichtig, und tauletzt eten de Kapteihn un ik noch, as de Engel in'n Himmel, un Prütz un Res' segen andächtig tau. —

Der vierte Abschnitt, fast die Hälfte des Buchs, erzählt von der Festung Graudenz (Februar 1838 bis Juni 1839); von dem liebenswürdigen Commandanten, General=Major von Toll, dem gestrengen Unterofficier, Herrn Bartels, und den fidelen Genossen: „Don Juan", „Erzbischof", „Franzose", „Kopernikus" und „Kapitain". Hier treten drollige ergötzliche Käuze auf, entrollen sich heitere lustige, sogar spaßige Scenen. Selbstverständlich sind das nicht Producte der baaren Wirklichkeit; es verschmelzen sich auch in diesem Buche Wahrheit und Dichtung, wie denn Fritz Reuter in der vorgedruckten Widmung seinem „biedern Freunde und treuen Leidensgenossen Hermann Grashof zu Lohe in Westphalen," der in dem Abschnitt „De Festung M. (Magdeburg)" unter der Bezeichnung Gr. erscheint, ausdrücklich zuruft:

> Will auch der eig'ne Spiegel nicht
> Das Bild Dir ganz genau so zeigen,
> Und spielt darauf zu heit'res Licht
> Und pflückt' ich von den Disteln Feigen,
> So denk', verwunden ist das Leid,

Und Jahre lagern sich dazwischen:
Die Zeiten nach der bösen Zeit,
Sie konnten Manches wohl verwischen.
Und habe ich den bittern Schmerz
Durch Scherz und Laune abgemildert,
So weiß ich doch, Dein freundlich Herz
Lacht auch dem Spaß, den ich geschildert.

Den Beschluß macht die Schilderung des Aufenthalts in der mecklenburgischen Grenzveste Dömitz (bis October 1840) — der kürzeste Abschnitt des Buchs. Er ist so kurz und bricht so plötzlich ab, daß er nicht recht befriedigt. Jedenfalls möchte man von dem originellen Commandanten, Oberstlieutenant von Bülow, gern noch mehr hören. Aus Rücksicht für den greisen Herrn und dessen Familie, die ihn so gütig aufgenommen, soll Fritz Reuter auf die weitere Verarbeitung des angeblich sehr ergiebigen und dankbaren Stoffs verzichtet haben; aber richtiger ist wol, daß er aus ökonomischen Gründen so that. Die Geschichte hatte bereits den Umfang erreicht, den er ein= für allemal seinen Büchern zu geben pflegt; und darum bricht er kurz ab.

„Ut mine Festungstid" ist nicht entfernt eine Jeremiade noch eine Selbstverherrlichung. Nirgends spielt sich Fritz Reuter als Märtyrer auf. Wenngleich er auf politischem wie kirchlichem Gebiet den liberalen Ideen seiner Jugend treu geblieben ist, so lächelt er jetzt doch selber über seine studentischen Träumereien und Extravaganzen; nur Urtel und Strafe verdammt er nach wie vor als rechtswidrig und grausam. Er weiß nichts von Haß und Rachsucht gegen seine Verfolger und Kerkermeister; nur daß er einige Schufte bezeichnet, die ihn aus reiner Wollust und Niederträchtigkeit quälten; nur daß er Herrn Dambach, der den armen gebeugten Vater nicht zu dem gefangenen Sohne ließ, in wahrhaft ergreifenden Worten vor das Tribunal des Höchsten ladet*). Im Uebrigen spricht er von seinen Aufsehern und Vorgesetzten mit Milde und Nachsicht, und gedenkt mit inniger Dankbarkeit Derjenigen, die ihm einen Brocken Theilnahme hinwarfen.

Allerdings weiß er seine Empfindungen und Leiden beweglich zu schildern, aber meist eilt er über die Stunden des Elends hinweg und verweilt bei den Lichtstrahlen, die in seinen Kerker fallen. Nirgends offenbart sich das göttliche Wesen des Humors deutlicher als in diesem Buche, wo er aus Thränen und Wunden Veilchen und Rosen erblühen, und selbst noch in der Kerkernacht die Sonne des Scherzes und des Frohsinns aufgehen läßt.

---

*) „Ut mine Festungstid" S. 129.

Ut mine Stromtid.

Unter den Jahren, welche Fritz Reuter's Blüthezeit bilden, treten besonders hervor 1860 und 1862. 1860 erschienen „Hanne Nüte" und „Ut de Franzosentid"; 1862 „Ut mine Festungstid" und der erste Theil von „Ut mine Stromtid".

Diese dreibändige Geschichte ist dem Umfange wie der Bedeutung nach Reuter's Hauptwerk. In ihr gab er sein Bestes und mit ihr erschöpfte er sich; sie trug seinen Namen durch ganz Deutschland und gewann ihm den vollen Kranz des Ruhms.

„Ut mine Stromtid" giebt sich als weitere Folge der „Olle Kamellen", deren dritten, vierten und fünften Band es bildet. Wie der Dichter in „Ut de Franzosentid" eine Geschichte aus der Zeit seiner Kindheit, aus dem Kreise seiner Familie und Vaterstadt erzählt; wie er in „Ut mine Festungstid" einen Abschnitt seines eigenen Lebens behandelt, so läßt er „Ut mine Stromtid" wieder in der Heimat und zum größten Theil während der Periode spielen, da er ein „Strom" war. Angeblich beruht die Erzählung gleichfalls auf eigenen Erlebnissen, aber die Person des Erzählers tritt völlig in den Hintergrund, hat mit der eigentlichen Geschichte weiter nichts zu thun, weshalb der Titel „Ut mine Stromtid" auch ein schiefer ist. Nur hin und wieder steckt der Dichter den Kopf vor, indem er diese oder jene persönliche Erinnerung einflicht, und schließlich sitzt er in Mitten seiner Helden, als deren gemeinsamer Freund und Bekannter er sich nun ausweist. Auch geht der Dichtung, die später „dem lieben Lehrer und väterlichen Freunde, dem Herrn Conrector Gesellius zu Parchim" gewidmet wurde, eine Ansprache in Versen „An mine leiwen Landslüd, de Landlüd in Mecklenborg un Pommern" vorauf — geschrieben am 7. November 1862, am 53. Geburtstage des Dichters — welche das Buch ausdrücklich in Beziehung setzt zu den Berufsgenossen des früheren „Stroms", denen er jetzt eine Geschichte erzählen will, die sich in ihren Kreisen zugetragen, an der sie alle mehr oder weniger Theil haben. Auf diese zutrauliche Ansprache, die keine bloße captatio benevolentiae ist, folgt als Einleitung ein Gespräch im Gasthause. Etliche Oekonomen haben sich zusammengefunden; sie sprechen von dem Wechsel der Zeiten, und ob die Zeit für den Landmann besser geworden sei. Fritz Reuter behauptet dies, und um es zu beweisen, nimmt er auf Veranlassung der Andern das Wort:

Im Jahre 1829, als das Pfund Butter zwei Groschen und ein gemästet Schwein fünf Thaler preis'te, hatte Karl Hawermann, ein geborner Mecklenburger, im Vorpommerschen ein Gut in Pacht. Die Zeit war miserabel und das Pachtgeld hoch, also daß Hawermann trotz Geschick und Fleiß in Concurs gerieth. Um das Maß seines Elends voll zu machen, legte sich sein liebes Weib zum Sterben. Während die Leiche noch im offnen Sarge lag, tobte nebenan der Lärm der Auction; Hausrath und Wirthschaftsinventarium kamen Stück für Stück unter den Hammer. Hawermann saß einsam im Garten, während drinnen im Hause auf den Rest seiner Habe geboten wurde. — „Arbeit" sagte sein ehrenwerthes Gesicht; „Arbeit" sprachen seine treuen Hände, die nun still im Schoße lagen und ineinander gefaltet waren — wol zum Beten. Da kam ein klein Dirnlein heran und legte ein Marienblümchen in seinen Schoß, und seine Hände thaten sich auseinander und schlugen sich um das Kind. — Es war sein Kind; er stand auf und nahm es auf den Arm, und aus seinen Augen fiel Thräne um Thräne. Er ging in das Zimmer, wo seine Frau im Sarge lag. Sonst war es ganz leer, denn er hatte auch das Bett verkaufen lassen, damit er den Sarg und das Begräbniß bezahlen könne.

Mit dieser einfachen, so unmittelbar dem Leben entnommenen und dabei so erschütternden Situation eröffnet sich die Dichtung, die gleich wieder in voller Herrlichkeit auftritt. Eine Schilderung wie die folgende, greift wol an jedes Herz:

Hei makte dat Finster up un kek in de Nacht herin; sei was düster för dese Johrestid, kein Stirn stunn an den Hewen, Allens was swart betreckt un warm un dunstig weihte 'ne lise Luft un süßte in de Firn. Von 't Feld heräwer sleg de Wachtel ehren Slag un de Wachtelkönig rep sinen Regenraup, un sachten föllen de irsten Druppen up de döstige Jrd, un de let taum Dank för de Gaw den schönsten Geruch upstigen, den de Ackersmann kennt, den Jrddunst, in den alle Segen för sin Mäuh un Arbeit swemmt. — Wo oft hadd de em de Seel upfrischt un de Sorgen verjagt un de Hoffnung belewt up en gaudes Johr! — Nu was hei de Sorgen los, äwer de Freuden ok; eine grote Freud' was em unnergahn un hadd all de lütten mit sik reten. Hei makte dat Finster tau, un as hei sik ümdreihte, stunn sin lütt Döchting an't Sark un langte vergews nah dat stille Gesicht, as wull sei 't straken. Hei böhrte dat Kind höger, dat dat ankamen künn, un dat lütt Dirning strakte un eiete mit de warmen Hännen un de warmen Leiweswürd an ehr stilles Mutting un an den kollen Dod herümmer un kek dunn den Vader mit ehre groten Ogen an, as wull sei nah wat Unbegripliches fragen un pohlte: „Mutting — huh!" — „„Ja,"" säd Hawermann, „„Mutting friert,"" un de Thranen stört'ten em ut de Ogen, un hei sett'te sik up de Kist un namm sin Döchting up den Schot un weinte bitterlich. Un de Lütt fung ok an tau weinen un weinte sik sacht in den Slap; hei läd sei weik an sik un slog den Rock warm üm ehr, un so satt hei de Nacht dor un höll true Likenwacht bi sin Fru un sin Glück. — —

Am andern Morgen, in aller Frühe tragen die Tagelöhner die Leiche zu Grabe; Hawermann und sein Töchterchen sind das einzige Gefolge. Dann nimmt er das Kind auf den Arm und wandert von hinnen. Im tiefsten Herzen getroffen und wankend unter der Last seines Unglücks, überläßt er sich doch nicht der Verzweiflung, sondern macht sich sofort auf den Weg, um für sich und sein Kind ein Unterkommen zu suchen. Er wandert nach Mecklenburg und kommt zu seiner Schwester, die an den Kammerpächter Jochen Nüßler in Rexow verheirathet ist und mit ihren geizigen bösartigen Schwiegereltern, dem „ollen Twäschenpor", zu kämpfen hat. Hier kann und darf die kleine Louise nicht bleiben; aber sie findet Aufnahme im Pfarrhause zu Gürlitz, und ihr Vater eine Stelle als Wirthschaftsinspector bei dem Kammerrath von Rambow auf Pümpelhagen.

Damit schließt das dritte Kapitel; und wie man das Blatt umschlägt, sind eilf Jahre verflossen. Hawermann wirthschaftet noch immer auf Pümpelhagen, bleibt hier auch bis zum Tode seines Herrn und noch etliche Jahre darüber. Während dieser langen Zeit passirt ihm weiter nichts, als daß sein Töchterchen zu einem hübschen gescheuten Mädchen heranwächst, und er zwei Volontäre, Fritz Tribbelsitz, und Franz von Rambow, einen Neffen seines Herrn, in die Lehre bekommt. Die jungen Oekonomen übernehmen nun die Heldenschaft, indem beide sich in Louise Hawermann verlieben; Franz von Rambow heimlich, aber ernstlich; Fritz Triddelfitz aus Pflichtgefühl, jedoch mit Eifer und Nachdruck. Er bombardirt die „Sonne" seines „dunkeln Innern" mit den wundersamsten Versen und Briefen; nur schade, daß sie alle in unrechte Hände, nämlich in die seiner Tante, der Frau Pastorin Behrens, gerathen! Mit diesen Liebesscharmützeln endigt der erste Band, und stellt noch anderweite in Aussicht, denn die betreffenden Personen beiderlei Geschlechts haben inzwischen gleichfalls das erforderliche Alter erreicht.

Wie man sieht, ist von einer einheitlichen sich stetig fortentwickelnden Handlung nicht die Rede, aber dafür treten lauter originelle hochinteressante Leute auf, und sie bieten ebensoviel Abwechselung wie Unterhaltung. Neben Jochen Nüßler, einem unschuldigen Phlegmatikus, der sich mit zwei Redensarten durch das Leben hilft: „T is All so, as dat Ledder is" und „Wat sall Einer dorbi dauhn?" — im Uebrigen aber keiner Fliege 'was zu Leide thut: steht seine muntere betriebsame Frau, die für ihren Mann spricht und denkt. Neben Pastor Behrens, einem wahren Hirten seiner Gemeinde, sorgt und schafft die kleine runde quecksilberne Pastorin; und unter Beider Händen erblüht Louise Hawermann zu einer feinen sittigen Jungfrau. Da ist ferner in dem nahen Städtchen Rahnstädt der alte prächtige Jude Moses, der einst Hawermann's Gläubiger war, und nun auch dem Kammerrath eine Summe vorstreckt; der aber seinen Sohn David auf den „Woll- und Productenhandel" beschränkt, indem er ihn, obwohl dieser schon 35 Jahre zählt, für das Geldgeschäft noch immer „zu jung" hält. Da ist endlich Herr Pomuchelskopp, Rittergutsbesitzer und mecklenburgischer Gesetzgeber, von einem unbezähmbaren Appetit auf das benachbarte Gut Pümpelhagen erfüllt, weshalb er sich mit dem jungen David und dem Notar Slus'uhr verbündet, die nun beide den Sohn des Kammerraths, Axel von Rambow, mit Wechseln umgarnen.

Jede dieser Personen ist eigenartig und merkwürdig, aber sie werden alle in Schatten gestellt von einer andern, in deren Erschaffung der Dichter sich selber übertroffen hat — von dem „Entspekter" Bräsig. Wie Küster Suhr, verjüngt sich mit jedem neuen Auftreten auch Bräsig. Als er 1855 für das von Fritz Reuter redigirte „Unterhaltungs= blatt" seine Briefe schrieb, muß er in Berücksichtigung seines Großneffen Körling, den er damals unter „27 Principäler" ausspielen ließ*), ein angehender Siebenziger gewesen sein. In „Schurr Murr", wo er 1861 über seine ereignißreiche Reise mit Moses Löwenthal nach Berlin berichtet, ist er mindestens zehn Jahre, und in der gegenwärtigen Erzählung wol an zwanzig Jahre jünger. Er ist hier noch nicht „immeritirt", und sitzt noch nicht im „alten verlassenen Müllerhaus" zu Haunerwiem, sondern er befindet sich noch in voller Thätigkeit, als „praktiver Oekonomiker" im Dienste seines gnädigsten Herrn Grafen auf Warnitz; und ist so Nach= bar von Hawermann, Jochen Nüßler und Pastor Behrens, mit denen er vertrauten Umgang unterhält. Von allen Personen erregt Bräsig das größte Interesse; und zwar ist es ein Interesse, das den Leser weder vorwärts noch rückwärts blicken läßt, ihn völlig in Anspruch und gefangen nimmt. Auch spielt Bräsig in dieser Geschichte die Hauptrolle; er ist die Triebfeder, welche alles Andere in Bewegung setzt und immer wieder den Anstoß giebt; die Unruhe, welche nie feiert, sondern ewig geschäftig ist.

Zacharias Bräsig ist Junggeselle — aber nicht aus Neigung; nein, aus harter Nothwendigkeit! Sein „gnedigst Herr Graf" wollte keinen verheiratheten „Entspekter" leiden, weshalb Zacharias, obgleich er „drei Bräuten auf einmal" hatte, doch nicht einmal „eine enzelne" heirathen konnte. Eine von den „drei Bräuten" war Hawermann's Schwester,

---

*) Vgl. S. 143.

die später „Madam Nüßlern" wurde. Er hat sie einem Andern überlassen müssen, aber Niemand kann ihm wehren, sie nach wie vor als die schönste und beste Frau im Herzen zu tragen; und ihr „lütt Kropzeug von Dirns", die Zwillinge Lining und Mining, mag er nicht anders betrachten, als wenn das eigentlich doch „seine" wären. Deßhalb kommt er fast jeden Tag, um nach dem Rechten zu sehen, und Jung'-Jochen, wie der Eheherr, zum Unterschiede von seinem Vater, in der Familie heißt, für „'ne richtige Bewirthschaftung" zuzustutzen. Hawermann ist sein Jugendfreund und hat mit ihm zusammen die Wirthschaft erlernt, wo Pastor Behrens, damals noch Candidat, Beide „in der Provat gehabt". — „Korl, weitst woll noch mit's Rechen, als wir in die Regeldetri kamen? — Man suche die vierte unbekannte Größe — un denn wurd erst der Ansatz genommen, un denn gung's los! In der Firigkeit war ich Dir über, aber in der Richtigkeit warst Du mir über, auch in der Ottographie; aber in dem Stiel, in Briefschreiben un's Hochdeutsche, da war ich Dir wieder über, un in diesen Hinsichten habe ich mir nachher ümmer weiter befleißigt, denn jeder Mensch hat sein Lieblingsthema, un wenn ich zu dem Paster komm, denn bedank ich mich noch ümmer bei ihm, daß er mir Bildung beigebracht hat, und denn lacht er so vor sich hin und sagt: er müßte sich mehr bei mir bedanken dafür, daß ich ihm dazumal seinen Acker verpacht hätte, un daß er nu auf en guten Kuntrakt säße." — Bräsig führt seinen Freund Hawermann zu dem Herrn „Kammerrath", und besorgt ihm die Verwalter-Stelle; er wirkt der kleinen Louise Aufnahme im Pastorhause aus; er engagirt für das Nüßler'sche Zwillingspaar einen Gummiball von Erzieherin; er assistirt bei der Einsegnung der Mädchen und zittert für sein „Päth" Mining, daß sie „die große Wasserfrag kriegen" („Wasser thut's freilich nicht, sondern der Geist

Gottes . . .") und darin stecken bleiben werde, wie er selber sie vergessen hat; er kommt anstatt Louisen zum Rendezvous mit Fritz Triddelsitz, fällt aber, als er den „entsamten Windhund" einfangen will, mit seinem Podagra in den Graben. Genug, er thut Alles, und noch etwas mehr.

Mit dem zweiten Bande tritt die junge Generation vollends in ihre Rechte. Axel von Rambow, bisher Kürassierlieutenant, heirathet und übernimmt das Gut seines Vaters, wirthschaftet nach Liebig und mit Fritz Triddelsitz, erfindet unglaubliche Maschinen, und betreibt die höhere Pferdezucht mit Paddocks. Weil er Hawermann, der das Gut sehr in die Höhe gebracht hat, als einen unbequemen Rathgeber mehr und mehr bei Seite schiebt, und sich nebenbei von den Wechseln der Herren David, Slus'uhr und Pomuchelskopp immer enger umstricken läßt, geht er unaufhaltsam seinem Ruin entgegen. Lining und Mining Nüßler verloben sich mit ihren Vettern, Gottlieb und Rudolf, während Bräsig, ungesehen, über ihren Köpfen, auf einem rheinischen Kirschbaum sitzt. Franz von Rambow ist mit seiner Liebe auf die hohe Schule nach Eldena gegangen, und als er nach zwei Jahren zurückkehrt, und um Louise Hawermann anhalten will, findet er sie und ihre Pflegemutter am Sarge des braven Pastor Behrens.

Nun könnte der Roman sehr wohl schließen, denn Gottlieb wird des verstorbenen Pastors Nachfolger und heirathet Lining; Rudolf, der inzwischen der Theologie Valet gesagt und Landwirth geworden ist, sowie Franz von Rambow sind auf dem Wege, ein Gleiches zu thun; Bräsig hat seine „Pangsionirung" genommen und wandert fleißig zwischen den Häusern der Freunde hin und her; auch Hawermann thäte gut, sich mit seinen Ersparnissen zur Ruhe zu setzen und den verblendeten Axel seinem Schicksal zu überlassen: — allein dann wäre der dritte

Band überflüssig geworden. Um diesen zu ermöglichen, greift der Dichter wieder zu einem Criminalfall.

Hawermann kommt in Verdacht, seinem Herrn zweitausend Thaler unterschlagen zu haben; ein sehr unmotivirter Verdacht, an welchen daher auch Niemand ernstlich glaubt, selbst Axel nicht, obwohl er sich von seinem alten Inspector in Zorn und Haß scheidet. Aber Hawermann meint, dem jungen Edelmann die Tochter verweigern zu müssen, bis sein ehrlicher Name wieder hergestellt ist; worüber denn noch mehre Jahre vergehen, die der alte Mann in tiefer Schwermuth verbringt. Der Held des dritten Bandes ist nun Axel von Rambow oder eigentlich sein Gut Pümpelhagen, das ihm aus den Händen und in die der Herren Pomuchelskopp u. Co. zu laufen droht. Inzwischen entfaltet Bräsig wieder eine große Thätigkeit. Er sucht die Frau Pastorin Behrens über den Verlust ihres Gatten zu trösten und seinen Freund Hawermann dem Leben zuzuwenden; er richtet den jungen Pastorsleuten die Wirthschaft ein und bestellt für sie den Pfarracker; er betheiligt sich beim Hereinbrechen des Jahres 1848 sehr lebhaft an den Debatten im Rahnstädter Reformverein und entrirt einen Verbrüderungsball; er verheirathet sein „Päth" Mining mit Rudolf und tanzt auf ihrer Hochzeit; er läßt Franz von Rambow aus Paris kommen und führt ihn der trauernden Louise zu; er hält endlich den verzweifelten Axel vom Selbstmorde zurück und zeigt ihm Rettung und Umkehr. Mit einem Worte: er ist überall und fast zu gleicher Zeit; ein neckischer Kobold und doch ein guter Geist, der Alles zum fröhlichen Ende führt.

Im Ganzen betrachtet, ist der erste Band der gelungenste; etwas schwächer ist der zweite und namentlich der dritte Band, der fast den Eindruck macht, als sei er ursprünglich gar nicht beabsichtigt. Ueberhaupt ist die Composition sehr locker. Die Erzählung nimmt sich wie eine Lebensgeschichte vermischter Helden aus, und die zahlreichen selbständigen Episoden überwuchern. Aber gerade die Episoden sind von großem Reize; z. B. aus dem erste Bande: Bräsig's Bericht über seine Erlebnisse in der „Wasserkunst", wie er die Kaltwasserheilanstalt nennt; die Scenen, welche die vier kurz nacheinander engagirten „Schulmamsells" im Nüßler'schen Hause aufführen; die Weihnachtsbescherung im Pfarrhause, und der Sylvesterabend in Rerow. Aus dem zweiten Bande ist hervorzuheben die große Boston-Partie, welche durch die Geburt von Fritz Triddelsitz'ens Maulesel gestört wird; und das „Umlernen" der beiden jungen Theologen, die sich im Nüßler'schen Hause auf das Candidaten-Examen vorbereiten, und miteinander über die Existenz des Teufels in Streit gerathen; an welchem Streit sich auch die beiden Mädchen betheiligen, und in den selbst Jung'-Jochen hereingezerrt wird; bis Mining auf den Einfall kommt, die Bücher der beiden Kämpfer „auszuschutern", dem Einen die des Andern unterzuschieben; worauf Rudolf plötzlich ein „Petist", Gottlieb ein Freigeist wird, die Zwillinge aber in arge Verlegenheit gerathen, denn keine von beiden weiß jetzt mehr, wer eigentlich ihr Liebhaber ist. Die schon an sich höchst spaßige Geschichte erhält dadurch neuen Glanz, daß sie von Madam Nüßlern mit naivem Aerger erzählt, von Bräsig durch seine drolligen Bemerkungen glossirt wird. Ganz unübertrefflich sind endlich im dritten Bande die Debatten und Vorgänge im Rahnstädter Reformverein; wo Kaufmann Kurz stets „den Stadtbullen reitet"; der langathmige Rector Baldrian mit der „Einleitung zur Einleitung" beginnt, und vor Schustern und Tagelöhnern Xenophon, Plato und Aristoteles, Livius, Tacitus und Cicero abhandelt; Bräsig aber den berühmten Ausspruch thut: „Die große Armuth in der Stadt kommt von der großen Powerteh her!" — Die Forderungen und Erwartungen der Besitzlosen, die Angst und Schmeicheleien der Besitzenden, der Unverstand und die Ausschreitungen beider- und allerseits sind mit humoristischen Farben illustrirt.

Daneben finden sich wieder altbackene Anekdoten, z. B. von der gestohlenen Predigt; von dem Pferde, das nicht hören konnte Hurrah schreien, weil es taub war; von dem seßigen Offizier, der eigentlich ein fähiger Offizier sein sollte u. a. Diese Anleihen stören hier noch mehr als früher, und sind bei dem eigenen Reichthum des Dichters unbegreiflich.

Wahrhaft erstaunlich ist die Menge der auftretenden Personen, die Fülle und Mannigfaltigkeit der Figuren, die sich scharf von einander unterscheiden, sich nirgendwie ähneln. Die ganz ernst gehaltenen Charaktere, namentlich Hawermann, Louise, der Kammerrath, Franz von Rambow und selbst Pastor Behrens, haben einen etwas nüchternen Anstrich, verfehlen aber trotzdem nicht ihren Eindruck. Louise Hawermann läßt der Dichter, gleich dem Pastor und dem Edelmann, nur hochdeutsch sprechen, um sie so in eine höhere Sphäre zu heben und für ihren künftigen Gemahl vorzubereiten; aber gerade sie und ihr Liebhaber leiden an einer gewissen Blässe und Steifheit.

Weit saftiger und vollblütiger erscheinen, weit größere Anziehungskraft üben, unbedingte Bewunderung verdienen die launigen Charaktere, wie die Frau Pastorin und Madam Nüßlern, Pastor Gottlieb und Jung'=Jochen, Moses und Fritz Triddilsitz; und von den Nebenfiguren: „dat olle Twäschenpor*)" — Jochen's Eltern, Rector Baldrian und Kaufmann Kurz, Färber Meinswegen und Herr Süßmann, Marie Möllers und Weber Rührdanz, Fik Degels und Kutscher Krischan Däsel.

Madam Nüßlern und Frau Pastor Behrens wett-

---

*) Zwillingspaar.

eifern miteinander in Heiterkeit, Rührigkeit und Liebens=
würdigkeit. Die Pastorin ist eine echte Landpredigerfrau,
und wiewol selber kinderlos, doch die geborene Freundin
der Kinder. „Kinderlieb" nennt sie sehr bezeichnend Bräsig
und fügt hinzu: „alle Gören im ganzen Dorfe hacken ihr
an". Sie ist aber auch die Freundin und Wohlthäterin
der Armen und Alten, Schwachen und Kranken, die alle
unter ihrer Obhut stehen. Die größte Sorge bereitet ihr
Fritz Triddelsitz, der leichtfüßige Neffe, dem sie manche
eindringliche Strafpredigt hält, und der sie zu dem „Rande=
wuh" mit Bräsig, im „großen Wassergraben" verleitet.
Ihren Gatten nennt sie nur „mein Pastor", reicht ihm das
Mäntelchen, steckt ihm die Bäffchen vor, und blickt zu ihm
mit zärtlicher Ehrfurcht hinauf. Als er gestorben, läßt sie
bei Tische nach wie vor sein Gedeck auflegen, sitzt in der
Dämmerung am Fenster und schaut voll Hoffnung nach
seinem Grabe hinüber. — Im Gegensatz zu dem aufgeklärten
duldsamen Pastor Behrens, gehört Pastor Gottlieb der ortho=
doxen Schule an; schon in seiner äußern Erscheinung: lang
und schmal und eckig, das Haar hinter die Ohren gekämmt,
„daß er aussehn mögt, as unser leibhaftiger Herr Christus",
wie Bräsig sagt, und darüber ein „kleiner Pharisäerschein"
ausgebreitet; noch mehr aber in seinem Wesen: immer
feierlich und salbungsvoll, wie er mit der Bibel unterm
Arm auf die Freite geht, und der Geliebten zunächst das dritte
Capitel aus der Genesis vorliest, wie er Bräsig bekehren
will, am Sonntag nicht mehr zu angeln, wie er im Jahre
1848 gegen die Revolution und damit die Kirche leer
predigt. Im Uebrigen ist Pastor Gottlieb eine ehrliche
einfältige Haut, der sich in der Ehe einem milden Pantoffel=
regiment unterwirft und dabei dick und fett wird.

Wie Pastor Behrens das Ideal eines Landgeistlichen,
der Kammerrath das eines Edelmanns, so ist Moses ein
Prachtexemplar von Jude; wenngleich er trotz aller Vor=

stellungen seines „Blümche" krampfhaft an Einem Hosen=
träger festhält. — „Wozu? Az ich war jung un war
arm un hatte kein Geld, hab ich gemacht Geschäfte mit
Einem Hosenträger; nu daß ich bin alt un bin raich un
hab Geld un hab de Blümche, wozu brauch ich denn zwai
Hosenträger?" Und dann gab er seinem „Blümche" einen
Klaps, griff in die linke Rocktasche und ging wieder an's
Geschäft; aber immer in Ehren und mit Redlichkeit. Zwar
leiht er dem Kammerrath Geld, aber nimmer dem lockern
Sohne desselben; und er warnt den „jungen" David, vor
den schmutzigen Genossen „Pomüffelskoppen" und Slus'uhr,
die er beide „Halsabschneider" nennt. Weil er ein gutes
Gewissen besitzt, läßt er Dinge und Menschen ruhig an
sich kommen, und die Stürme des Jahres 1848 machen
ihn nicht ängstlich. — „Nu, ich förcht mich nich; is de
Blümche gekommen un hat geweihmert, is David gekommen
— so hat er gebewert. — Vater, wo bleiben wir mit's
Geld? hat er gefragt. — Wo wir geblieben sind, bleiben
wir nu auch, hab' ich gesagt. Wir borgen, wo's gut
is, wir machen mit, was gut is; wir werden auch Volk,
wenn's verlangt wird. Laß Dir en Vort stehn, David,
hab' ich gesagt, de Szaiten sind dernach. — Na, und wenn
andere Szaiten kommen? hat er gefragt. — Denn schneidst
Du den Vort ab, hab' ich gesagt, denn sind de Szaiten
nich mehr dernach." —

In Jung'=Jochen darf man nicht blos einen Dumm=
kopf sehen — er gehört zu den ergötzlichsten Figuren
der Dichtung, und an einem bloßen Dummkopf hat man
nicht solch herzliche Freude. Zwar ist er träge und
phlegmatisch, still und gefräßig, sparsam im Reden und
langsam im Denken, und er bleibt zeitlebens unter Vor=
mundschaft seiner Frau und Präsig's, was ihm übrigens
ganz bequem ist. Allein er hat doch ein instinctives Ge=
fühl für das Wahre und Gute, nur kann er seinen Gefüh=

len schwer Ausdruck geben; auch rafft er sich ein paar Mal zu großen Unternehmungen auf; beispielsweise wie er mit dem „Phantom" nach Rostock fährt und selber eine Erzieherin holt; oder wie er Anno 1848, in Nachahmung des Herrn von Rambow, seine Leute gleichfalls mit einer Rede regaliren will, es aber freilich beim bloßen Versuche beläßt. Sein Herz ist warm und rechtschaffen, was schon das zärtliche Freundschaftsverhältniß zwischen ihm und seinem Hunde, dem „Thronfolger" Jung-Bauschan beweist; und welch' psychologischen Tiefblick zeigt der Dichter, wenn er Jung'-Jochen, nachdem dieser die Pachtung an seinen zweiten Schwiegersohn Rudolf abgegeben hat, plötzlich in eine wahre Wuth zu wirthschaften verfallen läßt, wobei er sich eine tödtliche Erkältung zuzieht, so daß die Wittwe damit umgeht, ihm die Grabschrift setzen zu lassen: „Er starb in seinem Beruf!" — Dasselbe Ergötzen bereitet Fritz Triddelfitz. Er ist ein Geistesverwandter von Fritz Sahlmann in „Ut de Franzosentid"; nicht ganz so pfiffig und gerieben wie dieser, aber dafür vielseitiger und gutmüthiger. Wenn er einen dummen Streich nach dem andern begeht, so wird ihm selber auch mancher Schabernack gespielt. Er ist beständig verliebt, findet aber nur Erwiederung bei der großjährigen Wirthschafterin Marie Möllers, die ihn mit Wurst und Rauchfleisch versorgt, bis sie seine Untreue merkt, worauf sie ihm eine Schüssel voll Wasser über den Kopf stülpt, und ihn aus dem Paradies der Speisekammer verstößt. Im Uebrigen hilft er seinem Herrn, Axel von Rambow, getreulich bei dessen Thorheiten und Tollheiten, macht aber doch Bräsig's Prophezeiung zu Schanden, und wird — Dank dem „lütt Akzesser", einem kleinen hübschen Mädchen — schließlich ein „ganz vernünftiger Mensch" und Gutsbesitzer in Hinterpommern.

Fritz Triddelfitz, der „Windhund", ist schon durch seinen Namen gekennzeichnet; ebenso Jochen Nüßler, Slus'uhr,

Pomuchelskopp und Bräsig. Von Jung'-Jochen sagt Bräsig: „Nüßler heißt er un 'ne olle Nuß is er" — nämlich ein Mensch, der nie fertig wird. Notarius Slus'uhr dagegen hat es hinter den Ohren, ist ein gemeiner Rabulist, der selbst seine Verbündeten, David und Pomuchelskopp, überlistet. Pomuchel nennt der Plattdeutsche den Dorsch, einen plumpen Fisch, der in der Ostsee häufig ist; und einen Dorschkopf führt Herr Pomuchelskopp, der neue Rittergutsbesitzer und mecklenburgische Gesetzgeber im Wappen. Er trachtet nach dem Umgang und nach dem rothen Landtagsrock der Edelleute, aber seine Bildung und seine Sprechweise bleiben „Missingsch"; er ist ebenso verschmitzt wie feige, und als ihn 1848 seine Tagelöhner gewaltsam über die Feldscheide bringen, weil sie solchen Herrn nicht länger leiden mögen, verkauft er aus Furcht und zieht in die Stadt. Mehr Charakter und mehr Entschiedenheit zeigt seine Frau, die über ihren Eheherrn ein strenges Regiment führt; ihn für gewöhnlich „Muchel" nennt, sobald er lustig wird, durch ein hartes „Kopp!" zur Ordnung ruft, und nur, wenn sie ihn ärgerlich und verdrießlich sieht, mit höhnischer Zärtlichkeit „Pöking" heißt. „Häuning" bleibt ihren Grundsätzen treu und stirbt im Gefecht mit ihrem Gesinde.

Wie schon gesagt, ist Bräsig — das Wort bedeutet: frisch, geröthet, aufgeregt — der Hauptcharakter, der eigentliche Held der Dichtung, die erst mit ihm in voller Farbenpracht, in vollem Sonnenglanze lacht, und sobald er abtritt, blässer und trüber wird. Sein bloßes Erscheinen, wenn er die kurzen Beinchen gravitätisch nach auswärts setzt, die rothe Nase in die Luft erhebt, und die Augenbrauen bedenklich heraufzieht — belebt jedes Gesicht, versetzt Alles in Spannung und Erwartung. Mit dem ersten Satze, der ihm entfährt, erntet er lauten Beifall, und so lange er spricht, kommt man aus dem Lachen nicht heraus. Er aber lacht mit! Sein „gebildeter Stiel", die kuriosen Fremd-

wörter und die närrischen Wortbildungen machen ihm selber
Spaß. Er weiß, daß sein Reden und Thun Jedermann
vergnügt, aber er verfällt deshalb nicht etwa in Manier und
Affectation; nein, es ist seine Natur, stets etwas Drolliges
und Launiges zu sagen, mag es sich auch um die ernstesten
und gewichtigsten Dinge handeln. — Es ist der alte Bräsig
aus „Schurr=Murr", aber in weit höherer Potenz, ein
durch die Gnade des Humors geadelter Bräsig. Während
er dort noch der komischen Sphäre angehört, und blos die
Lachlust erregt, ist er hier zur humoristischen Region
emporgehoben und fordert zugleich innigste Bewunderung.
Bräsig ist ein großer Menschenkenner. Obgleich er weder
an „Nerven" noch an „sonnenbuhlerischen" Zuständen leidet,
(wie die letzte Schulmamsell der Nüßler'schen Zwillinge),
so hat er doch für Personen und Dinge die feinste Füh=
lung in den Fingerspitzen, die unerwartetsten Ereignisse in
der Witterung, und seine Prophezeiungen gehen, mit Aus=
nahme der über Fritz Triddelfitz, stets in Erfüllung. Mit
seinen Rathschlägen und Urtheilen trifft er immer den
Nagel auf den Kopf, nur daß er mit ihnen meist unerwartet
herausplatzt, und sie in die wunderlichsten Worte und Wen=
dungen kleidet; welche Einkleidung so magnetisch fesselt, daß
man darüber leicht die tiefere Bedeutung vergißt. Doch
mehr als dieser feine Instinct und scharfe Verstand gilt
sein ehrenwerther Sinn, sein edles Herz. Alles Niedrige,
Gemeine, Böse und Falsche ist ihm bis in den Tod verhaßt,
er verfolgt es offen und heimlich, mit allen Waffen und
ohne Ansehn der Person. Sein Herz ist das eines un=
schuldigen Kindes, und zugleich das eines fahrenden Ritters
ohne Furcht und Tadel. Welches innige zarte Verhältniß
zwischen ihm und seiner alten und einzigen Liebe, Madam
Nüßlern; so zart und rein, daß es selbst der Verleumdung
und Klatschsucht nicht den geringsten Anhalt bietet! Sein
Arm und seine podagrakranken Beine stehen Jedermann zu

Diensten, vornehmlich seinen Freunden, deren Leiden er
weit tiefer als sie selber fühlt, deren Feinde und Gegner
auch die seinen sind. Er trägt eine Last von fremden Ge=
heimnissen und Angelegenheiten, die er theils dem Vertrauen
der Eigenthümer verdankt, theils gegen ihren Willen sich
angeeignet hat, aber nun alle getreulich verwaltet, ohne des=
halb seine eignen Geschäfte zu vernachlässigen; denn er ist
ein durchaus praktischer Mann und hat keine sentimentale
Ader. Zacharias Bräsig bleibt sich bis zum letzten Athem=
zuge treu, und er stirbt wie er gelebt hat:

Er hatte wieder eine seiner Reisen zu guten Bekann=
ten unternommen und sich dabei erkältet. Bei seiner Rück=
kehr trat ihm das Podagra in den Magen, und er legte
sich zum Sterben. An seinem Bette standen Frau Nüßlern,
Karl Hawermann und die Frau Pastorin Behrens. Diese
fragte: „Lieber Bräsig, soll ich nicht den jungen Herrn
Pastor rüber rufen?" — „„Lassen Sie das, Frau Pastorin,
es is mich so bequemer. — Un Korl, 2000 Thaler soll
meine Schwesterdochter Lotting haben, und das Andere soll
die Schule in Rahnstädt haben; denn, Korl, die Frau
Pastern hat zu leben, und Du hast auch zu leben, aber
mit die kleinen Schulkinder is es ein Jammer."" — Und
nun fing er an zu phantasiren, immer lauter und schneller,
Alles durcheinander, wobei er aber stets die Hände von
Frau Nüßlern fest hielt. Mit einem Mal richtete er sich
auf und sagte: „Frau Nüßlern, legen Sie mich die Hand
auf dem Kopf; ich habe Ihnen ümmer geliebt. — Korl
Hawermann reib mir die Beine, sie sünd mir kalt." —
Dann flog so ein lustig Lachen über sein Gesicht und
langsam kam's heraus: „In dem Stiel war ich Dich doch
über." — Dann war's zu Ende.

Man hat wol gefragt: was von Bräsig übrig bleiben
würde, wenn man ihm sein „Missingsch" nähme. Aber
ebenso gut könnte man fragen: was Sancho Pansa ohne

seine Sprüchwörter, Sam Weller ohne seine trocknen Witze, John Falstaff ohne seine Lügen und Prahlereien wäre. Bräsig ist allerdings im reinen gebildeten Hochdeutsch nicht möglich, und nicht minder würde er ein ganz Anderer sein, wenn er nur Plattdeutsch spräche. Das „Missingsch" gehört eben zu seiner Individualität, ist von dieser untrennbar; „Missingsch" allein entspricht seinem Denken, seiner Anschauung und ist dafür der angemessenste, der einzig passende Ausdruck. Aber „Missingsch" erschöpft nicht entfernt seine reiche Natur. „Missingsch" sprechen bei Fritz Reuter auch noch andere Personen, z. B. Pomuchelskopp und Küster Suhr. Dieser aber verhält sich zu Bräsig wie ein Funke zur Flamme. Welcher Abstand selbst zwischen dem Bräsig in „Schurr-Murr" und dem Bräsig in „Ut mine Stromtid"! Dort ist es ein komischer Kauz, der freilich großen Spaß macht, aber noch kein tieferes dauerndes Interesse einzuflößen vermag; hier dagegen ist es ein Held vom echten Humor, der sich seiner ganzen Umgebung weit überlegen zeigt, ein Vollblutsmensch, der geradezu entzückt und begeistert. Eine Gestalt von solchem Saft und solcher Fülle hatte unsere Literatur bisher noch nicht aufzuweisen; daher ist Zacharias Bräsig Fritz Reuter's größte That; und darum überragt „Ut mine Stromtid", trotz aller Ausstellungen, die man erheben mag, und trotz aller Mängel, welche diese Erzählung unzweifelhaft hat, selbst noch die köstliche Geschichte „Ut de Franzosentid".

Die Schwächen und Gebrechen der Dichtung sind schon angedeutet. In vielen Fällen befriedigt nicht die Motivirung. Ebenso unmotivirt wie der Verdacht, der auf Hawermann fällt, ist das übertriebene Ehrgefühl dieses sonst so schlichten verständigen Mannes, das ihn jahrelang sich und sein Kind quälen läßt. Der Dichter nennt es selber „puren Unverstand", bemerkt aber* entschuldigend, es sei nicht mehr der frühere Hawermann gewesen, sondern ein alter gebrochener Mann. Unmotivirt ist ferner die Begierde des Herrn Pomuchelskopp

auf das Nachbargut Pümpelhagen; der Entschluß Axel von
Rambow's, sich das Leben zu nehmen; das gleichzeitige
Studium der beiden jungen Theologen im Hause von Jung'=
Jochen, und so fort. —

Der Haupteinwurf richtet sich gegen die Composition,
die der Einheit und Geschlossenheit entbehrt. Die Geschichte
umfaßt zwei Generationen, Eltern und Kinder; zieht sich
von 1829 bis 1848 hin, und das Schlußcapitel, welches
wieder fünfzehn Jahre später, 1863 spielt, führt auch noch
die kleinen Enkel vor. Bräsig ist die Hauptperson, aber
neben ihm giebt es noch eine Schaar von Leuten, die alle
gleich großes Interesse beanspruchen, die vollste Theilnahme
erregen. Eine eigentliche Handlung fehlt; statt dessen werden
die Erlebnisse und Schicksale zahlreicher Personen erzählt, die
zum Theil mit einander nur in lockerer Verbindung stehen.
Mithin kann „Ut mine Stromtid" nicht gut ein Roman genannt
werden: es verstößt zu offenbar gegen den Kanon dieser
Dichtungsart. Freilich hat sich unsere moderne Belletristik
überhaupt mehr und mehr von den alten Regeln der Poetik
emancipirt, ja sie völlig über den Haufen geworfen, während
neue Gesetze noch nicht aufgestellt wurden, oder doch nicht
zu allgemeiner Geltung gekommen sind. Fritz Reuter aber
entzieht sich völlig solchem Schulurtheil; er ist durch und
durch eigenartig und hat ganz neue Bahnen eingeschlagen.
Angesichts des großen Erfolges, den er errungen hat, muß
sich die Kritik mit ihm abzufinden suchen, muß sie aus seinen
Dichtungen neue Regeln ableiten und ihn mit ganz neuem
Maßstabe messen.

Ein junger Pastor, Namens Voß, hat 1869 „Ut
mine Stromtid" in's Dänische übersetzt, und seine Ueber=
setzung „Landmannsliv", d. i. Landmannsleben genannt.
Dieser Titel ist äußerst glücklich gewählt, viel bezeichnender
und richtiger als der Titel des Originals. „Ut mine
Stromtid" schildert wirklich das Leben des norddeutschen

Landmanns, und zwar von der Wiege bis zur Bahre; seine Arbeiten und Geschäfte, seine Sorgen und Hoffnungen, seine Freuden und Feste. Die ganze Bevölkerung des platten Landes ist in Action und in Wechselbeziehung zu einander gesetzt: Edelmann und Pastor, Gutsbesitzer und Pächter, Wirthschafter und Bauer, Tagelöhner und Gesinde. Ein jeder von ihnen kommt hier zu seinem Recht, ist innerhalb seines Kreises getreu nach dem Leben und doch mit poetischer Verklärung gezeichnet. Fritz Reuter's „Stromzeit" ist für ihn keine verlorene gewesen: unbewußt und ahnungslos hat er damals das Material zu dieser Erzählung gesammelt; was er als „Strom" erfahren und beobachtet, hier ist es voll und schön verwerthet; ohne „Strom gewesen zu sein, hätte er nimmer „Ut mine Stromtid" schreiben können.

Was sind dagegen alle sogenannten Dorfgeschichten! Ihre Verfasser schildern im besten Falle, was sie aus der Entfernung wahrgenommen haben, oder was sie sich von Dritten haben berichten lassen. Hier dagegen ist ein Dichter, der ein Jahrzehent mitten unter dem Landvolk gelebt, mit ihm täglich und auf gleichem Fuße verkehrt, mit ihm gegessen und getrunken, gearbeitet und gefeiert hat. Was Wunder, wenn dieser Dichter das Wesen und die Sitten des Landvolks wieder zu spiegeln vermochte wie kein Anderer, wenn seine Schilderungen und Betrachtungen zunächst den Landmann selber packten! Fritz Reuter spricht eine Sprache, die der Gebildete wie der Ungebildete versteht, und er hat diesem wie jenem gar Manches für Kopf und Herz zu bieten. „Ut mine Stromtid" ist ebenso wenig, wie die andern Reuter'schen Schriften, besonders geistreich oder gedankentief, aber voll praktischer Lebensregeln und goldener Lebensweisheit. Der Dichter behandelt die gewöhnlichsten Dinge, die einfachsten Verhältnisse, er erzählt schlicht und ruhig; aber er weiß trotzdem zu fesseln und zu spannen. Man folgt ihm mit innigem Behagen, mit ununterbrochener

Theilnahme; man kann dasselbe Capitel, dieselbe Scene zehnmal lesen, und man wird es stets mit neuem Genusse thun, immer noch neue Schönheiten entdecken. „Ut mine Stromtid" erschien 1862, 1863 und 1864, in jedem Jahre ein Band; jeder Band wurde mit Begeisterung aufgenommen und entzückte für sich; aber das Publikum erwartete doch die Fortsetzungen mit großer Spannung, und verlangte nach ihnen ungeduldig. Es war kein Kitzel, keine fieberische Neugierde, wie sie ein Tendenz= oder Sensationsroman hervorzurufen pflegt; man durfte keine außerordentlichen Ueberraschungen, keine blendenden Effecte verhoffen, die Entwickelung war fast vorauszusehen; aber Bräsig und Genossen interessirten doch über die Maßen, und man brannte darauf, sie wieder zu sehen und wieder zu hören.

Eine Dichtung, die so getreu wie „Ut mine Stromtid" die Atmosphäre der Zeit und des Locals zurückstrahlt, muß eine „historische" genannt werden. Alt=Mecklenburg, die engere Heimat des Dichters, ist der Schauplatz; und jede Gestalt, die auftritt, jede Nebenperson ist Zoll für Zoll ein „richtiger" Mecklenburger. Die zwanziger Jahre, die so schwer auf den Landmann drückten, die dreißiger und vierziger Jahre, die ihm mächtig aufhalfen, die reichen Ernten von 1839 und 1844, der Mißwachs von 1846, das Nothjahr 1847 und das Revolutionsjahr 1848 ziehen in geschichtlicher Wahrheit und greifbarer Lebensfülle vorüber. Was hier geschildert, ist für Zeitgenossen und Nachgeborne gleich wichtig, für Betheiligte und Unbetheiligte gleich anziehend. Auch außerhalb Mecklenburgs, in den weitesten Kreisen mußte die Dichtung Eingang und Beifall finden. Sie behandelt ja nicht blos die Schicksale des Landmanns, sondern das Leben des Hauses, der Familie, die Leiden und Freuden des mensch= lichen Herzens überhaupt. Die lange Reihe der Personen, die hier auftreten, sind bei aller Orginalität zugleich Charaktertypen des deutschen Volks. Der Reichthum, die Universalität der Dichtung entschuldigen, rechtfertigen es, wenn sie den Rahmen der alten Kunstform sprengte und sich eine neue bequemere schuf; ihre großen Vorzüge und Schönheiten ließen sie mit Nothwendigkeit die Grenze des Dialects überschreiten, und auch unter Hochdeutschen, in allen Schichten der Gesellschaft unzählige Leser und Verehrer finden.

––––––––

„Ut mine Stromtid" spielt in der nächsten Umgebung von des Dichters Vaterstadt. Rahnstädt ist Stavenhagen. Etliche benachbarte Dörfer, wie Gülzow und Pribbenow, werden ausdrücklich genannt. Madam Nüßlern fährt einmal von Rexow nach Rahnstädt in einer halben Stunde, allerdings im Galopp; was etwa auf eine Meile Entfernung schließen läßt. Rexow und Warnitz, Pümpelhagen und Gürlitz sind höchst wahrscheinlich da zu suchen, wo Fritz Reuter einst die Landwirthschaft erlernte, in und nächst der Gräflich Hahn'schen „Begüterung". Warnitz, das Gut, welches Bräsig verwaltet, ist Demzin, Reuter's damaliger Aufenthalt; Bräsig's „gnedigst Herr Graf", den die Dichtung im Hintergrunde beläßt, ist der Graf Hahn-Basedow, der schon im „Gräflichen Geburtstag"*), sowie im „Unterhaltungsblatt", in den Briefen Bräsig's*) verarbeitet wird. Gürlitz ist Rittermannshagen; Pastor Behrens und Frau sind Pfarrer Augustin und Gattin**), in deren Haus Fritz Reuter seine Louise fand.

Der Bürgermeister von Rahnstädt, welcher als Justitiar von Pümpelhagen und Gürlitz, bei Axel von Rambow und Pomuchelskopp fungirt, und der in der Criminal-

––––––––
*) Vgl. S. 118 und 142.
**) Vgl. S. 121, 122.

Untersuchung wegen der gestohlenen zweitausend Thaler Bräsig als „Akzesser" zuzieht — ist des Dichters Vater. Bräsig schreibt den köstlichen Brief nach Paris unter Anleitung des Herrn Postmeisters, im „Allerheiligsten" der Frau Postmeisterin; die beide Fritz Reuter's persönliche Freunde sind, und die er auch in „Schurr=Murr", sowie in „Ut mine Festungstid" gezeichnet hat. Der ehemalige Wachtmeister Stürmer vom littauischen Dragonerregiment, später mit seiner Gattin als Schauspieler herumziehend, und schließlich „Postcommissarius" in Stavenhagen, starb daselbst 1849 im Alter von 75 Jahren, die „Frau Postcommissariussin" etwa 1859 in Schwerin. Dem Rahnstädter „Reformverein" von 1848 hat Fritz Reuter selber angehört; und verschiedene Personen, die er hier auftreten läßt, wie Färber „Meinswegen", sonst Ladendorf geheißen, Fuhrmann Siewert, Schuster Bank, Stadtmusikant Berger, „Gregorius" Metz sind Bürger von „Stemhagen" und gleichfalls persönliche Bekannte des Dichters. Den „Zimmerling" Schulz dagegen, der kein Haus ohne „verzahnten Träger" baut, hat er von Neu=Brandenburg*) nach Stavenhagen versetzt; und die Bemerkung, die Bräsig gegen Hawermann macht: „In Deiner Stelle baute ich mir noch so 'ne Art Suteräng as Appanage oben auf das olle Wirthschaftshaus" — diese famose Redensart ist wieder dem Uhrmacher „Zachäus", oder eigentlich Mercker*) aus Neu=Brandenburg abgelauscht.

Auch seine Treptower Freunde hat Fritz Reuter in dieser Dichtung verewigt. Das 30. Kapitel beginnt mit einer anheimelnden Beschreibung des Weihnachtsfestes, das der Dichter und seine Gattin, auch als sie bereits in Neu=Brandenburg wohnten, regelmäßig bei Fritz Peters**)

---

*) Vgl. S. 167.
**) Vgl. S. 132.

verlebten. Wilhelm, der Kutscher von Siden-Bollentin, holt sie ab im leichten Schlitten, wohlversehen mit Mänteln, Fußsäcken und Pelzdecken; und am zweiten Feiertage sind dort versammelt: Pastor Pieper und Frau, Superintendent Schuhmacher und Frau, Frau Oberamtmann Schönermark und Gutsbesitzer Hilgendorf, Frau Doctor Adam und Luzie Dolle, Doctor Dolly und Justizrath Schröder. Die Herren spielen Whist „mit van der Heydt und Manteuffel"; und nach dem Abendessen fertigt der dicke launige Justizrath mögliche und unmögliche Reime, und bei jedem „schönen Reim" wird angestoßen.

„Ut mine Stromtid" reizte in Mecklenburg gar sehr die Neugierde. Man fing an, nach den Vorbildern des Dichters zu suchen, und fand etliche auch bald heraus. Notarius Slus'uhr z. B. war nicht zu verkennen. Er hieß mit seinem richtigen Namen Schr...., lebte neben Fritz Reuter in Neu-Brandenburg, trieb Wuchergeschäfte, führte anrüchige Prozesse und ging später nach Berlin, wo er als Subdirector einer Lebensversicherungsgesellschaft kürzlich gestorben ist. Ebenso allgemein bezeichnete man einen ehemaligen Gutsbesitzer, der nach Rostock gezogen war, als Pomuchelskopp; den Juden Salamon in Stavenhagen, der auch in der Einleitung zur Dichtung erwähnt wird, als Moses. In Betreff der andern Figuren war man weniger sicher, zumal Fritz Reuter eine Auskunft stets ablehnte. Aber jedes Städtchen rühmte sich, einen Pastor Behrens oder Pastor Gottlieb, einen Rector Baldrian oder Kaufmann Kurz zu besitzen; und auf jedem Gutshofe wußte man einen Jung'-Jochen oder Triddelfitz, einen Hawermann oder gar einen Bräsig zu zeigen. In Wahrheit tragen alle diese Gestalten wol immer nur einzelne Züge der ihnen untergeschobenen Originale, ist jede von ihnen die Mischung und das Product verschiedener Persönlichkeiten, die dem Dichter vorgeschwebt haben.

Begreiflichermaßen forschte man hauptsächlich nach dem Urbilde von Bräsig. Wie schon erwähnt, ist das Wort nur ein Adjectiv; als Eigenname kommt Bräsig in Mecklenburg ebensowenig vor wie Slus'uhr und Pomuchelskopp; diese Namen sind von Fritz Reuter gewählt, um den Charakter der betreffenden Personen anzudeuten. In der Geschichte „Ut de Franzosentid" entflieht der Bürgermeister Reuter auf dem Pferde seines Freundes, des Inspectors Bräsig aus Jürgensdorf. Damit war ein Fingerzeig gegeben; als aber der Held von „Ut mine Stromtid" so berühmt wurde, änderte der Dichter, wahrscheinlich um die Aufmerksamkeit wieder abzulenken, jenen Namen in Nicolai um. Der betreffende Inspector hieß nun in Wahrheit Schecker; er starb vor etwa dreißig Jahren in Jürgensdorf, und er ist wirklich das Vorbild zu dem unsterblichen Zacharias Bräsig. Dies hat Fritz Reuter endlich selber zugestanden; bei seinem letzten Besuche in Stavenhagen, Anfang 1869, gegen den Sohn von Fritz Sahlmann, der als Kandidat der Theologie dort eine Privatschule hält. „Ich darf es nun sagen," hat Fritz Reuter bemerkt, „da der alte Schecker längst todt ist, und seine beiden Söhne nach Amerika ausgewandert sind."*) Diese Erklärung aber wird durch „Ut mine Stromtid" selber bestätigt. Im 11. Kapitel, das die Einsegnungsfeier in der Kirche zu Gürlitz schildert und erzählt, wie Franz von Rambow sein Herz an Louise Hawerman hängt, heißt es: „De Leiw is allentwegen in de Welt, äwer sei nimmt snurrige Gestalten an, sei verschenkt Demanten un Kronen, un oll Entspecter Schecker würw üm min Tanten Schäning ehre Hand mit en fetten Kuhnhahn." — Herr Schecker war mit der Familie Reuter befreundet,

---

*) Dem Verfasser mitgetheilt von dem Bürgermeister Fr. von Bülow in Stavenhagen.

und er hielt um Tante Christiane an, indem er ihr einen fetten Puter verehrte. Diese einzige Bemerkung wirft ein blendendes Licht auf den Mann, zeigt was für ein kostbarer Kauz er gewesen ist; und wie tief er sich dem Gedächtniß des Knaben einprägte, der später, als „Strom" zu ihm in kollegialischen nachbarlichen Beziehungen stand, und ihn gewiß mit heimlichem Vergnügen, mit großer Vorliebe lange studirt hat.

Dörchläuchting.

Läßt man „Kein Hüsung" und „Schurr Murr" bei Seite, so bilden Fritz Reuter's Dichtungen von „Läuschen un Rimels" bis „Ut mine Stromtid" eine aufsteigende Linie. „Ut mine Stromtid" bezeichnet den Höhepunkt, aber auch bereits den Niedergang. Wer die Entwickelung des Dichters aufmerksam verfolgt hatte, mußte schon damals auf einen Abschwung gefaßt sein. Selbst abgesehen von der Figur Bräsig's, die in unserer Literatur vereinzelt dasteht, ließ sich „Ut mine Stromtid" schwerlich noch überbieten. Ja, der dritte Band zeigte, trotz der köstlichen Scenen im Rahnstädter Reformverein und trotz der sonstigen klassischen Schilderungen aus dem Revolutionsjahr, bereits Spuren der Ermattung. Die Diebstahlsgeschichte, die Criminaluntersuchung sind nicht mehr poetisch; Hawermann's Schwermuth, seine übertriebene Selbstquälerei, Louisen's Gram um den Vater und die Trauer um den Geliebten, dem sie entsagen müssen — alles Das ist wieder zu sentimental gehalten, geradezu verwässert. Der unschuldig leidende Hawermann, die bleiche stille Louise und der musterhaft edle Franz verdienen Hochachtung, allein sie machen nicht warm.

Wie gesagt, man mußte auf einen Abschwung, auf ein Nachlassen der Kräfte gefaßt sein; aber nicht auf den jähen Verfall, auf die klägliche Erschöpfung, die sich in den nun folgenden Erzählungen „Dörchläuchting" und „De Reis' nah Konstantinopel" zeigt. Fritz Reuter ist kaum wieder zu erkennen. Seine poetische Ader fließt nicht mehr, sie tröpfelt nur noch; seine Frische und Ursprünglichkeit sind dahin, er kann sich im besten Falle nur wiederholen; seine Laune ist versiegt, und er müht sich vergebens ab. Man merkt, wie er umhersucht und zusammenträgt, blos um eine leidliche Fabel hinzustellen; wie ihn die Phantasie im Stiche läßt, und wie er den Faden der Handlung kaum fortzuspinnen vermag; wie er den Ueberblick verliert, und Personen und Dinge sich ihm nicht mehr fügen wollen.

„Dörchläuchting", unter Leiden und Krankheit geschrieben, erschien 1866, kurz vor Ausbruch des Krieges. Es spielt im letzten Viertel des vorigen Jahrhunderts zu Neu-Brandenburg, wo der Dichter seine schönste Zeit verlebt hatte, und dem er nun ein liebevolles Denkmal setzt. „Dörchläuchting" ist Herzog Adolf Friedrich IV. von Mecklenburg-Strelitz, ein alter, halb kindischer Junggeselle, eitel und eingebildet auf seinen Rang, verliebt in Putz und Tand, arg verschuldet und ewig in Geld-Verlegenheiten, feige und abergläubisch. Er haßt die Weiber und geräth in Wuth, wenn Einer aus seiner Umgebung ans Heirathen denkt; jedes aufsteigende Gewitter versetzt ihn in Todesangst, und er sieht überall Gespenster und Hexerei. Um dem Spuk in seinem Schloß zu Neu-Strelitz zu entgehen, baut er sich auf dem Markte zu Neu-Brandenburg ein Palais und hält hier Sommers Hof, wobei er mit seinen Unterthanen in patriarchalischer und zwangloser Weise verkehrt. Conrector Aepinus muß ihm die Gewitter prophezeihen, und sobald sie anrücken, mit seinem elektrischen

Apparat ihm schützend zur Seite stehen. Hofrath Altmann
borgt ihm Geld gegen hohe Zinsen, und läßt dafür außer=
dem den Advokaten Kägebein zum Hofpoeten ernennen.
Schultsch, die Bäckerfrau, liefert dem Landesherrn zum
Kaffee die Zwiebacke, spaziert mit ihm auf dem Markte,
und berichtet die Stadtneuigkeiten, fällt aber in Ungnade,
als sie die restirende Rechnung ihm in die Hand drücken
will. Der Vertraute und Berather Dörchläuchtens ist
sein Kammerdiener Rand, der manchen „Esel!" einstecken
muß, sich aber auch viel herausnehmen darf, und wenn
der Herzog rebellisch wird, ihn alsbald zu „dümpeln" weiß.

Die eigentliche Geschichte spielt sich von Weihnachten
bis Pfingsten ab, beginnt mit zwei Liebeshändeln und
schließt mit vier Brautpaaren. Der verwittwete Conrector
Aepinus schenkt seiner Wirthschafterin Dürten zum heiligen
Christ eine alte sammtmanchesterne Hose, die er aber noch
etliche Monate zu tragen sich vorbehält, überwirft sich mit
ihr wegen dieses Geschenks am ersten Pfingstfeiertage, und
bietet am dritten ihr Herz und Hand an. Dürten's
Schwester Stining ist seit Jahren mit Wilhelm, dem
herzoglichen Läufer verlobt, den „Dörchläuchting" nicht
aus dem Dienste entlassen will, den er an Stelle von
Rand, der ihm gar zu „nägenklauk" wird, zum Kammer=
diener machen möchte. Auf Fürsprache seines „Vetters
Liebden", des jungen lustigen Herzogs Friedrich Franz von
Schwerin, giebt er dem Burschen endlich den Abschied;
und es präsentiren sich ihm nun, gegen seinen Willen, vier
glückliche Paare: der Conrector und Dürten, der Läufer
und Stining; dazu der neugebackene Hofpoet Kägebein mit
seiner „Dorimene", in Wahrheit Korlin Soltmanns ge=
heißen und ehemalige Kammerjungfer der Prinzeß Christel;
sowie noch Hofrath Altmann, der zum vierten Mal in die
Ehe springt, mit einer kleinen hübschen vermögenden
Wittwe. Dörchläuchting ist von den gehäuften Ereignissen

so angegriffen, daß er, trotz des hohen Besuchs, sich zu Bette legen muß; die Verlobten aber ziehen in den Raths=keller, wo der Kellermeister Kunst sie Alle mit Jubel empfängt und durch seinen „Korl!" bedienen läßt.

Den Figuren fehlt es keineswegs an Leibhaftigkeit und Lebenswahrheit, wohl aber an poetischem Reiz: es sind prosaische, triviale Gestalten. Am meisten interessiren noch: Bäcker Schultsch, mit ihrem Krischan, Kammerdiener Rand und Böttcher Holz; die einen gewissen Humor be=sitzen. Nüchtern und hausbacken erscheinen dagegen, trotz der Mühe, die der Dichter an sie gewandt hat: Dürten und Stining, der Conrector und der Läufer. Der Hof=poet und seine „Dorimene" nehmen sich einfach albern aus, während „Dörchläuchting" selber an den Idioten streift. Auch die Gesellschaft im Rathskeller: Kunst und Altmann, Rath Fischer und Doctor Hempel mit seinem: „Die Leine=weber haben eine saubere Zunft" — besteht aus den aller=gewöhnlichsten Kneipbrüdern, und ihre Lustigkeit gewährt keinen Spaß. Gewisse Erwartungen macht Dörchläuchting's Schwester, die Prinzeß Christel rege; die eine Husarenjacke und eine bocklederne Hose trägt, eine kurze Pfeife raucht, Portwein trinkt und den Cicero liest, die nicht im herzoglichen Palais, sondern bei Kaufmann Buttermann auf dem „Bähn" wohnt — aber sie verschwindet alsbald von der Scene und hat mit der Geschichte weiter nichts zu thun. Auch ist es sehr unwahrscheinlich, daß dies emanzipirte Frauenzimmer ihrem schwachsinnigen Bruder sich grauen hilft, und aus Furcht vor dem „Späuk" im Zierker See ihr „Scheuermädchen" bei sich schlafen läßt.

Die Geschichte soll lustig sein, könnte es auch sein, ist es aber nicht. Der Dichter hat den gesammelten Stoff nicht verdaut, und daher nicht einheitlich zu formen ver=mocht. Statt dessen reiht er allerhand Schnurren, Anek=doten und Schülerspäße aneinander, und vertheilt sie unter die verschiedenen Personen. Stoff wie Stil sind ein Gemengsel. Die plattdeutsche Erzählung ist mit den arkadischen Versen des Hofpoeten durchschossen, mit französischen, lateinischen und griechischen Brocken gespickt. Die Sprache entbehrt völlig der früheren Kraft und Würze, Wucht und Schlagfertigkeit; sie ist jetzt breit und umständlich, und sie wimmelt von Gemeinplätzen und abgedroschenen Redensarten.

„Ut de Franzosentid" und „Ut mine Stromtid" verdienen vollauf das Prädicat „historisch", das sie aber gar nicht beanspruchen; „Dörchläuchting" dagegen giebt sich einen historischen Anstrich und ist durch und durch unhistorisch. Unhistorisch ist schon die Auffassung der geschilderten Epoche, noch mehr aber die Darstellung. Die auftretenden Personen unterscheiden sich in ihrem Denken und Sprechen, Wesen und Thun durch nichts von dem heutigen Geschlecht; es sind nicht einmal specifische Mecklenburger, sie können überall und zu jeder Zeit gelebt haben. Anekdotenkram und sonstiger historischer Trödel geben noch nicht eine historische Dichtung. „Dörchläuchting" ist ebenso unhistorisch, wie z. B. Scheffel's berühmter „Ekkehard" und Gustav Freytag's „Ahnen".

In Neu=Brandenburg, oben auf dem Rathhaussaale hängt das lebensgroße Bildniß Herzogs Adolph Friedrich IV. von Mecklenburg=Strelitz — ein feingeschnittenes Antlitz mit noblem Ausdruck. Man braucht es nur zu sehen, um zu wissen, daß Fritz Reuter aus diesem Manne eine Caricatur gemacht hat.

Conrector und Cantor Aepinus hieß eigentlich Bodinus, und wohnte nahe der Marienkirche, in der Wagestraße. Wie Fritz Reuter anführt, soll Johann Heinrich Voß (geboren 1751), der als 15jähriger Knabe auf die Schule nach Neu=Brandenburg kam, seinem Lehrer Aepinus zu besonderem Danke verpflichtet gewesen sein.

Hofrath Altmann hieß richtig Neumann, war Advocat und Begründer der noch heute blühenden Hagel=Versicherungs= gesellschaft in Neu=Brandenburg. Wirklich machte er Geld= geschäfte, auch mit dem Herzog. Mit den beiden Enkeln Neumann's, Rath Löper und Arzt Löper — letzterer ist kürzlich verstorben — stand Fritz Reuter, während er zu Neu=Brandenburg wohnte, in Verkehr.

Auch Kunst, Pächter des Rathskellers, Stadtrichter Rath Fischer, Hofrath Dr. med. Hempel, und Kammer= diener Rand sind historisch.

Die Bäckerfrau Schulz, welche am Markt, gegenüber dem Palais wohnte, ist erst vor einigen Jahren verstorben, und war ebenso dick, resolut und redselig wie in der Dichtung. Fritz Reuter hat sie einfach übernommen, und in seine Geschichte versetzt.

Das historische Beiwerk erhielt er von einem Herrn Gaeth, Mitdirector der Hagel=Versicherungsgesellschaft, der noch unter Hofrath Neumann gearbeitet hatte. Präpositus Boll wollte einige Punkte berichtigen, aber der Dichter, wiewol sein Freund, wies ihn schroff zurück.

De Mecklenbörgschen Montecchi un Capuletti
ober
De Reis' nah Konstantinopel.

Gähnt zwischen „Ut mine Stromtid" und „Dörch=
läuchting" eine Kluft, so zeigt sich wieder noch ein
Abstand zwischen dieser und der letzten Erzählung des
Dichters. Schon der überladene, gesuchte und für eine
plattdeutsche Geschichte so unpassende Titel läßt das
Schlimmste befürchten. — „De Reis' nah Belligen", Bräsig's
Reise nach Berlin, „De Reis' nah Konstantinopel": zum dritten
Mal das Reisethema! Wie mußte Fritz Reuter bereits um
einen Stoff verlegen sein; wie sehr vergriff er sich in der
Wahl desselben; und wie schwanden ihm unter dem Schreiben
die Kräfte, wie sauer wurde es dem dahinsiechenden Manne,
diese Arbeit überhaupt zu Ende zu führen!! „Dörch=
läuchting", das Anfang 1866 erschien, ist noch immer ein
lesbares Buch; aber die Herbst 1868 veröffentlichte „Reis'
nah Konstantinopel" langweilt und ermüdet.

Gleich der Anfang charakterisirt die ganze Dichtung:
„Je, Rostock! — Wat in ollen Tiden Tyrus un
Sidon was för de Welt wegen den Handel, wat vördem

Athen was för de Welt wegen Kunst un Wissenschaft, dat is up Stun 'ns Rostock för den Mecklenbörger; un Warnemün'n is sin Piräus, un 't Spill müßt eigentlich Sunium döfft warden, un dor, wo 't nah Papendörp rute geiht, müßt de Akropolis stahn, un unner de Swibbagens von dat Rathhus müßt Aristoteles mit sine Schäulers ümmer up un dal, up un dal gahn, ahn dat em en Krewt wat tau befehlen hadd."

Wie verständlich und anziehend das für den plattdeutschen Leser nicht ist! Fritz Reuter tischt in diesem Buche, und auch schon in dem vorigen, allerhand Schul-Reminiscenzen auf; und es scheint, als ob der durch seine plattdeutschen Geschichten so berühmt gewordene Dichter sich hinterher auch noch als ein Mann von gelehrter Bildung habe ausweisen wollen.

Die mecklenburgischen Montecchi und Capuletti sind die Familien Jahn und Groterjahn, die früher auf dem Lande wohnten und nachbarlich befreundet waren, jetzt in Rostock und in offener Fehde mit einander leben. Der Zufall bringt sie wider ihren Willen zusammen. Jahn und sein Bedienter, Jochen Klähn; Groterjahn, Frau Groterjahn und ihre beiden Kinder, Helene und Paul, machen die Gesellschaftsreise nach dem Orient mit, an der im Frühjahr 1864 auch der Dichter und seine Gattin Theil nahmen. Sie fahren über Berlin, Wien und Triest nach Konstantinopel, Smyrna und Athen. Allmälig findet zwischen den Parteien eine Annäherung statt; nur Frau Jeanette Groterjahn hält sich feindselig zurück. Sie macht stark in Nerven und in Bildung; und sie geht damit um, ihre Tochter, die den Sohn des alten Jahn liebt, mit einem Reisegefährten, dem Baron von Unkenstein, zu verbinden. Auf der Heimfahrt, in Verona, will sie das Paar am Sarge Julien's, jetzt einem geborstenen Wassertroge, verloben; aber Vater Jahn tritt dazwischen, entlarvt den Baron als einen bürgerlichen Industrieritter, und schiebt an dessen Stelle seinen Sohn Karl vor.

Mit Mecklenburg selber hat die Geschichte wenig zu thun, sie spielt unterwegs; ja sie handelt, da die Feindschaft der beiden Familien auf einer bloßen Schrulle beruht, und auch die Liebesintrigue äußerst fadenscheinig ist — hauptsächlich von der Reise, und artet in eine förmliche Reisebeschreibung aus. Bei dieser Erzählung fragt man sich, weshalb sie denn überhaupt plattdeutsch geschrieben sei. Das Plattdeutsche ist hier weder nöthig noch berechtigt; auch reicht es thatsächlich gar nicht zu. Der Seminarist Nemlich, der für die Familie Groterjahn den gedungenen Reiseerklärer macht, spricht hochdeutsch; und Tante Line, die dem Vater Jahn die nöthigen Aufschlüsse giebt, sieht sich gleichfalls in der Lage, häufig zum Hochdeutschen zu greifen. Die plattdeutschen Schilderungen aber, die der Dichter von Konstantinopel, Athen und Venedig, von ihren Herrlichkeiten und ihren historischen Erinnerungen entwirft, sind gezwungen genug.

Die gezeichneten Personen hinterlassen nur einen schwachen Eindruck, sind sämmtlich unbedeutend und schaal, und theilweise Nachbildungen früherer Figuren. Jahn ist eine Art Aufguß von Hawermann, Groterjahn von Pomuchelskopp, Helene von Louise. Tante Line ist gar zu leicht gerührt, gar zu oft begeistert, und gar zu thränenselig. Ebenso bedenklich sind die komisch sein sollenden Charaktere. Frau Jeanette Groterjahn ist wieder nur albern; Herr Nemlich, wie Jochen Klähn ganz richtig urtheilt, nur „dämlich". Jochen Klähn selber und der Knabe Paul sind weniger naiv als „fürchterlich". Auch die Nebenfiguren, wie „Commerzienrath" Schwosel mit seinem „Bette, bette recht sehr!"; Onkel Vorz mit seinem „Noch en lütten Schuß Rum!"; und Herr Gumbert mit seinem „Schauderhaft!" — können kaum ein Lächeln abgewinnen.

Die Darstellung ist ohne Saft und Kraft, ohne Schwung und Leben, grau und eintönig, weitschweifig und geschwätzig. Dem Leser wird nichts geschenkt; nicht die gewöhnlichste Begrüßung, die alltäglichste Redensart, die verbrauchteste Betrachtung; nicht einmal das Tagebuch von Paul und Jochen Klähn! Hätte ein Anderer die Geschichte geschrieben, oder hätte Fritz Reuter sie zu Anfang seiner Laufbahn geschrieben: sie wäre nie genannt worden, sie würde sofort wieder verschwunden sein. Lange bevor der Dichter starb, war er schon erschöpft; er hatte sich völlig ausgegeben und der Welt nichts mehr zu bieten.

„Nachgelassene Schriften."

Kaum war Fritz Reuter todt, als der Verleger von ihm „Nachgelassene Schriften" ankündigte. Die Ankündigung mußte überraschen, da der Dichter die letzten sechs Jahre hindurch sich völlig schweigend und unthätig verhalten hatte; da er, falls ihm etwas des Drucks werth erschienen, dies gewiß selber veröffentlicht haben würde. Es war ihm nicht entgangen, daß seine beiden letzten Bücher das Publikum wenig befriedigten, daß „De Reis' nah Konstantinopel" geradezu einen Mißerfolg hatte; er fühlte selber den großen Abfall dieser Dichtung, und er sprach es gegen Vertraute mündlich und schriftlich aus, daß seine Kraft gebrochen, und daß es mit seinem Schaffen vorbei sei.

Freilich war schon immer die Rede gewesen von der „Urgeschicht von Meckelnborg". Diese Arbeit, so erzählte man sich, ruhe seit Jahren, zum Theil oder ganz vollendet, im Pulte des Dichters; sie dürfe aus politischen Gründen oder doch aus gewissen Rücksichten nicht veröffentlicht werden; oder aber sie solle erst nach dem Tode des Verfassers erscheinen. Als nun die „Nachgelassene Schriften" auch die „Urgeschicht von Meckelnborg" verhießen, sah das Publikum dem neuen Buche mit Ungeduld entgegen, und kaufte die noch „rechtzeitig" zu Weihnachten erscheinenden „Sämmtliche Werke von Fritz Reuter. XIV. Band" ebenso heftig wie früher. Aber die Enttäuschung folgte auf dem Fuße; sie war eine allgemeine und sehr empfindliche.

Die „Nachgelassene Schriften" sind von Adolf Wilbrandt herausgegeben, und von diesem mit einer biographischen Einleitung versehen. Von Fritz Reuter selber bringt die Sammlung: „Ein gräflicher Geburtstag", „Briefe des Herrn Inspector Bräsig", „Gedichte"; und an bisher noch nicht gedruckten Sachen: „Die Reise nach Braunschweig" und die „Urgeschicht von Meckelnborg".

„**Ein gräflicher Geburtstag**", aus dem „Mecklenburgischen Volksbuch" für 1846 und 1847 übernommen, ist schon früher*) als eine bloße Stilübung und Dilettantenarbeit gekennzeichnet. Auch die „**Briefe des Herrn Inspectors Bräsig**" die sich im „Unterhaltungsblatt" von 1855—1856 finden, wurden bereits nach Verdienst gewürdigt und Proben davon gegeben**). Ebenso sind die 1870, für die „Lieder zu Schutz und Trutz" geschriebenen „**Gedichte**": „Ok 'ne lütte Gaw för Dütschland" und „Großmutting, hei is dod" im Auszuge mitgetheilt***). Hier zu besprechen bleiben nur noch die beiden ungedruckten Stücke.

Die Reise nach Braunschweig

ist nach der Anmerkung von Adolf Wilbrandt ein Aufsatz des zehnjährigen Fritz Reuter, worin der Knabe über einen Ausflug, den er mit dem Vater unternommen, seinem Pathen, dem Amtshauptmann Weber, Bericht abstattet. Er erzählt u. A.:

---

*) Vgl. S. 118 ff.
**) Vgl. S. 141 ff.
***) Vgl. S. 181 ff.

„Die Stille der drei Tage, welche wir in Dömitz verlebten, wurde durch einige halbgelehrte Reibungen zwischen uns Knaben und dem dortigen Herrn Rector unterbrochen. Mal peinigte uns der Herr Rector mit vielen lateinischen und deutschen Räthseln, Charaden u. s. w., und sagte immer, wenn wir's durchaus nicht herausbringen konnten: hic haeret aqua; endlich trat auch August mit der Frage auf, ob der Herr Rector wohl übersetzen könnten: Oremus est caseum und pater mea in silvam, lupus enim est filium. Nachdem der Herr Rector dies beantwortet hatte, bat ich ihn um die deutsche Uebersetzung des Satzes: Non vini vino, sed aquae vino. Da die Antwort gar nicht erfolgte, sagte ich zu ihm: hic haeret aqua, aber es wird sogleich fließend werden, wenn wir sagen: Non vini vi no, sed aquae vi no". — —

Der Aufsatz schließt:

„Damit die mediocritas aurea nicht übertreten werde, mache ich der Sache ein Ende; setze aber, mich der Gewogenheit des Herrn Amtshauptmannes empfehlend, hinzu: Und hätte ich es lieblich gemacht, das wollte ich gerne. Ist es aber zu gering, so habe ich doch gethan, soviel ich vermochte. Denn allezeit Wein oder Wasser trinken, ist nicht lustig, sondern zuweilen Wein, zuweilen Wasser trinken, das ist lustig; also ist es auch lustig, so man mancherlei lieset. Das sei das — Ende". — — —

Dies soll ein zehn=, oder wie der Herausgeber in der Einleitung sich verbessert, ein zwölfjähriger Knabe geschrieben haben! Ob dergleichen überhaupt vorkommt, mag dahin gestellt bleiben. Fritz Reuter aber war — Gott sei Dank! kein Wunderkind; im Gegentheil hat er sich langsam und spät entwickelt. Ein solch glattes und zierliches Hochdeutsch hat Fritz Reuter nie geschrieben; auch nicht als Gymnasiast, Student und Festungsgefangner, wie seine Briefe bezeugen; auch noch nicht als 35jähriger Autor, wie „Ein gräflicher

Geburtstag" beweist. Hätte der Knabe aber jenen Aufsatz wirklich selber geschrieben — er wäre nimmer Fritz Reuter geworden.

Urgeschicht von Meckelnborg.

Sie ist schon Ende der fünfziger Jahre begonnen, noch vor den „Olle Kamellen"; Fritz Reuter hat sie in großen Zwischenräumen fortgesetzt und schließlich liegen lassen. Die Einleitung, welche, wie Adolf Wilbrandt anführt, der Dichter selber dem Großherzog von Schwerin vorlas, ist fast halb so lang als die eigentliche „Urgeschicht"; obgleich sie nichts weiter enthält als die Erzählung, wie der Verfasser das kostbare Manuscript, das ihm angeblich als Quelle dient, findet und dann wieder verliert. Diese ganz unverhältnißmäßig ausgesponnene Einleitung, in welche ohne Noth und Ursach alle Freunde und Bekannte des Dichters hereingezogen sind, zeigt auch weit mehr Behagen als natürlichen Witz und echte Laune; aber sie ist noch erträglich. Völlig unerträglich dagegen ist die „Urgeschicht" selber — ein würdiges Seitenstück zu dem „Gräflichen Geburtstag", mit dem sie in Unreife und Geschmacklosigkeit wetteifert.

Sie erzählt, daß Gott der Herr bei Erschaffung der Welt in Mecklenburg angefangen, daß der Paradiesgarten in Mecklenburg gelegen, daß Adam und Eva und ihre Nachkommenschaft in Mecklenburg gewohnt haben. Dieser gar nicht einmal neue Einfall wird nun durch die ganze „Urgeschicht" gehetzt, breiter und breiter getreten. Seth, der Sohn Adam's, schreibt den ersten Landtag in Mecklenburg aus; der erste Edelmann war ein Mecklenburger und lebte schon vor der Sündfluth, die gleichfalls in Mecklenburg hereinbricht; Japhet, der Sohn Noah's, regierte als der erste Herzog in Mecklenburg, und er theilte das Land in das Domanial-, Ritterschaftliche und Städtische

Gebiet, wobei die Tagelöhner und kleinen Leute leer aus=
gingen und deshalb zu „Demokraten" wurden.

Dies ist der Inhalt der „Urgeschicht", von welcher
Fritz Reuter, wie Adolf Wilbrandt berichtet, an diesen
schrieb: „Ich habe die ernstesten Dinge unseres armen
Vaterlandes des komischen Contrastes wegen in einer derben
hausbackenen Tagelöhnersprache geschrieben. Es ist, oder
besser, wird mein plattdeutschestes Buch." — Mit der
„Tagelöhnersprache" und dem „plattdeutschesten Buch" hat
es seine Richtigkeit, dagegen fehlt leider der „komische Contrast".
Man urtheile selber:

„Holt!" rep Krischan Schult un grawwelte achter
sik un kreg so'n twölfjöhrigen Jungen tau faten. „Kennen
Sei em, Dörchläuchten?" — „„Ik seih blot, dat dat en
dickköppigen rotznäsigen Slüngel is,"" rep Dörchläuchten
wüthend. — „Ja," säd Krischan Schult un wischte den
Jungen de Näs' af; 't is min Sähn, Dörchläuchten,
un drei von so'ne Ort heww ik Sei nu all tau de
Soldaten gewen, un dat hett en Demokrat dahn; un de
Sähns von de Herrn Eddellüd, de warden sik bedanken un
warden mit Peik un mit Schapschinken vör de Schiller=
hüser up un dal gahn, de warden leiwerst Offezirers, un
de ollen sluf'uhrigen Börgers köpen ehr Jungs in den
Stellvertreder=Verein, un wat wi sünd, wi möten dat
Volk stellen." — — „Hüren Sei, Dörchläuchten! Wi
will'n gor keine Vörrechte hewwen, äwer de Annern sälen
ok kein hewwen. Seihn S' — un hir böhrte hei wedder
sinen Jungen in de Höcht un putzte em de Snut af —
dit is hei. Worüm sall des' Jung nich ebenso gaud
General warden as den Eddelmann sin?" — Dörchläuchten
kreg dat mit Lachen, un lachte, dat em de Kron up den
Kopp wackelte: „„Na, Lüd un Kinner!"" rep hei; „„dese
rotznäsige Slüngel sall General warden!"" — „Hoho!"
rep Krischan Schult, denn hei was en hellsch lüstigen

Kirl un sach't all an de Weig', wenn't Kind kacken wull: „Hoho, Dörchläuchten! Ut Kinner warden Lüd, un as de Kirl is, möt em de Wust brad't warden." — —

Oder eine andere Stelle:

„Un Japhet gung rinne in sine Slapstuw un säd tau sine leiwe Fru: „Mutting, giww mi en drög Hemd, denn ik heww mi klatschenatt regiert; äwer Gott sei Dank! nu bün ik dormit dörch, eben heww ik den Knop up de ganze Staatsverfassung set't, dat Landarbeitshus. — „„Ach Japheting,"" säd sei; „„Arger slöppt nich!"" — „Min Döchting," säd Japhet un smet dat smutzig Hemd in de Eck un säd: „de ollen Tiden hewwen wi hadd," un ströpte sik dat reine Hemd äwer, „un nu kamen de nigen," un stoppte sik dat Hemd in de Hosen un säd: „un de warden uns behaglich sitten," un smet sik de Hosendräger äwer un smet sik den Slaprock äwer, de em en Beten büllig was, un säd: Un unsere Verfassung ward sik ümmer mihr utbilden un ward in de Verhältnissen bet rinne wassen." — —

Ist das etwa komisch?! — Nein, es ist blos platt und geschmacklos, ein ungewaschenes Zeug. Und doch bemerkt der Herausgeber: „Ich habe einige auffallende Schwächen des Vortrags und eine aus flüchtiger Laune hervorgegangene Episode mit schonender Hand ausgeschieden, den letzten nicht druckreif gewordenen Theil weggelassen." — —

Adolf Wilbrandt hat plötzlich entdeckt, daß Fritz Reuter nicht blos Humorist, sondern auch ein „liebenswerther Satiriker" ist; und er beruft sich dafür auf den „Gräflichen Geburtstag" und auf die „Urgeschicht". Allein gerade die „Urgeschicht" bezeugt noch stärker als der „Gräfliche Geburtstag", daß die eigentliche Satire dem Dichter ein verschlossenes Gebiet war. Gewiß hat er auch diese Schrift wieder in der besten Absicht, aus Mitleid mit dem

armen getretenen Volk unternommen, jedoch den Zweck
vollständig verfehlt. Die „Urgeschicht" kann Keinen ärgern,
Keinen verletzen, sie ist ja das harmloseste Ding von der Welt;
aber sie verursacht die tödtlichste Langeweile, sie ist von A bis
Z geist= und witzlos, ungesalzen und ungeschmalzen.

Fritz Reuter hat sie nicht fortgeführt, weil er die
Unmöglichkeit begriff; und er hat das Bruchstück nicht
drucken lassen, weil er sich sagen mußte, daß es dem Ver=
fasser von „Ut de Franzosentid" und „Ut mine Stromtid"
nicht zur Ehre gereichen, daß es ihm nur eine Blöße
geben könne. Die Veröffentlichung jetzt ist sicher nicht
im Sinne des Dichters, vielmehr gegen denselben ein
Mangel an Pietät.

Eine Sammlung, einen Wiederabdruck verdienen nur
die Briefe Bräsig's und die beiden Gedichte von 1870;
im Uebrigen sind die „Nachgelassene Schriften" weiter
nichts als eine buchhändlerische Speculation. Es ist leider
deutsche Unsitte, von einem namhaften Manne nachträglich
jeden Papierschnitzel zu drucken. So wird das Publikum
behelligt und getäuscht, der Ruhm des Dahingeschiedenen
aber beeinträchtigt und verkürzt!

Und wie es scheint, wird hier noch ein Weiteres
beabsichtigt. — „Nachgelassene Schriften, Erster Theil"
heißt es auf dem Titelblatt. „Die Zeit drängte,"
bemerkt im Vorwort der Herausgeber; und stellt noch
einen zweiten Band in Aussicht, der mit den „Memoiren
eines alten Fliegenschimmels" und ähnlichen Bagatellen
aus dem „Unterhaltungsblatt" angefüllt werden soll. Wie
aber jeder aufrichtige Verehrer des Dichters urtheilen wird,
thut nicht eine Vermehrung, sondern eine Sichtung von
Fritz Reuter's „Sämmtlichen Werken" noth, die Aus=
merzung einer Reihe von Sächelchen, über deren unter=
geordnete Bedeutung kein Zweifel besteht.

Schlußbetrachtung.

Es bleibt noch übrig, die Summe von Fritz Reuter zu ziehen, sein Wesen und Dichten im Zusammenhange zu betrachten, und seine Bedeutung für unsere Literatur festzustellen.

Fritz Reuter unterscheidet sich von der Mehrzahl deutscher Dichter schon durch seinen Lebens- und Bildungsgang. Sein Weg war kein ebener und regelmäßiger; er wurde mitten aus der Bahn geschleudert, und wanderte dann lange in der Irre. Das Schiksal trat ihm feindlich entgegen, stieß ihn hin und her und trieb ihn dem Abgrunde zu, wo ihn nur ein Ungefähr errettete. Er hatte schwer zu leiden, hart zu büßen; er mußte die ganze Schale des Elends leeren, und der Nachgeschmack vergällte ihm auch noch das Glück und den Ruhm, die ihm endlich zufielen.

Seiner Bildung nach ist er vorwiegend Autodidact. Originelle naturwüchsige Personen waren seine ersten Lehrer, bis zum vollendeten vierzehnten Jahre wurde er zu Hause unterrichtet; auf dem Gymnasium kam er nur langsam und nicht ohne äußeren Zwang vorwärts; auf der Universität überließ er sich dem Müßiggange und der Ausschweifung, nach kaum vier Semestern brach sein Studium ab und er

nahm es nicht wieder auf; die nächsten sieben Jahre auf
der Festung und die darauf folgenden zehn Jahre als „Strom"
haben zu einer wissenschaftlichen Beschäftigung wol nur hin
und wieder geführt. Auf Schulen und aus Büchern hat
Fritz Reuter nicht viel gelernt; dafür aber desto mehr im
Verkehr mit der Natur und den Menschen; und zur Natur
wie zu den Menschen fühlte er sich von Kindesbeinen an
hingezogen. Das Leben selber nahm ihn in die Lehre; seine
langen Lehrjahre als Gefangener, „Strom" und Schul=
meister haben ihm einen Schatz von Kenntnissen eingetragen,
in ihm unbewußt den Dichter reifen lassen. Auf der
Festung trieb ihn die Vereinsamung zur Einkehr in sich
selbst, zur genauen Beobachtung der wenigen Personen, die
ihm nahe traten; und wie er später erzählt hat, ergötzte
er sich, wenn es ihm an anderer Unterhaltung mangelte,
durch das Heraufbeschwören aller möglichen Phantasiespiele.
Als „Strom" ward er heimisch in Flur und Feld, wanderte
er von Ort zu Ort und von Haus und zu Haus, machte
er unter allen Schichten der Bevölkerung eine Menge von
Bekanntschaften. Als Schulmeister erschlossen sich ihm die
Geheimnisse der Kindesseele, lag das Menschenwesen vor
ihm da wie ein offenes Buch.

Wenn Jean Paul einmal verlangt, wer einen Roman
schreibe, solle wenigstens sein dreißigstes Jahr hinter sich
haben — so that Fritz Reuter mehr. Er zählte bereits
43, da sein erstes Buch erschien; im 50. Jahre schrieb er
„Ut de Franzosentid", im 52. „Ut mine Stromtid". Erst
als völlig reifer Mann, nachdem er die Leiden und Freuden
des menschlichen Lebens sattsam gekostet hatte, wagte er sich
an die Schriftstellerei, die er eben so bescheiden wie praktisch
angriff. Er nahm den Stoff, der ihm am nächsten lag,
und den er vollständig beherrschte; er schilderte nur, was
er selber wahrgenommen, erfahren und durchlebt hatte.
Seine Geschichten wurzeln alle in der Heimat, und alle

Personen die er vorführt, sind seine Landsleute. Er that so nicht zufällig, nicht aus bloßem Instinct, sondern mit vollem Bewußtsein und mit überlegener Absicht. Verschiedene Stellen in seinen Schriften beweisen es, wie er auf die seichten, unwahren, gekünstelten Machwerke deutscher und französischer Belletristik herabsah, und für wie verderblich er sie hielt. Er machte gegen sie Front, und strebte in seinen eigenen Dichtungen Natur und Lebenswahrheit an. Doch ist er ebensowenig blos Realist wie blos Idealist, sondern die richtige Mischung von Beidem. Menschen und Dinge athmen bei ihm einen gesunden Realismus, aber sie entbehren nicht des idealen Gehalts, sie sind poetisch verklärt und verschönt, über die gemeine Wirklichkeit hinausgehoben.

Fritz Reuter's eigenthümlicher Lebens- und Bildungsgang erklärt die Frische und Ursprünglichkeit seines Fühlens und Denkens, erklärt zum Theil auch schon die Kraft und Sicherheit, mit der er bildet und schafft. Was ihn aber als Dichter hauptsächlich trägt, ist sein Charakter, sein Herz und sein Gemüth. Sein Charakter war, trotz mancher Schwächen und Verirrungen, trotz des Lasters, das ihn unterjochte, doch ein männlich biederer und ehrenhafter. Er haßte das Falsche und Schlechte, er war in Worten und Handlungen schlicht und offen, redlich und rechtlich. Sein Herz war, trotz der Schicksalsschläge, die es erlitten, nicht im Mindesten verbittert, sondern warm und sonnig, edel und begeistert. Er war gegen Andere voll Milde und Nachsicht; ihm war Niemand zu gering, er überhob sich gegen Niemand, er umfaßte die Menschen mit aufrichtiger Liebe. Sein Gemüth war kindlich rein und tief religiös. Die pantheistische wie die materialistische Weltanschauung, die viele unserer Dichter beeinflussen und lähmen, waren ihm gleich fremd und zuwider. Wie er's in seinen Dichtungen wiederholt ausspricht, glaubte er fest und unerschütterlich an einen persönlichen Gott und an persönliche Unsterblichkeit. Menschenliebe und Gottesfurcht erfüllten und beseelten ihn;. und im Glauben an Gott und die Menschheit liegt sein schöpferischer Idealismus.

Aus seinem warmen Herzen und tiefen Gemüth, aus seiner Freude an Welt und Leben fließt der köstliche Humor, der ihn zum Liebling des deutschen Volks gemacht hat. Dieser Humor ist von ebenso gesunder Sinnlichkeit wie echter Sittlichkeit; er kümmert sich nicht allzusehr um Wohlanständigkeit und Formenwesen, er schlägt ihnen häufig ein Schnippchen; aber er ist nicht lüstern oder schlüpfrig, sondern unbefangen und unschuldig. Nur Heuchelei und Zimperlichkeit mögen sich an ihm ärgern. Dieser Humor vergoldet alle Dichtungen Reuter's; und er ergötzt nicht nur, er erhebt auch zugleich. Lust und Wehmuth wechseln ab und ringen miteinander; gemischte Empfindungen durchziehen die Brust, und das Auge lächelt gar oft unter Thränen.

Wiewol Reuter's Dichtungen meist auf dem platten Lande spielen, sind sie doch keine sogenannten Dorfgeschichten. Dazu fehlt ihnen das Tendenziöse; wovon nur „Kein Hüsung" eine Ausnahme macht. Fritz Reuter nimmt sich bei jeder Gelegenheit des kleinen Mannes an, warm schlägt sein Herz insbesondere für das arme bedrückte Volk, und seine Helden gehören vorzugsweise diesem an: aber nirgends verräth sich eine Polemik gegen die höhern Stände, in politischer wie socialer Hinsicht zeigt der Dichter volle Unbefangenheit. Er sucht die Mängel und Vorzüge nicht in einer Gesellschaftsklasse oder in einer Partei, sondern im Individuum, im Charakter. Auch unterscheidet sich Fritz Reuter selber nicht etwa vornehm von dem gemeinen Manne, sieht in diesem kein untergeordnetes Wesen, legt ihm keine tiefsinnigen Gedanken und raffinirten Gefühle bei. Ebenso wenig verfolgt er pädagogische oder moralische Zwecke, er will in erster Reihe nicht belehren oder bessern, sondern unterhalten. Er schreibt nicht für das sogenannte „Volk" oder für die höheren Stände, sondern für alle Schichten der Gesellschaft, und seine Dichtungen weisen sich eben dadurch als echte Kunstwerke aus, daß sie für Jedermann verständlich sind und allgemeines Interesse erregen.

An eigentlicher Erfindung ist Reuter arm; er vermag nicht eine längere verwickelte spannende und einheitliche Fabel zu erfinden. Statt dessen benutzt und verarbeitet er fremde Stoffe, trägt bekannte Geschichten und Anekdoten zusammen, greift zu Criminalfällen und ergeht sich in Abschweifungen; die freilich in der Regel anziehend und ergötzlich sind, die sich überhaupt bei allen Humoristen finden, und von ihnen auch wol nicht ganz entbehrt werden können. Aber trotz des fremden zusammengetragenen Stoffs weiß Fritz Reuter sich diesen doch zu eigen zu machen, ihn selbstschöpferisch um- und neuzugestalten; und man merkt sofort, wo ihm das nicht gelungen ist, wo er nicht aus eigener Beobachtung und Empfindung berichtet, sondern nur entlehnt und blos übernommen hat.

Er besitzt ferner nicht etwa tiefe Gedanken oder erhabene Ideen, wie man sie an unsern großen Dichtern bewundert; er bewegt sich auf der Heerstraße des Lebens; aber eben deshalb ist er reich an köstlichen zündenden Einfällen, an treffenden praktischen Bemerkungen, an beschaulichen und erbaulichen Betrachtungen. Er löst keine Probleme, er behandelt keine großen oder aufregenden Fragen: nur die einfachsten alltäglichen Dinge; und doch weiß er die Köpfe zu beschäftigen, die Herzen zu trösten und zu erquicken. Nicht einmal ist er ein geistreicher Schriftsteller. Die neuerdings — Gott sei Dank! ziemlich in Verruf gekommene Geistreichigkeit, die über Alles und Jedes schwatzt, das Ungehörigste hereinzieht,

immer etwas Neues und Absonderliches sagen will, aber
genauer besehen, die Sachen nur auf den Kopf stellt und
hinter solchem Gethue ihr sonstiges Unvermögen zu ver=
bergen sucht — diese windige gleißnerische Sucht ist dem
Dichter vollständig fremd. Der Schwulst und die Sen=
timentalität, in die er zuweilen verfällt, entspringen ganz
andern Quellen: einem Verkennen seines eigentlichen
Talents, und seinem herzlichen Mitleid mit den Armen
und Schwachen. Auch in Bildern und Gleichnissen, zu
denen er auffällig neigt und die er über Gebühr häuft,
ist er nicht glücklich; weder in der Auswahl noch in der
Durchführung. Oft sind sie schief oder unpassend, oft zu
breit getreten, oft mühsames Flickwerk. Endlich vermag
er keine großen Leidenschaften darzustellen; und wo er's
versucht, wird er bombastisch oder wässerig, geschraubt und
unnatürlich. Selbst die Liebe schildert er nur beiläufig
und wie ein stilles Flämmchen; und in „Ut mine Strom=
tid" sagt er mit launiger Schalkheit geradezu: er schreibe
nicht für junge, sondern hauptsächlich für ältere Leute.
Das liegt wieder im Wesen des Humors, der die ver=
zehrende Gluth, den entfesselten Sturm der Leidenschaft
instinctiv vermeidet, weil er selber darin umkommen
würde. Dafür entschädigt die gleichmäßige Wärme, welche
aus dem Herzen des Dichters strömt, die „angenehme
Temperatur", welche in seinen Geschichten vorherrscht.

Reich, außerordentlich reich ist Fritz Reuter an Helden
und Charakteren. Eine erstaunliche Menge, eine fast unab=
sehbare Reihe von Gestalten zieht in seinen Dichtungen
vorüber; und es sind von „Läuschen un Rimels" bis „Ut
mine Stromtid" lauter Vollblutsmenschen und lauter Origi=
nale. In dieser Hinsicht stellt Fritz Reuter alle unsere
modernen Poeten tief in Schatten, überragt er auch noch
unsere Dichterheroen, kann er fast mit Shakespeare verglichen
werden. Selbst bei Goethe und bei Schiller zeigen die

Charaktere eine bedenkliche Familienähnlichkeit; bei Goethe die männlichen, bei Schiller die weiblichen. In den Romanen und Dramen unserer zeitgenössischen Dichter, auch der berühmtesten, kehren fast immer dieselben Figuren wieder, nur unter anderm Namen und in anderer Kleidung; wogegen der Troß unserer belletristischen und dramatischen Handwerker ganz platte, ungewaschene Subjecte oder völlig unmögliche Menschen aufmarschiren läßt. Fritz Reuter weiß mit ein paar Strichen zu charakterisiren. Wie zahlreich auch seine Personen sind, jede ist eine andere, jede hat ein scharfes eigenartiges Gepräge, bewahrheitet in Reden und Thun ihren Charakter, jede steht leibhaftig vor den Augen des Lesers; und alle, namentlich die humoristischen, erregen sofort seine Sympathie, fesseln von Anfang bis zu Ende. Diese Fülle und Mannigfaltigkeit von Gestalten bekunden des Dichters Scharf- und Tiefblick, seine reichen Erfahrungen und gewissenhaften Studien; aber hinter dem realistischen Körper schimmert die ideale Seele hervor. Es sind keine Alltagsmenschen, nicht der baaren Wirklichkeit entnommen, nicht, wie dies von so vielen andern Schriftstellern geschehen, mit ihren Schwielen und Schmutzflecken photographirt, sondern in der Retorte der Phantasie gereinigt und geläutert, zu einem höheren Dasein verklärt.

Die vollblutigen saftigen Charaktere und der reiche Humor des Dichters, gemischt aus tiefem Ernst und sonniger Laune, ergeben nun die zahlreichen Bilder, Vorgänge und Auftritte, die alle Töne der menschlichen Brust anschlagen, die von unwiderstehlicher Wirkung sind, und die, einmal geschaut, nicht wieder vergessen werden. Fritz Reuter's Liebhaberei für Stift und Pinsel ist ihm, als er endlich seinen wahren Beruf einschlug, von dem allergrößten Nutzen gewesen. Die realistische Darstellung, die scharfe Zeichnung von Personen und Dingen, die frischen gesättigten und oft brennenden Farben, welche man in den Schöpfungen des Dichters bewundert, sind zurückzuführen auf den Maler-Dilettanten.

Ob Fritz Reuter auch in hochdeutscher Sprache ein Dichter geworden wäre? — Diese Frage haben Mehrere bejahen wollen, und höchst auffälliger Weise scheint Adolf Wilbrandt, in seiner Einleitung zu den „Nachgelassene Schriften", der gleichen Ansicht zu sein. Allein das Gegentheil ist längst erwiesen und für Jedermann augenscheinlich. Was Fritz Reuter hochdeutsch geschrieben, ist so herzlich unbedeutend, so geschraubt und manierirt, daß es mit seinen plattdeutschen Dichtungen gar nicht verglichen werden kann. Hier ist er ein Meister und dort ein Stümper. Seine eigentlichen Vorzüge wurzeln im Plattdeutschen, welches das Hochdeutsche an Frische und Kraft, Wucht und Wohllaut, an Reichthum in Worten und Wendungen übertrifft. Nur im Plattdeutschen hat Fritz Reuter den kernigen und körnigen Ausdruck, den schlagenden Witz, die herzliche Naivetät, die edle Einfachheit, die greifbare Darstellung und den quellenden Humor. Sobald er hochdeutsch spricht, ist Alles blässer, matter, gemachter. Er schrieb nicht zufällig plattdeutsch, nicht aus Berechnung oder in Nachahmung Anderer, sondern mit innerer Nöthigung, aus tiefstem Drange. Daher hat er auch alle seine Vorgänger, wie Klaus Groth und selbst Peter Hebel, so weit zurückgelassen; darum steht er unter der Schaar der Dialektdichter gleich einem Riesen da. Vor ihm war die Dialektdichtung wie die Dorfgeschichte bloße Modesache, und der Dialektdichter wandte sich weniger an den betreffenden Volksstamm, als an die Gebildeten der Nation, bei denen er auch den eigentlichen Beifall erntete. Hebel sagt es selber; „für Freunde ländlicher Natur und Sitten," so lautet die Widmung der „Allemannischen Gedichte". Auch Klaus Groth hat in den „Briefen über Hochdeutsch und Plattdeutsch" bekannt, wie schwer es ihm geworden ist, erst das Schema hochdeutscher Bildung zu vergessen. Dagegen betont Fritz Reuter in seiner „Abweisung"*) ausdrücklich, daß er von frühauf plattdeutsch gesprochen und gedacht, auch schon lange vor Klaus Groth plattdeutsch geschrieben und gedichtet habe. Darum fand er auch Anerkennung und Lohn zunächst in Mecklenburg selber, und jahrelang lasen ihn ausschließlich seine Landsleute.

Andrerseits hat das Plattdeutsche, wie jeder Dialekt, seine eng umschriebene Sphäre, vornehmlich die des Hauses und der Familie; über die es nicht gut hinaus kann, in welche es nicht fremde Culturelemente hereinziehen darf, ohne seine Vorzüge und seine Eigenart einzubüßen, ja ohne sich selber zu vernichten. Den Beweis liefern Klaus Groth und Genossen, bei welchen das Plattdeutsche nur eine Maske für hochdeutsche Empfindungen und Raisonnements ist. Selbst Fritz Reuter sah sich gezwungen, für gewisse Figuren und Schilderungen nach dem Hochdeutschen zu greifen; und „De Reis' nah Konstantinopel" ist schon kein plattdeutscher Vorwurf mehr. Mit „Ut mine Stromtid" hatte Fritz Reuter nicht nur seine Kraft erschöpft, sondern überhaupt auch den plattdeutschen Stoff verbraucht; für seine etwaigen Nachahmer und Nachfolger ist kaum etwas übrig geblieben. Gleich allen andern Dialekten, verschlechtert sich auch das Plattdeutsche, es weicht vor der Schriftsprache unaufhaltsam zurück, es ist im Aussterben begriffen. Die plattdeutsche Art und Weise existirt nur noch in abge= schiedenen Landstrichen, in Dörfern und Kleinstädten, unter den niedern Klassen; und sie wird von der immer stärker hereinbrechenden Cultur zusehends angefressen und ver= nichtet.

Fritz Reuter ist nur ein plattdeutscher Dichter, aber er hat mit seinen Schöpfungen die Grenzen der Dialekt=

---

*) Vgl. S. 202.

dichtung weit überschritten. Er ist nach langer Zeit wieder einmal ein echter Dichter und der größte deutsche Humorist; darum gehört er der National=Literatur an. Selbstverständlich kann er sich nicht mit unsern Dichterheroen messen, aber die zeitgenössischen Poeten treten insgesammt hinter ihm zurück; und er ist der Vorläufer einer neuen Blüthe der deutschen Literatur, die trotz Goethe und Schiller, wol noch nicht ihre Höhe erreicht hat. Reuter's Dichtungen schweben nicht in der Luft, spielen nicht überall und nirgends, sondern auf deutscher Erde, in deutschen Gauen; seine Helden sind nicht Griechen und Römer, nicht Ausländer oder Weltbürger, sondern dem deutschen Boden erwachsen, deutsche Landeskinder; seine Gesinnung und seine Zwecke, sein Stil und sein ganzes Wesen sind durch und durch deutsch. Den 1866 wieder erwachenden Hoffnungen, dem seit 1870 so mächtig anschwellenden Selbstbewußtsein des deutschen Volks hat Fritz Reuter schon vorher in seinen Schriften Ausdruck und Nahrung gegeben — als noch Uneinigkeit und Zerfahrenheit, Kleingläubigkeit und Gleichgültigkeit bei uns herrschte. Er trat auf in einer Zeit, die ziemlich blasirt und corrumpirt war; und nun geschah das Wunder! Von der gesunden Einfachheit und der naiven Schönheit seiner Dichtungen plötzlich ergriffen, fiel das anscheinend übersättigte Geschlecht dem alleinstehenden Manne, um den sich die Kritik kaum gekümmert, mit Frohlocken und Dankgefühl zu, huldigte ihm einmüthig aus eigenem Antrieb.

Fritz Reuter's Schriften gewannen eine Verbreitung wie die unserer Klassiker. Sie werden nicht nur in ganz Deutschland gelesen, sondern überall wo Deutsche leben, auch jenseits des Oceans, auch in der Prairie, im Blockhaus. Sie haben auch die Aufmerksamkeit des Auslandes erregt, und sind zum Theil in verschiedene Sprachen übersetzt. Fritz Reuter's Gestalten sind volksthümlich geworden, auch die Theater haben sich ihrer bemächtigt, und die Redens=

arten von Bräsig, Jung=Jochen, Friedrich Schult, Küster Suhr ꝛc. laufen wie Sprichwörter um.

Allein die große Verbreitung und Popularität darf doch nicht über einen Umstand täuschen. Auch Reuter's Schriften haben ihren Weg von oben nach unten genommen, und sind auf diesem Wege noch begriffen. Unter den Ge= bildeten und Wohlhabenden, unter den mittleren und oberen Klassen sind sie überall stark verbreitet. Der Großherzog von Schwerin kennt sie sämmtlich, und der blinde Groß= herzog von Strelitz hat sie sich sämmtlich vorlesen lassen. Sie befinden sich in den Händen von „Adel und Ritter= schaft", von Gutsbesitzern und Pächtern, Kaufleuten und Beamten, auch wol noch in den Händen von Schulmeistern und Wirthschaftern. Aber unter Bauern und Handwerkern, Kleinbürgern und Arbeitern kommen sie bisher nur vereinzelt vor — auch im plattdeutschen Gebiet, auch in Mecklenburg selber. Der gemeine Mann hat von ihnen wol gehört, und wenn er sie irgendwo entleihen kann, liest er sie gerne; aber um sie zu besitzen, um sie sich zu kaufen, sind sie ihm zu theuer. Auch Fritz Reuter's Schriften sind noch nicht in's eigentliche Volk, in die untern Schichten gedrungen; und doch wären sie die rechte Speise, ein wahres Labsal für das Volk. Sie verdienen Gemeingut des deutschen Volks zu werden; es müssen von ihnen billige Volksaus= gaben veranstaltet werden, und ihr Absatz, ihre Verbreitung wird sich schnell verzehnfachen.

Inhalts-Verzeichniß.

Fritz Reuter's Leben.

	Seite
I. Im Elternhause	1
II. Gymnasium und Universität	22
III. Auf der Festung	47
IV. „Strom"	103
V. Schulmeister und Dichter	131
VI. In Eisenach	172

Fritz Reuter's Dichtungen.

Läuschen un Rimels	201
Die Erzählungen in Versen	226
De Reis' nah Belligen	227
Kein Hüsung	241
Hanne Nüte un de lütte Pudel	251
Olle Kamellen	267
Ut de Franzosentid	270
Schurr-Murr	289
Ut mine Festungstid	298
Ut mine Stromtid	306
Dörchläuchting	332
De Reis' nah Konstantinopel	338
„Nachgelassene Schriften"	342
Urgeschicht von Mecklenborg	345
Schlußbetrachtung	349

www.ingramcontent.com/pod-product-compliance
Lightning Source LLC
Chambersburg PA
CBHW021239240426
43673CB00057B/641